Buch

Shemirat HaLashon

Das Hüten der Zunge

Rabbi

Yisrael Meir Kagan

CHOFETZ CHAIM

Übersetzung

Saphir Shalom Toledano

SimchatChaim.com

There is no known book without mistakes. Therefore, I ask in every language of application if anyone has any questions, comments, clarifications, corrections, please send to: book@simchatchaim.com

All material used in this section may not be used for commercial purposes, but only for study and teaching. To get this book or books and information Email me at:

book@simchatchaim.com

Copyright©All Rights Reserved to

Saphir Shalom Toledano

www.simchatchaim.com

647-818-6747

YB"S©All rights reserved to the Editor

First Edition 2024

Shemirat HaLashon

Das Hüten der Zunge

INHALTSVERZEICHNIS

4. Über den und weiter Chofetz Chaim

Buch A

7. **Einleitung**

Das Tor des Erinnerns

20.	Kapitel Eins
23.	Kapitel Zwei
28.	Kapitel Drei
31.	Kapitel Vier
38.	Kapitel Fünf
41.	Kapitel Sechs
44.	Kapitel Sieben
48.	Kapitel Acht
51.	Kapitel Neun
55.	Kapitel Zehn
58.	Kapitel Elf
66.	Kapitel Zwölf
69.	Kapitel Dreizehn
72.	Kapitel Vierzehn
75.	Kapitel Fünfzehn
80.	Kapitel Sechzehn
83.	Kapitel Siebzehn

Das Tor der Unterscheidung

88.	Kapitel Eins
91.	Kapitel Zwei
94.	Kapitel Drei
99.	Kapitel Vier
102.	Kapitel Fünf

Shemirat HaLashon INHALTSVERZEICHNIS

104.	Kapitel Sechs
109.	Kapitel Sieben
113.	Kapitel Acht
118.	Kapitel Neun
121.	Kapitel Zehn
125.	Kapitel Elf
129.	Kapitel Zwölf
133.	Kapitel Dreizehn
139.	Kapitel Vierzehn
142.	Kapitel Fünfzehn
146.	Kapitel Sechzehn
150.	Kapitel Siebzehn

Das Tor der Tora

156.	Kapitel Eins
162.	Kapitel Zwei
168.	Kapitel Drei
173.	Kapitel Vier
179.	Kapitel Fünf
186.	Kapitel Sechs
190.	Kapitel Sieben
199.	Kapitel Acht
205.	Kapitel Neun
210.	Kapitel Zehn

Epilog

215.	Kapitel Eins
216.	Kapitel Zwei
218.	Kapitel Drei
221.	Kapitel Vier
223.	Kapitel Fünf
225.	Kapitel Sechs
229.	Kapitel Sieben

Buch B

235.	Kapitel Eins
238.	Kapitel Zwei

Shemirat HaLashon INHALTSVERZEICHNIS

243.	Kapitel Drei
247.	Kapitel Vier
250.	Kapitel Fünf
252.	Kapitel Sechs
254.	Kapitel Sieben
257.	Kapitel Acht
260.	Kapitel Neun
263.	Kapitel Zehn
264.	Kapitel Elf
271.	Kapitel Zwölf
277.	Kapitel Dreizehn
280.	Kapitel Vierzehn
281.	Kapitel Fünfzehn
284.	Kapitel Sechzehn
289.	Kapitel Siebzehn
292.	Kapitel Achtzehn
293.	Kapitel Neunzehn
300.	Kapitel Zwanzig
303.	Kapitel Einundzwanzig
307.	Kapitel Zweiundzwanzig
310.	Kapitel Dreiundzwanzig
312.	Kapitel Vierundzwanzig
313.	Kapitel Fünfundzwanzig
314.	Kapitel Sechsundzwanzig
318.	Kapitel Siebenundzwanzig
312.	Kapitel Achtundzwanzig
323.	Kapitel Neunundzwanzig
329.	Kapitel Dreißig

Epilog

336.	Kapitel Eins
343.	Kapitel Zwei
344.	Kapitel Drei
345.	Kapitel Vier

Shemirat HaLashon - Über den

Shemirat HaLashon

Das Hüten der Zunge

Über den

und weiter

Chofetz Chaim

Das Sefer Shemirat HaLashon, Lebenslust ist das Hauptwerk von Rabbi Yisrael Meir Kagan, der später einfach als Chofetz Chaim bekannt wurde. Das Buch befasst sich mit der jüdischen Ethik und den Gesetzen der Rede und gilt als die maßgebliche Quelle zu diesem Thema.

Der Titel des Werks Chofetz Chaim von Rabbi Yisrael Meir Kagan ist den Psalmen entnommen:

Kommt, Kinder, hört auf mich; ich will euch die Furcht des Herrn lehren. Wer ist der Mensch, der das Leben begehrt, der Tage liebt, um das Gute zu sehen? Hüte deine Zunge vor dem Bösen und deine Lippen vor trügerischem Reden. Meide das Böse und tue das Gute, suche Frieden und jage ihm nach. — [Psalm 34:12-15]

Das Thema des Buches ist hilchos shmiras halashon [Gesetze der reinen Rede]. Rabbi Kagan liefert zahlreiche Quellen aus der Tora, dem Talmud und den Rishonim [frühen Kommentatoren] über die Strenge des jüdischen Gesetzes über Klatsch und Tratsch. Lashon Hara, was so viel wie böse Rede bedeutet [oder auch Klatsch und Verleumdung und Verbote der Diffamierung], wird manchmal mit Verleumdungsverboten übersetzt, bezieht sich aber im Wesentlichen auf das Verbot, böse/schlechte/unangenehme Dinge über eine Person zu sagen, unabhängig davon, ob sie wahr sind oder nicht.

Shemirat HaLashon - Über den

Rabbi Yisrael Meir [HaKohen] Kagan [26. Januar 1838 - 15. September 1933], im Volksmund Chofetz Chaim genannt, war ein einflussreicher Rabbiner der Musar-Bewegung, ein Halachist, Posek und Ethiker, dessen Werke nach wie vor großen Einfluss auf das jüdische Leben haben.

Chofetz Chaim wurde am 26. Januar 1838 in Dzyatlava, Gouvernement Grodno, Russisches Reich [heute Weißrussland], geboren und starb am 15. September 1933 in Radun [jiddisch: Radin], Provinz Wilno in Polen [heute Weißrussland]. Sein Nachname, Poupko, ist nicht allgemein bekannt. Seine Heimatstadt Dzyatlava hieß einst Zdzięcioł, als sie bis zur Teilung Polens Teil der Polnisch-Litauischen Gemeinschaft war. Als Kagan zehn Jahre alt war, starb sein Vater. Seine Mutter zog mit der Familie nach Vilnius, um die Ausbildung ihres Sohnes fortzusetzen. Während seiner Zeit in Wilna wurde Kagan Schüler von Rabbi Jacob Barit. [Kagans Mutter heiratete später erneut [Epstein] und zog nach Radin. Mit 17 heiratete er die Tochter seines Stiefvaters und ließ sich in Radin nieder.

Er diente für kurze Zeit als Stadtrabbiner von Radin. Dann trat er von diesem Amt zurück, um die Jeschiwa in der Stadt zu gründen, die schließlich weltberühmt wurde. Nach allem, was man hört, war er ein bescheidener und demütiger Mann. Eine Zeit lang hatte er ein Geschäft für Haushaltswaren, das seine Frau leitete. Das Geschäft war jedoch nicht erfolgreich, und er wandte sich dem Unterrichten zu, um sich und seine Familie zu ernähren. Von 1864 bis 1869 lehrte er Talmud in Minsk und Washilishok.

Im Jahr 1869 gründete er eine Jeschiwa in Radin. Die Jeschiwa war ein Erfolg und erlangte große Bekanntheit, so dass sie später als "Jeschiwa Chofetz Chaim von Radin" bekannt wurde. Kagan, der als Chofetz Chaim bekannt wurde, verbreitete die Tora nicht nur durch seine Jeschiwa, sondern engagierte sich auch sehr für jüdische Belange. Er reiste viel, um die Einhaltung der Mitzwot unter den Juden zu fördern. Er wurde zu einem der einflussreichsten Rabbiner des orthodoxen Judentums im späten 19. und

Shemirat HaLashon - Über den

frühen 20. Jahrhundert und spielte eine zentrale Rolle in der Weltbewegung Agudath Israel in Osteuropa.

Obwohl ihn die antireligiöse Haltung, die den Zionismus durchzog, sehr beunruhigte, weigerte sich Kagan zunächst, sich persönlich in die Angelegenheit einzumischen, und verzichtete darauf, die Bewegung öffentlich anzuprangern. Als seine Ansichten bekannt wurden, warnte er seine Studenten davor, sich den Zionisten anzuschließen, und erklärte deren politische Ziele als unvereinbar mit der Thora. Dennoch schätzte er das Heilige Land, und 1925 wurde bekannt, dass er Warschau mit seiner Tochter und seinem Schwiegersohn verlassen würde, um sich dauerhaft in Petach Tikvah, Palästina, niederzulassen. Als prominente Rabbiner und Jeschiwa-Dekane von seinen Plänen erfuhren, überredeten sie ihn, in Radin zu bleiben, wo er am 15. September 1933 im Alter von 95 Jahren starb.

Auch viele andere jüdische religiöse Einrichtungen in der ganzen Welt tragen seinen Namen. Eine amerikanische Jeschiwa, die ihm zu Ehren benannt wurde, ist die Jeschiwa Rabbeinu Yisrael Meir HaKohen in Queens, New York, die von seinem Großneffen, Rabbi Dovid Leibowitz, gegründet wurde und mehrere Zweigstellen in den Vereinigten Staaten, Kanada und Israel hat. Die Lehren des Chofetz Chaim haben einige englischsprachige amerikanisc.

Shemirat HaLashon - Buch A

Shemirat HaLashon

Buch A

Einleitung

Es steht geschrieben [Sprüche 21:23]: "Wer auf seinen Mund und seine Zunge achtet, schützt sein Leben vor Unheil." Um zu verstehen, wie man Mund und Zunge hütet und das Leben vor Schwierigkeiten bewahrt, was die Heilige Schrift noch mehr als alle anderen Ideen definiert, die der vollkommene Mensch während der Tage zu beachten hat, schauen Sie in die grundlegenden Kommentare. Und auch ich werde über meinen Teil sprechen, den Haschem mir gewährt hat, und damit werden wir auch verstehen, was geschrieben steht [Psalm 34,13]: "Wer ein Mensch ist, der das Leben begehrt und [seine] Tage begehrt, um Wohltaten zu erkennen, der schütze deine Zunge vor dem Bösen" usw.

Der Grund dafür, dass die Heilige Schrift gerade diese Dinge herausgreift, scheint folgender zu sein: Es ist bekannt, dass jeder Mensch 248 körperliche Organe und 365 körperliche Sehnen hat, wie es geschrieben steht [Iyyov 10:11]: "Mit Haut und Fleisch hast Du mich bekleidet und mit Knochen und Sehnen hast Du mich bedeckt." Nun erwähnt die Schrift Haut und Fleisch und Sehnen und Knochen und nennt sie nur "Kleidung" und "Bedeckung" - "Du hast mich bekleidet"; "Du hast mich bedeckt." Wen hat er denn bekleidet, wenn nicht die Seele, die in seiner Mitte ist - "der wesentliche Mensch". Und jedes Organ der Seele ist von oben her mit einem körperlichen Organ bekleidet, das diesem Organ entspricht wie ein Gewand dem Körper. Und dementsprechend hat uns der Heilige, gepriesen sei Er, 248 positive Gebote und 365 negative Gebote gegeben. Und sie sind auch auf die Organe verteilt. Denn es gibt eine Mitzvah, die von der Hand abhängt, und eine Mitzvah, die vom Fuß abhängt. Und so ist es auch mit allen anderen Organen, wie es im Buch Charedim steht. Und wenn ein

Shemirat HaLashon - Buch A

Mensch in dieser Welt eine Mitzwa mit einem bestimmten Organ erfüllt, dann ruht in der kommenden Welt das Licht des Herrn auf diesem Organ, und es ist dieses Licht, das dieses Organ belebt. Und so ist es mit jeder einzelnen Mitzvah. Es zeigt sich also, dass ein Mensch, der die 248 positiven Gebote erfüllt, ein "vollständiger Mensch" ist, der mit allen seinen Organen dem Herrn geheiligt ist. Und das ist die Absicht dessen, was im Abschnitt über die Zitzith [Fransen] gesagt wird [Bamidbar 15:40]: "Und du wirst alle meine Mitzvoth tun, und du wirst deinem Gott heilig sein." Aber wenn er, Gott bewahre, eines der 248 positiven Gebote versäumt, das er "hinter seinen Rücken geworfen hat" und das er nicht bereut hat, wird es in seiner Seele in der kommenden Welt einen Mangel an dem Organ geben, das dieser Mitzwa entspricht. Und das ist die Absicht von Berachoth 26a: "[Koheleth 1:15]: 'Das Krumme kann nicht gerade gemacht werden' - Dies bezieht sich auf jemanden, der das Schma des Abendgebets oder das Schma des Morgengebets oder die Amidah des Abendgebets oder die Amidah des Morgengebets ausgelassen hat." Und wenn ein Mensch darauf achtet, die negativen Gebote der Tora nicht zu übertreten, zieht er das Licht der Heiligkeit auf die Sehnen seiner Seele herab. Und wenn er nicht aufpasst, werden sie - Gott bewahre - schadhaft, wie im Buch Sha'arei Kedushah, Kapitel I, ausführlich erklärt wird.

Und daraus kann man ableiten, wie man alle 613 Mitzvoth mit all seiner Kraft in den Tagen seines Lebens beachten muss. Denn sie [die Mitzvoth] sind es, die sein Leben in den Organen und Sehnen seiner Seele ewig verlängern. Wie es geschrieben steht [Vayikra 18:5]: "Und du sollst meine Satzungen und meine Rechte halten, die der Mensch tun soll, und in ihnen leben." Es steht nicht geschrieben "Und er soll durch sie leben" [sondern "in ihnen"], um zu lehren, dass das Licht der Mizwa selbst sein Leben in der kommenden Welt ist - so wie man in dieser Welt in allen seinen Gliedern vollkommen sein möchte, damit man nicht in seinem kleinsten Organ befleckt ist.

Und [das gilt] besonders für den Bereich der Zungenhütung. Denn wenn er zulässt, Gott bewahre, dass seine Seele in dieser Welt zu den Sprechern von Lashon Hara [Verleumdung] gehört, und selbstverständlich auch seine Ohren nicht daran hindert, immer wieder Lashon Hara

Shemirat HaLashon - Buch A

[Verleumdung] und Rechiluth [Klatsch] zu hören und anzunehmen, [auch, damit er später etwas zu reden hat; denn das ist der Charakterzug des Schwätzers, an einem Ort zu gehen und zu hören und diese "Ware" an einem anderen Ort zu verkaufen, wie ein Kaufmann mit seiner Ware [d.h. Torath Cohanim und Raschi's Kommentar zum Chumash]], dann wird er seine Fähigkeiten der Sprache und des Gehörs beschädigt haben und wird sicherlich in seiner Seele bestraft werden, entsprechend in der kommenden Welt, in diesen beiden Fähigkeiten selbst, Sprache und Gehör. [Dies ist die Sprache der Gra [R. Eliyahu von Vilna] zu dem Vers [Mischlei 13:13]: "Wer eine Sache vernachlässigt, dem wird sie schaden, und wer eine Mitzwa hält - er wird vollkommen sein." "Denn es gibt 248 Organe im Menschen, und ihnen entsprechend 248 positive Gebote. Und ebenso bezieht jedes Ding seine Lebenskraft aus den Mitzvoth. Und deshalb schadet jeder, der irgendeine Mitzvah vernachlässigt, sich selbst. Denn er beraubt sich dadurch der Lebenskraft dieser Sache. Wer sich aber davor fürchtet, irgendeine Mitzwa zu vernachlässigen, und danach strebt, jede Sache [[der Mitzwa]] zu erfüllen, wird in allen seinen Organen vollständig sein."] Und wir können auch sagen, dass dies die Absicht des Verses [Devarim 32:5] ist: "[In den Übertretungen, die sie begangen haben,] haben sie [sich selbst] verdorben, nicht Ihn," [Gott bewahre], wie es geschrieben steht [Iyyov 35:6]: "Wenn ihr gesündigt habt, was habt ihr Ihm angetan." Die Absicht [des Verses in Devarim] ist, wie er [der Gra] erklärt - dass sie durch ihre Sünden am Ende verunreinigt werden. [siehe Raschi zu "banav mumam" ["Seine Söhne, ihr Makel"]]. Das heißt, wenn eine Mitzwa in seinen Augen entbehrlich wird, Gott bewahre, dann wird das Organ, das dieser Mitzwa entspricht, am Ende verunreinigt, wie wir im Namen des GRA geschrieben haben. Denn mit dem Issur [Verbot] des Sprechens von Lashon Hara [Verleumdung] und Rechiluth [Tratsch], das er mit seinem Mund spricht, übertritt er "Du sollst nicht unter deinem Volk schwatzen", wobei das meiste [Sünde] dem Mund innewohnt. Und wenn er Lashon Hara [Verleumdung] hört und sie annimmt, verstößt er gegen die Übertretung von [Schemot 23:1]: "Du sollst kein falsches Zeugnis ablegen." [vgl. Sefer Charedim über die negativen Gebote, die von den Ohren abhängen, und was ich

Shemirat HaLashon - Buch A

von seinen Worten im Grundsatz X [10] des Be'er Mayim Chayim abgeschrieben habe]. Und es ist bekannt, dass diese [[Sprechen und Hören]] die Hauptfähigkeiten der "Form" des Menschen und seiner Vollkommenheit sind, sogar in dieser Welt. [Dies ist bekannt aus dem Urteil der Chazal, dass ein Taubstummer [cheresh], der nicht hört und nicht spricht, [rechtlich] mit einem Schoteh [jemandem, der geistig minderbemittelt ist] und mit einem Minderjährigen vergleichbar ist, in allen Angelegenheiten. Und, in Bava Kamma 85b: "Wenn jemand einem anderen einen Cheresch gegeben hat, zahlt er ihm den [gesetzlichen] Wert eines ganzen Mannes"; denn von nun an ist er [gesetzlich] nichts mehr wert]. Wie viel mehr wird er [d.h. "das Gegenstück von Mund und Ohr"] in der kommenden Welt [für Sünden durch diese Organe] untauglich gemacht. Und selbst wenn wir sagen, dass ihm diese Fähigkeiten nicht gänzlich fehlen werden [denn hat er sie nicht auch zu Lebzeiten in Worten der Tora und der Heiligkeit eingesetzt?], so werden sie auf jeden Fall defekt sein, denn er hat sie zu Lebzeiten beschädigt und nicht bereut. Und dies ist allen, die Verstand haben, bekannt - dass selbst in dieser Welt, wenn, Gott bewahre, das Sprach- und Hörvermögen eines Menschen beeinträchtigt ist, selbst wenn er - mit großer Anstrengung - noch sprechen und hören kann, dies ihn zu seinen Lebzeiten sehr betrübt, und er wird durch diesen Mangel stärker beschämt sein, als wenn er in seinen anderen Organen beeinträchtigt wäre; denn dies sind die wichtigsten Fähigkeiten des Menschen, und er wird auch nicht imstande sein, ihren Verlust zu verbergen. Wie viel mehr noch in der höheren Welt - wie sehr wird seine Seele dort vor den Augen aller trauern! Selbst wenn dem Menschen für Lashon Hara [Verleumdung] gar keine Strafe auferlegt würde, sondern nur seine Sprache und sein Gehör beeinträchtigt wären, wie viel Schande würde er dadurch erleiden! Denn es ist bekannt und von allen anerkannt, dass seine Sprach- und Hörbehinderung darauf zurückzuführen ist, dass er ein Mann der Lashon Hara [Verleumdung] und des Streits in dieser Welt ist.

Und es ist bekannt, dass, wenn man dieser Sünde [der Lashon Hara [Verleumdung], Gott bewahre, verfallen ist, es sehr schwierig ist, irgendeine Heilung für ihn zu finden, wie Chazal gesagt haben, dass in der nächsten Welt alle geheilt

Shemirat HaLashon - Buch A

werden, außer "ein Mann der Lashon Hara [Verleumdung]." Wenn dies der Fall ist, wird seine Seele dadurch auf ewig große Schande erleiden [siehe Kapitel V [5], über Miriam]. Und dies [Lashon Hara [Verleumdung]] führt eher zu "Seelenqualen" [siehe einleitender Absatz] als alles andere. Denn dadurch wird ihre [der Seele] Vollkommenheit mehr als durch irgendetwas anderes untergraben [sie wird "die Seele des Menschen" genannt aufgrund der ihr innewohnenden Kraft der Sprache [siehe Raschi in Parschath Bereschit]]. Und das ist die Absicht von "Wer seinen Mund und seine Zunge [in dieser Welt] hütet, der hütet seine Seele vor Unannehmlichkeiten [in der nächsten Welt]." Und das ist die Absicht von König David, Friede sei mit ihm, wenn er diese Eigenschaft [die Zunge zu hüten] hervorhebt, denn sie ist von großem Nutzen für das ewige Leben [siehe, was wir weiter unten schreiben werden, wenn der Herr will, in den Kapiteln IV [4] und V [5]].

Und in Wahrheit möchte jeder Jude die Tora in Vollkommenheit befolgen und nichts von ihr auslassen, wie es geschrieben steht [Jesaja 60,21]: "Und dein Volk ist ganz gerecht." Aber die Gründe, die dazu führen, dass die Menschen in der heiligen Eigenschaft, ihre Zunge zu hüten, nachlässig sind, sind vielfältig. Wir werden sie, so Gott will, weiter unten ausführlich erklären; aber die Hauptgründe sind drei:

A. Mangel an Wissen - nicht zu wissen, welche Rede in die Kategorie Lashon Hara [Verleumdung] fällt, weshalb wir die ersten beiden Teile des Buches Chafetz Chaim geschrieben haben.

B. Verstärkung des Yetzer [Neigung] [der bösen Neigung] in diesem Bereich [von Lashon Hara [Verleumdung]], wodurch er die Macht erlangt, uns zu "verfolgen", so dass unsere Gebete oben nicht angenommen werden [wie wir unten geschrieben haben, indem wir den heiligen Zohar zitieren].

C. das Fehlen von Tricks, um dem Yetzer [Neigung] zu entkommen, nämlich [Mischlei 24:6]: "Denn mit List sollst du für dich Krieg führen [gegen den Yetzer [Neigung]]."

Aus diesem Grund haben wir mit der Hilfe des gesegneten Herrn diesen dritten Teil [Shmirath Halashon] geschrieben, eine Sammlung vieler Aggadoth Chazal, aus dem Talmud,

Shemirat HaLashon - Buch A

den Midraschim und dem heiligen Zohar, die von der großen Strafe sprechen, die in dieser und der nächsten Welt aus dieser bitteren Sünde resultiert, der Himmel bewahre uns, und auch von der großen Belohnung in dieser und der nächsten Welt für den Hüter seines Mundes und seiner Zunge. Aus diesem Grund haben wir das erste Tor dieses Teils "Das Tor der Erinnerung" genannt, wie es in Devarim 24:9 heißt: "Erinnere dich daran, was der Herr, dein Gott, Mirjam angetan hat" [weil sie Lashon Hara [Verleumdung] gesprochen hat]. Und es werden darin auch Apothegma von Chazal erwähnt, die einen zu diesem Zweck erwecken und ihn daran erinnern.

Wir haben uns auch bemüht und aus den Worten der Chazal, mit der Hilfe des Gesegneten Herrn, verschiedene Tricks und Ratschläge ausgewählt, wie man sich [aus dem Mund des Yetzer [Neigung]] von dieser Übertretung der Sünde der Zunge retten kann. Vielleicht wird jeder durch diese dafür sorgen, in diesem Bereich weise zu werden und seinen Yetzer [Neigung] zu überwinden und alle Hindernisse aus dem Weg zu räumen, die ihn von dieser heiligen Eigenschaft, die Zunge zu hüten, abhalten. Aus diesem Grund haben wir das zweite Tor dieses Teils "Das Tor des Verstandes" genannt, wie es in Mischlei 1:5 heißt: "Und der Verständige wird List erwerben." Ich habe in dieser Pforte auch viele andere heilige Eigenschaften erklärt, die ebenfalls für das Verhalten des "Mannes, der das Leben will", wesentlich sind. Durch sie wird es ihm leichter fallen, zur Pforte der Zungenhütung zu gelangen. All dies haben wir in den ersten beiden Pforten dieses Teils erklärt.

Wir haben in diesem Teil auch ein zusätzliches Tor geöffnet, das dritte Tor, "Das Tor der Tora", das alle Tore zusammenfasst, wie Chazal gesagt hat: "Wem dies [die Tora] fehlt, was hat er erworben? Und derjenige, der dies erworben hat, was fehlt ihm?" [Und auch sie [die Tora] ist von großem Nutzen für den Menschen, der das Leben will. Wie sie gesagt haben [Arachin 15b]: "Was ist die Änderung des "Mannes der Lashon Hara [Verleumdung]? Wenn er ein Toragelehrter ist, soll er sich mit dem Torastudium beschäftigen"]. Und darin wird erklärt, wie groß der Lohn des Mannes ist, der seine Rede mit der Tora heiligt, und der Lohn dessen, der seine Söhne der Tora weiht, und verschiedene andere Dinge, die sich daraus ergeben. Und

Shemirat HaLashon - Buch A

weil es in diesem Teil mit der Hilfe des gesegneten Herrn viele Dinge geben wird, die für einen Juden wesentlich zu wissen und zu erfüllen sind, ist er [dieser Teil] mir besonders lieb, und ich habe ihm einen eigenen Namen gegeben. Er soll "Shmirath Halashon" ["Die Bewachung der Zunge"] genannt werden, gemäß Mischlei 21:23: "Wer seinen Mund und seine Zunge bewacht, der bewahrt seine Seele vor Unheil."

Und dennoch soll der geneigte Leser wissen, dass, selbst wenn dieses Buch mit Hilfe des gesegneten Herrn Gefallen in seinen Augen findet, er nicht denken soll, dass es ausreicht, nur den dritten Teil zu kennen. Denn auch die ersten beiden Teile ["Die Gesetze von Lashon Hara [Verleumdung]" und "Die Gesetze von Rechiluth [Tratsch]" sind für den Menschen, der das Leben will, unerlässlich, wie es im Midrasch Mischlei 1:2 heißt]: "Weisheit und Mussar zu kennen" - Wenn ein Mensch Weisheit hat, kann er Mussar [Ethik/Züchtigung] lernen; wenn er aber keine Weisheit hat, kann er Mussar nicht lernen." Die klare Bedeutung ist: Wenn man sich im Din selbst irrt, kann einem kein Mussar helfen. Zum Beispiel, wenn man in seinem Geschäft denkt, dass es nicht in die Kategorie Diebstahl fällt. Was wird es ihm nützen, alle Lehren des Mussar zu lernen, sein Herz mit der Größe des Issur [Verbot] des Diebstahls zu entflammen, wenn er meint, dass das, was er tut, nicht in die Kategorie des Diebstahls fällt? Und dasselbe gilt für alle anderen Bereiche der Tora. Deshalb muss man die Dinim der Tora lernen, um zu wissen, was verboten und was erlaubt ist [und er muss auch jene Bereiche der Mussar lernen, die einen Menschen zur Furcht vor dem gesegneten HERRN bringen, um seine Seele anzuspornen, die Tora zu erfüllen], abgesehen davon, dass man damit die Mitzwa von [Devarim 6:13] erfüllt: "Den HERRN, deinen Gott, sollst du fürchten." Und dasselbe [gilt] in unserem Bereich [der Bewahrung der Zunge]. Denn was nützt ihm alle Mussar der Welt, die von der Schwere des Issur [Verbot] von Lashon Hara [Verleumdung] und Rechiluth [Tratsch] spricht, wenn er seiner Seele erlaubt hat zu sagen, dass diese Sache nicht in die Kategorie von Lashon Hara [Verleumdung] fällt oder dass die Tora für diesen und jenen Menschen das Issur [Verbot] von Lashon Hara [Verleumdung] nicht vorschreibt? Deshalb ist es für

Shemirat HaLashon - Buch A

einen Menschen wichtig zu wissen, was nach dem Din in die Kategorie Lashon Hara [Verleumdung] fällt. Und um seinen Yetzer [Neigung] zu überwinden und zu erfüllen, was er gelernt hat, muss er dafür sorgen, Mussar zu studieren. Und das [d.h. Mussar] ist die [Schärfung des Bewusstseins für die] Größe der Strafe und der Belohnung, die diesem Bereich innewohnt.

Und ein weiterer Vorteil der Kenntnis der Dinim - auf der anderen Seite - besteht darin, nicht zu streng mit sich selbst zu sein und sich selbst zu verbieten, Lashon Hara [Verleumdung] zu sprechen, wo es eine Mitzwa ist, jemanden [d.h. einen Ketzer] zu erniedrigen, damit er die Öffentlichkeit nicht mit seinen betrügerischen Ansichten verdirbt. [Für einen weiteren Vorteil siehe das Vorwort des Chafetz Chaim].

Ich habe es auch für angebracht gehalten, hier im Vorwort meine Erklärung von Avoth d'R. Nathan 27:3 darzulegen, damit man damit seinen Yetzer [Neigung] in seinem Argument gegen ihn in diesem Bereich [der Bewahrung der Zunge] widerlegen kann. Die Mischna sagt dort: "Er [R. Jochanan ben Dahavai] pflegte zu sagen: 'Entferne dich nicht von einer Eigenschaft, die kein Ende hat, und von einer Arbeit, die keine Vollendung hat.' Womit kann man das vergleichen? Mit jemandem, der Wasser aus dem Meer nimmt und es am Ufer verschüttet. Das Meer wurde nicht geleert und das Ufer nicht gefüllt - woraufhin er verzweifelt aufgab - woraufhin ihm gesagt wurde: "Leerer! Warum verzweifelst du? Nimm jeden Tag deinen Lohn - einen Dinar Gold!"' Ich habe erklärt, dass die "Eigenschaft", auf die wir uns beziehen, diejenige ist, von der wir sprechen. Es ist bekannt, dass der Yetzer [Neigung] einen Menschen dazu verleitet, sich von der Eigenschaft zu entfernen, seine Zunge zu hüten und die Einzelheiten dieses Din zu lernen. Er sagt zu dir: "Was bringt es dir, diese Sache zu lernen und zu erforschen?

Wirst du in der Lage sein, sein Ende zu erreichen und deinen Mund alle Tage deines Lebens zu hüten? Wenn du doch nur einen oder zwei Tage durchhalten könntest! Und selbst in dieser kurzen Zeit würdest du in der Lage sein, all das zu tun, was du zu tun hast? Bist du nicht ein Regierungsbeamter und hast du nicht mit Hunderten von Menschen zu tun? Kehrt um und fangt gar nicht erst an,

Shemirat HaLashon - Buch A

diesen Charakterzug zu kultivieren. Denn es ist eine Eigenschaft, die kein Ende hat, weder zeitlich noch inhaltlich. Denn sie umfasst alle Zeiten und Jahreszeiten, die ein Mensch in seinem Leben durchläuft, und alle Angelegenheiten zwischen einem Menschen und seinen Nächsten!" Und [zur Widerlegung] dessen kam der Tanna, R. Yochanan ben Dahavai und lehrte uns in seiner knappen Antwort, dass die Dinge in Wahrheit nicht so sind, dass man sich nicht von einer Eigenschaft distanzieren sollte, die kein Ende hat.

Und wir werden unsere Worte mit der Hilfe des gesegneten Herrn näher erläutern. Auf die Behauptung des Yetzer [Neigung], dass die Sache [d.h. das Hüten der Zunge] nicht länger als ein oder zwei Tage dauern wird, möge er antworten: Selbst wenn es so wäre, wie du sagst, sollte man in dieser Sache nachlässig sein? Weißt du nicht, dass, wenn jemand am Meer spazieren ginge [und sei es ein sehr reicher Mann; wie viel mehr ein armer Mann] und sähe, wie das Meer Edelsteine und Perlen aufwirft, er dann nachlässig wäre, sie aufzuheben, weil er es nur ein paar Stunden oder höchstens einen Tag lang tun könnte? Das mag für billige, wertlose Dinge gelten, aber nicht für Edelsteine und Perlen, bei denen jeder Augenblick, in dem er sie aufliest, mehr wert ist als hundert Tage, in denen er armselige Dinge aufliest! Also, in unserem Fall. Wissen wir nicht, was der Gra im Namen des Midrasch angeführt hat? Dass ein Mensch für jeden Moment, in dem er seinen Mund verschließt [gegen das Sprechen von Lashon Hara [Verleumdung]], das verborgene Licht verdient, das sich kein Engel oder [himmlisches] Geschöpf vorstellen kann. Beachte, dass der Midrasch nicht von einem Monat oder einer Woche oder einem Tag oder einer Stunde spricht - sondern von einem Augenblick! Und das ist der Sinn von [Mischlei 2:4]: "Wenn du es suchst wie Silber, wenn du es suchst wie einen verborgenen Schatz, usw." Der Mensch muss sich bei der Suche nach dem ewigen Lohn so verhalten, als würde er Silber suchen und nach einem verborgenen Schatz suchen. Und das ist die Absicht des Tanna: "Entferne dich nicht von einer Eigenschaft, die kein Ende hat." Das heißt, ein Mensch sollte alles, was er davon [d.h. vom verborgenen Schatz] findet, als Verdienst und als "Fund" für seine Seele betrachten.

Shemirat HaLashon - Buch A

Und all dies, sogar nach den Worten des Yetzer [Neigung], dass die Zustimmung und die Akzeptanz, die er in seinem Herzen für die Zukunft erreicht, nur für einige Tage andauern wird. Aber wenn wir uns tiefer in diese Dinge vertiefen, werden wir feststellen, dass die Behauptung des Yetzer [Neigung] von vornherein falsch ist. Denn es hat sich bereits im Schmelztiegel der Erfahrung erwiesen, dass man, wenn man daran arbeiten will, es umso leichter beibehalten kann, je länger man sich daran gewöhnt. Denn er wird sich dessen bewußt sein, wenn er etwas Unschickliches äußert, im Gegensatz zu seinem früheren Zustand, wo er wegen der Neigung seiner Natur zu allen Dingen, die er begehrte, nichts fühlte. Und mit einem kleinen Ansporn seiner Seele wird er sich von der verbotenen Rede zurückhalten, nachdem er sich von dieser Macht der Gewohnheit befreit hat.

Was aber die Frage betrifft, wie man die Gewohnheit, seine Zunge zu hüten, in seiner Seele verankern kann, so scheint es mir klar, dass man sich folgendermaßen verhalten sollte: Erstens muss man dafür sorgen, dass man alle Einzelheiten der Gesetze zur Bewahrung der Zunge kennt und sie gründlich durchgeht, um darin Experte zu werden, damit man weiß, welche Art des Sprechens unter die Kategorie "Bewahrung" fällt. Wenn er dies tut, wird der größte Teil seiner früheren Gewohnheit von selbst von ihm abfallen. Auch wenn er nur jede Woche eine feste Zeit dafür einrichtet, wird ihm das sehr helfen, je nach der Art des Menschen und seiner Angelegenheiten. Denn es gibt Menschen, die sich jeden Tag prüfen müssen, wie und wo sie in Bezug auf ihr Sprachvermögen stehen.

Und selbst wenn es eine Zeit gibt, in der man sich aus irgendeinem Grund nicht dazu anspornen kann, oder in der man manchmal vom Yetzer [Neigung] darin besiegt wird, so darf man doch nicht verzweifeln, es jemals zu erreichen. Denn wenn er sich weiter stärkt und sich zu dieser Bewahrung aufrafft, wird er als Sieger hervorgehen und sich sein ganzes Leben lang entsprechend verhalten. Dies ist die Absicht von Chazal in [Berachoth 5a]: "Man soll immer seinen guten Yetzer [Neigung] gegen seinen bösen Yetzer [Neigung] anstacheln, usw." Diese "Aufstachelung" besteht darin, dass er immer Krieg mit ihm führt, wie wir geschrieben haben.

Shemirat HaLashon - Buch A

Ich hörte im Namen eines gewissen Gaon, dass er [der Gaon] antwortete, als er von jemandem gefragt wurde, wie er sich konzentrieren könne, wenn er sich dem Ende seines Gebets näherte und feststellte, dass er sich den größten Teil des Gebets nicht konzentriert hatte: "Womit kann man das vergleichen? Mit einem kleinen Mädchen, das mit einem großen Korb voller Gemüse auf dem Markt steht und von jemandem angesprochen wird, der beginnt, Dinge aus dem Korb zu nehmen. Sie gerät in Panik und weiß nicht, wie sie sich verhalten soll - bis ein weiser Mann, der in einiger Entfernung steht, ihr zuruft: 'Worauf wartest du noch? Bis er sich alles geschnappt hat? Er greift zu - greif du auch zu! Alles, was du ergreifst, wird dein sein!'" Und genau so ist es mit dem Gebet. Der Yezter überwältigt den Menschen und macht ihn träge und unstet, so dass er sich nicht auf die vielen Segnungen konzentrieren kann. Auch du "greifst zu" und spornst dich mit aller Kraft an, dich auf die Segnungen zu konzentrieren, die noch vor dir liegen.

Und genau so ist es auch in unserem Fall. Der Yetzer [Neigung] hat dich heute auf dem Gebiet der verbotenen Rede besiegt. Steh auf und stärke dich morgen gegen ihn, um ihn zu besiegen. Und selbst wenn er dich, Gott bewahre, wieder besiegt, so kehre trotzdem zurück und stärke dich erneut gegen ihn, um mit ihm Krieg zu führen. Und der Heilige, gepriesen sei Er, wird dir gewiss helfen, auch als Sieger hervorzugehen; denn "wer kommt, um sich zu läutern, dem wird geholfen [von oben]": Ein Mensch sollte seine ganzen Tage damit verbringen, mit seinem Yetzer [Neigung] zu kämpfen, denn das ist die Absicht von Chazal in "Man soll immer aufstacheln usw." Und dies ist in der Tat die Absicht des Verses [Koheleth 10:4]: "Wenn der Geist des "Herrschers" sich gegen dich erhebt, gib deine Position nicht auf."

Auf die zweite Behauptung des Yetzer [Neigung] - "Da du den Din nicht vollständig einhalten kannst, ist es am besten, dich ganz davon zu distanzieren" - kannst du antworten: "Würde ich mir erlauben, meine Geschäfte auf diese Weise zu führen?" Wenn mich zum Beispiel jemand mit Eifer rennen sieht, um "ein Geschäft zu machen", um mich zu unterstützen, und er mich fragt: "Warum rennst du? Glaubst du, dass du dadurch der reichste Mann der Welt wirst, wie Ploni [so und so]?", würde ich ihm sicher nicht antworten:

Shemirat HaLashon - Buch A

"Weil ich nicht wie er werden werde, wenn ich 'meine Hand in der Schüssel verstecke' und mich nicht selbst unterstütze?" Und wenn dies bei dem vergänglichen Körper so ist, was soll ich dann für die Angelegenheiten der [ewigen] Seele antworten? Denn ich kann diese Eigenschaft nicht in all ihren Einzelheiten und Aspekten beachten, durch die ich zu ewigen Höhen der Erhabenheit und Heiligkeit aufsteigen könnte - [wie wir im heiligen Zohar, Parschath Chukath, lesen, dass jemand, der seinen Mund und seine Zunge hütet, es verdient, mit dem heiligen Geist bekleidet zu werden, und auch ewig in dem verborgenen Licht zu leuchten, das kein Engel oder [himmlisches] Geschöpf sehen kann, wie Chazal sagt und wie wir in Reshith Chochmah im Namen von Maharam Kordovero seligen Andenkens finden, dass Rav Schoschan in einem Traum Geheimnisse gezeigt wurden, in dem er sah, dass jedes Haar seines Bartes wie eine Fackel leuchtete, das Ergebnis seiner Enthaltsamkeit von nutzlosem Reden] - sollte ich also davon absehen, meine Seele zu schützen, indem ich meinen Mund mit aller Kraft hüte und nicht, Gott bewahre, zu der Klasse der "Sprecher von Lashon Hara [Verleumdung]" und dergleichen gehöre, zu jenen bösen Klassen, von denen Chazal sagt, dass sie die Gegenwart der Schechinah nicht sehen? Das ist es, was König Salomo, Friede sei mit ihm, meinte, als er schrieb [Koheleth 9:10]: "Alles, was deine Hand mit deiner Kraft zu tun vermag, das tue!" Um uns zu lehren, dass man, auch wenn man denkt, dass man nicht die Kraft haben wird, die Mizwa in allen Einzelheiten zu erfüllen, trotzdem alles tun sollte, was man tun kann. Und in diesem Sinne haben Chazal zu Devarim 4:41 gesagt: "Dann legte Mosche drei Städte fest", dass die Schrift uns darauf hinweist [um uns zu lehren], dass, obwohl die drei Städte jenseits des Jordans nicht als Zufluchtsstädte dienen konnten, bis jene im Land Kanaan festgelegt worden waren, und er wusste, dass er Eretz Jisrael nicht betreten würde, Mosche Rabbeinu, Friede sei mit ihm, trotzdem sagte: "Alles, was in meiner Macht steht, werde ich tun", wie Raschi dort erklärt. All dies haben wir mit Hilfe des gesegneten Herrn geschrieben, um zu erklären, was in Avoth d'R. Nathan, dass man sich nicht von "einer Eigenschaft, die kein Ende hat", distanzieren soll. Was "eine Arbeit, die keine Vollendung hat" betrifft, so trifft dies auf

Shemirat HaLashon - Buch A

[das Studium der] Tora zu, wie die dort angeführte Analogie zeigt.

Und wisse, dass das, was wir in diesem Buch über die große Notwendigkeit geschrieben haben, sich vor der Sünde der Lashon Hara [Verleumdung] zu hüten, auf jemanden zutrifft, der noch in der Klasse der "Mitmenschen" ist. Aber für diejenigen, die die Tora des Herrn verleugnen, auch nur einen Buchstaben davon, und für diejenigen, die die Worte der Chazal verhöhnen, ist es eine Mitzwa, ihre betrügerischen Ansichten vor allen bekannt zu machen und sie zu erniedrigen, damit die Menschen nicht aus ihren bösen Wegen lernen, wie im Chafetz Chaim Prinzip VIII, Halacha 5 erklärt.

Shemirat HaLashon - Buch A

Das Tor des Erinnerns

Kapitel Eins

In diesem Kapitel wird erklärt, warum die Heilige Schrift in Bezug auf diese Sünde so streng ist.

Es steht geschrieben [Psalm 34,13]: "Wer ist der Mensch, der das Leben will, der Tage liebt, um Gutes zu sehen? Hüte deine Zunge vor dem Bösen." Die Ausleger haben erklärt, dass "der das Leben will" sich auf das ewige Leben in der kommenden Welt bezieht und "der die Tage liebt, um das Gute zu sehen" sich auf diese Welt bezieht, die nur "Tage" im Vergleich zum ewigen Leben ist. Auf den ersten Blick ist dies ein Grund zur Verwunderung. Warum wählt die Heilige Schrift gerade diese Sünde aus, vor der wir uns hüten" sollen? Hat uns die Tora nicht 248 positive Gebote und 365 negative Gebote vorgeschrieben, über die der gesegnete Herr uns alle gesagt hat [Devarim 30:15]: "Siehe, ich habe dir heute das Leben und das Gute vor Augen gestellt ..., das ich dir heute gebiete, den HERRN, deinen Gott, zu lieben, in Seinen Wegen zu wandeln und Seine Mizwot und Seine Satzungen und Seine Rechte zu halten usw."?

Und gemäß dem, was wir in der Einleitung zum Chafetz Chaim über die vielen negativen und positiven Gebote geschrieben haben, die er durch diese bittere Sünde zu übertreten pflegt, im Gegensatz zu den anderen Sünden der Tora, wird der Ausdruck "Wer ist derjenige, der das Leben will ... Hüte deine Zunge ... Lass ab vom Bösen, usw." als sehr treffend empfunden. Denn König David, Friede sei mit ihm, wollte allgemein andeuten, dass wir uns vor den Sünden gegen den Menschen und seinen Nächsten und auch vor den Sünden gegen den Menschen und seinen Schöpfer hüten müssen. Und in der Kategorie der Sünden zwischen dem Menschen und seinem Nächsten riet König David, Friede sei mit ihm, dem Menschen, der das Leben will, seine Zunge vor dem Bösen in allen Einzelheiten zu hüten, so dass er selbstverständlich in allem umsichtig sein wird.

Und das ist vernünftig. Denn wenn man sich angewöhnt, vorsichtig mit seiner Zunge umzugehen, niemals abwertend

Shemirat HaLashon - Buch A

über seinen Freund zu sprechen, auch wenn er ihm keinen Schaden zufügt, wie viel mehr wird er sich hüten, ihn dadurch um seinen Lebensunterhalt zu bringen, und auch nicht sein "Gesicht" mit seinem bösen Gerede zu "bleichen", und auch nicht durch seine Erzählungen Streit zu schüren, denn all das ist "böse" in der Zunge, und dasselbe gilt für ähnliche negative und positive Gebote, wie in der Einleitung erwähnt. Er wird sicherlich auch auf dem Gebiet des Raubes und des Diebstahls wachsam sein. Denn hat er es nicht schon auf sich genommen, darauf zu achten, ihm keinen Schaden zuzufügen oder ihn durch seine Rede zu erniedrigen? Wie viel mehr [wird er ihm nicht aktiv schaden]. Und wenn das der Fall ist, wird er auf lange Sicht von allen Sünden zwischen Mensch und Nachbar gereinigt sein.

Und danach heißt es in der Schrift: "Lass ab vom Bösen", was sich auf die Kategorie der Sünden zwischen dem Menschen und seinem Schöpfer bezieht. Darauf folgt "und tue Gutes", was sich auf die 248 positiven Gebote bezieht. [Sich vor Sünden zwischen dem Menschen und seinem Nächsten zu hüten ["Hüte deine Zunge usw."] steht an erster Stelle, weil sie beides einschließen - die Übertretung des Willens des Herrn, der dagegen geboten hat, und auch das Unrecht, das dem Nächsten dadurch zugefügt wird.] Und das Gegenteil, Gott bewahre: Wer seine Zunge nicht vor dem Bösen hütet, in dem vermehren sich viele Übertretungen und äußerst schwere Sünden, die aus dieser Sünde hervorgehen, wie im Vorwort erklärt. Und die Bewahrung der Zunge ist die Wurzel und die Quelle der Sünden zwischen dem Menschen und seinem Nächsten und auch einiger Sünden zwischen dem Menschen und seinem Schöpfer, wie dort erklärt wurde.

Nach den Worten der Chazal [Arachin 15a und 16b] und anderen Stellen, an denen wir die erniedrigende Natur dieser Sünde und die Größe ihrer Strafe dargelegt haben [wie wir durch ihre heiligen Worte in den folgenden Kapiteln zeigen werden, so Gott will], zeigt sich jedoch, dass die Sünde selbst, in ihrer Natur, äußerst schwerwiegend ist, abgesehen von dem, was von ihr ausgeht. Daher obliegt es uns zu erklären, warum diese besondere Sünde schwerer ist als die anderen schweren Sünden in der Tora.

Dies kann mit der Hilfe des Herrn auf verschiedene Weise

Shemirat HaLashon - Buch A

erklärt werden. [In Yerushalmi Peah 1:1 steht geschrieben, dass ebenso wie die Belohnung für das Torastudium über allen Mitzwot liegt, die Strafe für Lashon Hara [Verleumdung] über allen Übertretungen liegt. So wie das Torastudium die größte aller Mitzvoth ist, so ist Lashon Hara [Verleumdung] die schwerste aller Sünden. Der Grund dafür ist im Grunde folgender: Wie bei den Elementen, die der Gesegnete in diese Welt eingepflanzt hat - Feuer, Wind, Wasser und Erde -, ist das geistige Element viel stärker als das materielle, so dass das materielle im Vergleich dazu fast nichts ist, denn wir sehen deutlich, dass das Feuer, wenn es die Oberhand über eine materielle Substanz gewinnt, diese zerstört, und ebenso kann das Element des Windes, wenn es die Oberhand gewinnt, Berge spalten und Felsen zerbrechen, wie es geschrieben steht [1. Könige 19:11]: "Und ein großer, starker Wind, der Berge spaltet und Felsen zerbricht", so verhält es sich mit den "höheren Elementen", wie Zitzith, Lulav, Schofar und allen Mitzwot. So wie durch sie große Dinge in den höheren Welten gewirkt werden, so wird auch durch sie der Mensch dem Herrn geheiligt, wie es geschrieben steht [Numeri 15,40]: "Und du sollst alle meine Mitzvoth tun, und du sollst deinem Gott heilig sein", dennoch gibt es keinen Vergleich zwischen ihnen und dem Torastudium, wie wir in Yerushalmi Peah 1 finden, dass alle Mitzvoth nicht mit einem Wort der Tora vergleichbar sind.

Der Grund dafür ist, dass alle Mitzvoth mit Materie verbunden sind. So ist es zum Beispiel unmöglich, die Mitzwa der Zitzit zu erfüllen, ohne ein Kleidungsstück anzuziehen, das materiell ist. Dasselbe gilt für Sukkah und Lulav und somit für alle Mitzwot. Nicht so beim Torastudium, das dem Sprachvermögen innewohnt, das allein ein abstraktes, "geistiges" Vermögen ist. Aus diesem Grund ist ihr höheres Wirken ehrfurchtgebietend, weshalb das Studium der Tora "über und gegen alles" ist. Das Gegenteil gilt für Kilkul ["Schaden"]. Denn bei allen Organen, durch die er sündigt, weil sie materiell sind, ist der Kilkul, den sie anrichten, nicht so [relativ] groß. Nicht so bei der Sünde der Lashon Hara [Verleumdung] und Rechiluth [Tratsch], die rein geistig wirkt, weshalb ihr Kilkul in den höheren Welten furchtbar ist. Seine Bestrafung ist dementsprechend "über und gegen alles".

Shemirat HaLashon - Buch A

Kapitel Zwei

Mehr zu diesem Thema
Und es gibt noch einen weiteren Grund dafür. Es ist bekannt, dass entsprechend der Anordnung der Eigenschaften eines Menschen in dieser Welt die entsprechende Erregung dieser Eigenschaft in der höheren Welt ist. Wenn es seine Art ist, Beleidigungen zu übersehen und mit den Eigenschaften der Güte und Barmherzigkeit mit den Menschen umzugehen, erweckt er dadurch oben die Eigenschaft der Barmherzigkeit, und der Heilige, gepriesen sei Er, ist wegen ihm barmherzig gegenüber der Welt. Und "von den Früchten des Mundes eines Menschen wird seine Seele gesättigt werden". Und auch er wird die Barmherzigkeit des Heiligen, gesegnet sei Er, verdienen, und seine Vergehen werden ihm vergeben, wie Chazal gesagt hat [Schabbat 151b]: "Allen, die barmherzig zu den Menschen sind, wird die Barmherzigkeit des Himmels zuteil", und [Yoma 23a]: "Alle, die Beleidigungen gegen sich selbst übersehen, werden ihre [eigenen] Beleidigungen [vom Himmel] übersehen." Wie es im Zohar, Parschath Emor, heißt:
"Wir haben gelernt: 'Die Tat oben wird durch die Tat unten erweckt. Wenn ein Mensch eine Tat tut, die unten angemessen ist, wird die Güte oben erweckt, und sie legt sich auf diesen Tag, und er [der Tag] wird um seinetwillen von Güte gekrönt. Und wenn ein Mensch sich unten barmherzig verhält, so erweckt er an jenem Tag Barmherzigkeit, und er wird um seinetwillen mit Barmherzigkeit gekrönt. Und dann steht dieser Tag für ihn als Verteidigung da, wenn er sie braucht, usw. Mit demselben Maß, mit dem ein Mensch misst, wird er auch gemessen. Glücklich ist, wer unten eine "koschere" Tat zeigt. Denn von dieser Tat hängt alles ab, um dadurch ihr [himmlisches] Gegenstück zu erwecken."
Wir haben gelernt, dass in einer irdischen Tat eine himmlische Tat erweckt wird, wenn ein Mensch hier richtig handelt, wird eine spiegelbildliche Tat im Himmel erweckt, wenn ein Mensch in der Welt Güte tut, wird die Güte oben erweckt und sie bleibt an diesem Tag und ist für ihn geschmückt, und wenn ein Mensch unten mit Barmherzigkeit handelt, erweckt er an diesem Tag

Shemirat HaLashon - Buch A

Barmherzigkeit und ist für ihn geschmückt, und dann wird er an diesem Tag ein Beschützer für ihn sein, wenn er sie braucht, usw., gesegnet ist derjenige, der unten eine koschere Tat vollbringt, denn es hängt ganz von der Tat ab, [als Spiegelhandlung oben] etwas anderes zu erwecken.

Und wenn es seine Eigenschaft im Umgang mit Menschen ist, niemals auf etwas zu verzichten, was ihm gehört, und niemals barmherzig zu ihnen zu sein, so verstärkt er damit oben die Eigenschaft des Din gegen die Welt und auch gegen sich selbst. Denn mit dem Maß, mit dem ein Mensch misst, wird er gemessen, und keine seiner Taten wird übersehen werden. Und das ist die Absicht der Chazal [Bava Metzia 30b]: "Jerusalem wurde nur deshalb zerstört, weil sie ihre Wege nach dem Din der Tora ausrichteten." Hatten sie nicht viele Sünden, wie in der Heiligen Schrift angegeben? Aber nach dem Vorangegangenen ist es klar. Hätten sie Vergehen übersehen, hätte der Heilige, gepriesen sei Er, ihnen entsprechend verziehen. Aber sie hatten sich vorgenommen, für ihre Freunde auf nichts zu verzichten, was über den Parameter des Din hinausgeht, weshalb der Heilige, gepriesen sei Er, auch mit ihnen streng war.

Und wenn jemand Lashon Hara [Verleumdung] gegen seinen Freund spricht und din gegen ihn erregt, dann erregt er damit oben "Verfolgung" gegen Israel, und er gibt damit Satan die Macht, Israel zu verfolgen, wie es im heiligen Zohar, Parschath Pekudei steht:

"Es gibt einen bestimmten Geist, der über all diesen 'Menschen der Lashon Hara [Verleumdung]' steht, und wenn Menschen mit Lashon Hara [Verleumdung] angeregt werden, oder wenn dieser eine Mensch mit Lashon Hara [Verleumdung] angeregt wird, dann wird dieser unreine, böser Geist, der oben "sachsucha" [Anfechtung] genannt wird, und er kommt auf diese Erregung von Lashon Hara [Verleumdung], die von Menschen initiiert wurde, zur Ruhe, und er verursacht dadurch das Erwachen von Lashon Hara [Verleumdung], das Schwert und das Gemetzel in der Welt. Wehe denen, die diese Macht des Bösen erwecken und ihren Mund und ihre Zunge nicht hüten und sich nicht davor fürchten, weil sie nicht wissen, dass von der niederen Erweckung die höhere Erweckung abhängt, sowohl zum Guten als auch zum Bösen usw. Und alle [diese] sind Verfolger, um die große Schlange zu erwecken, die die Welt

Shemirat HaLashon - Buch A

verfolgt. Und alles wegen der niederen Erregung von Lashon Hara [Verleumdung]."

Es gibt einen Geist, der über all denen steht, die Böses reden, und wenn Menschen erweckt werden, um Verleumdung zu reden, oder eine Person, die erweckt wird, um mit Verleumdung zu reden, dann ist derselbe unreine böse Geist oben, genannt Saksocha [סָכְסוּכָא], erwacht, und er verbindet sich mit jenem Erwachen der bösen Rede, mit dem die Menschen begonnen haben, und er steigt auf und verursacht in ihm das Erwachen der Verleumdung, des Todes und des Schwertes und des Tötens in der Welt. Wehe denen, die die böse Seite erwecken und ihren Mund und ihre Zunge nicht hüten und sich nicht davor fürchten und nicht wissen, dass das Erwachen unten vom Erwachen oben abhängt, ob zum Guten oder zum Bösen usw., und sie alle verschwören sich, um die große Schlange zu erwecken, die die Welt heraufbeschwören wird, und alles um desselben Erwachens der Verleumdung willen, wenn ihr Erwachen unten gefunden wird.

Und wenn wir nur ein wenig über diese schreckliche Sache nachdenken, verstehen wir sofort, warum der Heilige, gesegnet sei Er, mit dieser Sünde strenger umgeht als mit allen anderen, bis zu dem Punkt, dass Er sich weigert, mit dem Mann der Lashon Hara [Verleumdung] überhaupt zu verkehren, um ihn aus seinen Schwierigkeiten zu retten, wie es, bitte Gott, unten im Namen der Sifrei angeführt wird, und wie es im Zohar, Parschath Shelach, geschrieben steht: "R. Schimon sagte: 'Der Heilige, gepriesen sei Er, verzeiht alles, außer Lashon Hara [Verleumdung].'" Denn es ist bekannt, dass die Liebe des Heiligen, gesegnet sei Er, zu seinem Volk Israel außerordentlich groß ist, wie es in der Schrift heißt [Jeremia 31:19]: "Ist Ephraim nicht ein lieber Sohn für mich, oder ein Kind, das ich liebkose usw.?" Wenn ein Mann einen geliebten Sohn oder ein Kind hat, das er züchtigt, und er sieht, dass es sich nicht richtig verhält, dann "deckt" er es dennoch in seiner großen Liebe zu ihm. Und auch wenn er ihn manchmal züchtigt, wird es mit Mitleid und Erbarmen geschehen. Wenn aber einige Männer ein- oder zweimal zu ihm kommen und ihm von der Eigensinnigkeit seiner Söhne erzählen, wie sie umsonst mit den Leuten streiten und zanken, wie sie alle beschämen und beleidigen, dann wird er gewiss zornig auf ihn werden und

Shemirat HaLashon - Buch A

ihn dafür schlagen und beschämen. Und wer hat das alles verursacht? Der Erzähler. So ist es auch in unserem Fall. Der Heilige, gepriesen sei Er, in Seiner großen Liebe zu Israel, obwohl Er alles weiß, was im Verborgenen und im Offenen geschieht [wie es geschrieben steht [Jeremia 23:24]: "Wird sich ein Mensch verbergen usw.?"], wird Er sich dennoch nicht gegen sie erheben, um ihnen Böses zu tun, wie es geschrieben steht [Numeri 23:21]: "Er hat keine Ungerechtigkeit in Jakob gesehen" [siehe Raschi dort]. Aber wenn der Ankläger zu Ihm kommt und Ihm davon berichtet, muss Er ihm irgendeine Antwort geben [so wie "das Königreich der Erde" antworten muss, wenn jemand vor ihnen über eine ihm angetane Ungerechtigkeit schreit]. Denn so hat es der König der Welt eingerichtet, dass die Angelegenheiten eines Menschen durch Verteidiger und Ankläger vermittelt werden.

Nun ist es bekannt, dass die obere "Erregung" von der unteren abhängig ist. Wenn also das Merkmal des Friedens in Israel zu finden ist und es keine Verleumder unter ihnen gibt, dann kann Satan sie auch in der oberen Welt nicht verfolgen - selbst für die schwerste aller Sünden, die Götzenanbetung, Gott bewahre, wie es im Midrasch Schir Haschirim heißt, dass selbst [Gott bewahre], wenn Israel götzendienerisch ist, aber Frieden unter ihnen herrscht, der Heilige, gepriesen sei Er, gleichsam sagt: "Der Satan wird sie nicht berühren", wie es geschrieben steht [Hoshea 4:17]: "Ephraim ist an die Götzen gebunden - lass ihn sein!" Die Absicht hier ist, dass der Heilige, gepriesen sei Er, dem Satan eingepflanzt hat, dass in einem solchen Fall [d.h. wenn Israel untereinander in Frieden ist], der Satan sie überhaupt nicht berühren kann. Und so haben Chazal gesagt [Yerushalmi Peah 5:1], dass die Generation von Achav, obwohl sie Götzendiener waren, in den Krieg ziehen und gewinnen würde, weil es keine Verleumdung unter ihnen gab. Der Beweis: Sie verleumdeten Ovadja nicht, der die hundert Propheten [die sich vor Achav versteckten] unterstützte. Und, wie ich weiter unten geschrieben habe [Kapitel 4], ist "Maß für Maß" ein [leitender] Grundsatz in allen Angelegenheiten. Wenn man sich also zurückhält und sich den Mund zuhält, um nicht herabsetzend über seinen Freund zu sprechen und Streit gegen ihn zu schüren, so wird der Ankläger oben nicht in der Lage sein, seinen Mund zu

Shemirat HaLashon - Buch A

öffnen, um anklagend zu sprechen. Im Gegensatz zu einer Situation, in der es unten in Israel zu Verleumdungen kommt. Denn abgesehen davon, dass der Verleumder wegen seiner Sünden eine Anklage gegen sich selbst erregt [wie wir weiter unten im Namen der Chazal erklären werden], erregt er die Macht der Anklage gegen Israel im Allgemeinen. Denn dadurch kommt der Satan und klagt Israel für seine Sünden an und ruft zum Din gegen sie auf; und [der Herr] ist sozusagen "gezwungen", sie dafür zu bestrafen. Und wer hat das alles verursacht? Der Sprecher der Lashon Hara [Verleumdung] unten.

[Und das ist meiner Meinung nach die Absicht des Verses [Bamidbar 23:21]: "Er sieht keine Ungerechtigkeit in Jakob ... der Herr, sein Gott, ist mit ihm": Wann sieht Er die Ungerechtigkeit in Jakob nicht? Wenn der Herr, sein Gott, mit ihm ist. Aber wenn es, Gott bewahre, Lashon Hara [Verleumdung] in Israel gibt, die zum Weggang der Schechinah führt, wie im Midrasch Rabba, Parschath Shoftim, gesagt wird, dann, Gott bewahre, prüft Er ihre Taten].

Und aus all dem können wir die Größe des Hasses verstehen, den der Heilige, gepriesen sei Er, gegen den "Erzähler" hegt. Denn auch wenn der Vater seinen Sohn schlägt, weil er gezwungen ist, den Willen des Erzählers zu tun, und versteht, dass die Sache wahr ist - in jedem Fall wird in seinem Herzen ein großer Hass gegen den Erzähler geweckt, weil er erkennt, dass sein Motiv nicht darin besteht, seinem Sohn zu nützen, sondern ihn zu tadeln. Wie viel mehr gilt dies in unserem Fall. Denn es ist bekannt, dass der Heilige, gepriesen sei Er, den Menschen mehr liebt, als er sich selbst liebt, und Er will nur das Gute für Israel, und dass es nicht verleumdet wird. Wie Chazal über Jesaja 6:6 gesagt haben: "Und in seiner [des Engels] Hand eine Kohle [ritzpah]", sagte der Heilige, gepriesen sei Er, zum Engel: "Lass den Mund zerschmettern [["retzotz peh", wie "ritzpah"]], der Meine Söhne verleumdet hat." Und der Sprecher von Lashon Hara [Verleumdung] verursacht das Gegenteil von all dem [[Liebe zwischen Gott und Seinen Kindern]], weshalb er in den Augen des HERRN verabscheut wird.

Wenn nun der Mann des Herzens über den oben erwähnten heiligen Zohar nachdenkt und mit einem "wissenden Auge"

Shemirat HaLashon - Buch A

sieht, was das Ergebnis seiner Rede sein wird, wird er mit Furcht und Zittern erfüllt sein [bei dem Gedanken], Lashon Hara [Verleumdung] gegen seinen Freund zu sprechen. Denn wenn einem Menschen gesagt würde, er solle das Heiligtum des Herrn allein betreten oder an seiner Stelle einen Boten aussenden, der vor der Lade Seines Bundes steht und ganz Israel anklagt und nicht die Unwahrheit über sie sagt, sondern nur das, was er weiß, dass es die Wahrheit ist, ist es dann nicht offensichtlich, dass selbst der schlimmste Mann Israels eine so schreckliche Sünde nicht auf seine Seele nehmen würde? Und ist dies nicht genau der Fall bei Lashon Hara [Verleumdung], der Verleumdung, die er mit seinem Mund ausspricht und die vor dem Thron des Gesegneten aufsteigt, wie es im Tanna d'bei Eliyahu, Kapitel 18, ausdrücklich heißt: "So wie die Gottlosen Lashon Hara [Verleumdung] sprechen, die vor dem Thron der Ehre aufsteigt, usw." Und damit erregt er den Großen Ankläger gegen die Kinder Israels, wie es im oben erwähnten heiligen Zohar heißt.

Aus all dem können wir die Größe der Strafe verstehen, die für diese Sünde im Diesseits und im Jenseits gefordert wird. Deshalb ermahnte uns König David, Friede sei mit ihm, dass, wenn es unser Wunsch ist, ewig in der kommenden Welt zu leben und gute Tage in dieser Welt zu genießen, der Anfang von allem ist, unsere Zunge vor dem Bösen zu hüten. Und wie sehr sollten wir uns vor dem Heiligen, gepriesen sei Er, zu dem wir an den Tagen der Ehrfurcht beten, schämen und beschämt sein: "Bringt den Ankläger zum Schweigen und lasst den Verteidiger seinen Platz einnehmen", wenn wir selbst durch unsere Lashon Hara [Verleumdung] ihn [den Ankläger] erwecken und ihm die Macht geben, zu verfolgen! Möge der Herr unter uns Liebe und Brüderlichkeit, Frieden und Freundschaft walten lassen!

Kapitel Drei

In diesem Kapitel wird erklärt, dass das ewige Leben und das Wohl dieser Welt von der Bewahrung unserer Zunge abhängen.

Wir können noch einen weiteren Grund dafür nennen, dass König David das ewige Leben und das Wohl dieser Welt

Shemirat HaLashon - Buch A

von der Bewahrung der Zunge abhängig macht. Denn es ist bekannt, dass die Seele eines Menschen "Seele des Lebens" genannt wird, denn mit ihr lebt ein Mensch das ewige Leben. Aber die heilige Seele eines Menschen, der Lashon Hara [Verleumdung] spricht, verlässt ihn dadurch, wie es im heiligen Zohar, Parschath Metzora, heißt.

Und auch in dieser Welt ist er für die Leiden bestimmt, [die Früchte dieser bitteren Sünde, wie in Yerushalmi Peah 1:1 gesagt wird], die von einem Menschen für diese Sünde in dieser Welt verlangt werden, wobei die Hauptsache [der Strafe] bei ihm für die kommende Welt bleibt.

Und der Mensch, der sich einen Maulkorb verpasst, um nicht über Verbotenes zu sprechen, verdient im Leben der kommenden Welt das Licht, das für die Gerechten verborgen ist, wie der Gra im Namen des Midrasch schrieb, dass er für jeden Moment, in dem er sich einen Maulkorb verpasst, [in der kommenden Welt] das verborgene Licht verdient, das kein Engel oder [himmlischer] Geist konzeptionieren kann.

Deshalb ermahnt uns König David seligen Andenkens [Psalm 34,13]: "Wer ist der Mensch, der das Leben" [in der kommenden Welt] und "das Gute" [in dieser Welt] sehen will? "Hüte deine Zunge vor dem Bösen."

Es gibt noch einen weiteren offensichtlichen Grund für den erniedrigenden Charakter dieser bitteren Sünde: Es ist bekannt, dass die große Überlegenheit des Menschen über alle Lebewesen darin besteht, dass Gott ihm eine "sprechende Seele" hinzugefügt hat, wie es geschrieben steht [Bereischit 2,7]: "Und Er blies in seine Nasenlöcher eine Seele des Lebens, und der Mensch wurde eine lebendige Seele", was Onkelos mit "eine sprechende Seele" übersetzt. Und diese [[Überlegenheit]] ist nur dann so, wenn er [die Welt] mit der Fähigkeit der Sprache bereichert, die der Heilige, gepriesen sei Er, ihm gegeben hat. Nicht so, wenn er seine Sprache zum Bösen einsetzt, dann ist er schlimmer als die Tiere auf der Erde, die jedenfalls keinen Schaden anrichten [durch ihre Stummheit]. Und deshalb betont die Schrift: "Wer ist der Mensch, der das Leben will, usw." Denn sonst [d.h. ohne Sprache] ist er kein Mensch. Und dieser Mangel [d.h. der Missbrauch der Sprache] ist am eklatantesten, wenn er ein Toragelehrter ist, denn in diesem Fall ist er wie ein großer Palast, in den eine Gerberei-Rinne

Shemirat HaLashon - Buch A

eingebaut ist [wie wir in Derech Eretz 1 finden].

Und der Gaon, R. Refael, hat in seinem Buch Marpeh Lashon auch diesen Vers sehr differenziert erklärt, und zwar auf der Grundlage dessen, was in Chovoth Halevavoth, Sha'ar Hakniyah, 7 steht: "Viele Menschen werden zum Tag der Abrechnung kommen. Und wenn ihnen ihre Taten gezeigt werden, wird man im Buch der Verdienste Mitzvoth finden, die sie nicht getan haben. Und sie werden sagen: 'Wir haben sie nicht getan!' Und es wird ihnen geantwortet werden: 'Sie wurden von einem getan, der über euch herablassend gesprochen hat [und sie wurden euch gutgeschrieben]. Ebenso werden sie [die Sprecher], wenn ihre [Verdienste] im Buch der Verdienste derer fehlen, die abfällig über sie gesprochen haben, fragen, warum sie fehlen, und es wird ihnen geantwortet werden: "Ihr habt sie verloren, als ihr abfällig über diese und jene Person gesprochen habt. Und ebenso werden im Buch der Schulden von einigen Taten gefunden werden, die sie nicht begangen haben, und wenn sie sagen: 'Wir haben sie nicht begangen', wird ihnen geantwortet werden: 'Sie wurden zu eurem Konto hinzugefügt wegen diesem und jenem, über den ihr gesprochen habt, usw.'" Und dasselbe ist in anderen heiligen Werken geschrieben worden.

Wer also, Gott bewahre, dieser üblen Eigenschaft anhängt, ständig die Pfeile seiner Zunge gegen seinen Freund auszuschütten, wird seiner Seele weder Weisheit noch Rat geben, selbst wenn er seine Zunge immer an Tora und Mitzvoth gewöhnt. Denn sobald er sich durch Tora und Mitzvot eine oder zwei Wochen ewige Glückseligkeit verdient hat, wird er seinen Freund mit den Pfeilen seines Mundes "finden" und ihm seine Verdienste für immer geben und im Austausch seine [des anderen] Sünden nehmen. Und dann, wenn er danach ein paar Monate oder Jahre mehr ewiger Glückseligkeit verdient, wird er einen anderen Mann finden und ihm diese geben! Und so weiter, ad infinitum, bis zum Tag seines Todes, Gott bewahre. Kurz gesagt, dieser Mann wird die Welt ohne seine Besitztümer verlassen, d.h. ohne die ewigen Errungenschaften der Tora und der Mitzvoth. Und er wird im Gegenzug mit vielen schweren Sünden von unendlicher Vielfalt "gefüllt" werden, von vielen Menschen, von jedem entsprechend der Schande und Demütigung, die ihnen durch seine Hand in den Tagen

Shemirat HaLashon - Buch A

seines Lebens zugefügt wurden. Deshalb ermahnt uns König David seligen Angedenkens, dass wir zuallererst unsere Zunge vor dem Bösen hüten sollen, und dann: "Lass ab vom Bösen und tue Gutes." Denn wenn er seine Zunge hütet, dann wird so viel von dem Guten, das der Heilige, gepriesen sei Er, ihm gewährt hat, ob weniger oder mehr, auf jeden Fall in seiner Hand bleiben, und sein Reichtum wird nicht an andere weitergegeben werden.

Kapitel Vier

In diesem Kapitel wird die Macht von Lashon Hara [Verleumdung] erklärt.
Wie groß ist die Macht von Lashon Hara [Verleumdung], die über und gegen drei schwere Übertretungen ist, wie in Arachin 15b gesagt wird. Und im Midrasch Schocher Tov: "Die Schule von R. Yishmael lehrte: 'Alle, die Lashon Hara [Verleumdung] sprechen, machen sich über und gegen drei Vergehen schuldig: Götzendienst, unerlaubte Beziehungen und das Vergießen von Blut, denn es steht hier geschrieben [Psalm 12:4]: 'die Zunge, die "große" [d.h. verleumderische] Dinge spricht'; aber in Bezug auf Götzendienst [Schemot 32:31]: Ich bete zu dir - dieses Volk hat eine große Sünde begangen'; in Bezug auf unerlaubte Beziehungen [Bereschith 39:9]: 'Und wie soll ich dieses große Übel tun?'; in Bezug auf das Vergießen von Blut [Ebd. 4:13]: 'Meine Sünde ist zu groß, um sie zu ertragen'" - woraus [["Dinge" - Plural]] abgeleitet wird, dass Lashon Hara [Verleumdung] schwerer ist als diese drei Sünden." Eine andere Erklärung: Wer einen Menschen tötet, tötet nur eine Seele; wer aber Lashon Hara [Verleumdung] spricht, tötet drei: den Sprecher, den Empfänger und den, über den gesprochen wird. Woher leitest du das ab? Von Doeg, der vor Saul Laschon Hara [Verleumdung] über Achimelech sprach, und sie wurden alle drei getötet: Saul, der es akzeptierte; Achimelech, über den gesprochen wurde; und Doeg, der es sagte. Saul, der es annahm, nämlich [1. Samuel 31,6]: "Und Saul starb usw."; Achimelech, über den gesprochen wurde, nämlich [1. Samuel 22,16]: "Stirb, Achimelech, du sollst sterben"; und Doeg, der es sprach, der aus der Welt vertrieben wurde, nämlich [Psalm 52,7]: "Gott wird auch

Shemirat HaLashon - Buch A

dich für immer vertilgen" aus dem Leben in der Welt. Und was war die Ursache dafür? Lashon Hara [Verleumdung].

Und es steht in Sifrei und auch in Arachin 15a, dass unsere Vorfahren den Herrn zehnmal versuchten, und ihr Urteil wurde nur für die Sünde der Lashon Hara [Verleumdung] allein besiegelt, wie es geschrieben steht [Bamidbar 14:22]: "Und sie versuchten Mich dies zehnmal, und sie hörten nicht auf Meine Stimme", und [Maleachi 2:17]: "Ihr habt den Herrn mit euren Worten ermüdet."

Und so finden wir im Midrasch Schocher Tov und in Jeruschalmi Peah 1:1, dass sie in den Tagen Achavs, obwohl sie Götzen dienten, im Krieg siegreich waren, weil es unter ihnen keine Lashon Hara [Verleumdung] gab. Der Beweis: Sie verleumdeten Ovadja [zu Achav] nicht, weil er hundert Propheten in zwei Höhlen versteckt hatte, und keiner von ihnen verriet, dass es in Israel einen Propheten außer Eljahu gab, wie geschrieben steht [I Maleachi 18,22]: "Ich allein bin dem Herrn als Prophet überlassen worden" - obwohl alle davon wussten. Denn sie gaben Ovadja Brot und Wasser, damit er sie speiste. Und am Ende der Tage Sauls gab es Verleumdungen unter ihnen wie bei Doeg und den Zifim. Aber es war kein Götzendienst unter ihnen wie in den Tagen Achavs. Und es gab junge Kinder unter ihnen, die neunundvierzig Facetten der Tora kannten, [und doch] zogen sie in den Krieg und wurden besiegt.

Und es [Lashon Hara [Verleumdung]] bewirkt, dass die Schechinah von Israel weicht, wie es im Midrasch Rabba, Parschath Shoftim, geschrieben steht: R. Mona sagte: Jeder, der Lashon Hara [Verleumdung] spricht, bewirkt, dass die Schechinah von "unten nach oben" weicht. Wisse, dass dies so ist, denn wie sagte David [Psalm 57:5]: "Meine Seele ist inmitten von Löwen. Ich lege mich nieder [inmitten] derer, die Flammen ausstoßen, [der] Menschenkinder, deren Zähne Speere und Pfeile sind, deren Zunge ein geschärftes Schwert ist." Was folgt? "Erhebe dich über die Himmel, o Herr, usw." David sagte: "Fürst der Welt, was macht die Schechinah hier unten? Erhebe die Schechinah in den Himmel!" Und so finden wir im Midrasch Rabbah, Parschath Tetze: "Der Heilige, gepriesen sei Er, sagte: "In dieser Welt, weil es Lashon Hara [Verleumdung] unter euch gab, habe ich die Schechinah aus eurer Mitte entfernt." Und, ähnlich, in Arachin 15b: R. Chisda sagte im Namen von Mar

Shemirat HaLashon - Buch A

Ukva: "[Über] einen, der Lashon Hara [Verleumdung] spricht, sagte der Heilige, gepriesen sei Er: 'Ich und er können nicht [zusammen] in der Welt leben, usw.'" Und Jerusalem wurde zur Zeit des zweiten Tempels nur wegen der Sünde der Sprecher von Lashon Hara [Verleumdung] und des eitlen Hasses, den sie hegten, zerstört [siehe Yoma 9b und Gittin 56a und b, im Namen von R. Elazar, wie von Rashi erklärt].

Und wer durch seine Lashon Hara [Verleumdung] und Rechiluth [Tratsch] Streit zwischen guten Gefährten schürt und Zwietracht unter ihnen stiftet, der ist, Gott bewahre, deswegen vor dem Herrn verhaßt. Und diese Sünde ist schwerer als die des Stolzes, der Lüge, des Vergießens von unschuldigem Blut usw., wie es in Mischlei 6:16-20 geschrieben steht: "Diese sechs sind dem Herrn verhasst, und die siebte ist ein Gräuel für seine Seele: hochmütige Augen, eine falsche Zunge und Hände, die unschuldiges Blut vergießen; ein Herz, das eitle Gedanken hegt, Füße, die zum Bösen eilen; ein falscher Zeuge, der Lügen verbreitet, und der Anstifter zum Streit unter Brüdern" - worüber Chazal gesagt hat [Vayikrah Rabba 16]: "Dies [der Aufwiegler des Streits] ist das siebte, das strengere als alle anderen.

Und mehr als das finden wir im Midrasch, dass der Heilige, gesegnet sei Er, überhaupt nicht mit einem Mann von Lashon Hara [Verleumdung] verkehren will, um ihn von seinen Schwierigkeiten zu befreien. Und es gibt kein anderes Heilmittel für einen Menschen, als seine Zunge vor dem Bösen zu hüten und sich immer davor zu hüten, in der Gesellschaft von Menschen zu sitzen, die herabsetzend über ihre Freunde sprechen.

Und dies ist die Sprache des Midrasch und des Sifrei Zuta [angeführt von Yalkut, Parschath Tetze]: "Der Heilige, gepriesen sei Er, sagte: 'Von allen Schwierigkeiten, die über euch kommen, kann ich euch befreien. Aber von Lashon Hara [Verleumdung]? Verstecke dich und du wirst nicht verletzt werden!' Eine Analogie: Ein reicher Mann, der einen Dorfbewohner liebte, besuchte ihn. Dort gab es einen verrückten Hund, der jeden biss. Der reiche Mann sagte zu seinem Geliebten: 'Mein Sohn, wenn du jemandem etwas schuldig bist, werde ich deine Schulden bezahlen, und verstecke dich nicht vor ihm. Wenn du aber einen

Shemirat HaLashon - Buch A

tollwütigen Hund siehst, verstecke dich vor ihm. Denn wenn er dich beißt, weiß ich nicht, was ich für dich tun kann.' So spricht der Heilige, gepriesen sei Er [Iyyov 5:19]: 'Von sechs Mühen wird Er dich erretten ... aber vor der Peitsche der Zunge - verstecke dich!'"

Sehen Sie, wie treffend diese Worte von Chazal sind, der einen von dieser Sünde Geplagten mit einem von einem tollwütigen Hund Gebissenen vergleicht. Denn in Wahrheit sind beide gleich. Wie es in Yoma 84a heißt: "Wer von einem tollwütigen Hund gebissen wird, kann nicht geheilt werden." Und über Lashon Hara [Verleumdung] haben sie auch gesagt, dass es kein Heilmittel für jemanden gibt, der an diese Sünde gewöhnt ist, Gott behüte, nämlich [Arachin 15b]: "Wenn er bereits verleumdet hat, gibt es kein Heilmittel für ihn."

Wie treffend ist diese Analogie unserer Weisen seligen Andenkens. Denn wenn wir darüber nachdenken, finden wir darin alle Zeichen, die unsere Weisen seligen Angedenkens in Yoma 83b von einem tollwütigen Hund beschrieben haben - weshalb auch auf ihm [dem Verleumder] der Geist der Unreinheit ruht, der auf diesem Hund ruht. Das sagt die Gemara dort: "Die Rabbiner lehrten: 'Fünf Dinge wurden von einem tollwütigen Hund gesagt: Sein Maul steht offen, sein Speichel tropft, seine Ohren hängen herab, sein Schwanz hängt an seinem Hinterteil herab, und er läuft auf den Seiten der öffentlichen Straße. Andere sagen: Er bellt auch, ohne dass man ihn hört ... Wer sich an ihm reibt, läuft Gefahr, zu sterben. Wer von ihm gebissen wird, stirbt. Wer sich an ihm reibt, ist in Gefahr zu sterben": Was ist das Heilmittel? Er soll seinen Mantel ablegen, ihn vor sich werfen und rennen.'"

Wir werden das jetzt erklären:

"Sein Mund steht offen" - Das ist auch der Weg des Mannes der Lashon Hara [Verleumdung]. Sein Mund ist immer offen, um gegen jeden zu sprechen, den er trifft, ob Kind oder Erwachsener.

"Sein Speichel tropft" - Weil ein böser Geist auf ihm ruht, und die Kraft des Zorns und der Dreistigkeit, die ihm eingepflanzt wurde, sich in ihm verstärkt [[Beitzah 25b]: "Drei sind dreist. Das dreisteste unter den Tieren ist der Hund"], [er will] alles verschlucken, worauf er stößt, deshalb tropft aus seinem Maul [immer] Spucke, zumal sein

Shemirat HaLashon - Buch A

Maul [immer] offen ist, und es gibt keine Hemmung dafür. Das ist die Art und Weise des eingefleischten Sprechers von Lashon Hara [Verleumdung] - seinen Zorn an wem auch immer er will, auszulassen.

Und es gibt etwas, das [noch] passender ist. So wie es die Art eines tollwütigen Hundes ist, Spucke zu träufeln, den Schleim des Hundes, der gewiss abstoßend ist - besonders den eines tollwütigen Hundes - [folgt daraus, dass] wo immer er war, auch nur für ein paar Augenblicke, man die getropfte Spucke seines ständig geöffneten Mundes erkennt, auch nachdem er diesen Ort verlassen hat. Und dies ist der Weg des Mannes der Lashon Hara [Verleumdung]. Sein Mund hängt offen wie das Maul dieses Hundes. Und er erhebt seinen Gestank, wohin er auch geht, und er hinterlässt einen Abdruck an dieser Stelle.

Es gibt noch drei weitere Anzeichen für einen tollwütigen Hund. Seine Ohren hängen herab, usw. Das heißt, dass der tollwütige Hund, abgesehen davon, dass sein Biss extrem gefährlich ist, wie Chazal erwähnt, ein großes Verlangen hat, jeden zu beißen, der ihm begegnet. Und damit die Menschen sich nicht vor ihm verstecken, wegen der großen Gefahr durch den bösen Geist, der auf ihm ruht, wie dort geschrieben steht, versteckt und verbirgt er sich auf jede mögliche Weise, und plötzlich stürzt er sich auf die Person und beißt sie. Deshalb geht [und läuft] er auf den Seiten der öffentlichen Straßen und nicht auf den Straßen selbst, die den Menschen zugewandt sind [[denn dort gehen die Menschen, vgl. Bava Kamma 60b: "Ein Mensch soll nicht an den Seiten der Straßen gehen usw."]], damit die Menschen denken, dass er langsam auf seinem Weg geht. Und deshalb hängen auch seine Ohren herunter. Denn es ist bekannt, dass der Heilige, gepriesen sei Er, dem Hund ein scharfes Gehör gegeben hat, damit er seinen Herrn und sich selbst vor Gefahren schützen kann. Und so läuft dieser Hund, der jeden angreifen will, mit hängenden Ohren am Straßenrand entlang, so dass es für jeden so aussieht, als würde er seinen eigenen Weg gehen und nichts an seiner Seite hören wollen. Und deshalb hängt auch seine Rute unangehoben an seinem Hinterteil herunter. All dies, um allen zu zeigen, dass er ruhig und sicher ist und keine Lust hat, seine Sinne zu wecken, um die Menschen an seiner Seite anzugreifen. Und manche sagen, dass er auch bellt,

Shemirat HaLashon - Buch A

ohne gehört zu werden. Alles aus demselben Grund, damit alle denken, dass er der beste aller Hunde ist, und sich nicht vor ihm in Acht nehmen. Und all diese Dinge tut er durch den bösen Geist, der auf ihm ruht.

Und genau so ist der Mann der Lashon Hara [Verleumdung]. Abgesehen davon, dass er immer die Häuser der Stadt auskundschaftet, um zu wissen, was er danach auf dem Marktplatz erzählen kann, ist er vielseitig im Wandel. Denn wenn er in der Öffentlichkeit als einer verschrien ist, der von einem zum anderen geht und den Leuten in der Stadt ein Dorn im Auge ist, und jeder sich vor ihm hütet, geht er am Rande der öffentlichen Straße, in Schweigen gehüllt, als ob ihn nichts anginge, um alles auszuspionieren, was in der Stadt vor sich geht - im Geheimen und sonst. Und wenn er dementsprechend seine Lashon Hara [Verleumdung] und Rechiluth [Klatsch] erzählt, tut er dies täuschend, als spräche er in reiner Unschuld, nicht die ganze Geschichte erzählend, sondern andeutend - wobei sein Gesprächspartner "den Rest herausfindet." Und seine Ohren schleifen, und sein Schwanz hängt zwischen seinen Beinen. Auch auf ihn trifft zu, was über den oben erwähnten Hund gesagt wurde. Das heißt, obwohl in seiner Mitte alle Sinne des Fühlens und vor allem des Hörens brennen, um alles zu hören, was in der Stadt geschieht, und es von einem zum anderen zu laufen und zu hausieren - trotzdem erscheint er in der Öffentlichkeit dem Auge des Betrachters als einer, der alle seine Gefühle unterdrückt, allen gegenüber gleichmütig ist und nichts von dem hören will, was unter den Menschen geschieht - alles, damit die Menschen der Stadt sich nicht vor ihm hüten und ihm alles offenbart wird. "Und andere sagen: Er bellt auch, ohne gehört zu werden." Denn in seiner Lashon Hara [Verleumdung] verwundet er im Verborgenen [wie die Schreiber von Unrecht [genannt "paskevilim"], über die geschrieben steht [Devarim 27:24]: "Verflucht sei, wer seinen Nächsten im Verborgenen schlägt."] - und zwar so, dass sein Nachbar sich nicht vor ihm schützen kann und er ihn angreifen kann, wie der oben erwähnte Hund. Deshalb lastet auf ihm derselbe Geist der Unreinheit wie auf einem tollwütigen Hund, und der Sifrei bezeichnet ihn als "von einem Hund gebissen". Denn auch auf ihm ruht der Geist

Shemirat HaLashon - Buch A

der Unreinheit. [Das Ende des Vergleichs ist selbsterklärend, siehe Ende von Kapitel 16].

Und es ist nicht nötig, dass ich die Größe dieser Sünde näher erläutere, wenn sie bereits gesagt haben, dass er [ein Sprecher von Lashon Hara [Verleumdung]] wie einer ist, der die fünf Bücher der Tora übertritt und ein Leugner der Gottheit, Gott behüte. Denn dies ist die Sprache des Midrasch Rabba [16:1]: "R. Jehoschua b. Levi sagte: Fünf "Toroth" stehen in der Parscha: [Vayikra 13:59]: "Dies ist die Tora für den Pestfleck des Aussatzes"; [Ebd. 14:54]: "Dies ist die Tora für alle Flecken des Aussatzes"; [Ebd. 14,2]: "Dies soll die Tora für den Aussätzigen sein"; [Ebd. 14:32]: Das ist die Tora für den Aussätzigen"; [Ebd. 14:57]: "Dies ist die Tora des Aussatzes" ["hametzora", [Abkürzung für]] "hamotzi shem ra," ["einer, der eine falsche Nachricht verbreitet"] - um euch zu lehren, dass jemand, der Lashon Hara [Verleumdung] spricht, die fünf Bücher der Tora übertritt.

Und Chazal haben in Arachin 15b gesagt: "R. Jochanan sagte im Namen von R. Jossi b. Zimra: Wenn jemand Lashon Hara [Verleumdung] spricht, ist es so, als würde er die Gottheit verleugnen, wie es geschrieben steht [Psalmen 12:5]: 'Die gesagt haben: "Mit unserer Zunge wollen wir mächtig sein, unsere Lippen sind mit uns. Wer ist der Herr über uns?"' Der Grund dafür ist, wie sie in den Büchern Jereim geschrieben haben: Es ist bekannt, dass jemand, der Lashon Hara [Verleumdung] sprechen will, sich umschaut, um sich zu vergewissern, dass derjenige, über den er sprechen will, nicht da ist, als ob das Auge oben nicht sehen würde, Gott bewahre, wie Chazal über einen Dieb [[der nachts stiehlt]] gesagt haben. Und im Midrasch Tanchuma, Metzora 2: "[Die Sünde der] Lashon Hara [Verleumdung] ist schwer; denn man spricht sie nicht aus, bis man die Gottheit leugnet."

Deshalb wird jemand, der ein Gehirn im Kopf hat, immer darauf achten, sich anzuspornen und den Krieg des Herrn mit seinem Yetzer [Neigung] zu führen, um nicht in diese große, bittere Sünde verstrickt zu werden. Und dann ist sein Anteil glücklich in dieser und in der kommenden Welt.

Shemirat HaLashon - Buch A

Kapitel Fünf

In diesem Kapitel wird die Bestrafung der Menschen von Lashon Hara [Verleumdung] erklärt.
Wie groß ist die Strafe des Mannes der Lashon Hara [Verleumdung], der wegen seiner Rede Pestflecken auf sich zieht und dadurch ein "bestätigter" Aussätziger wird, wie es in Arachin 15b heißt: "Wenn jemand Lashon Hara [Verleumdung] [üble Nachrede] redet, kommen Pestflecken über ihn, wie es geschrieben steht [Psalm 101:5]: 'Wer seinen Nächsten heimlich verleumdet, den werde ich [als Aussätzigen] bestätigen.' Resh Lakish sagte [Vayikra 14:2]: "Das soll das Gesetz der metzora [des Aussätzigen] sein" - das Gesetz des motzi shem ra [des Verleumders]."
Und siehe, wie streng die Tora mit der Unreinheit der Metzora umgeht, die strenger ist als die Unreinheit eines Zav und eines Keri [Arten von Geschlechtsausscheidungen] und die Unreinheit eines toten Körpers, der nicht einmal in das Lager Israels kommen darf, wie es geschrieben steht [Vayikra 13:46]: "Einsam soll er sitzen; außerhalb des Lagers [d.h. der drei Lager] ist seine Wohnung."
Und es wird dort gesagt [Arachin 16b]: "Warum hat die Tora den Aussätzigen für 'einsam soll er sitzen' ausgesucht? Er [[durch seine Verleumdung, für die er mit Aussatz behaftet war]] trennte zwischen einem Mann und seiner Frau, zwischen einem Mann und seinem Nächsten; deshalb schreibt die Tora: 'Einsam soll er sitzen usw.' Und R. Jehoschua b. Levi sagte: "Warum hat die Tora den Aussätzigen ausgesondert, damit er zwei Vögel zu seiner Reinigung mitbringt? [Ibid. 14:4]. Der Heilige, gepriesen sei Er, sagte: 'Er hat eine Tat des Plapperns' [d.h. der Verleumdung] begangen; deshalb soll er ein Opfer von 'Plappern' [d.h. 'Zwitschern'] bringen."
Und wir lernen in Sifrei [Devarim 24:8]: "Nehmt euch in Acht vor der Plage des Aussatzes usw.", gefolgt von [Ibid. 9]: "Denkt daran, was der Herr, euer Gott, an Mirjam getan hat, usw." Was ist der Grund für diese Gegenüberstellung? Wir werden hier gelehrt, dass sie nur wegen Lashon Hara [Verleumdung] bestraft wurde [[Miriam hatte Mosche wegen der kuschitischen Frau, die er genommen hatte, verleumdet.]] Folgt daraus nun nicht a fortiori? mit anderen

Shemirat HaLashon - Buch A

Worten: Wenn Mirjam, die nur über ihren jüngeren Bruder so gesprochen hatte, bestraft wurde, wie viel mehr sollte dann jemand bestraft werden, der über einen Größeren als ihn so spricht! Wenn nun Mirjam, die, als sie sprach, von niemandem gehört wurde als von dem Heiligen, gepriesen sei Er allein, wie es geschrieben steht [Numeri 12,2]: 'Und der Herr hörte', so bestraft wurde, wie viel mehr dann einer, der in der Öffentlichkeit herablassend von seinem Freund spricht!"

Und sie legten auch [in Vayikra Rabba 16] den Vers [Koheleth 5:5] aus: "Lass nicht zu, dass dein Mund deinem Fleisch Sünde zufügt" - sprich nicht Lashon Hara [Verleumdung] mit deinem Mund, um dein ganzes Fleisch mit dieser Sünde zu bestrafen. Die Rabbiner wandten diesen Vers auf Mirjam an: "Erlaube deinem Mund nicht" - du, Mirjam, wie es geschrieben steht [Numeri 12:10]: "Und siehe, Miriam war aussätzig, [weiß] wie Schnee." [Koheleth, ibid.]: "dass es ein Irrtum war" - wie es geschrieben steht [Numeri 12,11]: "in dem wir [[Aaron und Miriam]] geirrt und gesündigt haben." [Koheleth, ibid.]: "Warum sollte Gott über eure Stimme zornig sein?" - über die Lashon Hara [Verleumdung], die ihr gegen Mosche geredet habt, wie es geschrieben steht [Numeri 12:9]: "Und der Zorn des Herrn entbrannte gegen sie, und er wich von ihnen." [Koheleth, ibid.]: "und [Er wird] das Werk eurer Hände vernichten." R. Jochanan sagte: "Mit ihrem Mund sündigte sie, und alle ihre Glieder wurden geschlagen, wie es geschrieben steht [Numeri 12:10]: Und die Wolke wich von dem Zelt, und siehe, Mirjam war aussätzig, [weiß] wie Schnee. Das ist der Sinn von: "Du sollst nicht zulassen, dass dein Mund die Sünde an deinem Fleisch verursacht" [Mischlei 21:33]: 'Wer seinen Mund und seine Zunge hütet, der hütet seine Seele vor Unheil.'"

Und wir lernen in Devarim Rabbah: "R. Chaggai sagte: Plagegeister kommen nur für Lashon Hara [Verleumdung]. Die Rabbiner sagten: Ihr sollt wissen, dass Mirjam, die Zaddeketh, weil sie Laschon Hara [Verleumdung] gegen Mosche, ihren Bruder, geredet hat, Plagegeister über sie gekommen sind, wie es geschrieben steht [Devarim 24:9]: 'Denkt daran, was der Herr, euer Gott, Mirjam angetan hat auf dem Weg, als ihr aus Ägypten gezogen seid.' Und das ist der Sinn des Verses [Psalm 50,20]: Du sitzt und redest

Shemirat HaLashon - Buch A

gegen deinen Bruder; gegen den Sohn deiner Mutter verleumdest du. R. Jehoschua b. Levi erklärte: "Wenn du deine Zunge gelehrt hast, gegen deinen Bruder von deinem Vater zu sprechen, aber nicht von deiner Mutter, dann wirst du am Ende "gegen [sogar] den Sohn deiner Mutter eine Verleumdung aussprechen." Denn wer sich anmaßt, gegen den, der größer ist als er, zu reden, der verursacht sich selbst Unheil, und es ziehen Pestbeulen an ihn heran. Und wenn du das nicht glaubst, so ist Mirjam, die Zaddeketh, das Vorbild für alle, die Lashon Hara [Verleumdung] [üble Nachrede] sprechen: "Denkt daran, was der Herr, euer Gott, Mirjam angetan hat, usw. R. Schimon sagte: Wenn nun bei Mirjam, der Zaddeketh, die nicht die Absicht hatte, Lashon Hara [Verleumdung] [üble Nachrede] zu sprechen, sondern die zum Wohle ihres Bruders sprach, dies [das Ergebnis] war, dann werden jene Übeltäter, deren Absicht es ist, Lashon Hara [üble Nachrede] [üble Nachrede] gegen ihre Nachbarn zu sprechen, ihr Leben abschneiden, wie viel mehr wird der Heilige, gesegnet sei Er, ihre Zungen abschneiden, wie es geschrieben steht [Psalmen 12: 4]: 'Der Herr wird alle schlüpfrigen [d. h. verleumderischen] Zungen abschneiden. e., verleumderische Lippen.'"

Wir finden auch, dass die Spione wegen der Sünde der Lashon Hara [Verleumdung] eines unnatürlichen Todes starben, wie es geschrieben steht [Sotah 35a] [Bamidbar 14:37]: "Und sie starben, die Männer, die schlecht über das Land geredet hatten, usw." R. Schimon b. Lakisch sagte: "Sie starben eines unnatürlichen Todes." Und es heißt dort in der Gemara: "Wir werden hiermit gelehrt, dass ihre Zungen in ihre Nabel hinabstiegen, und Würmer verließen ihre Münder auf ihre Zungen, und von ihren Zungen stiegen sie in ihre Nabel hinab."

Und in Arachin 15a: "Kommt und seht, wie groß die Macht von motzi shem ra ist. Woher kommt sie? Von den Spionen, mit anderen Worten..: Wenn nun jemand einen falschen Bericht über Bäume und Steine abgibt, so [ist das die Folge], wenn jemand einen falschen Bericht über seinen Freund abgibt, wie viel mehr!"

Aus all dem können wir die Größe der Strafe [für Lashon Hara [Verleumdung] [üble Nachrede]] lernen, man wird dafür mit Pestflecken und anderen [schlimmen] Strafen bestraft. Und da Gottes Maß der Belohnung größer ist als

Shemirat HaLashon - Buch A

sein Maß der Strafe, können wir verstehen, wie groß der Lohn dessen ist, der sich vor dieser Sünde hütet.

Kapitel Sechs

Mehr zu diesem Thema
Und das soll euch nicht verwundern, dass wir viele finden, die Lashon Hara [Verleumdung] sprechen und keine Plagegeister haben. Eine Antwort darauf finden wir im Midrasch Unserer Weisen, möge ihr Andenken gesegnet sein, zu dem Vers [Mischlei 21:23]: "Wer seinen Mund und seine Zunge hütet, hütet seine Seele vor Unruhen [tzaroth]" - [wie " tzara'ath", Pestflecken].
Ich habe einen Teil der Erklärung dieser Angelegenheit in dem Buch Nachal Kedumim gesehen, mit anderen Worten..: Es ist bekannt, dass alle Strafen, die Gott über einen Menschen verhängt, zu seinem Besten sind, damit er von seinen Sünden gereinigt wird und manchmal auch, damit er Buße tut. Deshalb, als der Tempel noch stand und wir einen Kohein hatten, der reinigte, wenn ein Mensch in die Sünde der Lashon Hara [Verleumdung] stolperte, brachte der Heilige, gepriesen sei Er, die Strafe der Pestflecken über ihn. Und selbst dann brachte Er sie nicht unmittelbar über seinen Körper, sondern über die Balken seines Hauses. Und er musste selbst zum Koheten kommen und ihm sagen, dass ihm etwas wie ein Pestfleck im Haus erschien. Und der Kohein würde ihn ermahnen, Buße zu tun - "Mein Sohn, Pestflecken kommen nur für Lashon Hara [Verleumdung] [üble Nachrede] usw.", wie wir es in Torath Cohanim finden -, so dass er sich dadurch bemühen sollte, von der Sünde abzulassen. Und wenn er dies nicht beherzigte, würde der Heilige, gepriesen sei Er, ihn auf diese Weise noch weiter bestrafen, wie der Rambam am Ende der Gesetze der Tzara'ath -Unreinheit erklärt: "Haus Tzara'ath ist nicht in der Ordnung der Natur, sondern war ein Zeichen und Wunder in Israel, um sie vor Lashon Hara [Verleumdung] zu warnen. Wenn jemand Lashon Hara [Verleumdung] [üble Nachrede] sprach, würden die Balken seines Hauses eine Veränderung erfahren. Wenn er bereut, wird das Haus gereinigt, und wenn er in seiner Schlechtigkeit verharrt, bis das Haus niedergerissen wird, werden die ledernen Gegenstände in seinem Haus, auf denen er sitzt und liegt,

Shemirat HaLashon - Buch A

eine Veränderung erfahren. Wenn er Buße täte, usw. Und wenn er in seiner Bosheit verharrte, bis sie verbrannt würden, würde sich seine Haut verändern, und er würde aussätzig werden. Und er würde [von den anderen] getrennt und allein [als Aussätziger] entblößt werden, damit er nicht am Gespräch der Gottlosen teilnimmt, das Leichtsinn und Lashon Hara [Verleumdung] ist, usw." Und in dieser Strafe lag ein großer Nutzen. Denn als er die Größe seiner Strafe und seine Schande sah, dass er immer einsam außerhalb der [drei] Lager sitzen musste und nicht einmal in das Lager Israels kommen durfte, und dass er ständig seinen Kummer dem Volk verkündete, damit sie [zum Herrn] beten sollten, dass er sich seiner erbarme [mit anderen Worten: Moed Katan 5a], und [Vayikra 13:45]: "und 'Unrein! Unrein!' wird er schreien", dann würde er selbstverständlich durch seine Sünde äußerst gedemütigt werden und es sich für die Zukunft vornehmen, sich vor dieser bitteren Sünde zu hüten und denjenigen zu beschwichtigen, über den er [Lashon Hara [Verleumdung]] gesprochen hat. Und der Heilige, gesegnet sei Er in Seiner [großen] Güte, würde ein Heilmittel für seine Tzara'ath schicken, und der Kohein würde außerhalb des Lagers gehen, um zu sehen, ob der Pestfleck geheilt war, wie es geschrieben steht [Vayikra 14:3]: "Und der Kohein soll außerhalb des Lagers gehen, und der Kohein soll sehen, ob der Fleck des Aussatzes geheilt ist, usw.", und dann würde er nach der ganzen Reihenfolge vorgehen, die in der Parscha über das Besprengen und Rasieren geschrieben steht, und danach würde er [der Kohein] seine Opfer für ihn bringen.

Und wenn er danach in sein Haus käme und die große Güte sähe, die der Herr an ihm getan hatte, indem er ihn von seiner Tzara'ath geheilt hatte, würde er gewiss alles tun, was er sich vorgenommen hatte, als er außerhalb des Lagers war, und er würde alle versöhnen, über die er Lashon Hara [Verleumdung] gesprochen hatte. Und dadurch würde er vollständig von diesem Plagefleck und auch von dieser Sünde geheilt werden. Denn seine Strafe und Schande würde ihn für die Vergangenheit sühnen, und für die Zukunft würde er sich mit aller Kraft bemühen, diese Sünde nicht wieder zu begehen.

Und das alles, als der Tempel stand, im Gegensatz zu unserer heutigen Situation, in der wir in unseren vielen

Shemirat HaLashon - Buch A

Sünden weder Tempel noch Opfer noch reinigenden Cohein haben, so dass, wenn der Heilige, gepriesen sei Er, Pestflecken auf seinen Körper brachte, er für immer in seiner Unreinheit bleiben würde, da es ihm unmöglich wäre, sich davon zu reinigen. Deshalb würde die Unreinheit des Pestflecks, die durch diese Sünde entstanden ist, allein in seiner Seele bleiben und nicht von seiner Seele nach außen dringen. Und das ist die Absicht des Midrasch [gebracht in Yalkut, Parschath Metzora im Namen von R. Yannai]: "Wer seinen Mund und seine Zunge hütet, der hütet seine Seele vor Unruhen [tzaroth]" - vor dem tzara'ath seiner Seele. Denn der Pestfleck der Tzara'ath ist in der Seele festgesetzt. Deshalb muss der Mensch, der an diese Sünde gewöhnt ist, Gott bewahre, immer um seine Seele trauern. Denn auch wenn der Heilige, gesegnet sei Er, ihn in dieser Welt "zudeckt" und seine Schande nicht allen offenbart, so wird doch nach seinem Tod, wenn die Seele den Körper verlässt, die "Verunreinigung" seiner Tzara'ath allen offenbart werden. Und solange der Abschaum dieser Verunreinigung in seiner Seele verbleibt, wird der Betroffene gewiss nicht das Heiligtum des Herrn in Gan Eden betreten, und er wird einsam oben, außerhalb des Lagers Israels, am Ort der "äußeren Elemente" [Unreinheiten] bleiben müssen, wenn er nicht wie gefordert Buße getan hat.

Und auch, während er noch lebt, wenn seine Seele sich in die Höhe erhebt, steigen all die Worte von Lashon Hara [Verleumdung] [üble Nachrede], die er während des Tages gesprochen hat, mit ihm auf, und alle Heiligen trennen sich deswegen von ihm. Und es gibt keine größere Schande für die Seele als diese, wie der Zohar in Parschath Tazria sagt: "Es steht geschrieben: 'Wer seinen Mund und seine Zunge hütet, der hütet seine Seele vor Unglück.'" Denn wenn seine Lippen und seine Zunge Böses reden, steigen diese Worte empor. Und wenn sie sich erheben, verkünden alle: "Entfernt euch aus der Nähe der Lashon Hara [Verleumdung] von Ploni [so und so] [jemandem]. Macht Platz für die Ankunft der mächtigen Schlange!" Und dann fliegt seine heilige Seele weit von ihm weg und kann nicht sprechen, wie es geschrieben steht [Psalm 39,3]: "Ich war stumm in tiefer Stille. Ich war stumm vor dem Guten." Und diese Seele erhebt sich in Schande und großem Leid und findet keinen Platz mehr wie zuvor. Und von ihr steht

Shemirat HaLashon - Buch A

geschrieben: "Wer seinen Mund und seine Zunge hütet, der hütet seine Seele vor Unglück." Das ist seine Sprache in Kurzform.

Und ich habe eine weitere Antwort auf die oben genannte Frage im Buch Davar Shebikedushah, genannt Sefer Hakaneh, gefunden, mit anderen Worten: "Sieh und verstehe, dass derjenige, der Lashon Hara [Verleumdung] äußert, von Tzara'ath gerichtet [d.h. bestraft] wird." Rabi sagte zu ihm: "Wenn das so ist, müsste ganz Israel aussätzig sein, denn wegen der Sünde der Lashon Hara [Verleumdung] wurde Israel verbannt usw." Er antwortete: "Armut ist gleichbedeutend mit Tzara'ath, und er verarmt und wird den Menschen hörig." Das heißt, dadurch wird sein Stolz, die Hauptursache für Lashon Hara [Verleumdung], von ihm weichen, wie Rabbeinu Jona in der Sha'arei Teshuvah schrieb und wie unten, bitte Gott, erklärt wird. Und er wird sich auch fürchten, Lashon Hara [Verleumdung] über sie zu sprechen, aus Angst, dass die Sache bekannt wird und sie ihm nicht wohlgesonnen sein werden]. [Siehe auch dort eine andere ehrfurchtgebietende Aussage zu diesem Thema.] Und so wird in Tikkunei Zohar angeführt, dass diese Sünde, Gott bewahre, zu Armut führt. Wer also ein gutes Leben führen will, muss sich hüten.

Kapitel Sieben

In diesem Kapitel wird erklärt, wie man sich durch diese Lashon Hara [Verleumdung] [üble Nachrede] in vielerlei Hinsicht schadet.

Kommt und seht weiter, wie groß die Strafe für diese bittere Sünde ist. Denn durch das Sprechen von Lashon Hara [Verleumdung] [üble Nachrede] und Rechiluth [Tratsch] [Tratsch] verliert er das bisschen Tora, das er hat. Wie im Midrasch Schocher Tov 42 [Koheleth 5:5]: "'Lass deinen Mund keine Sünde an deinem Fleisch verursachen.' Dies spricht von Lashon Hara [Verleumdung], usw. Warum sollte Gott über deine Stimme zornig sein?' - über die Stimme, die du mit deinem Mund aussprachst und Lashon Hara [Verleumdung] gegen deinen Freund sprachst. 'Und [Er wird] das Werk deiner Hände zerstören' - das bisschen Tora, das du in deinen Händen hast, wird verloren gehen."
Und es ist offensichtlich, dass die Absicht des Midraschs die

Shemirat HaLashon - Buch A

ist, die in den heiligen Büchern geschrieben steht, dass nämlich jemand, der Lashon Hara [Verleumdung] gegen seinen Freund spricht, bewirkt, dass seine Verdienste, die bis jetzt angefallen sind, von ihm genommen und seinem Freund gegeben werden.

Und aus diesem Grund wird auch sein Gebet nicht angenommen. Wie im heiligen Zohar, Parschath Metzora gesagt wird:

"Wenn jemand Lashon Hara [Verleumdung] in sich hat, kommt sein Gebet nicht vor den Heiligen, gesegnet sei Er, denn ein Geist der Unreinheit hat sich auf ihn gelegt. Wenn er es bereut und es auf sich nimmt, [zum Herrn] zurückzukehren, was wird dann von ihm gesagt? [Vayikra 14,2]: 'Am Tag seiner Reinigung soll er zum Kohein gebracht werden.'"

[Und das erklärt, warum die Tora schreibt: "Und 'Unrein! Unrein' soll er rufen." Unsere Weisen, möge ihr Andenken gesegnet sein, verstehen dies so, dass er die Bevölkerung über sein Leiden informieren muss, damit sie [zum Herrn] beten, ihm Gnade zu gewähren. Und weil sein [eigenes] Gebet oben nicht annehmbar ist, offenbarte uns die Tora diesen Ratschlag speziell in Bezug auf diesen Leidenden].

Und auch seine heilige Seele verlässt ihn deswegen, wie oben in Kapitel III im Namen des heiligen Zohar geschrieben steht.]

Auch hierin [im Folgenden] ist diese Sünde schwerer als andere Sünden: Denn bei anderen Sünden zieht er in dem Glied, mit dem er die Sünde begeht, den Geist der Unreinheit auf sich herab. Nicht so bei Lashon Hara [Verleumdung]. Mit dieser Sünde zieht er den Geist der Unreinheit auf alle seine Glieder herab, und er macht sie unrein, wie es im heiligen Zohar, Parschath Metzora, geschrieben steht:

R. Chiyya sagte: "Wenn jemand Lashon Hara [Verleumdung] [üble Nachrede] spricht, werden alle seine Glieder unrein, und er muss unter Quarantäne gestellt werden, weil seine böse Rede aufsteigt und den Geist der Unreinheit in ihm erweckt, und er wird unrein. Jemand, der kommt, um unrein zu werden, wird [von oben] unrein gemacht." [Wie Unsere Weisen, möge ihr Andenken gesegnet sein, in Yoma 39a sagen: "Ein Mensch macht sich unten unrein - er wird von oben unrein gemacht"]. Die

Shemirat HaLashon - Buch A

untere Welt "löst" die obere Welt aus.

Der Grund liegt auf der Hand: Die Sprache ist kein spezifischer Teil des Menschen wie seine anderen Glieder, von denen jedes für sich von Nutzen ist. Sie ist vielmehr die Allgemeinheit des Menschen und seine Vollständigkeit. Und deshalb werden, wenn er sich vervollkommnet, indem er sich mit der Tora beschäftigt, alle seine Glieder verändert. Denn es legt sich ein Geist der Heiligkeit auf sie, um sie zu beleben und sie in dieser und in der nächsten Welt zu erhalten. Wie Unsere Weisen, möge ihr Andenken gesegnet sein, gesagt haben: "Wenn jemandem der Kopf weh tut, soll er die Thora studieren, wie es geschrieben steht, usw. Wenn ihn seine Kehle quält, soll er die Thora studieren usw. Wenn ihn sein ganzer Körper schmerzt, soll er Tora studieren, wie es geschrieben steht [Mischlei 4:22]: 'Und für sein ganzes Fleisch ist es heilend.'" Und das Gegenteil, Gott bewahre - durch verbotene Rede schadet und verunreinigt er alle seine Glieder, und jedes einzelne Glied fällt dadurch von seiner Höhe herab. Und was nützt es ihnen, dass ihr Meister lebt und spricht, wenn nur um Din und Rechenschaft zu machen! Und indem er seinen Mund verunreinigt, macht er die heiligen Worte, die er danach ausspricht, unbrauchbar, wie es im heiligen Zohar, Parschath Pekudei 263, geschrieben steht:

"Und in diesem bösen Geist [seiner Lashon Hara [Verleumdung]] wohnen mehrere andere Erreger des Din, die dazu bestimmt sind, die böse, schmutzige Rede zu ergreifen, die aus dem Mund eines Menschen kommt; und danach, wenn er heilige Worte ausspricht - wehe ihm und wehe seinem Leben! Wehe ihm in dieser Welt und wehe ihm in der kommenden Welt! Denn jene unreinen Geister nehmen diese unreine Rede, so dass, wenn er danach heilige Worte spricht, sie hervortreten und diese unreine Rede nehmen und dadurch das Heilige verunreinigen, so dass es dem Verdienst des Sprechers nicht zukommt, und die Kraft der Heiligkeit gleichsam abgeschwächt wird."

Und in ähnlicher Weise in Schabbath 119b: "Die Welt besteht nur durch den Atem der Münder der jungen Studenten." R. Pappa fragte den Abbaye: "Was ist mit meinem und deinem?" Er antwortete: "Der Atem des Mundes, der Sünde hat, ist nicht wie der Atem des Mundes, der keine Sünde hat." Obwohl ihre völlige Hingabe [an die

Shemirat HaLashon - Buch A

Tora] und die Heiligkeit ihrer Tora äußerst erhaben war, fiel ihr Sprachvermögen, weil sich manchmal [wie sie es sahen] etwas Unpassendes mit ihren Worten [der Tora] vermischte, von der dafür angemessenen Ebene ab, so dass sie [ihre Tora] nicht mit dem [unbefleckten] Atem des Mundes der jungen Studenten vergleichbar war.

Und sieh, mein Bruder, eine wundersame Sache in "dem Atem der jungen Studenten". Obwohl es in ihrer Rede keine Heiligkeit der Gedanken und keine Bindung an den Herrn gibt, bleibt die Welt durch diesen Atem ihres Mundes bestehen. Womit lässt sich das vergleichen? Mit einem armen Mann, der einen seltenen, kostbaren Stein mit ungewöhnlichen Kräften gefunden hat, der nur auf den Kronen von Königen zu finden ist. Sein Fund wird dem König bekannt, der ihn mit großem Reichtum belohnt. Der arme Mann, der ihn gefunden hat, kann zwar mit seiner Weisheit die besonderen Eigenschaften des Steins nicht begreifen, doch das große Gut des Steins selbst und die Erhabenheit seines Lichts bringen ihm all dieses große Gut - dass er in den Augen des Königs eine besondere Auszeichnung erhält. Genauso verhält es sich mit der Tora des lebendigen Gottes. Wer durch sie Heiligkeit erlangen will, braucht dazu keine große Vorbereitung; denn sie selbst ist heilig und über alle Maßen erhaben. Und wenn ein Mensch in ihr spricht, haftet er an ihrer Heiligkeit, wie es geschrieben steht [Jeremia 23,19]: "Denn wenn ich in ihr [der Tora] spreche, denke ich noch mehr an Ihn" [siehe Nefesh Hachaim]. Und ein Mensch muss darauf achten, dass er nicht das Gegenteil tut, d.h. dass er ihr Licht nicht durch seine [verdorbene] Rede verdunkelt. Das ist die Absicht der Worte von R. Pappa an Abbaye: "Was ist mit meinem und deinem?" Das heißt, unsere Tora ist an sich heiliger als die Tora der jungen Studenten, denn sie wird [bei uns] von heiligen Gedanken [begleitet]. Und Abbaye antwortete: "Der Atem des Mundes usw.", d.h. der Fehler [der verdorbenen Sprache] überwiegt die [Heiligkeit der Tora], wie wir erklärt haben.

Und nun, lasst uns sehen: Wenn bei den "Zedern des Levanon" der Vergangenheit, deren Gedanken immer an den Heiligen, gesegnet sei Er, mit Furcht vor dem Herrn und seinen Mitzvoth hingen, und deren Rede immer in großer Heiligkeit und Reinheit war [und wenn sich zufällig

Shemirat HaLashon - Buch A

manchmal ein unpassendes Wort unter sie mischte, bereuten sie es sofort danach, wie es nötig war] - bei all dem, dieses eine Wort die Heiligkeit ihrer Rede im Allgemeinen untergrub, wenn ja, was sollen wir, das "Moos an der Wand" tun, deren Beständigkeit in der Tora auch ohne dies auf einem sehr niedrigen Niveau ist, bei unseren vielen Sünden - was sollen wir tun, wenn wir dennoch unseren Mund, Gott bewahre, mit Worten der Lashon Hara [Verleumdung] [üble Nachrede], Rechiluth [Klatsch] [Geschwätz], Leichtsinn, Streit und dergleichen besudeln? Was für eine Heiligkeit kann sich auf solch ein Lernen stützen, das mit einem solchen Mund gelernt wurde?

Und daraus können wir die Größe unserer Schwäche in Tora und Mitzvoth, in unseren vielen Sünden verstehen. Denn sehen wir nicht deutlich, dass ein jeder immer auf sein Geschäft oder seinen Handel bedacht ist, um ihn zu vergrößern und zu erweitern und auch, um jede mögliche Ursache des Verlustes aus ihm zu entfernen? Und es käme niemandem mit gesundem Menschenverstand in den Sinn, das Geschäft, von dem er lebt, mit seinen eigenen Händen zu zerstören. Doch wenn wir das [wirklich] gewünschte Ziel betrachten, ist genau das Gegenteil der Fall! Denn nicht nur verstärkt sich unser Yetzer Hara [die böse Neigung] in uns jeden Tag, um Sünde und Vergehen zu vermehren, sondern wir schaffen auch Gründe und Ursachen, durch die, Gott bewahre, der "überlebende Rest", das bisschen Tora und Gebet, das uns noch bleibt, untergraben wird.

Möge der Herr unsere Augen davor bewahren, Falschheit zu sehen, und uns würdig machen, die Größe der Heiligkeit der Tora zu erkennen. Und dadurch mögen unsere Seelen geheilt werden und ihre [der Tora] Worte süßer in unserem Mund sein als Honig, wie es geschrieben steht [Psalm 19,11]: "Sie sind begehrenswerter als Gold und viel feines Gold und süßer als Honig usw."

Kapitel Acht

In diesem Kapitel wird die Größe seiner Strafe in dieser Welt erklärt.

Er vermindert dadurch auch seinen Status als Mensch [indem er Lashon Hara [Verleumdung] [üble Nachrede] spricht], bis er "schlimmer als ein Hund" wird, wie Unsere

Shemirat HaLashon - Buch A

Weisen, möge ihr Andenken gesegnet sein, gesagt haben [Pesachim 118a]: "Wer Lashon Hara [Verleumdung] [üble Nachrede] spricht ... verdient es, den Hunden vorgeworfen zu werden, denn es steht geschrieben [Schemot 23:1]: 'Du sollst keinen falschen Bericht erhalten', was als 'Du sollst keine Verleumdungen verbreiten' gelesen wird, dem [Ibid. 22:30] vorausgeht: "...dem Hund sollst du es vorwerfen." Die Begründung ist offensichtlich, wie der MaHaral von Prag schreibt: "Denn die Hunde hüteten sich, wenn nötig, davor, 'ihre Zunge zu schärfen', wie es geschrieben steht [Ibid. 11;7]: 'Und gegen alle Kinder Israels soll ein Hund seine Zunge nicht spitzen' - und er [[ein Mensch]], dem der Herr Verstand und Wissen verliehen hat, konnte seinen Yetzer Hara [die böse Neigung] nicht davon abhalten [[Lashon Hara [Verleumdung]]] - darum ist er 'schlimmer' als ein Hund."

So steht es in Arachin 15b: R. Chisda sagte im Namen von Mar Ukva: "Alle, die Lashon Hara [Verleumdung] [üble Nachrede] sprechen, verdienen es, gesteinigt zu werden, denn es steht an einer Stelle geschrieben [Psalm 101:5]: "Ihn [[den Sprecher von Lashon Hara [Verleumdung] [üble Nachrede]]] werde ich ausrotten", und an einer anderen Stelle [Eicha 3:53]: "Sie haben mir in der Grube das Leben abgeschnitten und einen Stein nach mir geworfen."

Wir finden auch in Arachin 15b: R. Jehoschua b. Levi sagte: "Wenn jemand Lashon Hara [Verleumdung] [üble Nachrede] redet, steigen seine Sünden bis zum Himmel auf, mit anderen Worten. [Psalmen 73:9]: "Sie setzen ihren Mund in die Himmel und [[d.h., wenn]] ihre Zungen auf die Erde laufen." Und es [Lashon Hara [Verleumdung]] ist über und gegen die drei schweren Sünden, wie oben in Kapitel IV erwähnt. Und so wie sie über und gegen ist, so ist auch ihre Strafe, wie wir in Yerushalmi Peah 1:5 und in Semag finden, dass für vier Dinge Strafe von einem Menschen in dieser Welt gefordert wird, und das Verfahren wird ihm für die kommende Welt gelassen. Sie sind: Götzendienst, unerlaubte Beziehungen und Blutvergießen und Lashon Hara [Verleumdung] über und gegen alles. Und ebenso haben wir oben in Kapitel VI im Namen von Sefer Hakaneh geschrieben, dass er für die Sünde von Lashon Hara [Verleumdung] mit Armut geschlagen wird.

Und wir finden auch in Tanna d'bei Eliyahu 16: "Diejenigen,

Shemirat HaLashon - Buch A

die im Verborgenen schlagen [d.h. die Sprecher von Lashon Hara [Verleumdung] [üble Nachrede] und die Entweiher des Namens in der Öffentlichkeit und diejenigen, die ihre Freunde mit Worten herabsetzen, und diejenigen, die Streit anzetteln, werden am Ende wie Korach [und seine Gemeinde] sein, von denen geschrieben steht [Bamidbar 16:33]: "Und die Erde deckte sie zu." Und manchmal ist die Strafe für die Sünde der Lashon Hara [Verleumdung] [üble Nachrede], die schwerste Sünde von allen, askarah [Diphtherie], der schwerste Tod von allen, wie Unsere Weisen, möge ihr Andenken gesegnet sein, gesagt haben [Berachoth 8a]: "Neunhundertunddrei Arten des Todes wurden in der Welt geschaffen ... askarah ist die schwerste von allen." Hier wird allen, die in die Welt kommen, ein Zeichen gegeben, dass ihre Bestrafung ein Hinweis auf ihre Sünde ist, wie es in Schabbat 33b heißt: Die Rabbiner lehrten: "Warum beginnt dieser Tod [askarah] in den Eingeweiden und endet im Mund? R. Yehudah b. Ilai antwortete: "Obwohl die Nieren beraten, das Herz überlegt und die Zunge formuliert, ist es der Mund, der [die Lashon Hara [Verleumdung]] vollendet."

Und darüber hinaus finden wir im Midrasch Aggadath Bereshith 20: "In der kommenden Zeit werden alle geheilt werden, aber die Schlange wird nicht geheilt werden. Und so wie es keine Heilung für die Schlange gibt, gibt es auch keine Heilung in der kommenden Zeit für einen, der Lashon Hara [Verleumdung] gegen seinen Freund spricht, wie es geschrieben steht [Koheleth 10:11]: "Wenn die Schlange beißt, [ist es, weil] es keinen Zauber [gegen sie] gibt; so gibt es keinen Vorteil [d.h. Heilung] für den Mann der Zunge."

Und wir lernen auch in Pirkei d'R. Eliezer: "Wer Lashon Hara [Verleumdung] gegen seinen Freund im Geheimen spricht, hat keine Heilung, wie es geschrieben steht [Psalmen 101:5]: 'Wer seinen Nächsten im Geheimen verleumdet, den werde ich [für immer] ausrotten.' Und an anderer Stelle heißt es [Devarim 27:24]: 'Verflucht sei, wer seinen Nächsten heimlich schlägt.' Kommt und seht, was mit der Schlange geschah. Weil sie Lashon Hara [Verleumdung] zwischen dem Heiligen, gesegnet sei Er, und Adam und seiner Frau sprach, verfluchte der Heilige, gesegnet sei Er, sie [Bereschit 3:14]: 'Und Staub sollst du essen alle Tage deines Lebens.'" [Das heißt, so wie dort

Shemirat HaLashon - Buch A

geschrieben steht "alle Tage deines Lebens", mit der Absicht, dass er auch in den Tagen des Messias nicht geheilt wird, wie es in Berachoth 12b heißt: "die Tage deines Lebens" - diese Welt; "alle Tage deines Lebens" - einschließlich der Tage des Messias" - so hat er [der Sprecher von Lashon Hara [Verleumdung]] hier keine Heilung für immer.] Und ich habe auch in den heiligen Büchern gesehen, dass, wenn jemand Lashon Hara [Verleumdung] [üble Nachrede] spricht, seine Nahrung abnimmt, wie die einer Schlange [d.h.: "Und Staub sollst du essen, usw."]

Und es ist offensichtlich, dass, wenn jemand sich an diese Sünde gewöhnt, seine Strafe dafür [durch Armut, Not und dergleichen] auch konstant sein wird, anstelle des "bestätigten Aussatzes", mit dem er deswegen hätte behaftet werden sollen, wie in Kapitel V erklärt.

Aus all dem sollte die Schwere seiner Strafe ersichtlich sein. Denn die Strafe wird ihm in dieser Welt auferlegt, und er wird mit ständigem Leiden und Verarmung und manchmal auch mit dem Tod bestraft, Gott behüte.

Und es ist nicht genug, dass die Sprecher von Lashon Hara [Verleumdung] sich selbst treffen, sondern die ganze Welt wird von ihrer Sünde so getroffen, dass ihr Lebensunterhalt dadurch vermindert wird. Wie es in Ta'anith 7b heißt: R. Schimon b. Pazzi sagte: "Der Regen wird nur wegen der Sprecher von Lashon Hara [Verleumdung] usw. zurückgehalten." Und Lashon Hara [Verleumdung] verursacht auch den Tod, das Schwert und das Gemetzel in der Welt, wie wir oben in Kapitel II im Namen des heiligen Zohar geschrieben haben.

Deshalb sollte jemand, der sein eigenes Leben und das Leben der Welt begehrt, seine Zunge vor dem Bösen hüten. Und er wird das Gute genießen, sowohl in dieser als auch in der nächsten Welt.

Kapitel Neun

In diesem Kapitel wird die Erbärmlichkeit seines Loses wegen dieser [Sünde der Lashon Hara [Verleumdung] [üble Nachrede]] in der nächsten Welt erklärt.

In den vorangegangenen Kapiteln wurde die Strafe des Sprechers von Lashon Hara [Verleumdung] in dieser Welt

Shemirat HaLashon - Buch A

beschrieben. Und nun werden wir die Größe seiner Strafe in der kommenden Welt erklären.

Unsere Weisen, möge ihr Andenken gesegnet sein, haben erklärt, dass die Klasse der Verleumder eine der vier Klassen ist, die die Schechinah nicht erblicken, mit anderen Worten. [Sotah 42b]: "R. Yirmiyah b. Abba sagte: Vier Klassen schauen die Schechinah nicht: die Klasse der Schmeichler, die Klasse der Lügner, die Klasse der Spötter und die Klasse der Verleumder ... Die Klasse der Verleumder, mit anderen Worten. [Psalmen 5,5]: "Denn du bist kein Gott, der Ungerechtigkeit begehrt; das Böse wird nicht bei dir wohnen. Du bist gerecht, Herr; das Böse wird nicht in deiner Wohnung wohnen." In diesem Abschnitt geht es um die Sünde der Lashon Hara [Verleumdung], wie Raschi dort erklärt. Und der Sprecher von Lashon Hara [Verleumdung] [üble Nachrede] wird sogar als "böse" bezeichnet, wie wir in Aggadath Mishlei über den Vers [Mishlei 12:20] finden: "Im Herzen der Verschwörer des Bösen ist Betrug" - R. Chamma b. R. Chanina sagte: "Einer, der mit seinem Freund spricht und mit ihm isst und trinkt und Lashon Hara [Verleumdung] gegen ihn spricht, den nennt der Heilige, gepriesen sei Er, 'böse' usw." Für diese Sünde wird er auch in der vierten Stufe von Gehinnom verurteilt, wie es im Midrasch Hane'elam über Ruth heißt.

Bedenken Sie die Größe ihrer Strafe. Wegen der Größe ihrer Sünde ist es für Gehinnom fast unmöglich, sie davon zu reinigen, wie in Tanna d'bei Eliyahu 18 erklärt wird: "So wie die Gottlosen Lashon Hara [Verleumdung] sprechen, die bis zum Thron der Herrlichkeit aufsteigt, so steigen Engel aus dem Mund des Allmächtigen herab und nehmen diese Übeltäter und werfen sie in die [untersten] Tiefen von Gehinnom. Zu dieser Zeit antwortet Gehinnom und sagt zu dem Heiligen, gepriesen sei Er: "Herr des Universums, ich kann sie nicht so sehr bestrafen, wie sie es verdienen, bestraft zu werden, und die ganze Welt kann sie nicht genug bestrafen. Hat dieser Sprecher von Lashon Hara [Verleumdung] nicht von der Erde bis zum Himmel gesündigt? Doch zuerst schicke Deine Pfeile von oben, und dann werden sie von mir Kohlen vom Ginsterstrauch von unten bekommen, wie es geschrieben steht [Psalm 120:3-4]: Was wird er dir geben und was wird er dir zufügen, du Zunge des Betrugs? Geschärfte Pfeile des Mächtigen,

Shemirat HaLashon - Buch A

zusammen mit Kohlen aus dem Ginsterstrauch. Der 'Mächtige' ist kein anderer als der Heilige, gepriesen sei Er, wie es geschrieben steht: 'der Gott, der groß und mächtig ist, usw.'" [Wir finden dasselbe in Arachin 15b.] Und wie sehr muss sich der Herzensmensch stärken und vor dieser bitteren Sünde bewahren, wenn er an diese furchtbare Strafe denkt, die selbst das große Gefängnis von Gehinnom nicht zu verhängen vermag, wenn es nicht auch von oben unterstützt wird!

Und alles, was der Mensch mit seinem Mund spricht, ist oben niedergeschrieben, wie wir im Midrasch Rabba, Tetze 6 zu Koheleth 5,5 finden: "Lass deinen Mund nicht gegen dein Fleisch sündigen usw." Was ist damit gemeint? Wenn der Mund Lashon Hara [Verleumdung] spricht, versündigt er sich gegen den Körper und verursacht, dass er geschlagen wird. Deshalb: 'gegen dein Fleisch sündigen' - der Mund sündigt gegen das Fleisch. Was ist die Absicht von 'Sage nicht vor dem Engel: "Es ist ein Irrtum"?' Sagt nicht: 'Ich werde gehen und Lashon Hara [Verleumdung] sprechen und niemand wird es wissen.' Der Heilige, gepriesen sei Er, sagt: "Wisse, dass Ich einen Engel sende, und er wird an deiner Seite stehen und alles aufschreiben, was du gegen deinen Freund sagst." Wie der Gra in seinem Buch Alim Litrufah schreibt: "Er wird alles ins Gericht bringen; alles Gerede, nicht einmal Smalltalk, wird verloren sein. Deshalb ermahne ich dich, dich so weit wie möglich darin zu üben, allein zu sitzen, denn die Sünde der Zunge umfasst alle, wie unsere Weisen seligen Andenkens gesagt haben: 'Das sind die Dinge ... und Lashon Hara [Verleumdung] gegen alle.' Und warum sollte man diese Sünde, die größer ist als alle anderen, näher erläutern? Unsere Weisen seligen Angedenkens haben gesagt: 'Die ganze Mühe eines Menschen ist mit seinem Mund' Alle Mitzvoth und das Lernen eines Menschen reichen nicht aus für das, was er mit seinem Mund ausspricht. [Chullin 89a]: 'Was ist das Handwerk des Menschen in dieser Welt? Er soll sich stumm machen und seine Lippen wie zwei Mühlsteine schließen usw.' Und jedes "Schleudern" [der Seele nach dem Tod], alles [kommt] von dem Atem der müßigen Worte. Für jede eitle Äußerung muss er [d.h. seine Seele] von einem Ende der Welt zum anderen geschleudert werden. All dies für überflüssiges Gerede. Aber für verbotenes Gerede, wie

Shemirat HaLashon - Buch A

Lashon Hara [Verleumdung] [üble Nachrede] und Leichtsinn und Schwüre und Gelübde und Streit und Flüche, besonders im Haus des Gebets und an Sabbaten und Festen - dafür muss man tief in den Scheol hinabsteigen. Und es ist unmöglich, sich das Ausmaß des Leidens und der Qualen vorzustellen, die man für eine einzige Äußerung erleiden muss. Und kein einziges Wort bleibt ungeschrieben. Die [himmlischen] Informanten begleiten jeden Menschen in jedem Augenblick und schreiben jedes einzelne Wort auf. [Koheleth 10:20]: 'Denn ein Vogel des Himmels wird die Stimme tragen, und der Geflügelte wird die Sache erzählen.' Lass nicht zu, dass dein Mund gegen dein Fleisch sündigt, und sage nicht vor dem [aufzeichnenden] Engel, dass es ein Irrtum ist" usw. Und er selbst wird danach zu einem "Wagen" für die unreine "Schale", die "Lashon Hara [Verleumdung]" genannt wird, wie es in Sefer Charedim 3:4 geschrieben steht.

Und wisse weiter, dass die Kabbalisten geschrieben haben [Sefer Charedim 7], dass der Mann von Lashon Hara [Nachrede] [Verleumdung] nach seinem Tod in unbelebter Materie, in den Steinen des Feldes, wiedergeboren wird. "Und manchmal wird der Mann von Lashon Hara [Nachrede] [Verleumdung] als Hund wiedergeboren."

Und ebenso derjenige, der es gewohnt ist, unkosheres Fleisch zu essen oder an einen Juden zu verfüttern. Und dies wird in der Tora angedeutet, denn es steht geschrieben [Schemot 23:1]: "Und ihr sollt mir heilige Menschen sein, und Fleisch, das auf dem Felde zerrissen wird, sollt ihr nicht essen. Ihr sollt es den Hunden vorwerfen", woraufhin es heißt [ebd. 23,1]: "Du sollst kein falsches Gerücht verbreiten." Es zeigt sich also, dass der Vers "Dem Hund sollst du es vorwerfen" zwischen diesen beiden Sünden - dem Essen von treifah [zerrissenem Fleisch] und dem Sprechen von Lashon Hara [Verleumdung] - zu finden ist, um uns zu lehren, dass ein Mensch für diese beiden Sünden als Hund wiedergeboren werden kann. Und das ist es, was König David, Friede sei mit ihm, in [Psalmen 22:21] andeutet: "Rette meine Seele vor dem Schwert; [rette] meine Seele vor dem Hund", gefolgt von "Ich will deinen Namen zu meinen Brüdern sagen" usw. Das heißt, ich benutze meine Zunge nicht, um Lashon Hara [Verleumdung] zu sprechen, um dafür von dieser schrecklichen Reinkarnation

Shemirat HaLashon - Buch A

bestraft zu werden, sondern ich benutze sie, um Dich zu preisen und Israel zu ermahnen, dass sie Dich fürchten und Dich preisen sollen. Und wisse, dass die Kabbalisten gesagt haben, dass ein Mensch, wenn er in der Gestalt eines anderen Menschen wiedergeboren wird, sich seines vorherigen Zustands nicht bewusst ist, aber wenn er als Tier oder als Vogel wiedergeboren wird, ist er sich seines vorherigen Zustands bewusst und leidet schrecklich darunter, dass er von der Gestalt eines Menschen zur Gestalt eines Tieres vom Himmel herabgestiegen ist. Darum soll jeder Mensch sich fürchten und zittern und ein weiches Herz haben, solange er noch lebt, solange er noch einen freien Willen hat und seinen Gott kennt, so dass Er ihm seine Sünden vergibt und Seinen Zorn von ihm abwendet. Und wenn seine Seele ihn verlässt, wird er in Frieden ruhen und sich in seinem Schatten in Gan Eden erholen. Denn Er ist gnädig und barmherzig und überreich an Güte. Und [Berachoth 34b]: "An dem Ort, wo Büßer stehen, können absolute Tzaddikim nicht stehen." Bis hierher, die Worte des Sefer Charedim, kurz gesagt.

Kapitel Zehn

In diesem Kapitel wird erklärt, wie groß die Eigenschaft ist, seine Zunge zu hüten, wodurch man sein Sprachvermögen heiligt.

Jetzt werden wir die Größe des Verdienstes desjenigen erklären, der seinen Mund und seine Zunge davor bewahrt, Verbotenes zu sagen. Erstens bessert und heiligt er dadurch das besondere "Werkzeug" des Juden, nämlich die Sprache. So dass alle Worte, die er danach in der Tora und im Gebet spricht, zur Quelle ihrer Wurzel in der Höhe aufsteigen. Denn nicht umsonst haben Unsere Weisen, möge ihr Andenken gesegnet sein, diese [Fähigkeit] an vielen Stellen mit einem "Handwerkszeug" verglichen [siehe Raschi, Bamidbar 31:8], um uns zu lehren, dass ein Werkzeug notwendig ist, um neue, schöne Gefäße herzustellen, [so ist es auch mit dem "Werkzeug" der Sprache]. Selbst wenn man ein königlicher Handwerker ist, der größte aller Künstler, dessen Intellekt äußerst subtil ist und der sich die feinste Art der Herstellung von Gefäßen ausdenken kann, so kann er sie doch nicht ohne Werkzeug herstellen. Mehr noch, selbst

Shemirat HaLashon - Buch A

wenn er die Werkzeuge hat, aber sie sind defekt und beschädigt, und er wird "gedrängt", einige Gefäße zu machen, wird man an ihnen den Defekt und die Unvollkommenheit der Werkzeuge erkennen, innen und außen, denn er wird nicht in der Lage sein, sie [die Gefäße] richtig zu glätten, und sie werden wie formlose Holzblöcke bleiben, unbrauchbar sogar für die Bürger; wie viel mehr für einen König. Aber der Handwerker, dessen Werkzeuge poliert und geglänzt sind, wie sie sein sollten - das Gefäß, das er damit herstellt, wird vollkommen und schön erscheinen. Genauso verhält es sich mit dem Sprachvermögen, das dem Juden für den Dienst am erhabenen König [gepriesen sei Sein Name] für Tora und Gebet und zum Segnen, Verherrlichen, Loben und Erheben gegeben wurde. Denn sie [diese Fähigkeit] ist das große Werkzeug, mit dem der vollkommene Mensch Himmel und Erde bauen kann, wie es geschrieben steht [Jesaja 51:6]: "Und ich habe meine Worte in deinen Mund gelegt, um den Himmel zu pflanzen und den Grund der Erde zu legen." Und das ist wörtlich zu verstehen. Denn mit den Worten der Heiligkeit, die ein Mensch hier in dieser Welt vor dem gesegneten Herrn spricht, werden in der Höhe heilige Welten und Engel geschaffen, die später für seine Seele eintreten und sie verteidigen werden. Und die Qualität der Welten und der Engel, die durch seine Tora und Mitzvoth geschaffen werden, hängt von mehreren Faktoren ab: 1] seiner Geisteshaltung zu dem Zeitpunkt. Das heißt, dass er sich zu diesem Zeitpunkt mit all seinen Kräften darauf vorbereitet hat, seine Aufgabe gemäß der Tora zu erfüllen, und zwar in all ihren erforderlichen Teilen und Details. 2] seine Werkzeuge, mit denen seine Tora gestaltet wird. Das heißt, die Werkzeuge der Rede [und ebenso, in Bezug auf die Mitzwa, die Werkzeuge, die zu ihrer Ausführung erforderlich sind]. Denn wenn sie schön und elegant sind, immer zum Guten verwendet werden und die Kraft ihrer Heiligkeit dadurch gestärkt wird, werden sie die Macht haben, die höhere Heiligkeit und großes Licht auf das herabzuziehen, was er tut. Wenn er aber, Gott bewahre, sein Sprachvermögen durch Lashon Hara [Verleumdung] [üble Nachrede], Rechiluth [Klatsch] [Geschwätz], Leichtfertigkeit und Falschheit und dergleichen schadhaft und unrein macht, und er tut nicht Buße, und dann spricht er

Shemirat HaLashon - Buch A

mit seinem Mund Worte der Thora und des Gebets, welche Kraft werden sie haben, auf diese Thora und das Gebet die höhere Heiligkeit herabzuziehen, nachdem seine "Werkzeuge der Äußerung" an und für sich schadhaft und unrein gemacht worden sind?

Und Unsere Weisen, möge ihr Andenken gesegnet sein, haben gesagt [Schabbat 119b]: "Der Atem des Mundes, der gesündigt hat, ist nicht wie der Atem des Mundes, der nicht gesündigt hat." [Der Atem des Mundes, der gesündigt hat:]" Das heißt, derjenige, der nur manchmal gesündigt hat, zufällig, wie wir in Kapitel VII erklärt haben. Wie viel mehr, wenn der Atem seines Mundes jeden Tag und jede Stunde an die Sünde gewöhnt ist. Und all dies, auch wenn sein Mund in anderen verbotenen Dingen sündigt; wie viel mehr in der Issur [Verbot] [Verbotenes] von Lashon Hara [Verleumdung] und Rechiluth [Tratsch], durch die er sicherlich das Gebet untergräbt, das er danach betet; und es steigt nicht auf, es sei denn, er verpflichtet sich, dies zu bereuen, wie wir oben in Kapitel VII im Namen des heiligen Zohar erklärt haben. Und wir können sagen, dass dies die Absicht des Verses in Koheleth 7:13 ist: "Siehe die Tat Gottes. Denn wer kann begradigen, was er krumm gemacht hat?" Das heißt, richte deine Augen und dein Herz auf die Göttlichen Dinge, die heiligen Heiligtümer und die himmlischen Lichter, die du in der Höhe durch deine Tora und deine Mitzvoth geschaffen hast - dass sie in Vollkommenheit geschaffen werden, durch alle Vorbereitungen, die dazu nötig sind, und auch durch "saubere Werkzeuge", wie oben erklärt. Denn wer kann begradigen, was er krumm gemacht hat? Das heißt, wenn du sie beschädigst, Gott bewahre, werden sie für immer defekt und beschädigt bleiben, und das wird dir ewige Sorge und ständigen Kummer bereiten, wenn du dich daran erinnerst, dass es deine Trägheit war, die das alles verursacht hat. Denn sie [die himmlischen Bauwerke] sind nicht wie die Bauwerke dieser Welt, die, wenn einer sie beschädigt, ein anderer Baumeister reparieren kann. Nicht so, mit dem gewünschten [ewigen] Ende. Wie der Tanna in Avoth 1:13 sagt: "Wenn ich nicht für mich selbst bin, wer ist dann für mich?" Und das ist die Absicht des Verses "Denn wer kann gerade machen, was er krumm gemacht hat?"

Aus allem, was wir gesagt haben, folgt, dass ein Mensch,

Shemirat HaLashon - Buch A

der seine Zunge gemäß dem Din hütet, es verdient, sein Sprachvermögen zu heiligen, und dass dadurch seine Tora und sein Gebet in der Höhe angenommen werden.

Kapitel Elf

In diesem Kapitel wird die Größe der Belohnung für die Bewahrung der Zunge in dieser und in der nächsten Welt erklärt, und auch die Qualität des Friedens.

In der Bewahrung der Zunge liegen auch viele heilige Eigenschaften: 1] Dadurch wird man vor allen Strafen bewahrt, die mit dieser Sünde [der Lashon Hara [Verleumdung]] einhergehen. 2] dadurch sicher zu sein, was man von dem erwünschten Ziel erlangt hat, dass man es fortan nicht mehr verliert. [Denn wenn er seine Zunge nicht hütet, läuft er Gefahr, alles zu verlieren, Gott bewahre, wie oben in den Kapiteln III und VI im Namen des Midrasch erklärt wurde.] 3] "Mensch" genannt zu werden, wie es geschrieben steht [Psalm 34:3]: "Wer ist der Mensch, der das Leben begehrt usw." Da ihm diese Eigenschaft fehlt, gehört er nur zur Klasse der "sprachlosen belebten Objekte". Und im Midrasch Schocher Tov finden wir [Jesaja 57:20]: "'Und die Gottlosen werden getrieben wie das Meer' - So wie das Meer seinen ganzen Schlamm an das Ufer spuckt, so spucken die Gottlosen ihren Schlamm auf ihre Lippen." 4] Weil er sich selbst vom "Anklagen" zurückhält und mit all seiner Kraft nach Verdienst strebt, so setzen sich die dienenden Engel für ihn ein, wie wir im Midrasch Mischlei finden.

Außerdem verdient er dadurch, mit dem Heiligen Geist "bekleidet" zu werden, wie im heiligen Zohar geschrieben steht: "Wer seinen Mund und seine Zunge hütet, verdient, mit dem Heiligen Geist bekleidet zu werden."

Er verschafft sich auch Ansehen in dieser Welt, wie es in der Mechilta, Parshath Mishpatim zu Shemoth 32:30 geschrieben steht: "Und Fleisch, das auf dem Feld zerrissen wird, sollst du nicht essen. Dem Hund sollst du es vorwerfen" - um uns zu lehren, dass der Heilige, gepriesen sei Er, keinem Geschöpf seinen Lohn vorenthält, wie es geschrieben steht [Schemot 11:17]: "Und für alle Kinder Israels wird ein Hund seine Zunge nicht spitzen." Ist dies nun nicht ein kal vachomer [d.h., folgt daraus nicht a fortiori

Shemirat HaLashon - Buch A

]: Wenn es schon bei einem Tier so ist [d.h., dass Er den Lohn nicht zurückhält], wie viel mehr bei einem Menschen! Außerdem verdient er für die ganze Zeit, in der er seine Zunge hütet, große Eminenz in Gan Eden, wie der Gaon Rabbeinu Eliyahu im Namen des Midraschs geschrieben hat, dass "für jeden Augenblick, in dem ein Mensch seinen Mund hält, er das verborgene Licht verdient, das kein Engel oder Geschöpf sehen kann."

Außerdem wird er dadurch vor dem Gehinnom gerettet, wie wir im Midrasch Tanchuma lesen: "Der Heilige, gesegnet sei Er, sagte: 'Wenn ihr euch vor dem Gehinnom retten wollt, dann entfernt euch von Lashon Hara [Verleumdung], und ihr werdet diese Welt und die nächste verdienen.'"

Es gibt noch eine andere große und heilige Eigenschaft, die sich aus der Bewahrung der Zunge ergibt - das ist die Eigenschaft des Friedens. Es ist bekannt, dass man, wenn man seine Zunge hütet, den Neid von sich selbst entfernt, und alle werden ihn lieben und ihre Geheimnisse mit ihm teilen und niemals gegen ihn sprechen - Maß für Maß, wie es im Arizal geschrieben steht.

Und umgekehrt: Wenn man schlecht über seinen Freund spricht und ihn erniedrigt, wird es so weit kommen, dass sie auch ihn erniedrigen, abgesehen von seiner Strafe in der kommenden Welt. Und so habe ich es im Namen der frühen Autoritäten geschrieben gesehen, und sie haben eine Andeutung [in der Schrift] dafür gefunden [mit anderen Worten: Vayikra 24:20]: "Wie er einem Menschen einen Makel zuschreibt, so soll er ihm zugerechnet werden." Mehr noch, er wird verachtet und geschmäht, sogar in den Augen derer, zu denen er die Lashon Hara [Verleumdung] und die Rechiluth [Klatsch] gesprochen hat. Wie Unsere Weisen, möge ihr Andenken gesegnet sein, gesagt haben: "Falsche Zeugen werden [sogar] von ihren Auftraggebern verachtet." Und jeder der Zuhörer verdächtigt ihn und sagt sich: "Jetzt hat er vor mir gegen meine Freunde gesprochen; und jetzt wird er gehen und vor meinen Freunden gegen mich sprechen."

Und es wird festgestellt, dass es [die Zunge hüten] zum Frieden [Schalom] führt. Und die Großartigkeit des Friedens ist bereits bekannt. Wie Unsere Weisen, möge ihr Andenken gesegnet sein, gesagt haben: "Selbst wenn es, Gott bewahre, die Sünde des Götzendienstes in Israel gibt,

Shemirat HaLashon - Buch A

aber Frieden unter ihnen herrscht, sagt der Heilige, gepriesen sei Er, dem Satan, er solle sie nicht berühren." Und wenn jemand es sich angewöhnt, gut von seinem Freund zu sprechen, verdient er es, dass der Heilige, gesegnet sei Er, ihn bei seinem Namen nennt - "Schalom!" Wie es geschrieben steht [Richter 6:24]: "Und er nannte ihn [[den Altar]] 'der Herr - Schalom'." Und wenn er das Gegenteil tut, Gott bewahre, wird er "Ra" ["böse"] genannt. Wie Unsere Weisen, möge ihr Andenken gesegnet sein, gesagt haben: "Wenn jemand mit seinem Freund spricht, mit ihm isst und mit ihm trinkt und Lashon Hara [Verleumdung] gegen ihn ausspricht, nennt ihn der Heilige, gepriesen sei Er, 'Ra', wie es geschrieben steht [Mischlei 12:20]: 'Es ist Betrug im Herzen der Verschwörer von Ra.' Und wenn man nicht mit ihm isst und trinkt und nicht mit ihm handelt [d.h., wenn man keine Gunst von ihm erworben hat] und [dennoch] gut von ihm spricht, nennt ihn der Heilige, gesegnet sei Er, 'Schalom', mit anderen Worten. [Ibid.]: 'Und für die Berater von 'Schalom' gibt es Freude.'"

Um die Eigenschaft des Friedens etwas zu erklären, werde ich einige der Apophthegma Unserer Weisen, möge ihr Andenken gesegnet sein, zu diesem Thema anführen. Dies ist aus Ma'aloth Hamiddoth: "Wisset, meine Söhne, dass der Friede zu den höchsten Eigenschaften gehört, denn er ist einer der Namen des Heiligen, gepriesen sei Er, wie geschrieben steht [Richter 6:24]: Und er nannte ihn [[den Altar]] 'der Herr Schalom'." Wo Frieden herrscht, herrscht auch Furcht vor dem Himmel. Wo es keinen Frieden gibt, gibt es auch keine Furcht vor dem Himmel. Groß ist der Friede vor dem Gesegneten, sagen unsere Weisen seligen Andenkens in der Aggada [Yevamoth 65b, Bava Metzia 87a]: "Groß ist der Friede, selbst die Schrift schwindelt, um den Frieden zwischen Abraham und Sara zu erhalten. Denn während sie sagte [Bereschit 18,12]: 'Und mein Herr [Abraham] ist alt', übertrug Gott dies auf Abraham als [Ibid. 13]: 'Und ich [Sarah] bin alt.'" Ähnlich [Ibid. 40:16-17]: "Und sie ließen Joseph berichten: 'Dein Vater hat befohlen, bevor er starb: 'So sollst du zu Josef sagen: 'Vergib doch bitte die Schuld deiner Brüder und ihre Sünde, denn sie haben dir Unrecht getan.'" Wir finden nirgends, dass Jaakow so etwas befohlen hätte, denn er hatte keinerlei Bedenken gegen das Verhalten Josefs. Meine Söhne, kommt und seht,

Shemirat HaLashon - Buch A

wie groß die Macht des Friedens ist, denn der Heilige, gepriesen sei Er, hat gesagt, dass man sich sogar den Feinden mit Frieden nähern soll, wie es geschrieben steht [Devarim 20:10]: "Wenn du dich einer Stadt näherst, um Krieg gegen sie zu führen, dann rufe ihr den Frieden zu." Groß ist der Friede, denn er vollendet den priesterlichen Segen, wie es geschrieben steht [Numeri 6,26]: "Und er wird Frieden auf euch legen." Groß ist der Friede, denn er ist die Vollendung des Gebets, wie es geschrieben steht [Psalm 29,11]: "Der Herr wird seinem Volk Kraft geben; der Herr wird sein Volk mit Frieden segnen." Mehr noch, am Tag des Trostes Israels wird der erste Bericht vom Frieden sein, wie es geschrieben steht [Jesaja 52,7]: "Wie schön sind die Füße des Verkünders auf den Bergen, der den Frieden verkündet!" Meine Söhne, kommt und seht, wie groß die Macht des Friedens ist, denn der Heilige, gesegnet sei Er, hat gesagt, dass man sich sogar den Feinden mit Frieden nähern soll, wie es geschrieben steht [Devarim 20,10]: "Wenn du dich einer Stadt näherst, um Krieg gegen sie zu führen, so rufe ihr den Frieden zu." Von R. Jochanan b. Zakkai heißt es, dass ihm nie jemand beim Grüßen zuvorgekommen ist, nicht einmal ein Nichtjude auf dem Marktplatz. Und unsere Weisen seligen Andenkens haben erklärt [Avoth 4:15]: "Grüßt alle Menschen." Was ist mit "alle Menschen grüßen" gemeint? Selbst wenn du siehst, dass er dir nicht wohlgesonnen ist, grüße ihn; denn wenn du das tust, wirst du ihn dazu bringen, dich zu lieben. Mehr noch: Selbst wenn er sich nicht herablassen will, mit dir Frieden zu schließen, wird der Heilige, gepriesen sei Er, ihn in deine Hand geben und ihn unter dir demütigen, wie es geschrieben steht [Devarim 20,1]: "Und wenn sie [die Stadt] keinen Frieden mit dir schließt, sondern Krieg gegen dich führt, so sollst du sie belagern, und der Herr, dein Gott, wird sie in deine Hand geben..." Und so finden wir bei David, Friede sei mit ihm, dass er den Frieden mit Saul suchte, wie geschrieben steht [Psalm 120,7]: "Ich bin für den Frieden, aber wenn ich rede, sind sie für den Krieg." Saul wurde nicht nur nicht besänftigt, sondern er verfolgte David, um ihm Schaden zuzufügen, und der Heilige, gepriesen sei Er, gab ihn in der Höhle und im Lager in Davids Hand. Und doch kam es David nie in den Sinn, ihm Unrecht zu tun. Denn man muss den Frieden lieben und ihm nachjagen, wie es

Shemirat HaLashon - Buch A

geschrieben steht [ebd. 34:15]: "Suche den Frieden und jage ihm nach." Suche ihn mit deinem Freund und jage ihm mit deinem Feind nach. Suche ihn an deinem Ort und jage ihm an anderen Orten nach. Sucht ihn mit eurem Körper und verfolgt ihn mit eurem Geld. [Manchmal muss man großzügig mit seinem Geld umgehen, um die "Festung des Friedens" zu ergreifen.] Suche ihn für dich selbst und verfolge ihn für andere. Suche ihn heute und jage ihm morgen nach. Und verzweifelt nicht und sagt: "Ich werde den Frieden nie erreichen", sondern strebe ihn an, bis du ihn erreicht hast. Und was ist das Streben nach Frieden? So haben unsere Weisen seligen Andenkens gesagt [Sanhedrin 110a]: "Das ist das Sprechen des Friedens in einer Zeit des Streits und das Opfern der eigenen Ehre für das allgemeine Wohl, wie es Mosche getan hat, wie es geschrieben steht [Numeri 16:25]: 'Und Mosche stand auf und ging zu Dathan und Aviram...'," und das Zurückstellen der eigenen Angelegenheiten, um Frieden zwischen einem Mann und seiner Frau, einem Mann und seinem Nachbarn und einem Lehrer und seinem Schüler zu schließen - bis hin zur Organisation eines Essens für zwei, um Frieden zwischen ihnen zu schließen.

Kommt und seht, wie groß die Macht des Friedens ist. Denn am Anfang der Schöpfung des Universums hat der Heilige, gepriesen sei Er, sich selbst damit beschäftigt, ein Instrument des Friedens zu schaffen, wie es geschrieben steht [Bereschit 1,3]: "Und Gott sprach: 'Es werde Licht' - und es ward Licht." Und woher wissen wir, dass Licht Frieden bedeutet? Denn es steht geschrieben [Jesaja 45,7]: "Er macht Licht und schafft Finsternis; er schafft Frieden und schafft Unheil." Auf dieser Grundlage urteilten unsere Lehrer seligen Andenkens [Schabbat 23b]: "Wie zwischen einer Kerze für sein Haus und Wein für Kiddusch, um den Sabbat zu heiligen [wenn er sich nur eine leisten kann], hat die Kerze für sein Haus Vorrang wegen des Friedens seines Haushalts." Darüber hinaus haben unsere Weisen viele Verordnungen erlassen, um den Weg des Friedens zu beschreiten, mit anderen Worten. [Gittin 59a]: "In Verfolgung der Wege des Friedens erklärten sie Folgendes: 'Der Kohein liest zuerst [in der Tora], dann der Levit, dann der Israelit, wegen der 'Wege des Friedens'.'" Ein Eruv [eine halachische Erlaubnisvorrichtung] wird in einem alten Haus

Shemirat HaLashon - Buch A

angebracht, wegen "der Wege des Friedens". Die Grube, die dem Bewässerungskanal am nächsten liegt, wird zuerst gefüllt, wegen "der Wege des Friedens"." Und so steht es geschrieben [Sprüche 3;17]: "Ihre [der Tora] Wege sind Wege der Annehmlichkeit und alle ihre Pfade sind Frieden." Und so sagten unsere Weisen seligen Andenkens in der Aggada [Bamidbar Rabba 15:13, Tanchuma Beha'alothecha 11]: "Es gibt dreizehn Dinge, die der Heilige, gesegnet sei Er, geliebt hat, und von allen hat Er [im Übermaß der Liebe] nur den "Frieden" "verdoppelt". Sie [[die dreizehn]] sind: Cohanim, Leviten, Israel, Sanhedrin [das Hohe Gericht], die Erstgeborenen, die Opfergaben der Stiftshütte, die Schlachtopfer, das Salböl, das Land Israel, Jerusalem, der Tempel, das Königreich des Hauses David und das Silber und das Gold. Die Cohanim - [Schemot 28:41]: "Und sie sollen mir Priester sein", die Leviten [Numeri 3,41]: "Und ich werde die Leviten zu mir nehmen." Israel - [Schemot 19,6]: "Und ihr [Israel] sollt mir ein Königreich von Priestern sein." Sanhedrin - [Numeri 11,16]: "Sammelt siebzig Männer zu mir." Die Erstgeborenen - [Schemot 13,2]: "Heiligt mir alle Erstgeborenen." Die Opfergaben der Stiftshütte - [Ebd. 25:2]: "Und sie sollen mir ein Opfer bringen." Die Schlachtopfer - [Numeri 28,2]: "Ihr sollt darauf achten, dass ihr mir zur bestimmten Zeit opfert." Das Salböl - [Schemot 30,31]: "Das heilige Öl der Salbung soll mir sein für eure Generationen." Das Land Israel - [Ebd. 19:5]: "Denn mir ist das ganze Land zu eigen." Jerusalem - [1. Könige 11,36]: "Die Stadt, die ich für mich erwählt habe." Der Tempel - [1. Chronik 17,12]: "Er soll mir eine Wohnung bauen." Das Königreich des Hauses David - [1. Samuel 16,1]: "Denn ich habe in seinen Söhnen einen König für mich gesehen." Das Silber und das Gold - [Chaggai 2,8]: "Mein ist das Silber, und mein ist das Gold." Aber von all dem wurde keines verdoppelt [in der Fülle der Liebe] außer dem "Frieden", wie es geschrieben steht [Jesaja 27,5]: "Oder er soll Meine Kraft ergreifen. Er soll Frieden mit mir machen; er soll Frieden mit mir machen." Groß ist der Friede, der dem Lobpreis des Gesegneten selbst vorangestellt ist. Denn als Jithro zu Mosche kam, hieß es sofort [2. Mose 18,7]: "Und jeder erkundigte sich nach dem Frieden des anderen", während es erst danach [ebd. 8] hieß: "Und Mosche erzählte seinem Schwiegervater alle Wunder,

Shemirat HaLashon - Buch A

die der Heilige, gepriesen sei Er, an Israel getan hatte." Außerdem gibt der Heilige, gesegnet sei Er, ihnen für alle Mitzwot, die die Bösen in dieser Welt verrichten, ihren Lohn in dieser Welt - wie Reichtum, Besitz, Jahre, Ehre und dergleichen - außer dem Frieden, den Er ihnen nicht gibt, wie es geschrieben steht [Jesaja 57:21]: "Es gibt keinen Frieden, sagt mein Gott, für die Gottlosen." Mehr noch: Der Heilige, gepriesen sei Er, gibt den Gerechten Frieden als Lohn, wie geschrieben steht [Ibid. 32:17]: "Und der Lohn der Gerechtigkeit ist der Friede...". Mehr noch, mit dem Frieden zieht er die Bekehrten und Reumütigen zu sich heran, wie geschrieben steht [ebd. 57,19]: "Er schafft den Ausdruck der Lippen: 'Friede, Friede' für die Fernen und die Nahen, spricht der Herr, und ich will ihn heilen." Groß ist der Friede, denn über die ganze Wüstenwanderung steht geschrieben: "Und sie zogen umher und ruhten", sie zogen umher im Streit und ruhten im Streit. Aber als sie zum Berg Sinai kamen, machten sie eine große "Rast", wie es geschrieben steht [Schemot 19,2]: "Und Israel ruhte dort, vor dem Berg." [Vayikra Rabbah 9:9]: "Der Heilige, gepriesen sei Er, sagte: 'Die Zeit ist nun gekommen, dass Ich Meinen Kindern die Tora gebe.'" Denn solange sie in Frieden miteinander leben, ist die Schechinah unter ihnen. Und so heißt es [Devarim 33:5]: "Und er war ein König in Jeschurun, als die Häupter des Volkes versammelt waren, zusammen mit den Stämmen Israels." Wann wohnt das Reich und die Schechina des Gesegneten in Israel? Wenn sie alle als Einheit versammelt sind. Kommt und seht, wie groß die Macht des Friedens ist; denn durch die Macht des Friedens hat die Welt Bestand. Denn so haben unsere Weisen seligen Andenkens gesagt [Avoth 1:18]: "Auf drei Dingen steht die Welt: auf Gericht, auf Wahrheit und auf Frieden, wie geschrieben steht [Sacharja 8,16]: 'Wahrheit und Friedensgericht sollst du richten in deinen Toren.'" Mehr noch: Wenn Frieden unter den Menschen herrscht, ist Segen in ihren Früchten, wie es geschrieben steht [Ibid. 12]: "Denn wie der Same des Friedens, so wird der Weinstock seine Frucht geben, und die Erde wird ihren Ertrag geben, und der Himmel wird seinen Tau geben, und das alles werde ich dem Rest dieses Volkes vermachen." Und so steht es geschrieben [Psalmen 147,14]: "Er schafft Frieden an deinen Grenzen und sättigt dich mit der Fülle des Weizens."

Shemirat HaLashon - Buch A

Unsere Weisen haben gesagt [Vayikra Rabbah 9:9]: "Groß ist der Friede, denn wenn man einen Buchstaben des Namens Gottes auslöscht, übertritt man ein negatives Gebot, wie es geschrieben steht [Devarim 12:3]: 'Und du sollst ihren [der Götzen] Namen von jenem Ort auslöschen', gefolgt von [ibid. 4]: 'Das sollst du dem Herrn, deinem Gott, nicht antun.' Doch um Frieden zwischen einem Mann und seiner Frau zu schließen, sagt die Tora [Numeri 5:23]: 'Und der Kohein soll diese Flüche [mit dem Namen Gott] in ein Buch schreiben und sie in den bitteren Wassern auslöschen.' Der Heilige, gepriesen sei Er, sagt: 'Mein Name, der in Heiligkeit geschrieben wurde, soll von den Wassern ausgelöscht werden.'" Und Unsere Weisen, möge ihr Andenken gesegnet sein, haben weiter gesagt [Vayikrah Rabbah 9:9]: "Groß ist der Friede, denn alle guten Segnungen und Tröstungen, die der Heilige, gepriesen sei Er, über Israel ausspricht, enden mit "Frieden". Das Schma - "Er breitet einen Baldachin des Friedens aus". Die Amidah - "Er schafft Frieden." Der priesterliche Segen - "Und Er wird Frieden auf euch legen". "Deshalb, meine Söhne, seid umsichtig in dieser Eigenschaft - den Frieden zu lieben und nach Frieden zu streben. Denn der Lohn für die Liebe zum Frieden und das Streben nach Frieden ist unendlich." Bis hierher, die Sprache von Ma'aloth Hamiddoth.

Und diese Mitzwa gehört zu den Dingen, deren Früchte der Mensch in dieser Welt isst, wobei der Hauptteil für die kommende Welt übrig bleibt, wie wir im ersten Kapitel des Peah lesen. Und wir können ihre große Bedeutung auch aus dem Folgenden ersehen [Ta'anith 22a]:

"R. Beroka Choza'ah stand auf dem Marktplatz von Bei Lefet in der Gesellschaft von Eliyahu. Er fragte Eliyahu: 'Gibt es auf diesem Marktplatz jemanden, der sich der kommenden Welt sicher ist?' Elijahu: 'Nein.' ... In der Zwischenzeit kamen zwei andere vorbei, von denen Elijahu sagte: 'Diese sind sich der kommenden Welt sicher.' R. Beroka ging zu ihnen und fragte sie: 'Was macht ihr?' Sie antworteten: 'Wir sind Gaukler. Wenn wir einen Menschen sehen, der traurig aussieht, machen wir ihn fröhlich.'"

Denn auch das ist eine große Mizwa, jemanden von seinem Leid und seinen Sorgen zu befreien, und steht in der Klasse von "Und du sollst deinen Nächsten lieben wie dich selbst." Und damit bereitet man dem Heiligen, gepriesen sei Er, eine

Shemirat HaLashon - Buch A

große Freude. Wie wenn man einen Sohn in einer anderen Stadt hat, der von Sorgen und Leiden durchdrungen ist. Gewiss, der Vater hofft, dass sich dort wenigstens jemand findet, der ihn tröstet und ihm "ins Herz spricht" und ihm Halt gibt, damit er nicht krank wird von seinen vielen Sorgen. Und wir sind "Söhne" des Herrn, unseres Gottes. Unsere Weisen haben diese Sache selbst mit der Nächstenliebe verglichen. [Fortsetzung von oben Unsere Weisen, möge ihr Andenken gesegnet sein:] "oder wenn wir zwei Männer miteinander streiten sehen, so bemühen wir uns und stiften Frieden zwischen ihnen."

Kapitel Zwölf

In diesem Kapitel wird erklärt, wie man sich davor hütet, Lashon Hara [Verleumdung] und Rechiluth [Klatsch] anzunehmen.

Und wisse weiter, dass derjenige, der die Qualität des Friedens verdienen will, sich auch vor der Annahme von Lashon Hara [Verleumdung] und Rechiluth [Klatsch] [Tratsch] hüten muss. Denn abgesehen von der Strafe selbst [Unsere Weisen, möge ihr Andenken gesegnet sein, haben gesagt [Pesachim 118a]: "Wenn jemand Lashon Hara [Verleumdung] [üble Nachrede] annimmt, ist er geeignet, den Hunden vorgeworfen zu werden, denn es steht geschrieben [Schemot 23:1]: 'Du sollst nicht falsches Zeugnis reden', und davor steht [ebd. 22:30]: 'Dem Hund sollst du es vorwerfen'"], kommt man dadurch weiter zu eitlem Hass, Streit und Zank. Denn da er die Sache zunächst als wahr annimmt, dass Ploni [so und so] [Jemand] gegen ihn gesprochen oder ihm dies und das angetan hat, ist es ihm hinterher fast unmöglich, seinem Freund nicht Leid zuzufügen oder mit ihm deswegen zu streiten. Und am Ende führt das dazu, dass sie zu großen Feinden werden, jeder will "das Blut des anderen schlucken" und freut sich an seinem Unglück. Und all das resultiert aus der Akzeptanz, der Akzeptanz der Worte des Sprechers als absolute Wahrheit. Wäre er dem Weg der Tora gefolgt, wäre er nicht so weit gekommen. Denn wenn jemand zu ihm kommt und ihm erzählt, was Ploni [so und so] [Jemand] getan oder zu ihm gesagt hat, hätte er denken müssen: Vielleicht ist das eine glatte Lüge, oder vielleicht hat er etwas hinzugefügt, das das

Shemirat HaLashon - Buch A

Bild der Sache völlig verändert. Oder selbst wenn er nichts hinzugefügt hat, hat er vielleicht nicht die ganze Sache so erzählt, wie sie war, sondern einige Worte weggelassen. Oder vielleicht hat er seinen Tonfall variiert und damit die Dinge völlig verändert. Oder er hätte sich vielleicht etwas einfallen lassen müssen, um denjenigen zu verteidigen, von dem er spricht, dass er das, was er getan hat, unwissentlich getan hat, oder ähnliches. Und [wenn er so vorgegangen wäre], dann wäre es natürlich nicht zu Streit und Zank und eitlem Hass gekommen.

Aber in solchen Angelegenheiten kommt der Yetzer Hara [die böse Neigung] Hara, der den Menschen dazu bringen will, Lashon Hara anzunehmen, zu ihm und verführt ihn, so dass er denkt: Wie kann ich ihn verdächtigen, etwas zu erzählen, was nie geschehen ist, eine glatte Lüge? Oder wie kann ich ihn verdächtigen, etwas Unwahres hinzuzufügen und gegen das Gebot "Von einer Sache der Unwahrheit sollst du dich fernhalten" zu verstoßen? Du antwortest ihm ebenfalls: Es ist besser, ich verdächtige diesen Redner, mir eine Unwahrheit gesagt zu haben, als dass ich glaube, was er mir gesagt hat. Denn wenn du einen Mann sehen würdest, der Schabbat trägt oder die Ränder seines Kopfes oder seines Bartes rasiert und dann zu dir kommt und dir über einen deiner Freunde erzählt, dass er Lashon Hara [Verleumdung] über dich gesprochen hat, würdest du es sicher nicht als Wahrheit annehmen, sondern du würdest zu ihm sagen: Geh weg von mir! Ich werde dir über meinen Freund nicht glauben! Wenn dir die anderen negativen Gebote der Tora nichts bedeuten, dann ist dir das Issur [Verbot] der Lüge gewiss erlaubt! Und ist es nicht genau dasselbe in unserem Fall? Denn selbst wenn seine Worte die Wahrheit sind, hat er nicht ein negatives Gebot der Tora übertreten - [Vayikra 19:16]: "Du sollst nicht schwatzhaft gehen!" Denn dies ist ein sehr großes Issur [Verbot] und gilt selbst dann, wenn das Gesagte wahr ist, wie in allen Poskim erklärt wird. Wenn dies der Fall ist, muss er auch verdächtigt werden, eine glatte Lüge zu erfinden oder jedenfalls das, was er sagt, mit einem Element der Unwahrheit zu vermischen und dadurch das gesamte Bild der Angelegenheit zu verändern.

Und groß ist das Verdienst des Mannes, der Lashon Hara [Rufmord] [Verleumdung] auch gegen einen einfachen

Shemirat HaLashon - Buch A

Juden nicht annimmt. Wie viel mehr muss er darauf achten, sie nicht zu akzeptieren, wenn sie gegen einen angesehenen Mann ausgesprochen wird, denn in diesem Fall ist sein Verdienst noch größer. Wie wir im Tanna d'bei Eliyahu 7 finden: "Und so, in einem Fall von Gutem. Wenn jemand eine Mitzwa tut, wird ihm Gutes verordnet bis zu vier Generationen.... Es wurde über Yeravam ben Yoash gesagt, dass er ein Mann war, der den Propheten zuvorkam. Aus diesem Grund hat der Heilige, gepriesen sei Er, die Völker, die Er weder in die Hand von Jehoschua bin Nun noch in die Hand von David, dem König von Israel, gegeben hat, in die Hand von Jerawam ben Joasch gegeben, wie geschrieben steht [2. Könige 14:25]: Er [Jeravam] stellte die Grenze Israels von Levo-Chamat bis zum Meer der Ebene wieder her usw. Was war nun so besonders an Jeravam ben Yoash, dass er die Grenzen Israels wiederherstellte? War er nicht ein Götzendiener? Aber weil er Lashon Hara [Verleumdung] gegen Amos [den Propheten ...] nicht akzeptierte, steht deshalb geschrieben: 'Er stellte die Grenze Israels wieder her usw.' Daraus wird abgeleitet, dass "Verdienst" von den Verdienstvollen und Schuld von den Schuldigen kommt. Und nach diesem Maßstab verhält Er sich mit ganz Israel, wo immer es sich befindet, und mit allen Götzendienern und mit allen Familien der Erde."

Und wisse, mein Bruder, dass, wenn man sich vor der Annahme von Lashon Hara [Verleumdung] und Rechiluth [Klatsch] [Klatsch] hütet, seine Tora und seine Mitzvoth unversehrt bleiben werden. Aber wenn er dies nicht tut, ist es sehr wahrscheinlich, dass er viele Hunderte und Tausende von Mitzvoth von sich abgezogen hat, wie z.B. "Amen" zu antworten, "Amen, Yeheh Shmeih Rabbah" und Tora zu lernen. Denn es ist bekannt, dass es die Natur der Spötter und der Sprecher von Lashon Hara [Verleumdung] ist, ihre Geschichten jedem zu erzählen, der sie hören will, sogar in der Synagoge oder im Studienhaus zur Zeit des Tora-Lernens und inmitten des Kaddisch und der Wiederholung der Amidah und der Lesung der Tora. Wenn aber jemand in der Stadt dafür bekannt ist, dass er Lashon Hara [Verleumdung] und Rechiluth [Klatsch] nicht hört, werden sie [die Spötter usw.] sich selbst davon abhalten, es zu sagen, sogar zu anderen, wenn sie ihn in ihrer Mitte stehen sehen, damit er sie nicht als Sprecher von Lashon Hara

Shemirat HaLashon - Buch A

[Verleumdung] in ihrer Gegenwart brandmarkt. Wie viel mehr werden sie es nicht zu ihm selbst sagen.

Und wisse weiter, dass derjenige, der vollkommen frei von der Sünde der Annahme von Lashon Hara [Verleumdung] [üble Nachrede] und Rechiluth [Klatsch] [Tratsch] sein will, die Mitglieder seines Haushalts [in dieser Hinsicht] ständig zurechtweisen und sie auf die Größe der Belohnung für einen, der auf seine Rede achtet, und umgekehrt auf die Größe der Strafe für einen, der es nicht tut, hinweisen sollte, damit sie durch ihr Reden nicht in die Schlinge von Lashon Hara [Verleumdung] [üble Nachrede] fallen. [Siehe Chafetz Chaim, Erster Teil, Grundsatz VIII:4 und Zweiter Teil, Grundsatz VI:5]

Kapitel Dreizehn

In diesem Kapitel wird erklärt, dass er durch diese Sünde Lashon Hara [Verleumdung] [üble Nachrede] übertritt und seinen Freund dazu bringt, zu übertreten. Wie sehr muss ein Mensch darüber nachdenken, sich ständig vor dieser bitteren Sünde zu hüten! Denn diese Sünde wird von zwei Personen begangen. Er sündigt und bringt seinen Nächsten dazu, zu sündigen. Denn durch ihn verstößt sein Nachbar auch gegen das Issur [Verbot] [Verbotenes], Lashon Hara [Verleumdung] zu hören und anzunehmen, neben anderen Issur [Verbotenen], die in der Einleitung des Chafetz Chaim erklärt werden. Und wenn er [der Erste] nicht [Lashon Hara [Verleumdung] [üble Nachrede] zu ihm sprechen würde, würde er [der Zweite] nicht von sich aus sündigen. Und Unsere Weisen, möge ihr Andenken gesegnet sein, haben bereits gesagt: "Schlimmer ist der, der einen anderen zur Sünde verleitet, als der, der ihn tötet. Denn der zweite entfernt ihn aus dieser Welt, während der erste ihn aus dieser Welt und aus der zukünftigen Welt entfernt."

Sieh, mein Bruder, wie sehr sich die Tora um das Wohlergehen des Nächsten sorgt, so dass man selbst dann, wenn man etwas, das seinem Freund gehört, an einem Ort liegen sieht, an dem es verloren gehen könnte, verpflichtet ist, es nicht zu ignorieren, sondern ihm zurückzugeben, selbst wenn es nur eine Perutah [eine kleine Münze] wert ist, an der er nur wenig Freude haben kann und von der sein

Shemirat HaLashon - Buch A

Freund nichts weiß. Wenn nun die Tora uns befiehlt, so um den Besitz unseres Freundes besorgt zu sein, der ihn in dieser zeitlichen, vergänglichen Welt betrifft, wie viel mehr müssen wir um seine Seele besorgt sein, die für immer bei ihm bleibt]! Und um wie viel mehr müssen wir darauf achten, dass wir seine Seele nicht zerstören und ihn ewig beeinträchtigen!

Damit dich nun dein Yetzer Hara [die böse Neigung] nicht verführt und du denkst: "Hält mein Freund, der all diese Geschichten von mir hört, das nicht für schädlich - und der Beweis ist, dass er mich deswegen nicht hasst, sondern im Gegenteil 'auf mich strahlt' -, werde ich dir ein Gleichnis geben [um dich von diesem Gedanken abzubringen]. Womit könnte man dies vergleichen? Mit einem Dieb, der sich als Würdenträger verkleidete und, als er einem Passanten begegnete, ihn als einen alten Bekannten ansprach, den er gerne sehen wollte, und ihn überredete, ihn in ein Gasthaus zu begleiten, wo er ihn behandeln würde. In der Herberge sagt er zu dem Passanten: "Wie glücklich haben Sie mich gemacht, nachdem ich Sie so viele Jahre nicht gesehen habe! Ich war noch nie so glücklich wie heute. Sagen Sie dem Wirt, er soll uns das Beste geben, was das Haus zu bieten hat, und ich werde die Rechnung bezahlen." Nachdem sie gegessen haben, verschwindet der Dieb, und der Wanderer, der sich selbst überlassen ist, wird vom Gastwirt angesprochen, der zu ihm sagt: "Du hast das Essen von mir genommen, und es geht mich nichts an, zu wissen, wer dir geholfen hat, es zu essen, und wer dich getäuscht hat." Während der ganzen Zeit, in der er mit dem Dieb aß, empfand er keinen Hass auf ihn. Im Gegenteil, er betrachtete ihn als einen seiner Geliebten, weil er ihm all das umsonst gegeben hatte. Aber als es an der Zeit war, für alles zu bezahlen, wie viel Zorn und Hass empfand er da gegen ihn!

So ist es, mein Bruder, in unserem Fall. In dieser Welt "spürt" der Zuhörer nicht die Lashon Hara [Verleumdung] [üble Nachrede], die er von dir hört, und die Verunreinigung, mit der du seine Seele befallen hast. Im Gegenteil, er betrachtet dich als seinen Geliebten, weil du ihm alle deine Angelegenheiten mitteilst. Aber das alles gilt, solange das "Wirtshaus" geöffnet ist und der Wirt auf Kredit bedient. Wenn er aber im Jenseits vor "den, der dem Menschen alles erzählt", kommt und das Buch offen

Shemirat HaLashon - Buch A

vorfindet, in dem alles geschrieben steht, was er wegen deiner bösen Gesellschaft gehört und geredet hat, und er für alles Rechenschaft ablegen und große Strafe erleiden muss - wie viel mehr, wenn du dafür gesorgt hast, dass er oben steht, Gott, weil du in "der Gesellschaft der Bösen" bist - wie es im Testament von R. Eliezer Hagadol: "Mein Sohn, sitze nicht in der Gesellschaft derer, die herabsetzend über ihre Freunde sprechen, denn wenn ihre Worte nach oben steigen, werden sie in einem Buch niedergeschrieben, und alle, die dort anwesend waren, werden als "eine Gesellschaft der Bösen" niedergeschrieben - wie viel Zorn und Bitterkeit wird er deswegen gegen dich hegen!

Und mehr noch, wenn er sich, Gott bewahre, an diese schwere Sünde gewöhnt und ein "Mann der Lashon Hara [Verleumdung] [üble Nachrede]" wird, ist es bekannt, dass es die Art eines solchen Mannes ist, der ständig herabsetzend über seinen Freund spricht, die Leute zu ihm zu versammeln und seine Worte zu verteidigen, bis sie dazu verleitet werden, seine Lashon Hara [Verleumdung] [üble Nachrede] anzunehmen. Und manchmal werden sie dadurch auch zu Trägern von Lashon Hara [Verleumdung] gegen diesen Mann und gegen andere. Wenn wir nun innehalten, um die Größe der Sünde dieses Mannes der Lashon Hara [Verleumdung] [üble Nachrede] zu betrachten, reichen Worte nicht aus. Denn er verdirbt nicht nur sich selbst, sondern auch all jene, die "in Unschuld wandeln" und die von seinen bösen Worten verführt werden. Denn durch ihn werden sie zu Anhängern von Lashon Hara [Verleumdung] [übler Nachrede] und zu Sprechern von Lashon Hara [Verleumdung] [übler Nachrede]. Und manchmal mischt sich viel Falsches und Leichtsinniges in das, was sie erzählen, so dass sie auch Teil der Klasse der Lügner und Spötter werden. Und sicherlich werden alle, die sich dieser bösen Gesellschaft anschließen, am Ende bestraft werden. Wie Unsere Weisen, möge ihr Andenken gesegnet sein, gesagt haben [Makkoth 5b]: "Die Schrift hat das Zubehör der Frevler bestraft." Und sie haben auch gesagt: "Lashon Hara [Verleumdung] [üble Nachrede] tötet drei: den Sprecher, den Annehmenden und die Zielperson [der Lashon Hara [üblen Nachrede] [Verleumdung]]." Und sie alle [die Sprecher und die Empfänger] werden oben als "eine böse Gesellschaft" eingeschrieben, wie Unsere Weisen,

Shemirat HaLashon - Buch A

möge ihr Andenken gesegnet sein, gesagt haben. Abgesehen von der großen Strafe, die ihm in der kommenden Welt auferlegt werden wird, besteht seine Strafe in dieser Welt darin, dass ihm keine Gelegenheit zur Umkehr gegeben wird. Wie Unsere Weisen, möge ihr Andenken gesegnet sein, gesagt haben [Avoth 5:18]: "Wenn einer viele zur Übertretung veranlasst, wird ihm keine Gelegenheit gegeben, Buße zu tun." Deshalb, mein Bruder, nimm dich in Acht, habe Mitleid und Erbarmen mit deiner Seele und mit den Seelen des anderen Volkes Israel und höre auf, durch dein böses Verhalten Unternehmen für Gehinnom zu schaffen.

Und wie gut und richtig ist es, sich so zu verhalten, wie ich gehört habe, dass ein gewisser Weiser seinem Freund riet, in der Sommerzeit am heiligen Sabbat nach der dritten Mahlzeit nicht in der Nähe der Synagoge oder des Lehrhauses zu stehen, um jemandem etwas zu sagen. Denn aus den [Männern] werden drei, und aus drei [werden] vier, fünf und sechs - bis am Ende eine große Gesellschaft da ist. Und jeder erzählt von seinen Geschäften der vergangenen Woche; und es ist unmöglich, dass dies nicht zu Lashon Hara [Verleumdung] und Leichtsinn führt. Und all dies resultiert aus der Handlung des ersten. Deshalb sollte der weise Mann "seine Augen in seinem Kopf behalten" [d.h. er sollte die Ergebnisse vorhersehen].

Und derjenige, der in dieser Hinsicht bisher nachlässig war und viele dazu veranlasst hat, darin zu sündigen, und der seine Seele bessern wollte - es ist bekannt, was Unsere Weisen, möge ihr Andenken gesegnet sein, gesagt haben: "Tzaddikim, in dem, was sie gesündigt haben, werden sie versöhnt." Deshalb muss er sich zuallererst gegen seine ursprüngliche Natur daran gewöhnen, nicht in der Gesellschaft von [bösen Menschen] zu sitzen. Wie der Schela aus dem abgeleitet hat, was in [Vayikra 19:16] angedeutet wird: "Geh nicht schwatzend unter dein Volk." Und er muss auch dafür sorgen, dass er den Vielen nützt und sie zurechtweist und sie zu Tora und Mitzvoth anspornt und Frieden zwischen den Menschen schafft.

Kapitel Vierzehn

In diesem Kapitel wird erklärt, wie man sich vom Hören

Shemirat HaLashon - Buch A
verbotener Rede distanziert.

Man muss sich mit äußerster Sorgfalt daran gewöhnen, die Ermahnung unserer Weisen zu befolgen, möge ihr Andenken gesegnet sein [Kethuvoth 5a]: "Die Rabbiner lehrten: 'Man darf niemals zulassen, dass seine Ohren müßiges Gerede hören, denn sie werden als erstes der Organe 'verbrannt'.'" Das heißt, so wie bei einem natürlichen Feuer, wenn es in ein Haus eindringt, der Ort, in den es zuerst eindringt, zuerst verbrannt wird, so ist bei dem starken geistigen Feuer, dem Feuer von Gehinnom, das durch die Tumah ["Unreinheit"] entsteht, mit der ein Mensch seine Ohren verunreinigt, das Organ, das zuerst verunreinigt wird, bereit, sofort von der himmlischen Strafe, dem Feuer von Gehinnom, ergriffen zu werden. Daher sind die Ohren, was die verbotene Rede betrifft, die ersten Organe, die in das Issur [Verbot] [Verbotenes] verwickelt sind, und werden folglich sofort verunreinigt. Und durch sie dringt die [verbotene] Rede danach in das Herz ein und verunreinigt es [wenn er sie annimmt und glaubt] durch das Issur [Verbot] [Verbotenes] von Lashon Hara [Verleumdung] [übler Nachrede]. Denn er verstößt damit gegen "Du sollst nicht falsches Zeugnis reden", was "herzbezogen" ist. [Und so auch mit anderen Dingen, die gegen die Tora verstoßen.] Dies, wie wir in Sefer Charedim finden, in Bezug auf negative Gebote, die vom Herzen abhängig sind. Aus diesem Grund werden die Ohren zuerst "vorbereitet", um das Feuer von Gehinnom zu empfangen. Und dies gilt sicherlich für das Hören von Lashon Hara [Verleumdung] gegen einen Freund, wo die Sünde besonders groß ist.

Wenn man also Menschen erkennt, die Spötter oder Sprecher von Lashon Hara [Verleumdung] [üble Nachrede] sind, muss man sich besonders davor hüten, sich in ihre Gesellschaft zu begeben, auch wenn man sie überhaupt nicht unterstützt, damit man nicht durch sie bestraft wird, wie wir schon viele Male im Namen Unserer Weisen geschrieben haben, möge ihr Andenken gesegnet sein. Und nach dem, was wir heute sehen, in unseren vielen Sünden, in denen das Issur [Verbot] [Verbotenes] von Lashon Hara [Verleumdung] eklatant verletzt worden ist, ziemt es sich für jeden, dessen Herz von der Furcht des Herrn berührt worden ist, nicht in der Gesellschaft von Menschen zu

Shemirat HaLashon - Buch A

sitzen, es sei denn, er weiß, dass sie auf verbotene Rede achten [wie es die Männer von Jerusalem taten, wie wir in Sanhedrin 23a finden]. Denn in den meisten Fällen stellt man fest, dass eine solche Gesellschaft zu Lashon Hara [Verleumdung], Rechiluth [Tratsch] [Tratsch] und anderen [Formen von] verbotener Rede führt.

Und in Wahrheit sollte jemand, der ein verständiges Herz hat, die Gesellschaft von "Straßenecken-Männern" fliehen wie man das Feuer flieht. Denn warum sollte er sich in die Gesellschaft von Menschen begeben, die er später für ihre verbotene Rede zurechtweisen muss? Denn wenn er ihre Worte hört und es versäumt, sie zu widerlegen, wird auch er bestraft werden, wie es in Sha'arei Teshuvah 197 geschrieben steht: Wenn ein Mann andere hört, die Lashon Hara [Verleumdung] [üble Nachrede] reden, oder wenn er hört, dass "alle Münder Schlechtes reden", oder wenn er inmitten von Spöttern sitzt, die Tora und Mitzvoth beschämen, und er weiß, dass sie " Trotzer und Verächter" sind, die, wenn er sie zurechtweist, nicht auf seine Worte hören werden, weshalb er seine "Hand an den Mund" legt - auch er wird bestraft werden. Denn er wird nicht "den Toren nach ihrer Torheit" geantwortet haben, so dass man von ihm sagen könnte, er sei auch wie sie und lasse sich ihre Worte gefallen. Wie viel mehr ist er verpflichtet, ihnen zu antworten und sie zurechtzuweisen, um die Tora und die Mitzvoth zu ehren, die sie verhöhnt und verspottet haben, und um eifersüchtig zu sein auf die Ehre der Reinen und Gerechten, gegen die sie gesprochen haben. Dies ist einer der Gründe, aus denen ein Mensch die Gesellschaft der Bösen verlassen muss, denn er wird dafür bestraft, dass er ihre bösen Worte hört und nicht darauf antwortet. Und dies wird von Salomo ausdrücklich gesagt [mit anderen Worten: Sprüche 24,1-2]."

Und siehe, mein Bruder: Wenn zehn Männer beieinander stehen und einer von ihnen wegen eines bestimmten Vergehens verhaftet wird, dessen er verdächtigt wurde, und er vor Gericht gebracht und angeklagt wird, und er gesteht nicht - und die anderen neun werden ebenfalls in Gewahrsam genommen, um in seiner Sache verhört zu werden -, obwohl sie sich für unschuldig halten und nur in Untersuchungshaft genommen wurden, um die Schuld des Ersten ans Licht zu bringen, so bebt doch ihr Herz in ihnen,

Shemirat HaLashon - Buch A

und sie sind von Reue erfüllt, weil sie in der Gesellschaft des Ersten "ertappt" wurden, der die Ursache all dieser Schwierigkeiten ist. Wenn sie dann später mit der Hilfe des Herrn in Frieden und ohne Schaden davonkommen, hüten sie sich sehr davor, noch einmal mit ihm zusammen zu sein, damit ihnen nicht das Gleiche widerfährt. Wie viel mehr in unserem Fall, wenn wir wissen, dass in der kommenden Welt sowohl der Sprecher als auch der Hörer und alle, die mit ihnen in dieser bösen Gesellschaft waren, bestraft werden [mit anderen Worten: Kapitel XIII im Namen von Pirkei d'R. Eliezer] - wie viel mehr muss man davor fliehen; und, wenn der Yetzer [die Neigung] Hara [die böse Neigung] Hara ihn dazu verleitet, sich ihrer Gesellschaft anzuschließen, darüber nachdenken: "Es genügt mir, dass ich im Jenseits für meine eigenen Sünden geradestehen muss. Warum sollte ich dort für die Sünden anderer bestraft werden!" Auf diese Weise wird der Yetzer [Neigung] Hara [die böse Neigung] gebändigt.

Kapitel Fünfzehn

In diesem Kapitel wird die Größe der Sünde der Machloketh [Zwietracht, Streit, Zank] und die Größe ihrer Strafe erklärt, und auch, dass sie zu anderen schweren Issur [Verboten] [Verbotenem] führt.

Nach all unseren bisherigen Ausführungen über die Größe der Strafe für Lashon Hara [Verleumdung] [üble Nachrede] in dieser und der nächsten Welt sollte man verstehen, wie sehr wir uns von der Sünde des Machloketh distanzieren müssen. Denn abgesehen von der Sünde selbst, die eine schwere Sünde ist, wie wir erklären werden, ist sie eine starke Ursache für andere schwere Sünden, nämlich: Eitler Hass, Lashon Hara [Verleumdung], Rechiluth [Klatsch], Zorn, verbale Beleidigung, "Aufhellen des Gesichts" [in Scham], Rache, Groll, eitle Flüche, Untergrabung des Lebensunterhalts einer Person und manchmal sogar Schändung des Namens, Gott bewahre, eine äußerst schwere Übertretung. Und es ist auch üblich, dadurch zur Sünde der Schmeichelei zu kommen, wodurch man Anhänger für seinen Streit gewinnt, wie wir es bei Korach finden, wie Unsere Weisen, möge ihr Andenken gesegnet sein, gesagt haben [Sanhedrin 52a] über den Vers [Psalmen

Shemirat HaLashon - Buch A

35:16]: "Wegen der Schmeichelei des Trinkens hat er seine Zähne gegen mich geschliffen" - Wegen der Schmeichelei, die sie Korach für die Getränke gewährten, mit denen er sie bedrängte, hat der Bevollmächtigte von Gehinnom seine Zähne gegen sie geschliffen. " Und Machloketh führt auch zu Leichtsinn, um die gegnerische Partei zu verspotten und dadurch Anhänger für den eigenen Rat zu gewinnen. Und all das war das Verhalten des ersten Mannes des Machloketh - Korach, wie wir im Midrasch Rabba, Korach finden. Und es ist bekannt, dass die Strafe für Leichtfertigkeit mit Leiden beginnt und mit Zerstörung endet, wie Unsere Weisen, möge ihr Andenken gesegnet sein, gesagt haben. Und noch mehr als das. Es wird festgestellt, dass, wenn der Yetzer [die Neigung] Hara [die böse Neigung] einen dazu verleitet, die Machloketh zu stärken und die Menschen zu seinem Rat zu ziehen, und er fürchtet, dass sie sich von ihm abwenden und ihn allein lassen, der Yetzer [die Neigung] Hara [die böse Neigung] ihn dazu verleitet, ein starkes Band [der Einheit] mittels eines Eides zu schaffen. All dies finden wir im Midrasch und in der Gemara in Bezug auf Korach, Dathan und Aviram. Und siehe, mein Bruder, wie viel Blindheit darin steckt. Denn der Eid ist nahe daran, ein eitler zu sein, da sie geschworen haben, eine Mitzwa zu übertreten [siehe Joresch Deach 236:2, und der Schach dort, Abschnitt 4]. Und selbst wenn er seinen Schwur erfüllt, verlässt er immer noch nicht die Kategorie des "eitlen Schwurs" [Siehe 238:5]. Und die Strenge der Strafen für einen eitlen Eid ist wohlbekannt, der Heilige, gesegnet sei Er, erteilt keine Absolution dafür, wie es geschrieben steht [Schemot 20:7]: "Der Herr wird niemanden freisprechen, der seinen Namen eitel nimmt" [Siehe Schewuot 39a]. Ich habe das alles nur geschrieben, um allen die große "Blindheit der Augen" zu zeigen, die damit verbunden ist. Und selbst wenn er am Anfang nicht die Absicht hat, so etwas Böses zu tun, wird er am Ende nicht von den oben genannten Übertretungen freigesprochen werden, wie jedem klar sein sollte, der die Welt kennt.

Und der Yetzer [Neigung] Hara [die böse Neigung] Hara hat in diesem Bereich eine List, mit der er sogar den "vollkommenen Menschen" umgarnen kann. Und das ist, ihn mit Zorn und [dem Streben nach] Triumph anzustecken, und dann werden alle Hindernisse zu einem glatten Weg für

Shemirat HaLashon - Buch A

ihn. Denn der Yetzer [Neigung] Hara [die böse Neigung] Hara wird ihm dann viele Heterim zeigen. Und abgesehen davon, dass er Lashon Hara [Verleumdung] [üble Nachrede] und Rechiluth [Klatsch] [Tratsch] und ona'ath devarim [verbales Unrecht] sprechen und " das Gesicht von jemanden weiß machen" [mit Scham] wird sein Yetzer [Neigung] Hara [die böse Neigung] ihn weiter anspornen [zu glauben], dass es verboten ist, solche Personen [d.h. seine Gegner] zu bemitleiden, und dass es eine Mitzwa ist, sie auf jede Weise zu verfolgen.

Wenn wir nun dazu kämen, den großen Schaden der Machloketh zu erklären, wäre die Zeit zu Ende, und das Thema würde nicht enden, wie der Rambam in seinem Testament schreibt: "Propheten haben prophezeit und weise Männer haben den Schaden des Machloketh erläutert und ausgearbeitet und sind nicht an sein Ende gelangt." Aber ich werde in Kürze einige Apothegerm [zu diesem Thema] anführen, damit der denkende Mensch im Allgemeinen über die Sünde des Machloketh nachdenken kann.

Dies ist die Sprache des Midrasch Rabba über Korach: "R. Berechiah sagte: 'Wie schwer ist Machloketh! Denn das obere Beth-Din [Gericht] bestraft nur von zwanzig Jahren und darüber, und das untere Beth-Din [Gericht] von dreizehn und darüber; aber bei dem Machloketh von Korach wurden einjährige Säuglinge in den Tiefen des Scheol verschlungen, wie es geschrieben steht [Numeri 16:27]: "...und ihre Frauen und ihre Söhne und ihre Säuglinge... [Ibid. 33]: ...fuhren hinab - sie und alles, was ihnen gehörte, lebendig in den Scheol.'"

Unsere Rabbiner lehrten: "Vier werden 'böse' genannt: einer, der die Hand gegen seinen Freund erhebt, um ihn zu schlagen [auch wenn er ihn nicht schlägt], einer, der borgt und nicht zurückzahlt, einer, der unverschämt ist und sich nicht schämt vor dem, der größer ist als er, und ein Mann des Machloketh, wie geschrieben steht [Ibid. 26]: 'Geht nun weg aus den Zelten dieser bösen Männer' [Korach, Dathan und Aviram]."

Und wenn das so ist, wie sehr sollte man sich dann schämen, wenn man in seiner Seele weiß, dass er die Ursache für den Machloketh ist. Denn wenn sein Freund ihn "böse" nennt, sogar unter vier Augen [d.h. nicht in der Öffentlichkeit], wo er sich deswegen nicht schämen muss, wird er ihn trotzdem

Shemirat HaLashon - Buch A

bis zu seinem Leben verfolgen. Wie viel mehr wird derjenige, der sich selbst deswegen als böse bezeichnet hat - wie viel Schande und Demütigung wird sein Los danach oben sein, wenn sein [ehemals] guter Name so oben in der himmlischen Versammlung vor Tausenden und Zehntausenden von heiligen Lagern verleumdet wird! Wie in den heiligen Büchern geschrieben steht, werden alle Angelegenheiten eines Menschen oben in der Gegenwart aller verkündet und bekannt gemacht [abgesehen von seiner Bestrafung für den Machloketh selbst]. Und das ist die Absicht von [Avoth 2:13]: "Und sei nicht böse in deiner eigenen Gegenwart."

Und der Satan selbst provoziert Männer mit Machloketh, wie wir in Gittin 52a lesen: "Es gab zwei Männer, die der Satan jeden Sabbatabend zum Streit zu provozieren pflegte. Einmal war R. Meir zufällig dort, und er hinderte sie drei Sabbatabende lang [am Streit], bis er Frieden zwischen ihnen schloss, worauf sie den Satan sagen hörten: 'Wehe dem Mann [d.h. mir], den R. Meir aus seinem Haus vertrieben hat!'"

Und, in Yalkut Korach: "Kommt und seht, was machloketh tut. Denn 'machloketh' heißt abgekürzt [ohne das Vav] 'Ma kkah' [ein Schlag], 'Ch aron' [Zorn], 'L ikui' [Fehler], 'K 'lalah' [ein Fluch], 'T achgith' [Zerstörung [klayah]] der Welt." Und je nach der Größe des Ansehens des Mannes, der Machloketh macht, so wird seine Strafe sein [wie wir in Tanna d'bei Eliayhu 18 finden]. Und deshalb steht in Parschath Korach [Numeri 16:2] geschrieben: "...Vorsteher der Gemeinde, Bezeichnete der Zeit, Leute mit Namen" - um die Größe ihrer Sünde zu betonen.

Unsere Weisen, möge ihr Andenken gesegnet sein, haben gesagt [Reishith Chochmah, Sha'ar Ha'anavah 4]: "In drei Fällen hat der Heilige, gepriesen sei Er, die Götzenanbetung übersehen; aber Er hat die Machloketh nicht übersehen. Erstens in der Generation von Enosch, als die Menschen begannen, Götzen zu dienen, wie es geschrieben steht: 'Da fingen sie an, den Namen des Herrn anzurufen.' Aber weil Frieden unter ihnen herrschte, erlaubte der Heilige, gepriesen sei Er, ihnen eine Pause. In der Generation der Sintflut aber, weil Machloketh unter ihnen war, so dass sie einander stahlen und plünderten, ließ der Heilige, gesegnet sei Er, nicht nach, wie es geschrieben steht [ibid. 6: "13]:

Shemirat HaLashon - Buch A

'Denn die Erde wurde von ihnen mit Gewalt erfüllt usw.' Zweitens, in der Generation der Wüste, als die Juden kamen, um das goldene Kalb zu machen, hat der Heilige, gesegnet sei Er, ihnen vergeben; aber als sie in Machloketh verfielen, hat der Heilige, gesegnet sei Er, es nicht übersehen. Denn wo immer man "und sie protestierten" [vayalinu] von Machloketh findet, findet man eine große Schlägerei, das extremste Beispiel ist die Rebellion von Korach. Drittens, das Bild von Micha.

Weil unter ihnen Frieden herrschte, wurde ihnen eine Gnadenfrist gewährt, wie es geschrieben steht [Richter 18:30]: Und die Kinder Dan stellten das Bild auf, und Jehonathan, der Sohn Menasches, und seine Söhne waren Priester des Stammes Dan bis zum Tag der Gefangennahme des Landes. Als aber die Stämme mit den Stämmen Juda und Benjamin in Streit gerieten und kein Friede unter ihnen herrschte, wurden sie einander zur Geißel. Wenn der eine sündigte, ließ der Heilige, gepriesen sei Er, den anderen über ihn kommen und forderte von ihm Vergeltung, wie es geschrieben steht [2. Chronik 13,17]: "Und Aviyya und seine Leute schlugen sie mit einer großen Schlacht, so dass von Israel fünfhunderttausend auserwählte Männer fielen. Und als die Stämme Juda und Benjamin sündigten, kamen die zehn Stämme und forderten von ihnen Strafe, wie geschrieben steht [2. Chronik 28,6]: "Denn Pekach, der Sohn Remaljas, erschlug in Juda hundertzwanzigtausend an einem Tag." Wir werden hier gelehrt, dass Männer von Machloketh zu Werkzeugen der Zerstörung werden, einer zum anderen.

Schwerwiegend ist Machloketh, denn er bringt das eigene Leben in Gefahr. Denn der Streit zwischen den Hirten von Avram und denen von Lot führte dazu, dass sie sich voneinander trennten, woraufhin Lot nach Sodom ging und fast mit ihnen vernichtet wurde.

Gravierend ist machloketh, denn es führt zu Schlägen, wie es geschrieben steht [Deuteronomium 25,1]: "Wenn ein Streit zwischen den Menschen entsteht ..." Von einem Streit kommt kein Frieden. [Ebd. 2]: "Und wenn der Gottlose die Strafe der Schläge erleidet..." Was hat ihn dazu gebracht, Schläge zu erhalten? Der Zwist.

Ernst ist machloketh, denn er führt zum Tod, wie es geschrieben steht [Exodus 21:22]: "Wenn Männer sich

Shemirat HaLashon - Buch A

streiten und eine schwangere Frau schlagen..." [Ebd. 23]: "Und wenn der Tod [in der Frau] eintritt, so sollst du ein Leben für ein Leben geben." Was war die Ursache dafür? Der Streit.

Und unsere Weisen haben gesagt [Derech Eretz Zuta 9]: "Wenn es in einem Haushalt Machloketh gibt, dann wird er am Ende zerstört werden. Wenn es in einer Synagoge Machloketh gibt, wird sie am Ende aufgelöst. Mehr noch, am Ende wird sie verwüstet werden. Wenn es Machloketh in der Stadt gibt, gibt es Blutvergießen in der Stadt. Zwei Toragelehrte, die in der gleichen Stadt leben, und ebenso zwei Gerichte in der gleichen Stadt, wenn es zwischen ihnen Machloketh gibt, sind sie dazu bestimmt, sich aufzulösen. Außerdem ist ein streitendes Gericht die Zerstörung der Welt. Das sollst du wissen, denn solange in dem unteren Gericht Frieden herrscht, herrscht auch in dem höheren Gericht Frieden, wie es geschrieben steht [Amos 9,6]: "Er baut seine Kammern in den Himmeln. [Ibid.]: 'wenn sein Bund auf der Erde gegründet ist'. Das heißt, wenn Israel in einem Band vereint ist und in Frieden miteinander lebt.

Kapitel Sechzehn

In diesem Kapitel wird erklärt, wie groß die Strafe für jemanden ist, der mit seinem Rabbi streitet.

Die Sünde des Machloketh bleibt auch dann bestehen, wenn man mit einem anderen streitet, der ihm an Status gleichgestellt ist. Wie viel mehr noch, Gott bewahre, wenn er mit einem Toragelehrten streitet, auch wenn er nicht sein Rabbi ist. Wie viel mehr, wenn er sein Rabbiner ist, ist seine Sünde groß und seine Schlechtigkeit verdoppelt. Denn es ist bekannt, dass die Art und Weise der Männer der Machloketh darin besteht, diejenigen, die sich ihnen widersetzen, mit Worten zu beschämen. Und die Größe der Strafe für denjenigen, der einen Toragelehrten beschämt, ist wohlbekannt aus dem, was im Sanhedrin, Kapitel Chelek, steht und in Yoreh Deah 234:6 geregelt ist, dass derjenige, der einen Toragelehrten beschämt, in die Kategorie von [Num 15:31] fällt: "Denn er hat das Wort des Herrn verachtet. Diese Seele soll völlig ausgerottet werden; ihre Sünde ist in ihr." Und sogar in unseren Tagen, wenn er nur geeignet ist, [über die Halacha] zu regieren und sich in der

Shemirat HaLashon - Buch A

Tora abmüht, wird er ein Toragelehrter genannt. Und wenn man ihn beschämt, sogar in allgemeinen Angelegenheiten und sogar nicht in seiner Gegenwart, ist es eine schwere Sünde, und er unterliegt deswegen der Nidui [Ausgrenzung] [wie wir in Yoreh Deah 246:7 und im Shach Abschnitt 68 finden.] Und es gibt auch keine Heilung für seine Krankheit, wie wir in Schabbat 119b finden: "R. Yehudah sagte im Namen von Rav: 'Wenn man einen Toragelehrten beschämt, gibt es keine Heilung für seine Krankheit.'" Und auch die Zerstörung Jerusalems wird auf diese Sünde zurückgeführt, wie wir dort lesen: "Jerusalem wurde nur deshalb zerstört, weil dort Toragelehrte beschämt wurden, wie es geschrieben steht [2. Chronik 26,16]: 'Und sie beschämten die Engel Gottes [d.h. die Toragelehrten] und verhöhnten seine Worte und verspotteten seine Propheten, bis sich der Zorn des Herrn gegen sein Volk erhob, ohne dass er geheilt wurde.'" Sie haben auch gesagt [Berachoth 19a]: "R. Yehudah b. Levi sagte: 'Alle, die einen Toragelehrten nach seinem Tod verleumden, steigen hinab nach Gehinnom.'"

Und [Sanhedrin 101a]: "R. Chisda sagte: 'Wenn jemand gegen seinen Rabbi argumentiert, ist es so, als würde er gegen die Schechinah argumentieren, mit anderen Worten. [Numeri 26,9] ["die mit der Gemeinde Korachs gegen Mosche und Aaron stritten"], als sie gegen den Herrn stritten.'" Und R. Chamma b. Chanina sagte: "Wenn jemand mit seinem Rabbi streitet, ist es so, als ob er mit der Schechina streiten würde, mit anderen Worten. [Numeri 20,13]: "Es sind die Wasser der Meriva [Streit], mit denen die Kinder Israel mit dem Herrn stritten" [im Streit mit Mosche]." Und, in der gleichen Richtung: "R. Chaina b. Pappa sagte: 'Wenn einer gegen seinen Rabbi schimpft, ist es, als würde er gegen die Schechinah schimpfen usw.' ... R. Avihu sagte: 'Wenn einer seinen Rabbi anklagt, ist es, als würde er die Schechinah anklagen usw.'" Und die vier Stufen, die die Gemara weiter unten erwähnt, sollen uns darauf hinweisen, dass auch das alleinige Denken [gegen den eigenen Rabbi] ein großes Issur [Verbot] ist.

Und wie töricht sind die Leute, in deren Augen es eine leichte Sache ist, mit dem Rabbi und dem Beth-Din [Gericht] der Stadt zu streiten und sie zu beschämen, ohne die große Strafe zu fürchten, die sie dafür in der kommenden Welt erwartet, wie wir erklärt haben. Und auch in dieser

Shemirat HaLashon - Buch A

Welt werden sie deswegen nicht vor einem bitteren Urteil fliehen. Schauen Sie sich an, was wir im Midrasch Rabba, Parschath Pinchas über den Vers [Vayikra 19:32] finden: "Und du sollst das Gesicht des Ältesten ehren" [was sich auf einen Toragelehrten bezieht], wie wir in Kiduschin 32b finden: "Was ist die Absicht von 'Und du sollst ehren'? Dass du nicht an seinem Platz stehst, noch an seinem Platz sitzt, noch seinen Worten widersprichst, usw. Denn wer sich seinem Rabbi gegenüber nicht so verhält, wird vor dem Herrn als 'böse' bezeichnet, und seine Gelehrsamkeit gerät in Vergessenheit, und seine Jahre werden verkürzt, und am Ende wird er verarmt. Wie es geschrieben steht [Koheleth 8:13]:"Und es wird dem Bösen nicht wohl ergehen, und er wird seine Tage nicht verlängern, wie ein Schatten, weil er Gott nicht fürchtet." Nun gilt dieser Midrasch auch dann, wenn er ihn nicht so fürchtet, wie er sollte. Wie viel mehr, wenn er Machloketh von den Männern seiner Stadt auf sich zieht, in welchem Fall er sicherlich doppelt bestraft werden wird.

Und der Mann der Machloketh ist in der Tat zu verwundern. Wenn ein anderer seinem Sohn ein wenig wehtun würde, selbst wenn es unabsichtlich wäre, würde er seinen Zorn an ihm auslassen. Wie viel mehr, wenn er ihn absichtlich verletzen und ihn bettlägerig machen würde. Selbst wenn er wieder gesund würde, würde er [der Vater] ihn als einen grausamen Menschen bekannt machen, und er würde nicht ruhen, bis er es ihm mit gleicher Münze heimgezahlt hätte, und in seinem Herzen würde er ihn deswegen ewig hassen. Doch wenn er selbst all dieses Leid über seine Söhne wegen seiner [Beschämung der Toragelehrten] bringt [möglicherweise sogar bis zu ihrem Tod, Gott, wie wir oben in Kapitel 15 im Namen des Midrasch geschrieben haben, dass sogar Säuglinge an der Brust wegen dieser Sünde ihrer Väter bestraft werden können [siehe auch Tanna d'bei Eliyahu 21]] - er selbst hat überhaupt kein Mitleid mit ihnen! Im Gegenteil, es entspricht seinem Charakterzug [der Streitsucht], die Männer seines Haushalts aufzufordern, ihn bei seinen Machloketh zu unterstützen. Wie bei Dathan und Aviram, die hinausgingen und sich vor ihre Zelte stellten - sie, ihre Frauen, ihre Söhne und ihre Kleinen, wie die Schrift sagt [Jeremia 7,18]: "Die Söhne sammeln das Holz und die Väter zünden das Feuer an." Das ist nur so, weil der Yetzer

Shemirat HaLashon - Buch A

Hara [die böse Neigung] Hara seine Augen blendet und alle Löcher und Gruben vor ihm in einen geraden Weg verwandelt.

Komm wieder, mein Bruder, und ich werde dir zeigen, wie groß die Macht des Yetzer [Neigung] Hara [die böse Neigung] ist, die in der Eigenschaft von Nitzachon ["Triumph"] steckt. Denn wenn jemand in den Abgrund der Machloketh gerät, dann wird er, auch wenn er mit eigenen Augen sieht, dass er auf einem Weg der Finsternis wandelt, der nach Gehinnom führt, lieber den Weg des Scheol gehen, als die Machloketh aufzugeben. Das ist ein Erbe für sie [die Männer der Machloketh] von ihren Vorvätern, Dathan und Aviram, den Vätern aller Männer der Machloketh. Und sie selbst haben es ausdrücklich gesagt, wie wir im Midrasch Rabba, Parschath Korach finden: "Wir wollen lieber an unseren Worten festhalten, als dem din von Gehinnom entgehen." Deshalb, mein Bruder, habe Mitleid mit deiner Seele und der deiner Söhne und Töchter und halte dich von Machloketh fern.

Und selbst wenn man bereits in die Machloketh hineingeraten ist und es einem schwerfällt, sich von seinen anderen Freunden zu trennen, sollte man dennoch mit aller Kraft versuchen, sich von ihnen zu befreien. So wie es On ben Peleth tat, der anfangs mit den Männern der Machloketh einer Meinung war, wie es in der Tora geschrieben steht, und der sich am Ende von ihnen befreite, wie es in Perek Chelek, Sanhedrin, steht. Und deshalb wurde er nicht mit ihnen bestraft. Und er achtete nicht auf die Worte seines Yetzer Hara [der bösen Neigung] und deren Behauptungen, dass es ihm nicht geziemt, in der Mitte stehen zu bleiben und den Triumph nicht zu vollenden. Denn es ist besser, in dieser Welt vor einigen wenigen Menschen beschämt zu werden, als in der kommenden Welt vor der ganzen himmlischen Versammlung beschämt zu werden. Und Unsere Weisen, möge ihr Andenken gesegnet sein, sagten [Eduyoth 5a]: "Es ist besser, dass man sein ganzes Leben lang ein Narr genannt wird, als dass man einen Augenblick lang vor dem Herrn böse ist."

Kapitel Siebzehn

**In diesem Kapitel wird erklärt, wie wichtig es ist, dass

Shemirat HaLashon - Buch A

man sich davon distanziert, Machloketh zu unterstützen [auch wenn man dadurch seinem Vater und seiner Mutter hilft] und sich mit aller Kraft um Frieden bemüht.

Man muss auch darauf achten, nicht unter den Anstiftern von Machloketh zu sein, damit man nicht unter ihnen bestraft wird, wenn ihre festgesetzte Zeit kommt, wie Unsere Weisen, möge ihr Andenken gesegnet sein, erklärt haben [Makkoth 5b]: "Die Schrift hat die Anstifter von Übertretern bestraft wie die Übertreter selbst." Und im Midrasch Parschath Korach finden wir: "Kommt und seht, wie schwer Machloketh ist. Denn wenn jemand Machloketh unterstützt, vernichtet der Heilige, gepriesen sei Er, sein Andenken, wie geschrieben steht [Numeri 16:35]: 'Und ein Feuer ging aus vom Herrn und verzehrte die hundertfünfzig Männer, die den Weihrauch darbrachten.'" Und in Sanhedrin 110a: "Rav sagte: 'Alle, die in Machloketh verharren, übertreten ein negatives Gebot, mit anderen Worten. [Numeri 17:5]: "Und er soll nicht sein wie Korach und wie seine Gemeinde." R. Assi sagte: 'Er verdient es, an Tzara'ath zu erkranken.'" [Und siehe oben, Kapitel VI, was im Namen des Sefer Hakaneh geschrieben steht, dass der Heilige, gepriesen sei Er, manchmal die Strafe der Tzara'ath in Armut umwandelt, so dass er von anderen abhängig wird.]

Und der Mann des Herzens muss immer darüber nachdenken, was Unsere Weisen, möge ihr Andenken gesegnet sein, im Midrasch Rabbah Parschath Emor 27 über den Vers [Koheleth 3:15] gesagt haben: "Und Gott sucht [d.h., setzt sich ein] für die Verfolgten." R. Huna sagte im Namen von R. Yosef: "Gott 'sucht' immer den Verfolgten." Man findet einen Zaddik, der einen Zaddik verfolgt - "Und Gott sucht den Verfolgten"; einen Zaddik, der einen Übeltäter verfolgt - "Und Gott sucht den Verfolgten." R. Yehudah sagte im Namen von R. Yossi b. Nahora: "Der Heilige, gepriesen sei Er, fordert immer das Blut der Verfolgten von den Verfolgern." R. Elazar sagte im Namen von R. Yossi b. Zimra: "So ist es auch mit den Opfern. Der Heilige, gepriesen sei Er, sagte: 'Ein Ochse flieht vor einem Löwen, eine Ziege vor einem Leoparden, ein Lamm vor einem Wolf - opfert vor Mir nicht [Tiere] von den Verfolgern, sondern von den Fliehenden.'" Und wenn das so

Shemirat HaLashon - Buch A

ist, muss man sich überlegen, ob man nicht Machloketh unterstützt, ob man sich nicht auf die eine oder die andere Seite schlägt, denn schließlich fordert der Heilige, gepriesen sei Er, ihr Blut von seiner Hand. Und anstatt als "Sieger" hervorzugehen und dadurch Ehre zu erlangen, wird er am Ende in seiner Schande gesehen und entweder durch Tzara'ath oder Armut bestraft. Wer sich aber vor Machloketh hütet, wird von den Menschen geehrt, wie es geschrieben steht [Mischlei 20:3]: "Die Ehre eines Mannes ist die Enthaltung von einem Streit." Und Unsere Weisen, möge ihr Andenken gesegnet sein, haben gesagt: "Wenn nun ein Mann dadurch geehrt wird, dass er einen Streit unterdrückt, der sein eigener ist, wie viel mehr [ist er zu tadeln], wenn er sich in einen Streit einmischt [und Partei ergreift], der nicht sein eigener ist. Und so steht geschrieben [Mischlei 26:17]: 'Wie einer, der einem Hund die Ohren abreißt, so ist der, der über einen Streit zornig wird, der nicht der seine ist.'"

Und selbst wenn ein Beteiligter am Machloketh sein Verwandter, ja sogar sein Vater ist, sollte er sich hüten, ihm die Ehre zu erweisen, sich ihm anzuschließen, selbst wenn sein Vater es ihm befiehlt [wie in Joreh Deah 240:6 geregelt, dass, wenn sein Vater ihm sagt, er solle sogar eine rabbinische Vorschrift übertreten, man ihm nicht gehorchen soll; denn sowohl Sohn als auch Vater sind verpflichtet, den Herrn zu ehren - wie viel mehr in Bezug auf die schwere Sünde des Machloketh].

Wie wir bei den Söhnen Korachs feststellen, dass sie, weil sie nicht nach ihrem Vater zogen, obwohl sie ihm dadurch große Schande bereiteten, seinem Schicksal entgingen. Wie wir in der Yalkut Parschath Korach finden: "Dies ist, wie die Schrift schreibt [Psalmen 1:1]: 'Glücklich ist der Mann' - die Söhne Korachs - 'der nicht im Rat der Bösen wandelte' - der nicht im Rat seines Vaters wandelte, wie es geschrieben steht [Numeri 16,26]: 'Geht weg von den Zelten dieser Gottlosen'; 'und auf dem Weg der Sünder standen sie nicht', wie es geschrieben steht [Numeri 17,3]: 'die Räuchergefäße dieser Sünder'." Und in Yalkut : "Welches Verdienst hatten die Söhne Korachs 'in den Händen', dass sie [vor seiner Strafe] gerettet wurden?

Als sie bei Korach, ihrem Vater, saßen, sahen sie Mosche und senkten ihre Gesichter zu Boden und sagten: "Wenn wir

Shemirat HaLashon - Buch A

für Mosche, unseren Lehrer, aufstehen, verschmähen wir unseren Vater, den zu ehren uns befohlen wurde. Und wenn wir nicht aufstehen, steht geschrieben [Vayikra 19:32]: 'Vor dem reifen Haupt sollst du dich erheben' - besser, wir stehen vor Mosche, unserem Lehrer, auch wenn wir damit unseren Vater verschmähen." Zu dieser Zeit bewegten sie ihre Herzen zur Reue. Über sie sagte David [Psalm 45,2]: "Mein Herz hat sich mit einer guten Sache gerührt." Daraus lernen wir, dass, wenn man nicht nach dem Rat seines Vaters in seinen Machloketh gezogen wird, man nicht in seinem Netz verstrickt wird.

Und selbst wenn man sieht, dass der din mit seinem Vater ist, sollte man dafür sorgen, den Streit zu beruhigen und ihn nicht gegen die gegnerische Partei zu verstärken. Denn abgesehen von der Mitzwa, den Frieden zu fördern, sollte er darüber nachdenken, dass er sich in seiner Annahme irren könnte, wegen der Liebe, die in das Herz eines Mannes für seinen Vater eingepflanzt ist, den er wie sich selbst liebt. Wie wir in Sifrei [Devarim 13:7] lesen: "Dein Freund, der wie deine Seele ist" - das ist dein Vater." Und der Mensch kann nicht erkennen, dass er sich im Unrecht befindet.

Und das alles, wenn er machtlos ist, zu protestieren und den Streit zu schlichten. Findet der Sohn jedoch Gefallen an seinem Vater und ist er in der Lage, den Streit zu beschwichtigen und zu schweigen, wird er dafür bestraft. Wie wir in Tanna d'bei Eliyahu 21 finden: "Und ein Mann soll nicht zusehen, wenn er seine Eltern in müßiges Gerede verwickelt sieht [[d.h. Lashon Hara [Verleumdung] [üble Nachrede] und dergleichen, und, wie viel mehr, Machloketh, der alles zusammenfasst]], und schweigen. Und wenn er das tut, leben sowohl er als auch sie ihre Tage und Jahre nicht aus. Und ebenso ist es eine Mitzwa für jeden Menschen, Frieden zwischen den Seiten zu schließen. Und dies [Frieden schließen] gehört zu den Dingen, deren Früchte der Mensch in dieser Welt isst, während der Hauptteil für die kommende Welt bleibt, wie wir in Peah 1 finden. Und selbst wenn er sieht, dass der Din mit einer Partei nicht übereinstimmt und dass sie es verdient, für die Machloketh bestraft zu werden, er aber in der Lage ist, [es zu unterdrücken], so soll er sich bemühen, Frieden zwischen den Seiten zu schließen. Und er sollte dabei nicht nachlässig sein, selbst wenn er der bedeutendste Mann in Israel ist, wie

Shemirat HaLashon - Buch A

wir feststellen [Numeri 16:25]: "Und Mosche machte sich auf und ging zu Dathan und Aviram [um Frieden zu schließen]." Und unsere Weisen, möge ihr Andenken gesegnet sein, haben gesagt [Sanhedrin 110a]: "Von hier leiten wir ab, dass es verboten ist, in Machloketh zu verharren."

Und im Midrasch lesen wir: "Weil Mosche zum [Zelt-]Eingang von Dathan und Aviram ging, verdiente er es, vier Tzaddikim vor dem Eingang von Gehinnom zu retten: die drei Söhne von Korach und On ben Peleth." Und es steht geschrieben [Psalmen 34:15]: "Suche den Frieden und jage ihm nach", worüber Unsere Weisen, möge ihr Andenken gesegnet sein, gesagt haben: "Suche ihn für deinen Geliebten und strebe ihn mit deinem Feind. Suche ihn an deinem Ort und strebe nach ihn an anderen Orten. Suche es mit deinem Körper und strebe es mit deinem Besitz an. Suche es für dich selbst und strebe es für andere an. Suche es heute und jage ihm morgen nach." Die Absicht des Midraschs bei "und strebe morgen danach" ist: Man soll nicht daran verzweifeln, Frieden zu schließen, sondern heute danach streben und auch morgen und übermorgen, bis man ihn erreicht hat. Denn auch das stärkste Karrenseil wird, wenn es ständig abgenutzt wird, am Ende schwach und reißt. So auch hier. Selbst wenn es einem beim ersten oder zweiten Mal nicht gelingt, soll er diese heilige Eigenschaft [des Strebens nach Frieden] nicht aufgeben. Und selbst wenn seine Bemühungen bei den Machloketh-Parteien selbst keinen Erfolg haben, weil der Charakterzug des "Triumphierens" sie überwältigt hat und ihre Augen für die Wahrheit geblendet wurden, wird dies die "Außenstehenden", die nicht an den Machloketh beteiligt sind, aber durch den bösen Rat der beteiligten Parteien hineingezogen wurden, abschrecken und sie vor einer bitteren Strafe bewahren, wie im Fall von Mosche, unserem Lehrer, möge der Friede auf ihm sein.

Shemirat HaLashon - Buch A

Das Tor der Unterscheidung

Kapitel Eins

In diesem Kapitel wird die talmudische Apothegma "Was ist das richtige Handwerk des Menschen in dieser Welt?" erläutert.
Wir lernten in Chullin 89a: "R. Yitzchak sagte: [Psalmen 58:2]: 'Haumnam eilem, Rechtschaffenheit sollst du sprechen; mit Gerechtigkeit sollst du die Söhne der Menschen richten': Was ist [das richtige] Handwerk [umanuth [ähnlich hauman]] eines Menschen in dieser Welt"? Er soll sich wie ein Ileim [stumm] machen. Wenn die Heilige Schrift von einem "Handwerk" spricht, dann will sie uns damit mehrere Dinge lehren: Es ist bekannt, dass, wenn jemand, der kein Handwerker ist, ein Gefäß herstellen möchte, selbst wenn er sich die Herstellung in allen Einzelheiten leicht vorstellen kann, die tatsächliche Herstellung für ihn dennoch schwierig sein wird, weil seine Hände noch nicht daran gewöhnt sind. Im Gegensatz zu einem Handwerker, der von Jugend an an diese Arbeit gewöhnt ist. Das Gleiche gilt für die Eigenschaft der Stille. Obwohl jeder, der Verstand hat, erkennen kann, dass diese Eigenschaft sehr wünschenswert ist, denn man wird dadurch vor allen Issur [Verboten] geschützt, die durch die Sprache kommen, und ohne sie ist man eine Beute verschiedener Fallstricke, wie wir weiter unten erklären werden, dennoch, wenn man sich entschließt, diese Eigenschaft nur dann auszuüben, wenn man aufgrund von Mitzvoth der Tora dazu gezwungen ist, wie z.B. sich von Lashon Hara [Verleumdung] [üble Nachrede], Rechiluth [Klatsch] [Tratsch], Leichtsinn und anderen [Formen] verbotener Rede fernzuhalten, und ansonsten wird er [sich erlauben] zu sagen, was immer er will, sogar was nicht wesentlich ist, dann wird das sicherlich nicht nützen, denn er wird seine Zunge nicht an das Schweigen gewöhnt haben. Im Gegenteil, von seiner [frühesten] Jugend an wird er sie gelehrt haben, alles zu sagen, was ihm in den Sinn kommt. Im Gegensatz zu jemandem, der seinen Mund auf die Eigenschaft des Schweigens "trainiert" hat, wie ein

Shemirat HaLashon - Buch A

Handwerker auf sein Handwerk, bis zu dem Punkt, an dem das Schweigen für ihn natürlich und das Sprechen unnatürlich wird - wie bei einem Stummen. Dann wird er absolut sicher sein, dass seine Zunge vor Bösem bewahrt wird und dass er nicht in seine frühere Torheit zurückfallen wird.

Die Schrift könnte damit auch beabsichtigen, jemanden durch die Wege der Furcht [vor dem Herrn] zu einem großen Erwachen zu bringen. Das heißt, er soll sich vorstellen, Gott bewahre, dass er plötzlich verstummt wäre und keiner der Ärzte seiner Stadt ein Heilmittel für ihn finden könnte, und ein großer Arzt käme und heilte ihn von seiner schrecklichen Krankheit, kostenlos. Würde er dann nicht fortan sein wahrer Geliebter sein und die Zeichen seiner Liebe an allen seinen Gliedern sichtbar werden? Das heißt, dass er rennen würde, um seinen geringsten Befehl zu erfüllen, und dass er es auf keinen Fall wagen würde, diesen treuen Arzt durch seine Sprachfähigkeit, die er ihm wiedergegeben hat, zu beleidigen! So ist es auch in unserem Fall. Der gesegnete Schöpfer hat den Menschen über alle anderen Geschöpfe erhoben, indem er ihn mit einer sprechenden Seele ausstattete, mit der er sich durch Tora und Mitzvoth das ewige Leben verdienen kann. Wenn also ein Mensch mit seiner Zunge mehrere hundert Mal durch verbotenes Reden übertritt, so sollte sie [diese Fähigkeit] von ihm genommen werden und die sprechende Seele ihm am Morgen nicht zurückgegeben werden. Aber der Heilige, gesegnet sei Er in Seiner überreichen Barmherzigkeit, hält Seinen Zorn von ihm zurück, in der Hoffnung, dass er seine Sünde bereuen wird. Ist das seine Vergeltung an den Herrn? Dass er noch mehr gegen Seinen Willen durch Lashon Hara [Verleumdung], Leichtsinn und andere [Formen der] verbotenen Rede spricht? Dies ist die Absicht Unserer Weisen, möge ihr Andenken gesegnet sein: "Was ist das Handwerk des Menschen in dieser Welt? Er soll sich stumm machen." Er soll sich ständig daran erinnern: "Für den großen Missbrauch meiner Zunge bis jetzt hätte ich stumm gemacht werden müssen, wenn nicht die Größe Seiner Güte zu mir gewesen wäre. Wie sollte ich also wieder sündigen?" [Die Gemara [Chullin 89a] fährt fort: "Ich könnte sogar in Bezug auf das Torastudium denken; es steht also geschrieben [Psalmen, ebd.]: 'Rechtschaffenheit [d.h. Tora]

Shemirat HaLashon - Buch A

sollst du sprechen.' Ich könnte denken, dass [er dies tun könnte] sogar bis zum Hochmut; deshalb steht geschrieben: 'Mit Gerechtigkeit sollst du die Söhne der Menschen richten.'" Auf den ersten Blick ist dies verwunderlich: Wie kommen wir auf die Idee zu sagen, er solle stumm sein gegenüber den Worten der Tora? Warum wurde die Sprache im Menschen geschaffen, wenn nicht, um in der Tora des Herrn und seiner erhabenen Majestät zu sprechen? Und auch das Ende der Apophthegma - "Ich könnte sogar bis zu dem Punkt des Hochmuts denken" - ist zu verwundern. Denn was hat das mit "Stummheit" zu tun? [Es ist bekannt, dass man die Tora auf zwei Arten studieren kann: a] allein; b] mit anderen. Jede Art hat einen Vorteil und einen Nachteil. Der Vorteil des Alleine-Lernens ist, dass man vor verbotener Rede geschützt ist - denn es gibt niemanden, mit dem man sprechen kann. Aber es gibt einen Nachteil, dass dem Lernen die Klarheit fehlt [die aus einem Zusammenspiel der Geister entsteht]. Und wenn er mit anderen lernt, gibt es den Nachteil, dass ihre Gesellschaft manchmal zu müßigem Gerede, Lashon Hara [Verleumdung] und Leichtsinn führt. Dem gegenüber steht aber der große Vorteil der größeren Klarheit. Und das ist die Absicht der Gemara: "Ich könnte sogar in Bezug auf das Torastudium denken." Das heißt, nicht, dass er überhaupt nicht in der Tora sprechen soll, sondern dass er die Eigenschaft der "Stummheit" [die einen größeren Schutz bietet] auch für Worte der Tora verwenden soll, dass er überhaupt nicht mit anderen Menschen über die Tora sprechen soll, aus Angst, dass er dadurch am Ende zu verbotener Rede verleitet wird, so dass er nur für sich selbst studieren soll. Und ähnlich verhält es sich mit anderen Mitzvoth, die das Sprechen beinhalten, wie das Gebet und dergleichen. [Ich könnte denken, dass] er sich mit keinem Menschen zusammentun sollte, um nicht zu verbotener Rede zu kommen. Und die Gemara antwortet: "Es steht also geschrieben: 'Rechtschaffenheit [Thora] sollst du [[Plural]] sprechen,' und nicht 'Rechtschaffenheit soll er sprechen,'" im Singular, wie in der Einleitung [" eilem "] - um uns zu lehren, dass er in Gesellschaft [chavurah] in Thora sprechen soll. Wie unsere Weisen, möge ihr Andenken gesegnet sein, gesagt haben [Berachoth 63b]: "Ein Schwert über die 'Einzelgänger'" - ein Schwert über 'die Feinde der

Shemirat HaLashon - Buch A

Toragelehrten' [ein Euphemismus für 'Toragelehrte'], die die Tora allein studieren. Und darüber hinaus verblöden sie sich selbst." Und das Gleiche gilt für das Gemeindegebet, mit anderen Worten. [Mishlei 14:28]: "Die Menge des Volkes verherrlicht den König." Demnach befindet sich der "vollständige Mensch" auf jener erhabenen Ebene, auf der er sich wie zwei Gegensätze verhalten muss. Das heißt, in den Angelegenheiten der Welt muss er wie ein Stummer sein und nicht einmal das Erlaubte sagen, sondern nur das Wesentliche. Und im Bereich der Tora und der Mitzvoth muss er die Sprache so weit wie möglich "ausdehnen", um mit vielen zu studieren und sich mit ihnen in heiligen Angelegenheiten zu unterhalten. Aber in jedem Fall muss er sich davor hüten, mit ihnen über verbotene Dinge zu sprechen - daher schließt die Gemara: "Ich könnte denken, dass [er dies tun könnte] sogar bis zum Punkt des Hochmuts." Das heißt, wenn er andere sieht, die in ihrer Rede völlig unverantwortlich sind und die ihren Mund mit Lashon Hara [Verleumdung], Leichtsinn und anderen [Formen der] verbotenen Rede besudeln, [könnte ich denken, dass] er sie für absolut böse halten sollte, und sich selbst für absolut gerecht", so steht es geschrieben [Psalmen, ebd.]: 'Mit Gerechtigkeit sollst du die Menschenkinder richten.'" Das heißt, er muss sie gerecht und nach [den Maßstäben des] Verdienstes beurteilen, wobei er davon ausgeht, dass sie nicht [wirklich] wissen, was Lashon Hara [Verleumdung] [üble Nachrede] ist [und Ähnliches, mit anderen [Formen der] verbotenen Rede], und auch, dass sie die Schwere der Sünde der verbotenen Rede nicht kennen].

Kapitel Zwei

Mehr zum selben Thema.
Ein weiterer möglicher Grund für die Bezeichnung als "Handwerk" ist, dass alle Handwerke ein Studium erfordern, bis sie wirklich erlernt sind, so auch die Sprache. Ein Mensch darf sich nicht sagen: Warum soll ich mich mit der Bewachung meiner Zunge abmühen, um alle Aspekte ihrer Funktionsweise zu kennen, wenn ich eine natürliche Stummheit erwerben kann und diese [für alle Erfordernisse] ausreichen kann! Denn so ist es nicht. Denn die richtige Reaktion ändert sich oft je nach den Umständen [wie in

Shemirat HaLashon - Buch A

Chafetz Chaim, Erster Teil, Kapitel VIII:5, und im Zweiten Teil an mehreren Stellen erklärt]. Deshalb ist es notwendig, die Kategorien und Besonderheiten des Sprechens zu lernen und zu kennen, um zu wissen, wie man sich im Handwerk dieser "Stummheit" richtig verhält.

Unsere Weisen, möge ihr Andenken gesegnet sein, haben in ihrer heiligen Sprache auch den Begriff "in dieser Welt" sehr genau formuliert [["Was ist das Handwerk eines Menschen in dieser Welt? Er soll sich stumm machen, usw."]] Das heißt, der Mensch soll nicht denken: "Ich habe mich schon mehrere Jahre an dieses ["Stummen"] gewöhnt wie ein Handwerker an sein Handwerk, und ich brauche meine Augen und mein Herz nicht mehr so sehr darauf zu richten" - weshalb Unsere Weisen, möge ihr Andenken gesegnet sein, uns gelehrt haben, dass dies nicht so ist; sondern der Mensch muss sich in diesem Handwerk üben, sich selbst zu einem natürlichen Stummen zu machen, alle Tage seines Lebens, wie die GRA in Alim Litrufah geschrieben hat: "Und bis zum Tag seines Todes muss sich der Mensch kasteien, nicht mit Fasten und Kasteiungen, sondern indem er seinen Mund und seine Begierden zügelt. Und das ist tschuwa [Reue], und das ist die ganze Frucht der kommenden Welt, wie geschrieben steht [Mischlei 6:23]: Denn eine Mizwa ist eine Lampe, und die Tora ist ein Licht, und die Züchtigungen des Mussar [Ethik] [moralische Disziplin] sind der Weg des Lebens. Dies ist mehr wert als alle Fasten und Kasteiungen der Welt. Und die Heilige Schrift sagt [Psalm 34:13-15]: 'Wer ist der Mensch, der das Leben begehrt, der Tage liebt, um Gutes zu sehen? Hüte deine Zunge vor dem Bösen, usw.' Und auf diese Weise werden ihm alle Sünden vergeben und er wird aus den Tiefen des Scheol gerettet, wie es geschrieben steht [Mischlei 21:23]: 'Wer seinen Mund und seine Zunge hütet, bewahrt seine Seele vor Leid', und [Ibid. 18:21]: 'Tod und Leben stehen in der Macht der Zunge.' Wehe dem, der sich wegen eines Wortes in den Tod stürzt. Und welchen Vorteil hat der Mann der Zunge?"

Und unsere Weisen, möge ihr Andenken gesegnet sein, haben gesagt [Avoth 1:16]: "Mein ganzes Leben lang bin ich [R. Shimon] unter den Weisen aufgewachsen, und ich habe nichts Besseres für den Körper gefunden als Schweigen." Das bedeutet: "Ich bin unter den Weisen

Shemirat HaLashon - Buch A

aufgewachsen und habe aus ihren schönen und heiligen Eigenschaften ausgewählt, und die Eigenschaft der Stille war die beste von allen." Oder: "Obwohl sie gelehrte Weisen waren und ihre Rede nicht, Gott bewahre, aus leeren Dingen bestand, fand ich dennoch, dass das Beste von allem für den Körper, abgesehen von den Worten der Tora, die absolute Stille war." Was die Betonung auf "den Körper" betrifft, so ist damit Folgendes gemeint: Auch wenn ein Mensch weise und vollkommen in seiner Seele ist, wie es die Gefährten von R. Schimon waren, so ist es doch fast unmöglich, dass alle seine Worte richtig begrenzt sind, wenn es um das geht, was die Seele [d.h. den Körper] "kleidet" - deshalb ist Schweigen das Beste von allem. Und wenn in der Generation von R. Schimon, dessen Zunge daran gewöhnt war, in Weisheit zu sprechen, so dass sie, selbst wenn sie nicht völlig bewacht war, nicht von ihrem Weg abwich, Gott, er dennoch sagte, dass Schweigen das Beste von allem sei - was sollten wir, die [bloßen] "Mauersegler", tun, deren alle Gedanken und Reden, von unserer Jugend an, nur aus Eitelkeit und Leere bestehen? Wenn wir unseren Mund nicht mit dem Zügel des Schweigens mit all unserer Kraft zum Schweigen bringen, dann wird die Zunge gewiss das tun, was sie von frühester Jugend an zu tun pflegt, und der Schaden, den sie erleidet, wird den Lohn bei weitem überwiegen.

Wer sich an das Schweigen gewöhnt hat, entgeht vielen Übertretungen - Schmeicheleien, Leichtsinn, Lashon Hara [Verleumdung], Falschheit und Beleidigung. Denn wenn ihn jemand beschämt und beleidigt, erhält er, wenn er ihm antwortet, eine doppelte Portion. Und so sagt der weise Mann: "Ich höre Böses und schweige." Der andere: "Warum?" Der weise Mann: "Wenn ich meinen Beschämern antworte und sie erwidere, fürchte ich, dass ich Beleidigungen höre, die bissiger sind als die der anderen!" Und wenn man die Eigenschaft des Schweigens kultiviert, fühlt sich jeder frei, seine Geheimnisse mit ihm zu teilen. Da er nicht zum Sprechen neigt, wird er sie nicht preisgeben. Außerdem ist er nicht zu Rechiluth [Klatsch] [Tratsch] geneigt. In diesem Zusammenhang steht geschrieben [Mishlei 18:21]: "Tod und Leben sind in der Hand der Zunge." Denn ein Mensch richtet mit seiner Zunge mehr [Schaden] an als mit seinem Schwert. Denn ein Mensch

Shemirat HaLashon - Buch A

kann hier stehen und seinen Freund, der weit von ihm entfernt ist, dem Tod überantworten, während das Schwert nur aus der Nähe tötet. Deshalb wurde der Mensch mit zwei Augen, zwei Ohren und zwei Nasenlöchern geschaffen, aber [nur] mit einem Mund, um ihn zu lehren, die Rede zu minimieren.

Schweigen steht dem Weisen schön, wie viel schöner dem Narren. [Avoth 3:17]: "Ein Zaun zur Weisheit ist das Schweigen." "Schweigen ist das Allheilmittel." Und hüte deine Zunge wie die Pupille deines Auges. [Mischlei 18,7]: "Der Mund eines Narren ist ihm zum Verderben, und seine Lippen sind ein Stolperstein für seine Seele." Und [Ibid. 21:23]: "Wer seinen Mund und seine Zunge hütet, der bewahrt seine Seele vor Leid."

Und wenn du in einer Gesellschaft sitzt, ist es besser, wenn sie zu dir sagen: "Sprich! Warum bist du so schweigsam?", als dass du sprichst und deine Worte sie so sehr ermüden, dass sie zu dir sagen: "Sei still!"

Und es steht geschrieben [Micha 7:5]: "Vor der, die in deinem Schoß liegt, hüte die Türen deines Mundes." Die Heilige Schrift hat uns hiermit zu verstehen gegeben, dass der Mund wie eine Tür ist. Und so wie die Tür eines Hauses eine Zeit hat, offen zu sein, und eine Zeit, geschlossen zu sein [denn wenn sie immer offen ist, geht alles im Haus verloren], so haben die Türen deines Mundes eine Zeit, offen zu sein - für Worte der Tora und andere wesentliche Dinge - und eine Zeit, geschlossen zu sein - für andere Dinge.

Und der Mensch muss wissen, dass die Rede das "Geliebte von allen Geliebten" ist, denn durch sie wird die Form des Menschen vervollkommnet.

So wie derjenige, der Silber, Gold und Perlen besitzt, ein Gehäuse in einem Gehäuse macht, um sie zu bewahren, und sie in seinem innersten Gemach in einer besonderen Truhe versteckt, so muss er noch mehr ein Gehäuse in einem Gehäuse für seinen Mund machen, und zwar durch die Eigenschaft des Schweigens.

Kapitel Drei

In diesem Kapitel werden verschiedene Ratschläge zur Bewahrung der Zunge gegeben.

Shemirat HaLashon - Buch A

Und wenn er ein Mensch ist, der von Natur aus niedergeschlagen ist und sich davor fürchtet, sich in dieser Eigenschaft des Schweigens anzustrengen, weil er um seiner Gesundheit willen über die Angelegenheiten der Welt sprechen muss, sollte er sich auf jeden Fall angewöhnen, nicht über Menschen zu sprechen, wer auch immer sie sein mögen [mit Ausnahme derer, die die Herde verlassen haben, um den Herrn zu verleugnen, und derer, die die Worte Unserer Weisen verspotten, möge ihr Andenken gesegnet sein; für diese ist es eine Mitzwa, sie zu erniedrigen, wie wir in Chafetz Chaim, Grundsatz VII, Abschnitt 5, geschrieben haben]. Und wenn es manchmal unumgänglich ist, über jemanden zu sprechen, sollte man sich sehr kurz fassen und nicht zu lange reden, um nicht in die Nähe eines Issur [Verbots] zu kommen. Und ich habe von dem Gaon, R. Refail von Hamburg, gehört, dass er vier Jahre vor seinem Tod das Joch des Rabbinats von sich genommen hat, und wenn Leute zu ihm kamen, hat er sie gebeten, in seinem Haus nicht über irgendeine Person zu sprechen. Und ebenso habe ich von einem anderen großen Mann der Generation gehört, dass er sehr darauf achtete, dass aus seinem Mund nicht der Name irgendeiner Person zu hören war. Und das alles aus dem oben genannten Grund.

Noch mehr sollte er darauf achten, dass er nicht mit einem Ladenbesitzer über andere Ladenbesitzer oder mit einem Händler über seinen Kollegen spricht. Denn aller Wahrscheinlichkeit nach liebt der eine Gewerbetreibende den anderen nicht und es ist sehr wahrscheinlich, dass er dadurch zu Lashon Hara [üble Nachrede] [Verleumdung] kommt. Und wenn man weiß, dass der eine einen Hass gegen den anderen hegt, sollte man auf keinen Fall mit ihm über den anderen sprechen. Und es versteht sich von selbst, dass er den einen nicht vor dem anderen loben sollte, was sicherlich verboten ist, wie Unsere Weisen, möge ihr Andenken gesegnet sein, gesagt haben [Arachin 16a]: "Man soll seinen Freund nicht loben, denn wenn man ihn lobt, erniedrigt man ihn", was ich in Chafetz Chaim, Erster Teil, Grundsatz IX [9], erklärt habe. Und es ist auch sehr ratsam, mit ihm sogar allgemeines Reden zu vermeiden, das nicht in die Klasse der Erniedrigung oder des Lobes fällt. Denn in seinem Hass auf den anderen wird er die Rede höchstwahrscheinlich in eine andere Richtung lenken, was

Shemirat HaLashon - Buch A

es ihm leichter machen wird, die Pfeile seines Mundes gegen ihn zu schießen.

Und wenn er ihm etwas Wesentliches über den anderen sagen muss, sollte er nicht bei ihm damit verweilen. Denn wenn er das nicht tut, wird er gewiss zu Lashon Hara [Verleumdung] [üble Nachrede] kommen, wie mit Blitzpulver, das nach Feuer riecht, und es ist unmöglich, dadurch nicht die Flamme [von Lashon Hara [Verleumdung] [üble Nachrede] zu entzünden. Und wenn er anfängt, mit Reuven über Schimon zu sprechen, ohne zu wissen, dass Reuven ihn hasst, und er im Laufe des Gesprächs merkt, dass er ihn hasst und dass [die Fortsetzung des Gesprächs] zu Lashon Hara [Verleumdung] [üble Nachrede] führen würde - dann sollte er, wenn er keine Möglichkeit hat, ihn zu verlassen, das Gespräch auf eine andere Sache lenken. In ähnlicher Weise sollte er, wenn er ein Gespräch mit jemandem beginnt und das Gefühl hat, dass er, wenn er es beendet, in Lashon Hara [Verleumdung] [üble Nachrede] oder Ähnliches verwickelt wird, seine Seele umgürten, um seinen Yetzer [Neigung] Hara [die böse Neigung] zu bekämpfen, mittendrin aufhören und das Thema wechseln, genauso wie er, wenn er mitten in einer Mahlzeit gesagt bekäme, dass er eine verbotene Speise isst, sicherlich sofort aufhören würde zu essen und sogar ausspucken würde, was in seinem Mund war [wie in Ya'aroth D'vash geschrieben steht].] Und selbst wenn er sich deswegen manchmal schämen würde, haben unsere Weisen, möge ihr Andenken gesegnet sein, gesagt [Eduyoth 7b]: "Es ist besser, dass ein Mensch sein ganzes Leben lang ein Narr genannt wird und nicht einen Augenblick lang ein Übeltäter vor dem Herrn ist." Und Ramban hat bereits in Sha'ar HaGmul geschrieben, dass ein Augenblick in Gehinnom schlimmer ist als das ganze Leiden Iyyovs in all seinen Tagen. Und es ist bekannt, dass ein Mensch lieber beschämt wird, als schreckliches Leid zu ertragen.

Und alles, was wir geschrieben haben, gilt nur, wenn er keine Möglichkeit hat, die Dinge [zwischen den Parteien] zu korrigieren. Aber wenn er [weiß], dass seine Worte beachtet werden und er die Möglichkeit hat, Frieden zwischen ihnen zu schließen, dann ist es sicherlich eine Mitzwa für ihn, alles zu hören, was zwischen ihnen [vorgeht], und es gibt darin

Shemirat HaLashon - Buch A

keine Issur [Verbot] von Lashon Hara [Verleumdung].
Außerdem sollte er sehr darauf achten, nicht in der Gesellschaft von Männern zu stehen. Und selbst wenn er etwas Wesentliches braucht, sollte er nicht dort verweilen, es sei denn, er weiß nicht, dass es sich um Menschen handelt, unter denen es keine verbotene Rede gibt. Und selbst wenn die ganze Gesellschaft aus guten Menschen besteht und sich einer unter ihnen findet, der ein Mann der Bosheit ist, verdirbt er die ganze Gesellschaft und es ist ratsam, sie zu verlassen oder zumindest mit aller Kraft um Schweigen zu werben, wie es in Rosch Hagiwa geschrieben steht: "Achte, mein Sohn, auf das, was König Salomo, Friede sei mit ihm, gesagt hat [Mischlei 23,9]: 'Vor den Ohren eines Narren sollst du nicht reden, denn er wird die Weisheit deiner Worte beschämen.' Hütet euch also vor einer Versammlung von hundert Männern, wenn sich unter ihnen ein Narr oder ein Redner der Leichtfertigkeit befindet, besonders einer, der in seinen Augen weise ist, der der wahre Narr ist, wie es geschrieben steht: 'Der Narr ist weise in seinen Augen.' Stärke dich und sitze in der Stille und rede in dieser Versammlung von nichts. Denn auch wenn du alle Arten von Weisheit redest, wird er über dich triumphieren, und du wirst [nur] Schande über dich bringen. Denn so hat Salomo gesagt [ebd. 11:2]: "[Der Mann der] Bosheit kommt und schämt sich usw. Und wenn du mit deinem Freund sprechen willst, so achte darauf, dass du von ihm nicht gehört wirst, auch nicht hinter einem Zaun. Deshalb steht geschrieben: "Vor den Ohren eines Narren sollst du nicht reden", und nicht: "Mit einem Narren sollst du nicht reden". Dies ist die Stimme der Erfahrung. Ich habe all dies mehrmals bei einem Mitzvah-Fest ausprobiert und habe festgestellt, dass es stimmt. Darum fliehe, mein Sohn, aus einer solchen Versammlung, denn er [der Narr] erniedrigt alle, die dort sind; oder ergreife die Stille und sei gerettet."
Wenn man sich also die Eigenschaft verdienen will, seine Zunge zu hüten, sollte man das Gegenteil von dem tun, was "die Männer der Zunge" tun, die gewohnt sind, immer in einer Versammlung von Menschen zu gehen, in der Hoffnung, etwas zu hören, über das sie sich lustig machen oder das sie anschließend anderen "verkaufen" können. Und sie sind gewohnt, in der Stadt immer nach Neuigkeiten zwischen dem Menschen und seinem Nächsten Ausschau zu

Shemirat HaLashon - Buch A

halten, damit ihre Zunge nicht einen Augenblick des Tages zum Schweigen gebracht werden kann. Und derjenige [der seine Zunge hüten will] sollte das Gegenteil tun.

Alles soll nach und nach geschehen. Zuerst soll er sich angewöhnen, nicht in der Gesellschaft von Menschen zu stehen und keine Neuigkeiten zu "erschnüffeln". Danach soll er seine Seele nach und nach daran gewöhnen, keine Nachrichten hören zu wollen, bis der Heilige, gepriesen sei Er, ihm im Laufe der Zeit helfen wird, die Eigenschaft, seine Zunge zu hüten, als [Teil] seiner Natur zu erwerben. Wenn er dann einen Menschen sieht, der das Issur [Verbot] von Lashon Hara [Verleumdung] und dergleichen übertritt, wird seine Seele erstaunt sein, denn diese Sache wird ihm schon von Natur aus fremd geworden sein, wie alle anderen Issur [Verbote] für ganz Israel. Das ist schon im Schmelztiegel der Erfahrung erprobt worden, dass die Bewahrung der Zunge vor dem Bösen und der Ohren vor dem Hören des Verbotenen dem Menschen nur einige Wochen lang Mühe bereitet. Denn danach, wenn die Leute sehen, dass dieser Mann sich weigert, Lashon Hara [Verleumdung] [üble Nachrede] und Leichtsinn und andere verbotene Dinge zu hören, wird jeder Redner aufhören, diesem Mann Dinge zu erzählen, die mit diesem Issur [Verbot] [Verbotenem] behaftet sein könnten, und er wird seine Waren von Lashon Hara [Verleumdung] [üble Nachrede] und Rechiluth [Geschwätz] [Geschwätz] zu denen bringen, die sie zu nehmen wünschen. Denn er wird sehen, dass dieser Mann ihm keine Ehre und keinen Ruhm zuteil werden lässt [indem er ihm seine Waren feilbietet], sondern er wird ihn als einen Mann der Lashon Hara [Verleumdung] [üble Nachrede] und als einen Spötter ansehen. Und er wird sich fast nicht mehr davor hüten müssen, ihm zuzuhören, denn die Männer von Lashon Hara [Verleumdung] werden sich selbst vor ihm hüten, wenn sie eine Geschichte erzählen! Wenn er in ihrer Nähe steht, werden sie nicht sprechen, weil sie fürchten, dass dieser Zuhörer ihre Ware in den Augen der anderen "Käufer" verderben wird. Es [die Zunge zu hüten] wird für einen Menschen nur am Anfang schwer sein, sich zu entschließen, dies treu zu tun. Und all dies ist in dem Grundsatz Unserer Weisen enthalten, möge ihr Andenken gesegnet sein [Moed Katan 5a]: "Derjenige, der seine Wege in dieser Welt beurteilt, verdient es, [die Wahrheit] zu

Shemirat HaLashon - Buch A

sehen, mit der Hilfe des Heiligen, gepriesen sei Er."

Kapitel Vier

In diesem Kapitel wird der Verdienst desjenigen erklärt, der seinen Freund nach der Waage des Verdienstes beurteilt.

Man sollte sich auch angewöhnen, seinen Freund nach den Maßstäben des Verdienstes zu beurteilen, wie Unsere Weisen, möge ihr Andenken gesegnet sein, gesagt haben [Schewuoth 30a]: "[Vayikra 19:15]: 'In Gerechtigkeit sollst du deinen Freund richten' - Richte deinen Freund nach der Waage des Verdienstes." Und das ist eines der Dinge, für die man die Früchte in dieser Welt isst, wobei der Hauptteil für die kommende Welt bleibt, wie es in Schabbat 127a heißt.

Die Idee der "Waage des Verdienstes" ist entweder, sich auf die Seite desjenigen zu stellen, von dem berichtet wird, dass er etwas getan oder gesagt hat, d.h. zu sagen, dass der Din mit ihm ist, oder zu sagen, dass er unwissend war in dem, was er getan oder gesagt hat, oder dass er die Strenge des Issur [Verbots] nicht kannte, oder, selbst wenn keine der oben genannten Möglichkeiten zutrifft, zu denken, dass der Sprecher vielleicht ein bestimmtes Detail ausgelassen oder ein kleines Detail hinzugefügt hat, was den Bericht zu seinen Ungunsten verzerrt. Und unsere Weisen, möge ihr Andenken gesegnet sein, haben als Grundsatz erklärt [Avoth 2:4]: "Richte deinen Freund nicht, bis du dich selbst an seiner Stelle befindest."

Siehe die Episode in Schabbat 127b, aus der der Gerechte lernen kann, dass man seinen Freund nach den Maßstäben des Verdienstes beurteilen muss, auch wenn die Prämisse des Verdienstes weiter [von der Realität entfernt ist als die der Schuld]: "Die Rabbiner lehrten: Wenn man seinen Freund nach der Waage des Verdienstes beurteilt, wird auch er nach der Waage des Verdienstes beurteilt werden. Einst ging ein Mann aus dem oberen Galiläa und verdingte sich für drei Jahre bei einem Mann im Süden. Am Vorabend von Jom Kippur sagte er: "Gib mir meinen Lohn, damit ich gehen und meine Frau und meine Kinder ernähren kann." Der Arbeitgeber: "Ich habe keinen." Der Arbeiter: "Gib mir Land." Der Arbeitgeber: "Ich habe keins." Der Arbeiter:

Shemirat HaLashon - Buch A

"Gib mir Matratzen und Kissen." Der Arbeitgeber: "Ich habe keine." Der Arbeiter hängte sein Hab und Gut auf seinen Rücken und ging niedergeschlagen nach Hause. Nach dem Fest nahm der Arbeitgeber seinen [des Arbeiters] Lohn zusammen mit drei Eseln, von denen einer mit Essen, einer mit Getränken und einer mit allerlei Kleidung beladen war, und ging zum Haus des Arbeiters. Nachdem sie gegessen und getrunken hatten und er dem Arbeiter seinen Lohn gegeben hatte, fragte er ihn: "Als du mich um deinen Lohn gebeten hast und ich dir sagte, dass ich kein Geld habe, was hast du mir da vorgeworfen?" Der Arbeiter: "Ich dachte, du hättest einen 'guten Kauf' getätigt und dein Geld dafür verwendet." Der Arbeitgeber: "Als du mich nach den Tieren gefragt hast und ich dir gesagt habe, dass ich keine habe, wessen hast du mich da verdächtigt?" Der Arbeiter: "Ich dachte, dass du sie vielleicht an andere vermietet hast." Der Arbeitgeber: "Als du mich nach Land gefragt hast und ich dir gesagt habe, dass ich keins habe, was hast du da vermutet?" Der Arbeiter: "Ich dachte, du hättest es vielleicht an andere vermietet." Der Arbeitgeber: "Als ich dir sagte, dass ich keine Waren habe, was hast du mir da vorgeworfen?" Der Arbeiter: "Ich dachte, dass du vielleicht nicht den Zehnten gegeben hast." Der Arbeitgeber: "Als ich dir sagte, dass ich keine Matratzen und Kissen habe, was hast du mir da verdächtigt?" Der Arbeitnehmer: "Ich dachte, dass du vielleicht all deine Besitztümer dem Himmel geweiht hast." Der Arbeitgeber: "Ich schwöre, dass dies der Fall war. Ich habe mein ganzes Hab und Gut dem Himmel geweiht, weil mein Sohn Hyrkanus die Tora nicht studieren wollte; und als ich zu meinen Kollegen im Süden kam, haben sie alle meine Gelübde für mich annulliert. Und was dich betrifft, so möge der Heilige, gesegnet sei Er, dich nach der Waage des Verdienstes beurteilen, so wie du mich nach der Waage des Verdienstes beurteilt hast." Und es werden in der Gemara noch weitere Fälle angeführt, in denen die Maßstäbe des Verdienstes weiter [von der Realität] entfernt sind als die Maßstäbe der Schuld, obwohl sie darauf bedacht waren, nach den Maßstäben des Verdienstes zu urteilen.

Je nach dem Ausmaß der Gewöhnung an diesen Charakterzug wird die Sünde der Lashon Hara [Verleumdung] von ihm abfallen. Wie sehr muss sich also ein Mensch in dieser Eigenschaft stärken, um jeden

Shemirat HaLashon - Buch A

Menschen in der Waage des Verdienstes zu beurteilen. Denn von dieser Eigenschaft oder vom Gegenteil, Gott bewahre, kann leicht abhängen, ob ein Mensch für immer ein Zaddik oder ein Rascha [Bösewicht] genannt wird. Denn es ist bekannt, dass die Schuld oder der Verdienst eines Menschen von der Mehrheit seiner Mitzvoth oder Sünden abhängt, wie Unsere Weisen, möge ihr Andenken gesegnet sein, an vielen Stellen festgestellt haben. Wenn die Mehrheit [seiner Taten] Mitzvoth sind, wird er ein Tzaddik genannt; und wenn er sündigt, wird er ein Rasha genannt. Und Unsere Weisen, möge ihr Andenken gesegnet sein, haben gesagt [Rosch Haschana 16b]: "Drei Bücher werden am Tag des Gerichts geöffnet [[das ist der "große" Tag des Gerichts bei der Auferstehung [mit anderen Worten: Raschi]]]. Die absolut Gerechten werden aufgeschrieben und sofort für das ewige Leben versiegelt. Die absolut Bösen [[d.h. diejenigen mit einer Mehrheit von Sünden [mit anderen Worten: Raschi]]] werden aufgeschrieben und sofort für Gehinnom versiegelt." Nun ist es bekannt, dass von den Verdiensten eines Menschen, auch wenn sie so zahlreich sind wie der Sand [des Meeres], wenn der Heilige, gepriesen sei Er, sich mit ihm nach dem absoluten Maß des Din [Urteils] verhält, nur ein winziger Betrag bei ihm verbleibt. Denn bei vielen von ihnen wird er sie nicht in allen Einzelheiten und Aspekten, die für diese Mitzwa relevant sind, erfüllt haben. Und selbst die, die er so erfüllt hat, wird er nicht mit der Liebe, der Furcht und der Freude erfüllt haben, die für die Erfüllung der Mitzwa angemessen sind. Zusammenfassend lässt sich sagen, dass, wenn der Heilige, gesegnet sei Er, in Bezug auf die Erfüllung Seiner Mitzvoth anspruchsvoll wäre, Gott bewahre, die meisten als fehlerhaft befunden würden, und die verbleibenden Mitzvoth würden nicht eine Minderheit einer Minderheit seiner Sünden ausmachen, und er würde auf ewig ein Rascha genannt werden. Aber wenn der Heilige, gepriesen sei Er, sich mit ihm nach dem Attribut der Barmherzigkeit verhielte und in allen seinen Taten nach Verdienst für ihn suchte, würden seine Verdienste unversehrt bleiben. Mehr noch, selbst wenn seine Taten gezählt würden und sich herausstellen würde, dass er eine Mehrheit von Sünden hat, wenn der Heilige, gesegnet sei Er, sich mit ihm nach dem absoluten Maß der Barmherzigkeit verhalten würde, würden seine Sünden vermindert werden.

Shemirat HaLashon - Buch A

Denn es würden sicherlich viele Sünden gefunden werden, die gemildert werden könnten, weil er sie unwissentlich oder aus irgendeinem anderen Grund begangen hat. Zusammenfassend lässt sich sagen, dass, wenn der Heilige, gepriesen sei Er, sich um eine Person verdient machen wollte, es kein Hindernis für Ihn gäbe, dies zu tun, und wenn dadurch einige seiner Sünden vermindert würden, würde die Skala des Verdienstes überwiegen und er würde auf ewig ein Zaddik genannt werden.

Nun hängt all dies davon ab, wie er sich in all den Tagen seines Lebens gegenüber seinen Mitmenschen verhalten hat. Wenn er sie nach den Maßstäben des Verdienstes beurteilt, wird auch er nach den Maßstäben des Verdienstes beurteilt werden [wie in Schabbat 127b oben]. Und wenn sein Weg darin bestünde, Schuld in den Menschen zu finden und schlecht über sie zu sprechen, werden die dienenden Engel oben auch schlecht über ihn sprechen, wie wir im Midrasch Mischlei lesen. Deshalb muss ein Mensch in seiner Seele wissen, dass er, wenn er seinen Freund beurteilt, ob zum Guten oder zum Schlechten, durch seine Worte selbst sein eigenes Urteil bestimmt.

Kapitel Fünf

In diesem Kapitel wird die Mizwa von [Vayikra 19:18] erklärt: "Und du sollst deinen Freund lieben wie dich selbst".

Und wenn wir darüber in Wahrheit nachdenken, stellen wir fest, dass die Erfüllung der Mitzwa, seinen Freund in der Waage des Verdienstes zu beurteilen, und die Eigenschaft, seine Zunge zu hüten, von der Erfüllung des positiven Gebots "Und du sollst deinen Freund lieben wie dich selbst." abhängen. Denn wenn jemand seinen Freund wirklich liebt, wird er sicherlich keine Lashon Hara [Verleumdung] gegen ihn aussprechen und er wird mit all seiner Kraft nach Verdienst für ihn suchen. Denn wenn es ihm passiert, dass er etwas Unpassendes getan hat, und die Leute stehen und reden darüber, und er weiß um einen Aspekt des Verdienstes an sich selbst, sei es, dass er unwissentlich gehandelt hat oder dergleichen, wie sehr würde er sich wünschen, dass es jemanden gäbe, der für ihn eintritt, damit er nicht über alle Maße beschämt wird. Genau das sollte er für seinen Freund

Shemirat HaLashon - Buch A

tun.

Und diese Mitzwa, den Freund zu lieben, gilt auch vor der Tat, damit der Freund nicht in Schande gerät. Zum Beispiel, wenn man seinen Sohn in einer anderen Stadt verheiratet oder wenn man selbst an einem anderen Ort lebt, dessen Sitten und Gebräuche einem fremd sind. Er setzt seinen Verstand ein, um dort einen treuen Freund zu finden, der ihn über die Sitten dieses Ortes unterrichtet, und der, wenn er [der Freund] ihn in irgendeiner Weise von ihnen abweichen sieht, ihm das unter vier Augen sagt, damit er sich in Acht nimmt und nicht in den Augen der Männer der Stadt in Verlegenheit gerät. Genau so muss er für seinen Freund handeln. Das heißt, wenn er ihn in einer Sache "stolpern" sieht, die ihm nicht zur Ehre gereicht, auch wenn darin kein Issur [Verbot] [verboten] ist, muss er ihm das sagen, damit er sich nicht schämt. [Und so finden wir es in Horiyoth 13a bei R. Yaakov b. Korshai und R. Shimon b. Gamliel. Und darüber hinaus finden wir in Sanhedrin 11a bei mehreren Tannaim, dass sie die Schande auf sich zogen, um sie von einem anderen zu entfernen. Und wie viel mehr, wenn er sieht, dass er etwas gegen den Din tut, muss er es ihm sicherlich unter vier Augen sagen und ihn dafür zurechtweisen, damit er nicht in der Gegenwart und in der Zukunft in Böses verfällt; und er erfüllt damit das positive Gebot des Zurechtweisens und auch die Mitzwa von "Und du sollst deinen Freund lieben wie dich selbst."

Und dies wird dem gesegneten Schöpfer große Freude bereiten, da er seinen Sohn für seinen Dienst vervollkommnet hat. Wenn er aber, Gott bewahre, dies nicht tut, sondern im Gegenteil hingeht und ihn deswegen vor anderen beschämt, was hat der Gesegnete Schöpfer davon? Womit kann man das vergleichen? Mit jemandem, der einen Sohn hat, der sich in irgendeiner Angelegenheit ungebührlich verhält, und sein Freund geht vor den Augen seines Vaters hin und macht dies vor anderen bekannt. Gewiss, er [der Vater] wird sich darüber ärgern und sagen: "Du hättest ihn unter vier Augen zurechtweisen sollen, und ich hätte dir sehr dafür gedankt, aber du hättest nicht hingehen und ihn sofort vor aller Augen zum Gespött und zur Schande machen sollen. Und ich sehe, dass es dir nicht um die Wahrheit ging. Denn wenn es so wäre, wäre es sowohl für ihn als auch für dich besser gewesen, wenn du

Shemirat HaLashon - Buch A

ihn dafür getadelt hättest. Aber deine Absicht war nur, deinen Freund zu beschuldigen und zu belasten und dich an seinem Unglück zu erfreuen. Das ist nichts anderes als Niedertracht!"

Genauso verhält es sich mit dem gesegneten Schöpfer gegenüber den Kindern Israels, seinem heiligen Volk. Denn sie sind wie Söhne für Ihn, wie es geschrieben steht [Devarim 14,1]: "Ihr seid Söhne des Herrn, eures Gottes." Und Er freut sich über ihr Gutes und trauert über ihr Weinen und ihre Schande [mit anderen Worten: Sanhedrin 46a]. Und dieser [der Freund] geht, vor den Augen des Vaters, dessen Herrlichkeit die ganze Welt erfüllt und der seinen Sohn umsonst vor den Menschen beschämt. Welches Vergnügen hat er daran? Und Rambam [Deoth 6:3] hat einen Grundsatz in Bezug auf die Mitzwa "Und du sollst deinen Freund lieben wie dich selbst" aufgestellt, dass man sich um den Besitz und die Ehre seines Freundes genauso kümmern soll wie um seinen eigenen. Und, wie der Tanna d'bei Eliyahu 27 sagt: "So sprach der Heilige, gesegnet sei Er, zu Israel: 'Mein geliebter Sohn, fehlt mir etwas, dass ich es von dir erbitte? Und was verlange ich von dir? Nur, dass ihr einander liebt und einander ehrt und einander fürchtet und dass es unter euch nicht Übertretung und Diebstahl und Unansehnlichkeit gibt, damit ihr nicht für immer verworfen werdet, darum steht geschrieben [Micha 6,8]: 'Er hat dir, o Mensch, gesagt, was gut ist. Und was verlangt der Herr, dein Gott, anderes von dir, als dass du recht richtest und die Güte liebst und demütig wandelst vor deinem Gott."

Kapitel Sechs

In diesem Kapitel wird das Issur [Verbot] der Rache und des Grolls erklärt, und die Größe des Lohns dessen, der sich davor hütet.

Mehr als dies. Wenn es geschieht, dass ein Freund sich mit ihm in einer Sache ungebührlich verhält, so soll er sich trotzdem hüten, sich an ihm zu rächen und Hass gegen ihn zu hegen. Sondern er soll die Sache aus seinem Herzen wegwischen und ihm in jeder Weise Gutes tun, wie allen anderen Juden, als ob kein Hass zwischen ihnen wäre, wie geschrieben steht: "Räche dich nicht und hege keinen Groll gegen die Söhne deines Volkes, und du sollst deinen Freund

Shemirat HaLashon - Buch A

lieben wie dich selbst." Kommt und seht, im heiligen Zohar, Parschath Miketz, wie groß der Mann ist, der Böses mit Gutem vergilt:

"Kommt und seht, wie Josef [sich] verhielt. Nicht nur, dass er seinen Brüdern nichts Böses erwiderte, sondern er tat ihnen Gutes und Wahres, wie es immer der Weg der Zaddikim ist, weshalb der Heilige, gepriesen sei Er, immer Mitleid mit ihnen hat, in dieser Welt und in der kommenden Welt."

Und um die Gemüter zu beruhigen, habe ich es für angebracht gehalten, hier einen erhabenen Gedanken einzuführen, der in dem von Semag angeführten Yerushalmi wurzelt: Wenn jemand auf der Straße geht und einen seiner Füße mit dem anderen stößt und dabei zu Boden fällt und seinen Körper, sein Gesicht und auch diesen Fuß verletzt - abgesehen davon, dass es ihm niemals in den Sinn käme, sich an diesem Fuß zu rächen, indem er ihn nicht heilt, würde er auch keinerlei Hass gegen ihn hegen. Denn was ist der Fuß und was sind sein Körper und sein Gesicht - sie alle sind ein [Körper], aber in Organe geteilt. Vielmehr würde er argumentieren, dass seine Sünden dies verursacht haben. Auch hier sollte er sich nicht rächen und Hass gegen ihn hegen, wenn sein Freund ihm ein bestimmtes Gut, das er von ihm erbeten hat, nicht gewährt, oder wenn er ihn auf irgendeine Weise gekränkt oder beleidigt hat. Denn wer ist sein Freund und wer ist er? Beide sind aus einer Wurzel, wie es geschrieben steht [1. Chronik 17,21]: "Und wer ist wie dein Volk Israel, ein einziges Volk im Lande?" Und es steht geschrieben [Bereschit 46,27]: "Alle Seelen des Hauses Jaakow, die kamen usw." Es steht nicht "Seelen" geschrieben, um uns zu lehren, dass alle Seelen Israels oben als eine Seele gezählt werden. Es ist nur so, dass jede einzelne eine Einheit für sich ist. Wie bei einem Menschen in seiner Gesamtheit - auch wenn er als Ganzes ein Mensch ist, so hat er doch Organe, die für ihn "Köpfe" sind, wie der Kopf und das Herz; und es gibt solche, die darunter liegen, wie die Hand und der Fuß. Und es ist auch eine einzige Ruhe, in der sich ganz Israel am Ende versammeln wird - unter dem Thron der Herrlichkeit - wie es geschrieben steht [1. Samuel 25,29]: "Und die Seele meines Herrn wird gebunden sein im Band des Lebens mit dem Herrn, deinem Gott, usw." Nur weil in dieser Welt, in der jeder für sich in

Shemirat HaLashon - Buch A

seine eigene Angelegenheit gekleidet ist, und weil jede seiner Angelegenheiten und Unternehmungen eine Einheit für sich ist, bildet sich der Mensch ein, eine eigene Person zu sein und überhaupt nicht "eins" mit seinem jüdischen Mitmenschen - aber das ist nicht so.

Und deshalb finden wir viele Male in den Worten Unserer Weisen, möge ihr Andenken gesegnet sein, dass, wenn einer übertritt, Gott bewahre, er dadurch ganz Israel schadet, denn sie [er und alle anderen] sind wie ein einziger Körper. Und wenn man einen großen Schmerz in einem Organ hat, spüren auch die anderen Organe, auch wenn ihr Schmerz nicht so groß ist, eine "Vibration" dieses Schmerzes. In Vayikra Rabbah 84 heißt es: "[Jeremia 50:17]: 'Ein zerstreutes Lamm ist Israel'. Israel wird mit einem Lamm verglichen. So wie ein Lamm, wenn es an einem seiner Organe verletzt wird, alle es spüren, so ist es mit Israel: Einer sündigt und alle spüren es. R. Schimon b. Jochai sagte: "Das kann man mit Männern vergleichen, die in einem Boot fahren. Einer von ihnen nimmt einen Bohrer und beginnt, unter ihm zu bohren. Seine Freunde sagen zu ihm: "Warum tust du das?" Er antwortet: "Was geht euch das an? Bohre ich nicht unter mir?" Und sie sagen: "Aber du überschwemmst uns mit dem Boot!""

Darum, mein Bruder, hüte dich, dich zu rächen und deinem Bruder nicht zu grollen. Denn du bist es selbst, gegen den du dich rächst und Groll hegst! Denke nur daran, dass der Himmel dies alles wegen deiner Sünden über dich kommen lässt. Und was macht es für einen Unterschied, ob dieses Leid durch den einen oder durch den anderen über dich kommt? Und wenn ich das alles in Wahrheit auf mich nehme, werden mir alle meine Sünden vergeben. Wie David zu Avischai ben Tseruja sagte, als dieser sich an Schim'i ben Gera rächen wollte, weil er David beschämt und verleumdet und ihn mit einem schlimmen Fluch belegt hatte - David erlaubte ihm [Avischai] nicht, dies zu tun und sagte: "Der Herr hat ihm befohlen zu fluchen!" Und Unsere Weisen, möge ihr Andenken gesegnet sein, haben gesagt, dass das himmlische Tribunal deshalb David zum vierten Bein des Gottlichen Wagens ernannte, wie wir weiter unten ausführlich erklären werden, möge Gott gefallen.

[Zur Beruhigung des Gemüts, nicht [auch] an Rache zu denken und Groll zu hegen, habe ich meine Interpretation

Shemirat HaLashon - Buch A

von [Vayikra 19:18] angeführt:] "Und du sollst deinen Freund lieben wie dich selbst; ich bin der Herr", mit anderen Worten: Wie ist die Gegenüberstellung von "Ich bin der Herr" mit dem Anfang des Verses zu verstehen? Ich habe gesagt, dass die Absicht der Schrift hier darin besteht, den Anfang des Verses zu verdeutlichen: "Du sollst dich nicht rächen, und du sollst nicht nachtragend sein gegen die Söhne deines Volkes." ["Und du sollst lieben usw."] Denn das ist vordergründig zu verwundern. Wenn jemand unter Zeitdruck steht und seinen Freund um einen Gefallen bittet, und dieser ist in der Lage, den Gefallen zu gewähren, und lehnt ab, vor allem, wenn er ihn dabei kränkt - wie kann er dann keinen Groll hegen und ihn sogar lieben wie sich selbst?

Ich habe den Vers durch eine treffende Analogie erklärt, mit anderen Worten: Reuven hasste Schimon und zettelte einen Streit mit ihm an. Danach kam Jehuda, der von Schimon und von allen Menschen für einen Mann der Wahrheit gehalten wurde, und sagte zu Reuven: "Schimon, den du hasst und von dem du mir gesagt hast, er sei unehrlich und verachtenswert - ich habe ihn einige Tage später mit einem der großen Männer dieser Generation gesehen, der als Gaon und Zaddik und unvergleichlicher Weiser bekannt ist. Und dieser Gaon hat ihn sehr geehrt und ihm in vielerlei Hinsicht Zeichen der Liebe gezeigt. Darin hast du dich sehr getäuscht, mein Bruder." Und als Reuven dies hörte, war er erstaunt und sagte: "Du hast in meinem Herzen einen Zweifel geweckt. Es ist möglich, dass die Wahrheit bei R. Schimon liegt und dass ich nur deshalb, weil 'alle Wege eines Menschen in seinen Augen gerecht sind', dachte, dass der Din bei mir ist - oder vielleicht ist der Din in Wahrheit bei mir, aber dieser Schimon ist ein Betrüger und hat diesen großen Mann so lange 'weichgeklopft', bis er ihn für einen ehrenwerten Mann hielt; aber dennoch werde ich wegen des Zweifels, den du in meinem Herzen geweckt hast, nicht länger [schlecht] von ihm reden."

Ein paar Tage später kommt Jehuda, den Reuven für einen Mann der Wahrheit hält, zu ihm und sagt: "Ich habe etwas noch Wunderbareres gesehen. Der Mann, von dem du mir gesagt hast, dass du noch Zweifel hast, dass er ein Betrüger und unehrlich sein könnte - ich habe ihn danach gesehen, wie er sich mit den frühen Weisen der Generation getroffen

Shemirat HaLashon - Buch A

hat, und auch sie haben ihn sehr geehrt und ihm Zeichen der Liebe in Gegenwart aller gezeigt. Und über den großen Mann der Generation, von dem ich dir am Anfang erzählt habe, - du magst gedacht haben, dass Schimon ihn betrogen hat; aber über Männer wie diese ist es unmöglich, dies zu sagen." Als Reuven das hört, antwortet er sofort: "Du hast recht. Der Yetzer [Neigung] Hara [die böse Neigung] hat mich im Grunde der Sache getäuscht." Yehudah fährt fort: "Weiß ich nicht von Schimon, dass er mit den frühen Weisen Israels zusammentraf, mit R. Meir, R. Jehuda und dem Rabbi, der die Mischnayot redigierte, und seinen Kollegen, in deren Gesellschaft Elijahu bekanntlich verkehrte; und auch sie lobten und priesen ihn. Und Elijahu, der Prophet, erzählte diesen Tannaim, dass dieser R. Schimon "von oben herab geredet" wurde, und er hörte aus dem Mund des Heiligen, gepriesen sei Er, dass Er R. Schimon liebte.

Und als Reuven dies hört, schreckt er zurück, fällt auf sein Gesicht und sagt: "Wehe mir, was ich zuerst dachte, dass ich der Zaddik bin und er der Rascha. Denn wie ich jetzt sehe, ist das nicht so. Denn der Heilige, gepriesen sei Er, der die Wurzel von allem ist und weiß, was in der Finsternis und im Licht getan wird, dessen Werk vollkommen ist und alle Seine Wege gerecht - wenn Er einen Menschen liebt, ist Seine Liebe gewiss nicht vergeblich. Was das betrifft, was zwischen mir und dem verehrten R. Shimon vorgefallen ist, so kann ich das jetzt in mehrfacher Hinsicht sehen. Erstens, dass der Din prinzipiell bei ihm ist, aber weil ich persönlich involviert war und Schimon nicht kannte, schien es mir, dass die Wahrheit und Rechtschaffenheit bei mir war, und das halte ich für das Wahrscheinlichste. Oder es ist möglich, dass Schimon unwissend war in dem, was er getan hat, und dass er es [danach] sehr bereut hat, und es ist möglich, dass er immer noch die Absicht hat, mich zu beschwichtigen. Oder es kann andere Gründe geben, die ich nicht kenne. Auf jeden Fall habe ich schwer gesündigt, indem ich gegen einen Mann, von dem der Heilige, gesegnet sei Er, selbst gesagt hat, dass er ihn liebt, dessen Seelenwurzel in der Höhe überaus heilig und ehrfurchtgebietend sein muss, gesprochen habe, indem ich ihn als "unehrlich", "verachtenswert" und "hinterlistig" bezeichnet habe. Ich bedaure dies sehr und hege keinen Hass gegen ihn, da der

Shemirat HaLashon - Buch A

Heilige, gepriesen sei Er, selbst sein Geliebter ist.

Und das ist die Absicht des Verses "Du sollst dich nicht rächen und du sollst keinen Groll gegen die Söhne deines Volkes hegen. Und du sollst deinen Freund lieben wie dich selbst - ich bin der Herr." Wenn du sagst: "Wie kann ich mich dazu bringen, nichts gegen ihn zu haben und ihn sogar zu lieben?", gibt der Vers selbst die Antwort - "Ich bin der Herr." Wie in [Maleachi 1:2]: "'Ich habe dich geliebt', sagte der Herr", und [Devarim 14:1]: "Ihr seid Söhne des Herrn, eures Gottes" - auch ihr könnt ihn lieben. Und in Wahrheit ist die Sache ganz einfach. Denn da ein Mensch seinen Freund "von oben herab" ansieht und ihn in physische Materie gekleidet sieht, ist er [sein Freund] für ihn nicht sehr bedeutsam, vor allem, wenn er in irgendeiner Sache gegen ihn ist, in welchem Fall er ihn völlig "zunichte" macht. Nicht so der Heilige, gepriesen sei Er, der im Grunde weiß, dass die Wurzel der Heiligkeit der Seele Israels außerordentlich groß und ehrfurchtgebietend ist, wie es im heiligen Zohar an mehreren Stellen geschrieben steht, dass die Wurzel der Heiligkeit der Seele Israels in der Höhe in einer außerordentlich ehrfurchtgebietend Sphäre ist, weshalb ihre Erhabenheit und Seine Liebe zu ihnen dementsprechend außerordentlich groß sind].

Kapitel Sieben

In diesem Kapitel wird die große Sorgfalt erläutert, die man bei der Zurechnung von Schuld an Israel walten lassen muss, und die Belohnung für die Zurechnung von Verdienst [an sie].

In den vorangegangenen Kapiteln haben wir über den Einzelnen gesprochen. Wie viel mehr muss man sich davor hüten, Israel im Allgemeinen eine Schuld zuzuschreiben, denn diese Sünde ist sehr schwer. Wie wir in Pesachim 87b über Sprüche 30:10 lesen: "Sprich nicht schlecht von einem Knecht zu seinem Fürsten ... ein Geschöpf, das seinen Vater verflucht und seine Mutter nicht segnet. ...Auch ein Geschöpf, das seinen Vater verflucht und seine Mutter nicht segnet - sprich nicht schlecht von ihm zu seinem Fürsten - dem Heiligen, gepriesen sei Er." Und siehe nun [das Beispiel] des Propheten Jesaja. Als er die Herrlichkeit des Herrn sah, sagte er [Jesaja 6,5]: "Weh mir, denn ich bin

Shemirat HaLashon - Buch A

verloren, denn ich bin ein Mann von unreinen Lippen, und mitten unter einem Volk von unreinen Lippen wohne ich usw." - weil er "und inmitten eines Volkes von unreinen Lippen" sagte, obwohl er damit nicht Israel beschämen wollte [denn er sagte dies auch von sich selbst], sondern nur sagen wollte, dass er nicht würdig war, die Schechina zu sehen, weder in Bezug auf seine Taten noch auf die des Volkes, in dessen Mitte er wohnte - siehe trotzdem, was folgt [Ibid. 6]: "Da flog einer der Seraphen zu mir [Jesaja], und in seiner Hand war eine lebendige Kohle [ritzpah]", worüber Unsere Weisen, möge ihr Andenken gesegnet sein, sagen, dass " ritzpah " eine Abkürzung von " retzoth peh " ["zerquetsche den Mund"] ist, der Meine Kinder verleumdet." Und er starb als Folge davon, wie es in Yevamoth 49b heißt: "[Er [Jesaja] sprach den Namen aus und wurde von einer Zeder 'verschluckt'.] Die Zeder wurde gebracht und zersägt. Als sie [die Säge] an seinen Mund kam, starb er, [dies, weil er gesagt hatte: 'Und inmitten eines Volkes von unreinen Lippen wohne ich.']"

Und so auch bei Mosche, unserem Lehrer, Friede sei mit ihm, denn er sagte [Bamidbar 32:14]: "ein Gewächs sündiger Menschen", von ihm stammte Schewuel ben Gerschom ab, der dem Götzendienst diente, wie Unsere Weisen, möge ihr Andenken gesegnet sein, sagten [Bava Kamma 109b, Yerushalmi 9:2]. Und noch mehr finden wir bei Elijahu, der, weil er sagte [I Könige 19:10]: "Ich habe sehr für den Herrn geeifert ... denn sie haben Deinen Bund verlassen usw.", wurde er deswegen von der Prophezeiung entfernt und der Heilige, gesegnet sei Er, befahl ihm, Elisa an seiner Stelle zu salben, wie Unsere Weisen, möge ihr Andenken gesegnet sein, feststellen [in Yalkut Melachim]. Und Sefer Charedim 51 erklärt im Namen des Midrasch, dass die Absicht des Hauptmanns, der bestraft wurde, weil er gesagt hatte [II Könige 7:19]: "Selbst wenn der Herr Fenster in den Himmel machen würde, könnte so etwas geschehen?" - Seine Absicht war, dass der Herr es sicherlich geschehen lassen könnte, aber diese Generation war wie die Generation der Sintflut, die es verdient, dass die Fenster des Himmels geöffnet werden, wie dort, mit anderen Worten. [Bereschit 7:11]: "Und die Fenster des Himmels wurden geöffnet." Wie ist es möglich, dass für eine so schlechte Generation wie diese ein so großes Wunder [zum Guten]

Shemirat HaLashon - Buch A

geschehen konnte? Und der Prophet Elisa antwortete ihm, dass er, weil er Israel verleumdete, das Wunder sehen, aber nicht essen würde [mit anderen Worten: II. Könige, ebd.] Und siehe, mein Bruder, diese wunderbare Allegorie in Tanna d'bei Eliyahu 7: "Die Kinder Israels werden mit einem Weinberg verglichen, wie es geschrieben steht [Jesaja 5,7]: 'Denn ein Weinberg des Herrn der Heerscharen ist das Haus Israel', worüber R. Eliezer Haladul sagte: 'Das Haus Israel, das der Weinberg des Heiligen, gepriesen sei Er, ist - schaue es nicht an [in böser Absicht]. Und wenn du es angeschaut hast, so steige nicht hinab in es. Und wenn ihr in ihn hinabgestiegen seid, dann zieht keinen Nutzen aus ihm. Und wenn ihr von ihm Nutzen gezogen habt, dann esst nicht von seinen Früchten. Und wenn du geschaut hast und hinabgestiegen bist und Nutzen daraus gezogen hast und von seinen Früchten gegessen hast, dann ist das Ende dieses Menschen [d.h. von dir], von der Welt abgeschnitten zu werden." Und im Zohar Chadasch 21b steht:

"R. Akiva sagte: 'Wenn jemand der größte Zaddik in der Welt ist, aber schlecht über den Heiligen, gesegnet sei Er, oder Lashon Hara [Verleumdung] gegen Israel spricht, ist seine Strafe die größte von allen. Und es gab keinen Zaddik, der so groß war wie Elijahu in der ganzen Generation, aber weil er Lashon Hara [Verleumdung] gegen Israel sprach, usw.' Zu jener Zeit sündigte er schwer gegen Ihn. Kommt und seht, was über ihn geschrieben steht [1. Könige 19,6]: "Und er sah, und siehe, auf seinem Haupt war ein auf Kohlen gebackener Kuchen [retzafim]", und der Heilige, gepriesen sei Er, sagte gleichsam: 'Das ist es, was von einem gegessen werden kann, der Lashon Hara [Verleumdung] gegen Meine Kinder spricht, usw.'"

R. Yitzchak sagte: "Elijahu rührte sich nicht von der Stelle, bis er vor dem Heiligen, gesegnet sei Er, schwor, Israel immer Verdienst anzurechnen. Und jeder, der verdienstvoll handelt - er [Eliyahu] tritt vor und sagt vor dem Heiligen, gesegnet sei Er: 'So und so hat dieser Mann jetzt getan.' Und er rührt sich nicht von der Stelle, bis das Verdienst dieses Mannes aufgezeichnet ist, usw."

Aus all dem können wir erkennen, wie groß die Vorsicht ist, die man walten lassen muss, um nicht ganz Israel die Schuld zuzuschreiben. Im Gegenteil, er muss sich stets bemühen, Barmherzigkeit zu erwecken und ihre Verdienste ins

Shemirat HaLashon - Buch A

Gedächtnis zu rufen. Und wenn er das tut, wird er von dem Heiligen, gepriesen sei Er, geliebt und erbarmt werden, wie wir in Yoma 77a in Bezug auf Gavriel lesen. Als er außerhalb des Gottlichen Vorhangs stand und Verdienst für Israel erweckte, antwortete der Heilige, gesegnet sei Er: "Wer ist das, der Meinen Kindern Verdienst zuschreibt?" Und sie brachten ihn innerhalb [des Gottlichen Vorhangs, Anm. d. Ü.].

Wir finden viele Hinweise in diesem Sinne in der Tanna d'bei Eliyahu, einige davon in Kapitel 19:1, die viel Verdienst für Israel erwecken, mit anderen Worten..: "Herr der Welt, sieh unser Elend an, kämpfe und lass unsere Schande vor Dir aufsteigen, was uns jeden Augenblick angetan wird. Und denke daran, wie viele Hausbesitzer es in Israel gibt, die keinen Lebensunterhalt haben, sich aber jeden Tag mit der Thora beschäftigen, immer. Und denke daran, wie viele Hausbesitzer es in Israel gibt, die keinen Lebensunterhalt haben, sich aber jeden Tag mit der Thora beschäftigen, immer. Denkt daran, wie viele Jünglinge es in Israel gibt, die ihre rechte und ihre linke Hand nicht unterscheiden können, die aber den ganzen Tag der Thora nachgehen, immer. Denkt daran, wie viele Jünglinge es in Israel gibt, die ihre rechte und ihre linke Hand nicht unterscheiden können, die aber den ganzen Tag der Thora nachgehen, immer. Gedenke, wie viele alte Männer und Frauen es in Israel gibt, die früh und spät in die Gebetshäuser und in die Studienhäuser gehen, die sich sehnen und begehren und jeden Tag nach Deinem Heil Ausschau halten, immer. Erinnere Dich an Deinen Bund, den Du mit unseren Vätern geschlossen hast, mit den drei Zaddikim, Abraham, Isaak und Yaakov. Und Du hast auch für uns in Deiner Tora geschrieben [Vayikra 25:35]: Mein Vater im Himmel, denk an die vielen Krüppel und Blinden in Israel, die nichts zu essen haben, und gib doch den Lehrern Lohn, damit sie ihre Kinder in der Tora unterrichten. Mein Vater im Himmel, gedenke Israels, Deiner ewigen Errungenschaften, wie es geschrieben steht [Devarim 32:6]: "Ist Er nicht dein Vater, dein Erwerber? Und [Mischlei 8,22]: 'Der Herr erwarb mich am Anfang seines Weges', Mein Vater im Himmel, gedenke, wie viele Witwen und Waisen es in Israel gibt, die sich jeden Tag in der Tora und in den Mitzvoth abmühen, immer, usw."

Shemirat HaLashon - Buch A

Und daraus kann jeder Mensch lernen, wie sehr ein jeder in Israel die Barmherzigkeit des Heiligen, gepriesen sei Er, für Israel in diesen Dingen und dergleichen erwecken muss. Denn auch heute sind diese Verdienste und dergleichen [noch] vorhanden für den, der in unserer Zeit den bedrückten Zustand Israels erkennt - trotz dessen gibt es, dem Herrn sei Dank, viele Lernende der Tora und Erfüller der Mitzvoth und viele Erhalter der Tora und Spender der Güte und Geber der Nächstenliebe "an allen Ecken und Enden".

Und in der Tanchuma, zu dem Vers [Devarim 16:18]: "Und sie werden das Volk [mit] einem gerechten Urteil richten": R. Jehuda b. R. Schalom sagte: "Sie sollen [das Urteil] "neigen" und ihnen vor dem Heiligen, gepriesen sei Er, Verdienst zuschreiben. Von wem lernen wir das? Von Gideon, dem Sohn des Joasch, zu dessen Zeiten Israel von Leiden heimgesucht wurde, und der Heilige, gesegnet sei Er, suchte einen Mann, der ihnen Verdienst zuschreiben würde, und konnte keinen finden, denn die Generation war arm an Mitzvoth und an [tugendhaften] Taten. Als man in Gideon, der ihnen Verdienst zuschrieb, Verdienst fand, erschienen ihm sogleich die Engel, wie es geschrieben steht [Richter 6:11]: 'Und ein Engel des Herrn kam' [zu Gideon] ... und [Ebd. 14]: '...und er sprach: 'Geh, mit dieser deiner Kraft und rette Israel usw.'", mit dieser Kraft, dass du Meinen Kindern Verdienst zuschreibst, das ist die Stoßrichtung von 'Und sie sollen das Volk [mit] einem gerechten Urteil richten, dass sie dem Geschlecht Verdienst zuschreiben.'" Aus all dem können wir die Eminenz desjenigen verstehen, der vor dem Heiligen, gepriesen sei Er, "Verdienst zurechnet". Und er [Gideon] wurde danach der Wagen für das Licht des heiligen Heiligtums, das "das Heiligtum des Verdienstes" genannt wurde, wo die Verdienste Israels in Erinnerung gebracht wurden, wie wir im Sefer Charedim finden.

Kapitel Acht

In diesem Kapitel wird der Charakterzug der Savlanuth [Duldung, Resignation] erklärt, durch den einem die Sünden vergeben werden.

Man muss außerdem sehr darauf achten, sich den

Shemirat HaLashon - Buch A

Charakterzug der Duldung anzugewöhnen, sich mit allem abzufinden, was einem widerfährt, wie wir in Avoth d'R. Nathan 41:11 steht: "Lehre dich, Leiden zu akzeptieren und dich mit deiner Schande abzufinden." Dadurch wird es ihm viel leichter fallen, seine Zunge zu hüten. Denn ohne dies wird er ständig seinen Yetzer [Neigung] Hara [die böse Neigung] überwinden müssen - nicht zu gehen und anderen zu erzählen, was zwischen ihm und Ploni [so und so] [Jemand] geschehen ist, oder darauf zu achten, wie man spricht [siehe Chafetz Chaim Teil Eins, Prinzip X: 13, 14, 15]; und manchmal wird er den Yetzer [Neigung] Hara [die böse Neigung] überwinden und manchmal wird sie ihn überwältigen. Und selbst wenn man ihn beschämt, soll er nicht antworten, sondern wissen, dass alles vom Herrn wegen seiner Sünden kommt, und dass es seine Sünden sind, die ihn beschämen.

Und wenn er die Schmach auf sich nimmt, wird der Heilige, gepriesen sei Er, gewiss sein Horn in dieser und in der kommenden Welt erheben", wie wir es bei König David, Friede sei mit ihm, finden [II. Samuel 16,7], als Schimi ben Gera ihn verfluchte und mit Steinen bewarf und die Diener Davids deswegen für seine Ehre eifern wollten. Er erlaubte es ihnen nicht und nahm den Fluch auf sich, indem er sagte [ebd. 10]: "Der Herr hat ihm befohlen zu fluchen", worüber Unsere Weisen, möge ihr Andenken gesegnet sein, gesagt haben: "Damals verdiente David es, das vierte Bein des Göttlichen Wagens zu werden."

Und ebenso wird jeder Mensch, wenn er diese Eigenschaft in Vollkommenheit erlangt, in der Zukunft zu den Liebhabern des gesegneten Herrn gezählt und wird wie "die Sonne, die in ihrer Stärke hervorkommt" leuchten, wie Unsere Weisen, möge ihr Andenken gesegnet sein, gesagt haben [Schabbat 88b]: "Diejenigen, die beschämt werden, sich aber nicht [zurück] schämen, die sich beschimpfen lassen und nichts erwidern, die [dem Herrn] aus Liebe dienen und sich in Bedrängnis freuen, - von ihnen steht geschrieben [Richter 5:31]: 'Und seine Liebhaber, wie die Sonne, die in ihrer Kraft aufgeht.'"

Und die Ausleger erklären, dass hier drei Ebenen erwähnt werden: 1] sich nicht zu schämen, wenn sein Freund ihn beschämt, sondern möglicherweise zu erwidern. 2] sich zwingen, nicht zu erwidern, um nicht durch die noch

Shemirat HaLashon - Buch A

größere Beschämung durch den Freund auf sich selbst herabzuziehen. 3] aus Liebe zu dienen und sich in der Bedrängnis zu freuen. Das heißt, er erwidert nichts, weil er den Herrn liebt und diese Leiden mit Freude annimmt. Und wenn er die dritte Stufe erreicht, verdient er all diese Ehre. Denn diese Eigenschaft erwächst einem Menschen aus der Heiligkeit seiner Seele und seinem reinen Glauben an den Herrn, dass Er alle seine Wege lenkt, wie es geschrieben steht [Iyyov 34:21]: "Denn Seine Augen sind auf die Wege des Menschen gerichtet usw.", und Er tut alles zu seinem Besten. Im Midrasch Tanchuma heißt es: "Man sollte sich über das Leid mehr freuen als über das Gute. Denn selbst wenn einem Menschen alle Tage Gutes widerfährt, werden ihm seine Sünden nicht vergeben. Und wie wird ihm vergeben? Durch Bedrängnisse. R. Elazar sagte: "Ein Mensch muss dem Herrn dankbar sein, wenn ihm ein Leid widerfährt. Warum ist das so? Weil Bedrängnisse den Menschen zu dem Heiligen, gepriesen sei Er, hinziehen, wie es geschrieben steht [Mischlei 3,12]: 'Wen der Herr liebt, den züchtigt Er.'" Wenn ein Mensch in Bedrängnis gerät, soll er sie ertragen und annehmen. Warum? Weil ihr Lohn nicht begrenzt ist. [Psalm 37,7: "Seid stille in dem Herrn und hofft auf ihn. Hoffe auf den Herrn. Wenn Er Bedrängnisse über dich bringt, "tritt" nicht dagegen an, sondern nimm sie als chalilin [wie " vechithcholel "] an, als Flöten [der Freude]." Und die Duldung von Schande gehört in die Kategorie der Bedrängnisse, wie oben erwähnt, "die aus Liebe dienen und sich an Bedrängnissen erfreuen".

Und wenn ein Mensch an dieser Eigenschaft des Savlanuth festhalten will, soll er immer an die Strafe für Sünden in Gehinnom und durch Gilgul [Metempsychose] denken. Wie Unsere Weisen, möge ihr Andenken gesegnet sein, gesagt haben [Eruvin 19a] zu Psalm 84:7: " ovrei be'emek habacha mayan yeshituhu ": " Ovrei " - das sind die Übertreter [ovrim] des Willens des Herrn; " emek " - Gehinnom ist für sie vertieft [ma'amikim]; " habacha " - sie weinen [bochim] und vergießen Tränen wie der Brunnen von Shitin [mayan shel shitin [in den der Rest des Trankopfer gegossen wurde]]." Und es ist bekannt, dass das Feuer der ersten Stufe von Gehinnom sechzigmal intensiver ist als das unsere; das der zweiten Stufe ist sechzigmal intensiver als das der ersten Stufe. Und so verdoppelt sich die Strafe in allen [folgenden]

Shemirat HaLashon - Buch A

Stufen. Und Ramban hat bereits in Sha'ar Hagmul geschrieben, dass ein einziger Augenblick in Gehinnom qualvoller ist als alle Qualen, die Iyyov in all seinen Tagen erleiden musste. Und es ist auch bekannt, dass die Strafe von Gilgul qualvoller ist als die Strafe von Gehinnom.

Wenn man also immer über seine Taten nachdenkt und weiß, dass auch er am Tag des Din nicht von der schrecklichen Strafe gereinigt werden wird, wird er sicherlich mit viel Freude diesen Charakterzug der Savlanuth und des Übersehens seiner Vorrechte im Austausch für die oben genannten schrecklichen Strafen auf sich nehmen. [Wie im Sefer Charedim geschrieben steht: "Wenn ich höre, wie all jene mich in der Öffentlichkeit beschimpfen und beleidigen, stelle ich eine Waage vor meine Augen. In die eine [Waage] lege ich meine Sünden und in die andere die Beschämungen und Beleidigungen, und ich sehe die Waage der Sünden nach unten drücken. Und ich bleibe still und rechtfertige mein Urteil. Und so mache ich es mit allen Arten von Bedrängnissen in Worten oder Taten."] Denn sehen wir nicht deutlich, dass ein Mensch bereit ist, jede Art von Verleumdung auf sich zu nehmen, wenn er dadurch den Verlust seines Besitzes [wie bei einer Feuersbrunst und anderen Leiden, Gott bewahre] verhindern kann? Wie viel mehr, wenn er weiß, dass er dadurch einer schweren körperlichen Bestrafung entgehen wird. Aus all dem können wir erst recht in Bezug auf Savlanuth schließen, wo er nur dann unter Zwang steht, wenn er in der Nähe seines Freundes steht und seine Schande hört.

Wir werden unsere Worte erklären: Selbst wenn ihm durch dieses [savlanuth] nur eine Sünde nicht vollständig vergeben würde, sondern seine Strafe nur [etwas] gemildert würde, würde es ihm genügen, [diese Verunglimpfung zu erleiden]. Wie viel mehr, wenn ihm eine Sünde ganz vergeben würde. Und wie viel mehr jetzt, da wir wissen, dass ihm alle seine Sünden vergeben werden, sogar die, die "pesha" [Beleidigung] genannt werden, [solange er darauf achtet, sie von nun an nicht zu begehen.] Wie Unsere Weisen, möge ihr Andenken gesegnet sein, gesagt haben [Rosch Haschana 17a]: "Wenn man sich selbst die Kränkungen vergibt, sind alle seine Vergehen vergeben, wie es geschrieben steht [Micha 7:18]: 'Er vergibt

Shemirat HaLashon - Buch A

Übertretungen und geht über Beleidigungen hinweg.' Wem vergibt er die Übertretungen? Derjenige, der die Beleidigung 'übersieht' [d.h. über sie hinwegsieht]."

Wenn man aber will, dass der Heilige, gepriesen sei Er, einem auch seine Beleidigungen vergibt, dann sollte man sich hüten, überhaupt zu beleidigen, auch wenn man mit Sicherheit weiß, dass das, was sein Freund gegen ihn getan hat, aus Bosheit und Verrat geschah, was "Pescha" [Vergehen] genannt wird, wie man sagt [Yoma 36b]: "'Peshaim' - das sind Sünden der Rebellion." Dies ist ihre Absicht in "Wessen Übertretung vergibt Er? Demjenigen, der das Vergehen übersieht." [Denn in Wahrheit vergibt ihm der Heilige, gepriesen sei Er, sogar seine "Vergehen", wie es geschrieben steht: "Alle seine Vergehen sind vergeben." Und die Schrift sagt zuerst [Micha 7,18]: "Er vergibt Übertretungen" wegen der Reihenfolge der Eigenschaften des Heiligen, gesegnet sei Er. Denn er vergibt [zuerst] die Übertretung und sieht auch über die Beleidigung hinweg, wie es in der Tora steht [Exodus 34:7]: "Er vergibt die Übertretung und die Beleidigung."] Und diese Eigenschaft verhilft einem Menschen manchmal dazu, sein Leben zu verlängern, selbst wenn er bereits zum Tode verurteilt ist, wie im folgenden Fall [Rosch Haschana 17a]:

"Als R. Huna b. R. Jehoschua krank wurde, ging R. Pappa zu ihm, um ihn zu besuchen. Als er sah, dass er schwer krank war, sagte er: 'Macht sein Geleit bereit' [d.h. die Leichentücher]." Schließlich erholte er sich jedoch wieder, und R. Pappa war es peinlich, ihn zu sehen. [Später] fragte ihn R. Huna: "Was hast du gesehen?" [Und R. Pappa antwortete ihm.]] R. Huna [antwortete]: "Ich war wirklich für den Tod bestimmt, aber der Heilige, gepriesen sei Er, sagte [zu den Engeln, die ihm zugeteilt waren]: 'Da er nicht anspruchsvoll ist, seid nicht anspruchsvoll mit ihm.'"

Deshalb muss man sich an diese heilige Eigenschaft halten, und es wird ihm gut ergehen, jetzt und in Zukunft.

Auch dies soll er sehen [zu tun]. Keine Verabredungen auf sich zu nehmen, wenn es sich nicht um Mitzvahs handelt. Denn [wenn er das tut], ist es sehr wahrscheinlich, dass er in die Sünde der Lashon Hara [Verleumdung] stolpert. Und er sollte in sich selbst das Diktum unserer Weisen erfüllen, möge ihr Andenken gesegnet sein [Sanhedrin 14a]: "Sei bescheiden und lebe." Im Allgemeinen sollte jemand, der

Shemirat HaLashon - Buch A

"vollständig" sein will, die Gesellschaft von Menschen so weit wie möglich meiden. Und selbst wenn er ein Geschäftsmann ist, der manchmal mit Männern zusammentreffen muss, die überhaupt nicht seriös sind, um mit ihnen Geschäfte zu machen, sollte er sich dennoch von ihnen fernhalten, solange es nicht unbedingt notwendig ist, sich ihnen anzuschließen.

Kapitel Neun

In diesem Kapitel wird der Charakterzug von Bitachon [Vertrauen] und das Ablegen von Zeiten für die Tora erklärt.

Auch das soll er sehen [tun], um sich immer in der Eigenschaft des Bitachon zu stärken. Denn abgesehen davon, dass sie eine heilige Eigenschaft ist und für das grundlegende Ziel des [Gottlichen] Dienstes unerlässlich ist, ist sie auch für die Eigenschaft, seine Zunge zu hüten, sehr notwendig. Denn es ist bekannt, dass man oft seinem Freund gegenüber schlecht gesinnt ist, und sein Yetzer [Neigung] Hara [die böse Neigung] verleitet ihn dazu, ihn als einen bösen, prinzipienlosen Menschen anzuprangern, weil er [wie er meint] seinem Geschäft geschadet oder seine Ehre geschmälert hat, und es ist sehr schwer für ihn, seinen Yetzer [Neigung] Hara [die böse Neigung] in diesen Dingen zu überwinden. Aber wenn man darüber nachdenkt, was Unsere Weisen, möge ihr Andenken gesegnet sein, gesagt haben, dass man nicht einmal ein Haar von dem berühren kann, was [vom Himmel] für seinen Freund beiseite gelegt wurde, und dass jedem gegeben wird, was ihm vom Himmel verordnet wurde, sowohl in Bezug auf die Ehre als auch in Bezug auf den Besitz, wie Unsere Weisen, möge ihr Andenken gesegnet sein, gesagt haben [Yoma 38a]: "Von hier leitet Ben Azzai ab: 'Bei deinem Namen werden sie dich nennen, und an deinem Platz werden sie dich setzen, und von dem deinen werden sie dir geben, usw.'", wird sein Yetzer [Neigung] Hara [die böse Neigung] ihren Einfluss auf ihn verlieren.

Wir werden den Charakterzug der Bitachon ein wenig erklären, bevor wir zu unserem Thema zurückkehren. David, Friede sei mit ihm, sagte [Psalmen 37:3]: "Vertraue auf den Herrn und tue Gutes, wohne im Lande und pflege

Shemirat HaLashon - Buch A

den Glauben." Zuerst ermahnt er den Menschen in der Eigenschaft des Bitachon ["Vertraue auf den Herrn"] und dann im Tun des Guten. Denn sie [Bitachon] ist ein starkes Fundament, auf dem das gesamte Gebäude errichtet werden kann. Zum Beispiel gebietet uns unsere heilige Tora, jederzeit auf das Torastudium zu achten - zumindest auf die Festlegung von Zeiten für das Torastudium, und ebenso auf das Spenden von Almosen und auf andere Mitzvoth - was oberflächlich betrachtet einen Verlust des eigenen Besitzes zu bedeuten scheint. Und der Yetzer [Neigung] Hara [die böse Neigung] Hara stiftet ihn an, zu denken: "Was werde ich in 'meinem letzten Ende' tun, wenn ich mich nicht mehr für mein Geschäft anstrenge, besonders in dieser Zeit, die besonders günstig ist, um hierhin und dorthin zu gehen, und 'wenn nicht jetzt, wann dann?'" Er versucht, ihn durch solche Mittel von den ihm zugewiesenen Tora-Zeiten und auch vom Geben der Nächstenliebe abzulenken. Die Heilige Schrift ermahnt uns daher: "Vertraut auf den Herrn!" Denn er wird dir gewiss alles vergelten, was dir zusteht; "und tue Gutes" - Dadurch wirst du imstande sein, Gutes zu tun. Wie es in Yerushalmi, Sotah 9, heißt: "Einer lernte, und die [potenziellen] Käufer riefen ihn auf, herauszukommen und mit ihm Geschäfte zu machen, und er sagte: 'Ich kann meine Studienzeit nicht unterbrechen; wenn es [mein Lebensunterhalt] kommen muss, wird es kommen'", von sich aus, vom Heiligen, gepriesen sei Er, auch nachdem ich meine zugewiesene Studienzeit beendet habe.

Und das ist etwas, das einleuchtend ist. Denn wie ist es möglich, dass der Heilige, gepriesen sei Er, den Lebensunterhalt eines Mannes schmälert, den Er für ihn an Rosch Haschana festgesetzt hat, weil er seine festgelegte Zeit für das Torastudium nicht opfern wollte? Und selbst wenn es passiert, dass er wegen seiner Studienzeit seinen Gewinn für diesen Tag verpasst, braucht er sich nicht zu sorgen, denn dem Herrn stehen viele Möglichkeiten offen. Und wenn nicht heute, dann wird Er ihn ihm an einem anderen Tag geben, und er kann sicher sein, dass er am Ende der Zeit für den Lebensunterhalt dieses Jahres [d.h. bis Rosch Haschana, wie Unsere Weisen, möge ihr Andenken gesegnet sein, gesagt haben], mit Sicherheit das bekommen wird, was der Himmel ihm verordnet hat. Und all sein erhöhter Fleiß und seine Anstrengung werden ihm kein

Shemirat HaLashon - Buch A

bisschen helfen. Denn er wird sicherlich nichts [zu seinem "Gehalt"] hinzufügen, indem er den Willen des Heiligen, gepriesen sei Er, übertritt, indem er seine festgesetzte Zeit für das Torastudium oder [seine Zeit für] das Spenden von Geld für wohltätige Zwecke unterbricht - es sei denn, er ist jemand, der den Herrn und Seine Vorsehung völlig leugnet, von dem geschrieben steht [Devarim 7:10]: "Und er bezahlt seine Feinde in sein Gesicht [in dieser Welt], um ihn verloren gehen zu lassen" [in der kommenden Welt].

Und selbst wenn er sieht, dass es Leute gibt, die ihr Torastudium völlig vernachlässigen und dennoch erfolgreich im Geschäft sind, soll er immer über ihre Angelegenheiten nachdenken, und er wird sehen, dass sie sehr oft in Schwierigkeiten geraten, wie z.B. von Räubern und dergleichen überfallen zu werden und dadurch viel von ihrem Geld zu verlieren. Und das, weil sie Geld angehäuft hatten, das ihnen nicht gehörte [mit anderen Worten. [Jeremia 17:11]: "Wer Geld verdient, aber nicht mit gerechten Mitteln, der wird es in der Hälfte seiner Tage verlieren"], oder in einer Zeit, die ihnen nicht gehörte, die aber für das Torastudium und den Gottesdienst hätte reserviert werden sollen. Wie wir in Avoth d'R. Nathan [29:2]: "Allen, die Worte der Tora zunichte machen, werden dementsprechend 'Zunichtemacher' zugewiesen [die kommen und zunichte machen, woran sie bis jetzt gearbeitet haben], wie Löwen, Wölfe, Leoparden, Tiger und Schlangen. Und Räuber und Räuberinnen kommen und belästigen ihn und fordern von ihm Bezahlung. Wie es geschrieben steht [Psalm 58:12]: "Aber es ist ein Gott, der das Land richtet", Maß für Maß. Weil er die Thora aufhebt und sich für den Reichtum abmüht, werden ihm "Aufheber" zugeteilt, die aufheben, was er bis jetzt abgearbeitet hat. Denn auch wenn die Löwen und Wölfe ihn nicht töten, so fügen sie ihm doch einen finanziellen Verlust zu, so dass er vor ihnen fliehen und sein Hab und Gut aufgeben oder sich von ihren Wunden heilen muss. Und oft kommen große Leiden und seltene Krankheiten vom Himmel zu ihm, bis er am Ende das Geld ausgibt, das er nicht für Almosen geben wollte. Wie sie gesagt haben: "Ein Haus, das den Armen nicht offen steht, steht dem Arzt offen." Und auch das ist manchmal die Folge der Vernachlässigung des Torastudiums. Wie Unsere Weisen, möge ihr Andenken

Shemirat HaLashon - Buch A

gesegnet sein, gesagt haben [Berachoth 5a]: "Wenn ein Mensch sieht, dass er von Trübsal heimgesucht wird, soll er seine Taten prüfen. Wenn er sie geprüft hat und nichts gefunden hat, dann soll er sie auf die Vernachlässigung des Torastudiums zurückführen."

Wenn das so ist, mein Bruder, warum solltest du Geld anhäufen, das dir nicht gehört, oder Geld zurückhalten, das du für die Sache des Heiligen, gesegnet sei Er, geben musst [d.h. Almosen], oder die Zeit stehlen, die du dem Namen des Heiligen, gesegnet sei Er, widmen musst, und zu dieser Zeit Geld sammeln, das du am Ende gezwungen sein wirst, in Leid und Not zurückzugeben [[wie z.B. Räuberei und Krankheit, Gott bewahre]], und dich zu freuen, dass du sie überlebt hast? Alles in allem gehört die Welt und ihre Fülle dem Herrn, und er hat alles zu seiner Ehre geschaffen, wie es geschrieben steht [Jesaja 43,7]: "Alles, was nach meinem Namen genannt ist und was ich zu meiner Ehre geschaffen habe, usw." Und gewiss ist Ihm auch in dieser Welt keine Möglichkeit vorenthalten, Seinen Willen zum Guten oder zum Schlechten auszuführen, weshalb die Schrift sagt: "Vertraue auf den Herrn und tue Gutes."

Kapitel Zehn

Auch dies hat mit dem Merkmal der Bitachon zu tun.

Und in der Tat, wenn ein Mensch darüber nachdenkt, sollte er beschämt und gedemütigt sein. Wie sollten wir nicht auf den Herrn vertrauen? Ich beginne mit meiner Erklärung von Jesaja 26,4: "Vertraut auf den Herrn für immer; denn in Kah, dem Herrn, ist der Fels der Welten." Ich habe erklärt, dass "für immer" uns lehren soll, dass man auch in unserer Zeit, wenn wir einige hester panim ["Verborgenheit des Gottlichen Antlitzes"] sehen, wenn die Anordnung [des Herrn] nicht so offenkundig ist wie früher, in der Zeit des Tempels, weshalb es einige Ketzer und Rebellen gegen den Heiligen, gepriesen sei Er, gibt, man dennoch "auf den Herrn vertrauen" soll.

Womit lässt sich dies vergleichen? Mit einem König, der über mehrere hundert Provinzen herrschte und sein Reich mit einer Fülle von Kraft und Pracht regierte, der die Mittel hatte, alle Orte seiner Herrschaft und alle Fürsten und Beauftragten unter ihm mit einer Fülle von Herrlichkeit und

Shemirat HaLashon - Buch A

Kraft zu versorgen. Und dann fanden sich in einer Stadt einige wenige, die sich in ihrem Hochmut gegen den König auflehnten. Und die Sache wurde dem König berichtet. Und während sie noch über die Bestrafung der Aufrührer berieten, ging der König am Morgen in seinem Garten spazieren, wo er einen Vogel von schöner Gestalt und Stimme singen hörte, und er befahl einem seiner Diener, ihn sofort an diesem Tag zu nehmen und in seinen Palast zu bringen, damit er sich immer daran erfreuen könne; und er tat es. Als er ihn in den Palast des Königs brachte, begann er mit einer süßen, schönen Stimme zu singen, woraufhin einer der Narren sagte: "Schöner Vogel, wie gerne würde ich dich [immer] sehen und deinen schönen Gesang hören, und wie groß ist mein Kummer, wenn ich an das große Leid denke, das dir widerfahren wird. Denn woher soll deine Nahrung kommen, nachdem wir gehört haben, dass es Aufständische gegen den König gibt?" Und der Diener des Königs antwortete: "Du Narr, bei einem solchen König - der über mehrere hundert Provinzen und unzählige Schätze herrscht - muss sich der Vogel, an dessen Aussehen sich der König erfreut und dessen Gesang er genießt, um die wenigen Körner sorgen, die er für seinen Unterhalt braucht, weil er sich in der Provinz einer kleinen Stadt befindet, in der ein oder zwei Rebellen gefunden wurden?" So ist es, wenn man darüber nachdenkt, gerade in unserem Fall, erst recht, vieltausendfach: Der Heilige, gepriesen sei Er, hat diese Welt geschaffen, die materielle Welt und die höhere Welt. Und es ist bekannt, dass in der Höheren Welt viele Welten enthalten sind, fast ohne Grenze. Aber in ihrer Gesamtheit werden sie als drei Welten betrachtet: die Welt der Bildung [olam hayetzirah], die Welt der Engel; darüber die Welt der Schöpfung [olam habriah] und vor allem die Welt der Herrlichkeit [olam ha'atziluth], in der sich die Herrlichkeit der Heiligkeit des Gesegneten befindet. Wie Unsere Weisen, möge ihr Andenken gesegnet sein, gesagt haben: "Darüber sagt die Schrift [Jesaja 43,7]: 'Alles, was mit Meinem Namen [olam ha'atziluth] bezeichnet ist und was Ich zu Meiner Herrlichkeit [olam habriah, wo der Thron der Herrlichkeit steht] geschaffen habe - Ich habe es [olam hayetzirah, wo die heiligen Geschöpfe [chayyoth hakodesh] zu finden sind, die der Prophet Yechezkel gesehen hat, und die ganze Welt der Engel] - Ich habe es

Shemirat HaLashon - Buch A

[diese Welt und alle Sphären] auch geformt. '" Und es ist bekannt, dass diese Welt und all ihre Sphären nichts sind im Vergleich zum olam hayetzira, denn dort [im olam hayetzirah] finden sich Klassen von Engeln ohne Ende. Und in jeder Klasse finden sich Engel fast ohne Zahl, wie es in Daniel 7:10 geschrieben steht: "Tausend Tausende dienen ihm. Zehntausend Zehntausende stehen vor Ihm", worüber Unsere Weisen, möge ihr Andenken gesegnet sein, gesagt haben [Chagigah 13b]: "All dies in einer Klasse, und die Klassen sind unendlich, wie es geschrieben steht [Iyyov 25:3]: 'Gibt es eine Zahl für Seine Truppen?'" Und wir finden in Tanna d'bei Eliyahu 31, dass 496.000 Zehntausende von dienenden Engeln den Namen des Heiligen, gepriesen sei Er, immer heiligen. Vom Aufgang der Sonne bis zu ihrem Untergang sagen sie: "Heilig, heilig, usw." Und von ihrem Untergang bis zu ihrem Aufgang: "Gesegnet sei die Herrlichkeit, usw." Und es ist bekannt, dass alle Schöpfungen, selbst die höchste der höchsten, des Gottlichen Einflusses bedürfen, wie es geschrieben steht [Nechemia 9,6]: "Du hast die Himmel gemacht, die Himmel der Himmel und alle ihre Heerscharen, und Du belebst sie alle." Aber die Ausströmung ihrer Nahrung ist nicht wie die unsere. Denn es ist eine verdünnte, geistige Nahrung. Wie es geschrieben steht [Psalm 78,25]: "Die Speise der Mächtigen hat ein Mensch gegessen", worüber Unsere Weisen, möge ihr Andenken gesegnet sein, gesagt haben: "Dies ist das 'Brot' [d.h. die Gottliche Ausströmung], von dem sich die dienenden Engel 'ernähren'."

Und es ist bekannt, dass die Vorenthaltung der Ehre des Heiligen, gepriesen sei Er, wegen der Narren, die Ihn verleugnet oder gegen Ihn rebelliert haben und sagten: "Was nützt es uns, dass wir Seine Gebote gehalten haben?" - eine solche Entehrung gibt es nur in dieser irdischen, materiellen Welt, wo die "Augen" die des Fleisches sind. Aber in der höheren Welt krönen alle Engel den Namen des Gesegneten und verkünden Seine Herrlichkeit - wie Er sie belebt und führt. Wie die Heilige Schrift sagt [Nechemia, ibid.]: "Und das Heer der Himmel beugt sich vor Dir." Und [1. Könige 22,14]: "Ich sah den Herrn auf seinem Thron sitzen, und das ganze Heer des Himmels stand vor ihm, zu seiner Rechten und zu seiner Linken." [Jesaja 6,2-3]: "Seraphe standen über Ihm ... und einer rief zum anderen und sagte: 'Heilig, heilig,

Shemirat HaLashon - Buch A

heilig ist der Herr der Heerscharen [tzevaoth]"', weshalb der Heilige, gesegnet sei Er, "Tzevakoth" genannt wird, wie wir in der gesamten Tora finden. Und wenn wir gut nachdenken, sehen wir in Wahrheit, dass diese Welt nicht einmal wie ein Senfkorn ist, verglichen mit all den höheren Welten. [Denn es gibt viele Welten in der Höhe, wie Unsere Weisen, möge ihr Andenken gesegnet sein, gesagt haben [Avodah Zarah 3b], dass der Heilige, gesegnet sei Er, jeden Tag durch all Seine achtzehntausend Welten schwebt, und besonders in Bezug auf das, was im heiligen Zohar an vielen Stellen erklärt wird.] So dass ihre "Rebellion", Gott sei gepriesen, als nichtig angesehen wird. Und in dieser Welt hat der Heilige, gepriesen sei Er, sein Volk Israel gefunden, das von Ihm besonders geliebt wird - so sehr, dass es Ihm "Söhne" genannt wird, mit anderen Worten. [Devarim 14:1]: "Ihr seid Söhne, usw." Und ihre Stimme ist Ihm lieblich, mit anderen Worten. Hohelied 2,14: "Lass mich deine Stimme hören." Wie sollten wir uns also nicht schämen, wenn wir nicht auf Seinen Namen vertrauen, der, Gott bewahre, alle Welten belebt? Und von allen Engeln, von denen es in jeder Klasse Zehntausende gibt, ist seit der Zeit, als der Heilige, gepriesen sei Er, alle Welten erschuf, kein einziger der himmlischen Engel herabgestiegen, Gott bewahre, um uns mitzuteilen, dass ihm etwas von der Göttlichen Ausstrahlung fehlt. Und es ist bekannt, dass es Engel gibt, deren Größe mehrere tausend Parasangs beträgt, wie Unsere Weisen, möge ihr Andenken gesegnet sein, in Chullin 91b sagten, dass die Größe von Gavriel zweitausend Parasangs betrug, was aus dem abgeleitet wird, was in Daniel [10:6] geschrieben steht, als er [Daniel] den Engel sah, mit anderen Worten. "Und es gibt Engel, die viel größer sind, wie unsere Weisen, möge ihr Andenken gesegnet sein [Chagigah 13b], über Sandalfon sagen, dass er fünfhundert Jahre "Gehstrecke" größer war als seine Gefährten [[Die Gehstrecke eines durchschnittlichen Menschen beträgt zehn Parasangs pro Tag.]] Und dieser kleine Mann [in dieser Welt], der im Vergleich zu ihnen nicht einmal [die Größe] eines Senfkorns hat - wie kann er sich da ständig ärgern und sorgen: "Woher wird mein Lebensunterhalt kommen und woher wird meine Hilfe kommen!" Wenn wir darüber gut nachdenken, sollten wir uns über uns selbst viel mehr wundern, als wir uns über den Narren im Zusammenhang

Shemirat HaLashon - Buch A

mit dem Vogel wundern! Es bleibt uns nichts anderes übrig, als uns mit Kraft zu umgürten und Seinen Willen zu tun, ohne uns Sorgen zu machen, so wie der Sohn des Königs sich nicht zu sorgen braucht, dass er ohne einen Laib Brot dasteht, wie es geschrieben steht [Devarim 14,1]: "Ihr seid Söhne des Herrn, eures Gottes."

Und alle unsere Worte sind in dem [vorgenannten] Vers enthalten, kurz gesagt, mit anderen Worten. [Jesaja 26,4]: "Vertraut auf den Herrn für immer" - auch wenn Jerusalem in Trümmern liegt und Israel im Exil ist, weshalb es viele Rebellen gegen den Heiligen, gepriesen sei Er, gibt - so vertraut doch auf den Herrn und Er wird euch helfen. Denn das Geschick ist nach wie vor in Seiner Hand, und Er hat Seinen Willen auch nicht völlig aus der Welt geschafft. Denn sonst wäre die Schöpfung ganz und gar vernichtet worden. Denn es ist bekannt, dass der Heilige, gesegnet sei Er, die ganze Schöpfung belebt, wie sie für uns im Segen des Yetzer Hara [der bösen Neigung] [" Yotzer hameoroth "] formuliert haben: "Er erneuert in Seiner Güte jeden Tag, immer, den Akt der Schöpfung." Und, wie es geschrieben steht [Nechemia 9:6]: "und Du gibst ihnen allen [den Himmeln usw.] Leben". Es steht nicht geschrieben "Du gabst Leben" [wie im Zohar.] Und das ist die Absicht des Endes des Verses [Jesaja, ibid.]: "Denn in Kah, dem Herrn, ist der Fels der Welten." Unsere Weisen, möge ihr Andenken gesegnet sein, haben erklärt [Menachoth 29b], dass der Heilige, gesegnet sei Er, diese Welt mit dem Buchstaben "heh" aus Seinem Namen erschaffen hat; und die zukünftige Welt mit dem Buchstaben "yod". Und "Fels" [tzur] bedeutet Stärke. Das heißt, sein Name "Kah" [jod-heh] ist bis zum heutigen Tag die Stärke der Welt. [Wie wir in Othioth d'R. Akiva, dass die Enden des Himmels und der Erde mit Seinem heiligen Namen versiegelt sind.] Und wenn Er Seinen Willen von ihnen [Himmel und Erde] entfernen würde, würden sie in Leere und Nichtigkeit zurückfallen, wie vor der Schöpfung. Aus all dem können wir verstehen, wie groß das Vertrauen ist, das man in den Heiligen, gepriesen sei Er, setzen sollte.

Kapitel Elf

In diesem Kapitel wird erklärt, wie der Heilige, gesegnet

Shemirat HaLashon - Buch A
sei Er, ein Zufluchtsort für einen Menschen aufgrund der Eigenschaft des Vertrauens ist.

Und wisse, dass das Hüten der Zunge vor Bösem beinhaltet, sie vor allen Aspekten des Sprechens zu bewahren, die darauf abzielen, Schaden anzurichten oder den Freund zu verärgern, wie Lashon Hara [Verleumdung], Rechiluth [Klatsch], Machloketh, Fluchen, "Aufhellen des Gesichts" [in Scham] und Unrecht tun mit Worten. Wer sich um die Bewahrung seiner Zunge verdient machen will, muss sich in der Eigenschaft des Vertrauens sehr stärken, wie es am Anfang des X. Kapitels erklärt wurde, damit er nicht dazu kommt, jemandem zu schaden, der seine Angelegenheiten beeinträchtigt, und nicht dazu kommt, herabsetzend über ihn zu sprechen oder mit ihm zu streiten oder ihn zu verfluchen oder sein Gesicht zu bleichen oder ihn zu verärgern, sondern auf den Herrn vertraut, dass er den Verlust, den der andere ihm zufügt, auf andere Weise wiedergutmachen wird. Und Unsere Weisen, möge ihr Andenken gesegnet sein, haben gesagt [Menachoth 29b]: "Alle, die ihr Vertrauen auf den Heiligen, gesegnet sei Er, setzen - Er ist ein Zufluchtsort für sie, sowohl in dieser Welt als auch in der kommenden Welt." "Alle, die ihr Vertrauen in ihn setzen", schließt sogar [einen Fall] ein, in dem die "Bedürfnisse des Himmels" nicht betroffen sind; wie viel mehr, wenn jemand sich um des Himmels willen zurückhält, mit seinem Freund zu streiten, der seine Angelegenheiten beeinträchtigt hat, weil er befürchtet, dass er sich im Zorn nicht zurückhalten kann, Dinge zu sagen, die nach dem Din unpassend sind, weshalb er "seine Gewohnheiten übersieht und auf den Herrn vertraut" und Ihn anfleht, ihn auf andere Weise zu versorgen, wobei der Heilige, gepriesen sei Er, gewiss auch in dieser Welt eine Zuflucht für ihn sein wird.

Womit lässt sich dies vergleichen? Mit dem eines Mannes, dessen Söhne um seinen Tisch sitzen. Er teilt jedem von ihnen seinen Anteil aus, und einer von ihnen stiehlt den Anteil seines Nachbarn. Der bestohlene Sohn geht zu seinem Vater und sagt zu ihm: "Vater, ich habe meinen Bruder gebeten, mir meinen Anteil zurückzugeben, und er hat sich geweigert. Ich weiß, dass du nicht willst, dass wir uns streiten oder zanken, also gib mir bitte einen anderen Anteil." Als der Vater das hört, küsst er ihn, gibt ihm einen anderen, größeren Anteil und sagt: "Du, mein Sohn, hast in

Shemirat HaLashon - Buch A

meinen Augen Gunst gefunden wegen deines guten Charakters. Dein Bruder, der Narr, wird deinen Anteil behalten, und bei der nächsten Mahlzeit werde ich dir einen doppelten Anteil geben, und er wird nichts bekommen." Hätte aber der bestohlene Sohn dies nicht getan, sondern mit seinem Bruder gestritten, und sie hätten miteinander gekämpft, bis er ausgespuckt hätte, was er aus seinem Mund geschluckt hatte, obwohl die Wahrheit bei dem Bestohlenen liegt, so würde dies seinem Vater gewiss schmerzlich sein, und er würde beide hassen und sagen: "Ihr hättet mich um einen anderen Anteil bitten sollen, und ich hätte ihn euch gerne gegeben, und nicht vor meinen Augen wegen solcher Kleinigkeiten miteinander streiten und zanken."

Genau so ist es in unserem Fall. Der Heilige, gepriesen sei Er, der allen Seinen Geschöpfen Nahrung zuteilt, wie es geschrieben steht [Psalm 136,25]: "Er gibt allem Fleisch Brot", ist der Vater Israels, und sie sind seine Söhne, wie es geschrieben steht [Devarim 14,1]: "Ihr seid Söhne, usw." Und Er will ihren Frieden und nicht ihren Streit, wie wir in Tanna d'bei Eliyahu 28 lesen: "Der Heilige, gepriesen sei Er, sprach zu Israel: 'Meine geliebten Söhne, fehlt mir etwas, dass ich es von euch erbitte? Und was verlange ich von euch? Nur, dass ihr einander liebt und ehrt usw., und dass unter euch keine Sünde und kein Diebstahl gefunden wird usw.'" Wenn also einer den anderen bedrängt und er [der Zweite] ihn bittet, damit aufzuhören, und er sich weigert, und er [der Zweite] vor den Gesegneten Herrn tritt und Ihn bittet, ihm einen anderen Anteil zu geben, damit er sich nicht mit seinem Freund zu streiten braucht, wird er gewiss Gunst in den Augen des Gesegneten Herrn finden wegen seines heiligen Wesenszuges, wie sie gesagt haben [Chullin 89a] über den Vers [Iyyov 26:7]: "Er schwebt die Erde auf dem Nichts [b'limah]." "Wegen wem existiert die Welt? Wegen desjenigen, der seinen Mund in der Zeit des Streits verstopft [bolem [wie b'limah]], wegen seines Vertrauens auf den Herrn" - und er erhält einen doppelten Anteil.

[Und sein Freund wird dadurch nur verlieren. Denn es ist bekannt, dass jemand, der seinen Freund beraubt, nur ein Narr und ein Übeltäter ist. Denn seine Zuwendung wird wegen seines Diebstahls nicht über das hinausgehen, was ihm an Rosch Haschana verordnet wurde. Denn dafür, dass er die Zuwendung genommen hat, die in die Hand seines

Shemirat HaLashon - Buch A

Freundes gekommen ist oder kommen sollte, wird ihm die Zuwendung genommen, die ihm an Rosch Haschana verordnet worden ist. Und das Ende der Angelegenheit wird sein, dass das Geld, das der Falsche erlangt hat, auch den "überlebenden Rest", die "koschere" Zuwendung, die ihm bereits zugeteilt worden war, aufzehren wird. Wie Unsere Weisen, möge ihr Andenken gesegnet sein, gesagt haben [Succah 29b]: "Wegen vier Dingen geht das Eigentum eines Mannes verloren", und eines davon ist, dass er sich seines eigenen Jochs entledigt und es seinem Freund auferlegt. Und so finden wir in Derech Eretz Zuta, Kapitel 3: "Wenn du genommen hast, was dir nicht gehört, wird dir deines genommen werden." Und es wird ihm nur der Tausch einer koscheren Gabe gegen eine verbotene bleiben. Denn er wird dazu bestimmt sein, für jede [veruntreute] p'rutah [kleine Münze] Din und Rechenschaft abzulegen. Wie Unsere Weisen, möge ihr Andenken gesegnet sein, gesagt haben [Bava Kamma 119a]: "Wenn jemand seinem Freund den Wert einer p'rutah stiehlt, ist es so, als ob er ihm seine Seele genommen hätte." Und er zwingt den Heiligen, gesegnet sei Er, den Diebstahl seinem Besitzer zurückzugeben. Wie unsere Weisen, möge ihr Andenken gesegnet sein, gesagt haben [Sanhedrin 8a]: "Der Heilige, gesegnet sei Er, sagt zu den Bösen: 'Es ist nicht genug, dass du stiehlst, sondern du zwingst Mich auch, den Diebstahl seinem Besitzer zurückzugeben." Und all diese Dinge werden in unserer heiligen Tora angedeutet, in Parschath Vayetze, wo es heißt [Bereschit 32:11-12]: "Und der Engel des Herrn sprach zu mir im Traum: 'Jaakow, ... hebe deine Augen auf und sieh alle Widder, die auf die Schafe steigen - mit Ringelstrümpfen, gefleckt und gestriegelt" [Wie Raschi dort erklärt, würden die Engel sie von der Herde, die den Söhnen Lavans zugeteilt war, zu der von Jaakow bringen. Und damit du nicht fragst: Wie kann ich von der Gabe des Lavan nehmen und sie dir geben? Deshalb schließt der Engel: "Denn ich habe alles gesehen, was Lavan dir antut", dass er deinen Lohn zehnmal geändert und dir deine Zuwendung genommen hat; deshalb gebe ich sie dir zurück.]]

Wenn er sich aber nicht so verhält, sondern immer mit seinem Freund darüber streitet, selbst wenn die Wahrheit bei ihm ist, so wird diese Sache dem gesegneten Herrn keine Freude machen, wie ein Vater, dessen Söhne an seinem

Shemirat HaLashon - Buch A

Tisch wegen der Portionen streiten, die er ihnen gegeben hat.

Und wenn er sich vertrauensvoll verhält, wird er es verdienen, die Güte und das Wohlwollen des Heiligen, gepriesen sei Er, zu sehen, wie es in der Schrift heißt [Psalmen 31,19]: "Schmeckt und seht, dass der Herr gut ist; glücklich ist der Mensch, der bei ihm Zuflucht nimmt." Das "Schmecken und Sehen" soll uns lehren, dass, so wie jemand, der etwas im Mund schmeckt, die Natur des Geschmeckten erkennt, derjenige, der in Wahrheit den Charakterzug des Vertrauens besitzt, die Größe der Güte des Heiligen, gesegnet sei Er, erkennt.

Kapitel Zwölf

In diesem Kapitel wird die Aussage der Tora erklärt, dass die Erinnerung [d.h. die Erwähnung] der Episode von Miriam von Nutzen ist, um sich von dieser bitteren Sünde der Lashon Hara [Verleumdung] [üble Nachrede]] zu befreien.

Es gibt einen allgemeinen Weg, sich von dieser bitteren Sünde und ihrer Bestrafung zu befreien. Und das ist es, was uns der Gesegnete Herr in Parschath Tetze [Devarim 24:8] lehrt: "Hüte dich vor der Plage des Aussatzes, gib Acht und tue alles, was die Cohanim dich lehren, usw.", gefolgt von [ebd. 9]: "Denkt daran, was der Herr, euer Gott, mit Mirjam auf dem Weg getan hat, als ihr aus Ägypten gezogen seid." Und wir haben in Sifrei gelernt: "Erinnere dich daran, was der Herr, dein Gott, getan hat" - ich könnte denken, [erinnere dich] in deinem Herzen, aber 'Hüte dich vor dem Pestfleck des Aussatzes, um aufzupassen und zu tun' spricht bereits von der Bewachung des Herzens [Denn der Sifrei versteht "Hüte dich in [lit.], dem Pestfleck des Aussatzes" als "vor dem Pestfleck des Aussatzes", d.h. dass wir unser Herz nicht davon abbringen, uns vor der Sünde [Lashon Hara [Verleumdung] [üble Nachrede]] zu hüten, die dazu führt]. Wie soll ich also das 'Gedenke' erfüllen? Erwähne es mit deinem Mund." Der Wille der Tora ist also, dass wir uns an die Größe der Strafe dieser bitteren Sünde sowohl im Herzen als auch mit dem Mund erinnern, um unseren Seelen dadurch zu nützen. Wie Ramban in Mitzvah 7 seiner Mitzvoth schreibt: "Uns wurde befohlen, uns mit dem Mund

Shemirat HaLashon - Buch A

zu erinnern und es in unser Herz zurückzubringen, was der erhabene Herr Mirjam angetan hat, als sie gegen ihren Bruder sprach, obwohl sie eine Prophetin war, um uns von Lashon Hara [Verleumdung] zu distanzieren und nicht zu denen zu gehören, von denen es heißt [Psalmen 50:20]: "Du sitzt da und redest gegen deinen Bruder; gegen den Sohn deiner Mutter redest du Verleumdung." Denn in Wahrheit führt die Erinnerung an das Issur [Verbot] [Verbotenes] und die Größe seiner Strafe dazu, sich davor zu hüten, so wie die Erinnerung an die positiven Gebote zu ihrer Erfüllung führt, wie es geschrieben steht [Bamidbar 15,40]: "Und du sollst an alle Mitzvoth des Herrn denken und sie tun."

Und man darf sich nicht wundern, dass wir tatsächlich Menschen sehen, die nach dem Aussprechen von "Erinnere dich", und manchmal sogar zum Zeitpunkt des Aussprechens, Lashon Hara [Verleumdung] [üble Nachrede] sprechen. Wo ist dann die Gewissheit der Tora? Aber steht nicht in Wahrheit über den Worten der Tora geschrieben [Devarim 32:47]: "Denn es ist nicht leer von dir" - Wenn es leer ist, ist es von dir [d.h. wegen dir], dass es leer ist. Und an uns, an unseren vielen Sünden, haben sich die Worte des Propheten Jesaja, Friede sei mit ihm, erfüllt [Jesaja 29,13]: "Denn dieses Volk hat sich genähert. Mit seinem Mund und seinen Lippen hat es mich geehrt, aber sein Herz ist fern von mir." Denn wir sagen nur mit dem Mund "Gedenke", aber wir gedenken nicht zur Zeit des Tuns. Und wenn ein Mensch es zu seinem Herzen brächte, das Gedenken so zu erfüllen, wie der gesegnete Herr es uns befohlen hat, würde es gewiss von großem Nutzen sein, um uns von dieser Sünde zu erretten.

Wir werden diesen Vers ["Denkt daran, was der Herr, euer Gott, mit Mirjam auf dem Weg getan hat, als ihr aus Ägypten gezogen seid"] ausführlich erklären, damit jeder intelligente Mensch erkennen kann, dass unsere Worte richtig sind. Die heilige Tora hat für uns in der Mitzwa des Erinnerns vier Dinge festgehalten: 1] "Erinnert euch daran, was usw."; das heißt, was getan wurde. 2] An wen hat Er es getan? An Mirjam. 3] An welchem Ort hat Er es getan? Auf dem Weg. 4] Wann ist das geschehen? Als ihr aus Ägypten ausgezogen seid. Warum erwähnt die Tora gerade diese vier? Welchen Unterschied macht es für uns, dass die Strafe Tzara'ath [Aussatz] war und nicht irgendeine andere Strafe?

Shemirat HaLashon - Buch A

Oder ob dies im Haus oder auf dem Weg geschah? Oder ob es zu einem anderen Zeitpunkt geschah und nicht beim Auszug aus Ägypten? Aber die Wahrheit ist, dass diese vier Details für das "Erinnern" wesentlich sind und es von großem Nutzen ist, über sie nachzudenken. Aus diesem Grund steht geschrieben: "Erinnert euch an das, was er getan hat". Das heißt, man sollte sich daran erinnern und über die Größe der Strafe nachdenken, die ihr auferlegt wurde, weil sie gegen Mosche, unseren Lehrer, Friede sei mit ihm, gesprochen hat. Und diese Strafe war tzar'ath, eine äußerst schwere Strafe, die [Krankheit] unmöglich zu heilen ist, es sei denn, der Heilige, gepriesen sei Er, verhält sich mit ihm [dem Aussätzigen] über die Grenzen der Natur hinaus. Wie wir im Midrasch Rabbah Vayikra 16 über [Vayikra 14:5] finden: "Und der Kohein soll befehlen, und er soll den einen Vogel schlachten" - Warum schlachtet er den einen und lässt den anderen frei? Um uns zu lehren, dass, so wie es unmöglich ist, dass der geschlachtete Vogel zurückkehrt, es [im Rahmen der Natur] auch unmöglich ist, dass die Pestflecken zurückkehren [da es in der Zwischenzeit keine Heilungsmöglichkeit gibt]." Und [der Grad] seiner Unreinheit ist äußerst schwer. Denn er muss außerhalb der drei Lager sitzen, im Gegensatz zu allen anderen Unreinen. Und er macht auch alle unrein, die sein Zelt betreten, wie es im Vers steht [[eine Andeutung, dass alle, die mit dem Verleumdeten verkehren, unrein werden, wie er es ist]]. Und er wird auch wie ein Toter betrachtet, wie Unsere Weisen, möge ihr Andenken gesegnet sein, gesagt haben [Nedarim 64b]. Dies erklärt: "Erinnert euch, was Er getan hat, usw." Und wem hat Er es getan? An Mirjam, die eine große Tzadeketh war, durch deren Verdienst der Brunnen [für Israel] entstand, und auch eine Prophetin, wie es geschrieben steht [Schemot 15:20]: "Und Mirjam, die Prophetin, die Schwester Aarons, nahm usw." Und sie redete nur gegen ihren Bruder, den sie liebte wie sich selbst, denn sie hatte ihr Leben riskiert, um ihn aus dem Wasser zu retten. Und sie sprach nicht herablassend von ihm, sondern verglich ihn nur mit den anderen Propheten [wie Rambam am Ende der Hilchoth Tumath Tzara'ath schreibt]. Und sie sprach ihm nicht ins Gesicht, um ihn zu beschämen, und auch nicht in der Öffentlichkeit, sondern nur zu ihrem heiligen Bruder, unter vier Augen, und ihre Absicht war nur

Shemirat HaLashon - Buch A

die Verbesserung der Gesellschaft. Und er [Mosche] war gleichgültig gegenüber all diesen Dingen, wie es geschrieben steht [Bamidbar 12:3]: "Und der Mann, Mosche, war äußerst demütig, usw." Und trotz alledem nützten ihr alle ihre guten Taten nichts, und sie wurde deshalb mit Tzara'ath bestraft. Und an welchem Ort wurde ihr diese Strafe auferlegt? "Unterwegs", denn ihre Verdienste reichten nicht aus, um ihr Urteil aufzuschieben, bis sie an einem Ort lagerten, wo es nicht so auffällig gewesen wäre. Nun aber wurde sie sofort auf dem Weg bestraft, während sie unterwegs waren, wie es geschrieben steht [Bamidbar 12,15]: "Und das Volk zog nicht weiter, bis Mirjam versammelt worden war", wurde die Größe ihrer Schande allen offenbart, wie es geschrieben steht [ebd. 14]: "Wird sie sich nicht schämen, usw.?" Und wann geschah dies? Als sie aus Ägypten zogen, zu Beginn des zweiten Jahres des Exodus, als die Größe der Strafe noch nicht bekannt war. [Von Mosche, unserem Lehrer, Friede sei mit ihm, steht geschrieben, [dass seine Hand aussätzig wurde [mit anderen Worten: Schemot 4:6]], dass sie [der Aussatz] sofort von ihm entfernt wurde, wie es geschrieben steht [ebd. 4:7]: "Und siehe, sie hatte ihr fleischliches Aussehen wieder angenommen" - im Gegensatz zu dem, was danach geschah, als sie Eretz Jisrael betreten mussten und dies durch die Lashon Hara [Verleumdung] der Spione abgebrochen wurde. Denn in diesem Fall war die Sünde viel größer, da sie die Bestrafung Mirjams miterlebt hatten und keine Mussar [Ethik] [Zurechtweisung [ein positives Gebot in der Tora]] genommen hatten - deshalb wurde die Parscha von Schelach der von Mirjam gegenübergestellt [siehe Raschi dort].

Und aus all dem kann man, wenn man darüber nachdenkt, erst recht ableiten, dass heute, wo wir alle wie "der Ysop an der Wand" sind, verglichen mit Mirjam, der Prophetin, und wo die Größe der Strafe für Lashon Hara [Verleumdung] [üble Nachrede] allen aus der Episode von Mirjam und den Spionen bekannt ist - wenn man sich nicht vor Lashon Hara [Verleumdung] [üble Nachrede] schützt, Wenn man sich nicht vor Lashon Hara [Verleumdung] [üble Nachrede] hütet, selbst wenn sie von der [abgeschwächten] Art von Miriam ist [wie viel mehr, wenn man die Lashon Hara [Verleumdung] [üble Nachrede] mit der Absicht spricht,

Shemirat HaLashon - Buch A

seinen Freund zu erniedrigen und ihn zu beschämen], wird man sicherlich nicht von der großen Strafe der Tzara'ath oder anderen Strafen wie dieser gereinigt, und es wird ihm kein Aufschub der Zeit gewährt. Wer aber auf diese Weise hört und das "Gedenken" immer erfüllt, wird mit Sicherheit von dieser Sünde gerettet.

Daraus folgt natürlich, dass ein Jude die Details der Gesetze von Lashon Hara [Verleumdung] [üble Nachrede] kennen muss, um zu wissen, wovor er sich hüten muss. Denn was nützt ihm die Erinnerung an die Episode von Mirjam, wenn der Yetzer [die Neigung] Hara [die böse Neigung] ihn verführt [zu glauben], dass dieses Reden [von ihm] nicht in die Kategorie von Lashon Hara [Verleumdung] [üble Nachrede] fällt oder dass die Tora das Reden von Lashon Hara [Verleumdung] [üble Nachrede] gegen einen Mann wie diesen nicht verbietet!

Kapitel Dreizehn

In diesem Kapitel werden einige schlechte Gewohnheiten erklärt, durch die ein Mensch zum Issur [Verbot] von Lashon Hara [Verleumdung] kommt - weshalb er sich von ihnen distanzieren sollte.

All dies, [das Vorstehende,] für einen, der sich noch nicht an diese Sünde gewöhnt hat, für den es [relativ] leicht ist, sich durch diese Ratschläge von dieser bitteren Sünde zu befreien. Wenn er sich aber an sie gewöhnt hat und es ihm äußerst schwer fällt, sich von ihr zu trennen, muss er diese Krankheit seiner Seele so behandeln, wie jemand, der eine Krankheit des Körpers hat, die der Arzt heilen will - er sucht die Quelle der Krankheit, um zu wissen, welche Mittel er anwenden soll. So ist es mit [der Krankheit der] Seele. Man muss ihr bis zu ihrer Quelle folgen - Woher hat er diesen schlechten Charakterzug? - damit man weiß, wie man dafür sorgen kann, dass man nicht wieder in die Stolpersteine gerät. Es gibt mehrere mögliche Ursachen für diese Sünde. Ihr Zeichen ist K o l Gi h i n n om: K a'as [Zorn], l eitzanuth [Leichtsinn], g a'avah [Stolz], y eush [Verzweiflung], h efker [Verlassenheit], o mer m utar [als erlaubt ansehen]. Wir werden sie nun einzeln erklären.

Der Mensch ist manchmal an Lashon Hara [Verleumdung] [üble Nachrede] gewöhnt, weil sein Zorn so groß ist. Das

Shemirat HaLashon - Buch A

heißt, er ist von Natur aus ein zorniger Mensch, der leicht durch irgendetwas verärgert wird. Und wenn er wütend ist, kann er sich nicht zurückhalten und sagt, was immer ihm in den Sinn kommt, zu sagen. Einem solchen Menschen kann man nicht raten, seine Zunge zu hüten, denn wann immer sein Zorn die Oberhand gewinnt, verliert er den Verstand - es sei denn, er sorgt dafür, dass er diesen schlechten Charakterzug aus sich selbst ausrottet.

Wer ein Hirn im Kopf hat, muss diesen bösen Charakterzug fliehen wie man das Feuer. Denn er weiß in seiner Seele ganz genau, dass er wegen dieser schlechten Eigenschaft am Tag des Gerichts mit Sicherheit "haftbar" sein wird, denn es ist bekannt, dass jemand, der ein Übermaß an Sünden [gegenüber Verdiensten] hat, in die Kategorie der rasha [Bösen] fällt. Und Unsere Weisen, möge ihr Andenken gesegnet sein, haben gesagt [Nedarim 22b]: "Wenn jemand zum Zorn neigt, weiß man, dass seine Sünden größer sind als seine Verdienste, wie es geschrieben steht [Mischlei 29:22]: 'Und der Mann des Zorns ist reich an Vergehen [pesha].'" Dass " pesha " geschrieben steht, was Rebellion ist und schlimmer als meizid [Bosheit], liegt daran, dass zur Zeit des Zorns Tora und Mitzvoth für ihn völlig bedeutungslos sind. Wie Unsere Weisen, möge ihr Andenken gesegnet sein, gesagt haben: "Wenn jemand zornig wird, ist sogar die Schechinah bedeutungslos für ihn." Und unsere Rabbiner seligen Andenkens haben gesagt: "Wenn jemand in seinem Zorn seine Kleider zerreißt oder in seinem Zorn seine Gefäße zerbricht oder in seinem Zorn sein Geld verstreut, dann soll er in euren Augen wie ein Götzendiener sein. Wo steht das geschrieben? [Psalmen 81:10]: 'Es soll kein fremder Gott in dir sein.' Was ist der fremde Gott im Körper eines Menschen? Der Yetzer [Neigung] Hara [die böse Neigung] Hara des Zorns."

Und dies ist die Sprache des heiligen Zohar [Parschath Tetzaveh] zu dem Vers [Jesaja 2:22]: "Lass ab von dem Menschen asher neshamah be'apo, ki bameh nechshav hu." Hier hat der Heilige, gepriesen sei Er, dem Menschen befohlen und ihn gewarnt, sich vor jenen Menschen zu hüten, die ihren Weg vom Weg des Guten zum Weg des Bösen geneigt haben und sich mit der Unreinheit der sitra acHara ["der anderen Seite"] verunreinigt haben. Und woher soll ein Mensch wissen, wie er unterscheiden kann zwischen

Shemirat HaLashon - Buch A

einem, dem er sich nähern soll, und einem, von dem er sich trennen soll? Durch seinen Zorn selbst kann er diesen Menschen erkennen und ihn [von dem anderen] unterscheiden. Wenn er seine heilige Seele hütet, wenn sein Zorn über ihn kommt, um sie nicht von ihrem Platz zu reißen und an ihre Stelle einen fremden Gott zu setzen - das ist der Mann, der würdig ist, usw. Und wenn er sie nicht bewacht, sondern diese himmlische Heiligkeit von ihrem Platz entwurzelt und an ihre Stelle die sitra acHara ["die andere Seite"] setzt, dann ist das gewiss der Mann, der sich gegen seinen Herrn auflehnt, und es ist verboten, sich ihm zu nähern oder sich mit ihm zu befreunden. Und das ist die Absicht von [Iyyov 18:4]: "Toref nafsho be'apo", mit anderen Worten. Er zerreißt [toref] und entwurzelt seine Seele wegen seines Zorns [be'apo] und setzt in sich selbst einen fremden Gott ein. Und hierüber steht geschrieben: 'Lasst ab von dem Menschen asher neshamah be'apo " - dessen Seele [er zerreißt] in seinem Zorn [be'apo], dessen Seele er in seinem Zorn [gegen einen fremden Gott] austauscht, ki bameh nechshav hu. Womit [bameh] ist dieser Mensch zu unterscheiden? Er ist ein Götzendiener [bamah, ein Altar des Götzendienstes [wie ' bameh '], usw.]" Und Unsere Weisen, möge ihr Andenken gesegnet sein, haben gesagt [Pesachim 66b]: "Jeder Mensch, der zornig wird - selbst wenn ihm [vom Himmel] Größe verordnet wurde, wird er [von dieser Größe] heruntergeholt. " und Unsere Weisen, möge ihr Andenken gesegnet sein, haben weiter gesagt [Nedarim 22a]: "Wer auch immer zornig wird - alle Arten von Gehinnom herrschen über ihn." Die Absicht ist, dass es für jede [Art von] Sünde an sich in Gehinnom eine bestimmte Strafe für diese Sünde gibt. Und durch die Eigenschaft des Zorns kommt ein Mensch zu all den verschiedenen Arten von Sünde, wie es demjenigen klar ist, der über das Übel dieser Eigenschaft nachdenkt, und zwar in einem Maße, dass Unsere Weisen, möge ihr Andenken gesegnet sein, über ihn gesagt haben, dass seine Sünden mit Sicherheit zahlreicher sind als seine Verdienste. Das ist die Absicht von "Alle Arten von Gehinnom herrschen über ihn". Deshalb muss der Mensch den Zorn aus seinem Herzen entfernen, dann wird er aus dem Gehinnom gerettet und wird das Leben in der kommenden Welt verdienen.

Und manchmal gewöhnt man sich aufgrund von Leitzanuth

Shemirat HaLashon - Buch A

an Lashon Hara [Verleumdung] [üble Nachrede]. Das heißt, man gewöhnt seine Seele an Leichtsinn und an die Gesellschaft von Spöttern, wodurch man wie selbstverständlich dazu verleitet wird, die Menschen zu verspotten und herabsetzend über sie zu sprechen.

Wenn man also seine Seele reinigen will, sollte man über die Größe des Issur [Verbots] der Leichtfertigkeit in mehrfacher Hinsicht nachdenken. Denn abgesehen von der Tatsache, dass er [der Spötter] sich selbst versündigt, da es [die Leichtfertigkeit] eines der vier Dinge ist, wegen denen man die Schechinah nicht empfängt, wie Unsere Weisen, möge ihr Andenken gesegnet sein, gesagt haben [Sotah 42a], bringt er auch viele dazu, zu sündigen, indem er sie dazu bringt, den Spott zu vermehren. Und die Strafe dafür, dass man viele zur Sünde verleitet, ist wohlbekannt, denn es ist einem nicht vergönnt, dafür Buße zu tun, wie Unsere Weisen, möge ihr Andenken gesegnet sein, gesagt haben [Avoth 5:18]. Abgesehen davon führt die Beteiligung an müßigem Gerede, selbst wenn es nichts Verbotenes enthielte, dazu, dass man die Zeit verliert, die man für das Torastudium und den Erwerb der kommenden Welt hätte aufwenden können. Und er erweckt den Eindruck, dass er die Worte des Herrn und den Lohn der kommenden Welt verachtet, wie es in Sanhedrin 99a zu dem Vers [Bamidbar 15:31] heißt: "Denn er hat das Wort des Herrn verschmäht" - R. Nehorai sagte: ['Dies bezieht sich auf] jemanden, der die Tora hätte studieren können, es aber nicht getan hat.'"

Und man lerne aus dem, was wir von den Gefangenen sehen, die zum Kreuzverhör vor den Richter gebracht werden. Sie hüten ihren Mund und sagen nicht ein einziges Wort, das sie belasten könnte. Und sie nehmen auch alle Schläge und Beschimpfungen auf sich, um die Wahrheit nicht zuzugeben, obwohl sie wissen, dass sie in jedem Fall nicht ewig leben werden und dass sie, selbst wenn sie gestehen, sehr wahrscheinlich nicht hingerichtet werden, sondern nur eine Minderheit von einer Minderheit ein solches Schicksal erleidet. Trotzdem würden sie lieber all diese Leiden auf sich nehmen, weil sie dadurch ihr zeitliches Leben verlängern könnten. Wie sehr sollten sich also jene Leute zurückhalten [[vom Sprechen des Verbotenen]], die ein paar Stunden in der Gesellschaft von Spöttern sitzen, ohne dass jemand sie dazu schlägt oder zwingt. Und wenn sie sich

Shemirat HaLashon - Buch A

zurückhalten, das Verbotene zu sprechen, verdienen sie das ewige Leben, wie wir im Midrasch lesen, dass ein Mensch für jeden Moment, in dem er seinen Mund verschließt, das verborgene Licht verdient, das kein Engel und keine Schöpfung konzipieren kann; und umgekehrt werden sie für jede Äußerung bestraft. Wie der Gra in seinem heiligen Brief "Alim Litrufah" [Koheleth 6:7] schreibt: "Die ganze Mühe des Menschen ist für seinen Mund. Unsere Weisen seligen Andenkens haben gesagt [Chullin 89a], dass alle Mitzvoth und Toroth eines Menschen nicht ausreichen, um das auszugleichen, was er mit seinem Mund ausspricht. Was ist der [richtige] Beruf eines Menschen in dieser Welt? Er soll sich stumm machen und seine Lippen wie zwei Mühlsteine zusammenpressen usw.' Und alle kaf hakela ["hohle Schleuder"-Strafen] kommen wegen des Hauchs des Mundes von müßigem Gerede. Für jede Rede, die er von sich gibt, muss er von einem Ende der Welt zum anderen geschleudert werden. Und all dies mit überflüssiger Rede. Aber mit verbotener Rede, wie Lashon Hara [Verleumdung] [üble Nachrede], Leitzanuth, Schwüre, Gelübde, Streit und Flüche, besonders in der Synagoge und an Sabbaten und Festen - für diese muss man in die untersten Tiefen des Scheol hinabsteigen.

Und es ist unmöglich, sich die Größe des Leidens und der Qualen vorzustellen, die man für einen einzigen verbotenen Satz ertragen muss. Und es gibt nicht einmal einen einzigen Wortlaut, der nicht aufgeschrieben ist. Die Engel begleiten jeden Menschen ständig und trennen sich nicht von ihm und schreiben jeden einzelnen Wortlaut auf [Koheleth 10:20]: 'Denn ein Vogel des Himmels wird die Stimme tragen, und der Geflügelte wird das Wort sagen.'" Und wir haben gelernt [Avodah Zarah 18b]: R. Katina sagte: "Alle, die sich mit Leichtsinn beschäftigen, fallen in den Gehinnom."

[Es scheint passend zu sein, "fallen" statt "werden fallen" zu erklären, gemäß dem, was der Gra über Mischlei 1:23 im Zusammenhang mit den Menschen der Leichtfertigkeit geschrieben hat: "Sie haben eine große Lust, müßiges Gerede und Leichtsinn zu reden, obwohl sie kein körperliches Vergnügen daran haben. Denn bei allem, was der Mensch tut, ist ihm ein Geist aus der Höhe gegeben. Und dieser Geist ruht nicht eher, als bis er andere solche Dinge tut, an denen er Vergnügen hat - sowohl bei einer Mitzwa

Shemirat HaLashon - Buch A

als auch bei einer Sünde. Und das ist die Absicht von Avoth 4:2: "Eine Sünde zeugt eine Sünde und eine Mitzwa zeugt eine Mitzwa. Und je größer die Sünde ist, desto größer ist der Geist, den sie hervorbringt, und desto mehr begehrt sie nach mehr Sünde. Entsprechend verhält es sich mit einer großen Mitzwa. Ein Geist kommt von einem sehr heiligen Ort und hat großes Verlangen nach dieser Mitzwa und hat großes Vergnügen an dieser Mitzwa. Und es ist bekannt, dass die größte Mizwa von allen das Torastudium ist, und umgekehrt [die größte Sünde von allen,] müßige Rede und Leichtsinn, die das Gegenteil der Tora ist. Daher gibt es mehr Vergnügen an müßiger Rede und Leichtsinn als an allen anderen Sünden, obwohl es kein weltliches [d.h. körperliches] Vergnügen daran gibt. Aber [das Vergnügen rührt daher, dass] der Geist der Unreinheit sehr groß ist, wie eine 'sprudelnde Quelle', im Gegensatz zum [reinen Geist der] Thora, der [auch] eine 'sprudelnde Quelle' ist." Und es ist bekannt, dass der Geist der Unreinheit, der durch die Sünde geschaffen wird, selbst den Täter nach seinem Tod in Gehinnom bestraft, weshalb Unsere Weisen, möge ihr Andenken gesegnet sein, gesagt haben "in Gehinnom fallen" [statt "fallen werden"]. Denn schon bei der Äußerung des Leichtsinns schwebt der große Geist der Unreinheit über ihm. Und er fällt tatsächlich [d.h. er "verweilt", wie in [Bereschith 25:18]: 'Vor den Augen aller seiner Brüder fiel er' [d.h. er wohnte]] in Gehinnom zu seinen Lebzeiten, Gott bewahre, [wie in Nefesh Hachaim, Tor Eins, Kapitel 12 geschrieben. Und auch ihre zweite Apotheke ist in diesem Sinne zu erklären.]]

Und auch in dieser Welt widerfährt dem Menschen Unglück durch Leichtsinn, wie es dort heißt [Avodah Zara 18b]: "R. Elazar sagte: 'Alle, die spötteln, überkommen Trübsal, wie es geschrieben steht [Jesaja 25:22]: "Und nun spottet nicht, damit eure Fesseln nicht noch stärker werden."' Rava sagte zu den Rabbinern: 'Ich bitte euch, spottet nicht, damit nicht Trübsal über euch kommt.'" [Und siehe Sha'arei Teshuvah von Rabbeinu Yonah, der schrieb, dass es verboten ist, sich mit Leichtsinn zu beschäftigen, auch wenn es zufällig ist. Diesbezüglich mussten die Weisen ihre Schüler ermahnen, von denen viele zufällig darüber stolperten].

Und auch sein Lebensunterhalt verringert sich [durch Leichtsinn], wie es dort heißt. Und auch die ganze Welt wird

Shemirat HaLashon - Buch A

wegen des Spötters bestraft. Wie es dort heißt: "Alle, die spotten, bringen Verderben über die Welt."

Und selbst wenn er nicht mit ihnen spottet, sondern nur in ihrer Gesellschaft sitzt, ist auch dies ein absolutes Issur [Verbot], wie es geschrieben steht [Psalm 1:1]: "Und auf dem Sitz der Spötter hat er nicht gesessen." Und in Avoth d'R. Nathan 30:3, finden wir: "Wer sich den Sündern anschließt, auch wenn er nicht tut, was sie tun, erhält die gleichen Strafen wie sie." Deshalb muss man sich von ihrer Klasse distanzieren und nicht an ihrer Stelle sitzen, um nicht von ihnen zu lernen. Sondern er muss auf dem Sitz der Gelehrten sitzen, und dann wird er in dieser [Welt] und in der [kommenden Welt] glücklich sein.

Kapitel Vierzehn

In diesem Kapitel wird die Ursache von Lashon Hara [Verleumdung] [üble Nachrede] erklärt, die ihren Ursprung in der Gewohnheit des Stolzes hat.

Es gibt einige [die sich Lashon Hara [Verleumdung] [üble Nachrede] angewöhnt haben] aufgrund von Stolz. Das heißt, er hält sich für weise und für einen Mann, der über den Menschen steht, während alle in seinen Augen niedrig sind, weshalb sein Herz ihn dazu bringt, seinen Freund zu verhöhnen. Sein Stolz bringt ihn auch dazu, seinen Freund zu beneiden und zu hassen, der in den Augen der Menschen in der Stadt geehrt wird, weil es ihm scheint, dass seine [eigene] Ehre dadurch geschmälert wird. Er wird bei sich denken: "Wenn er nicht wäre, würde ich unter den Menschen als eine angesehene Person angesehen werden." Und er wird verborgene Dinge erforschen, um etwas gegen ihn sagen zu können, sei es wahr oder falsch, um seinen Namen unter den Menschen zu verunglimpfen und seine Überlegenheit ihm gegenüber zu zeigen und seine Eminenz zu schmälern und ihn zu demütigen und zu beschämen. Und manchmal wird sein Stolz ihn in alle vier Klassen bringen [die die Göttliche Gegenwart nicht erblicken]: CH A SHM A L [chanefim -Schmeichler; shakranim -Lügner; mesaprei Lashon Hara -Sprecher von Verleumdung ; leitzanim - Spassmacher]. Er wird herablassend über seinen Freund sprechen, so dass er geehrt wird und sein Freund verachtet; und er wird ihn verspotten, weil er in seinen Augen nicht

Shemirat HaLashon - Buch A

angesehen ist. Und er wird sich mit Falschheit rühmen, mit Eigenschaften, die er nicht besitzt. Und wegen seines Stolzes wird er den Übeltätern immer schmeicheln und sie nicht zurechtweisen, damit sie ihn nicht hassen und seine Ehre schmälern.

Deshalb sollte jemand, der seine Seele von dieser bitteren Sünde reinigen will, immer über die große Niedertracht des Stolzes nachdenken. Denn wie sollte ein Mensch stolz sein, wenn der Anfang seines Daseins ein faulender Tropfen ist und er für einen Ort von Staub, Maden und Würmern bestimmt ist und sein Überrest seinen Überrest verzehrt?

Er sollte auch über die Schwere dieser Sünde nachdenken, die ein negatives Gebot unter den 613 Mitzvoth ist, wie es geschrieben steht [Devarim 8:14]: "Und dein Herz wird anschwellen [vor Stolz], und du wirst den Herrn, deinen Gott, vergessen", wie in Semag aufgeführt. Und unsere Weisen, möge ihr Andenken gesegnet sein, haben gesagt [Sotah 4b]: "Jemand, der hochmütig ist, ist wie ein Diener der Götzen." Und je mehr man meint, seinen Namen in der Welt zu verherrlichen, desto mehr wird er geschmälert und sein Körper wird von den Schöpfungen verschmäht. Er sollte auch über die Größe seiner Strafe in dieser Welt und in der kommenden Welt nachdenken, wie es heißt [Sukkah 29b]: "Wegen vier Dingen gehen die Besitztümer der Hausherren verloren ... und Hochmut des Herzens." Und sie sagen auch [Sotah 5a]: "Alle, die ein hochmütiges Herz haben, werden am Ende entleert." Und wir lernen auch dort: R. Chisda sagte: "Wer auch immer Hochmut im Herzen hat - der Heilige, gepriesen sei Er, sagt von ihm: 'Er und ich können nicht in der [gleichen] Welt wohnen.'" Und R. Elazar sagte: "Wer hochmütigen Herzens ist, dessen Staub regt sich nicht zur Auferstehung." Und das ist Maß für Maß. Denn anstatt immer daran zu denken, dass er für einen Schritt von Staub, Maden und Arbeit bestimmt ist, um seinen Stolz zu besänftigen, dachte er nicht so, sondern nur daran, dass die Höhen der Felsen für immer sein Reich sein würden und dass die weiten Höhen seine ewige Ruhe sein würden, über allen seinen Zeitgenossen. Wenn nun sein Leib zu Staub wird, so hat sein Staub nicht die Kraft, sich von seinem Platz zu erheben, und alle werden sich erheben und aufstehen, und er wird liegen bleiben unter den Fußsohlen all der Menschen, über die er sich zu Lebzeiten

Shemirat HaLashon - Buch A

gerühmt hat. Und auch deshalb ist er in den Augen des gesegneten Herrn verhaßt, wie es geschrieben steht [Mischlei 16,5]: "Ein Greuel für den Herrn sind alle, die hochmütig sind."

Und wenn jemand über seine große Armut an Tora und Mitzvoth nachdenkt, wird er keinen Grund haben, stolz zu sein. Wie unsere Weisen, möge ihr Andenken gesegnet sein, gesagt haben [Nedarim 41a]: "Was hat derjenige erworben, dem dies [die Tora] fehlt?" Und selbst wenn er etwas Tora und gute Taten hat, wird er, wenn er in Wahrheit darüber nachdenkt, feststellen, dass er nicht einmal die Hälfte und nicht einmal ein Drittel [des Potenzials] der Weisheit erreicht hat, die der Heilige, gepriesen sei Er, in seine Seele eingepflanzt hat.

[Und die heiligen Bücher haben dazu ein treffendes Gleichnis gegeben, das ich, glaube ich, in Zichru Torath Moshe gesehen habe: [Womit kann dies verglichen werden?] Mit dem [Beispiel] eines reichen Kaufmanns, der zwei Männer in ein fernes Land schickt, um kostbare Juwelen für ihn zu kaufen. Dem einen gibt er dafür tausend Goldstücke, dem anderen nur hundert, und sie verschwenden ihr Geld unterwegs für Kleinigkeiten, bis der erste mit nur zweihundert Goldstücken zurückbleibt und der zweite mit vierzig. Eines Tages fangen sie an, miteinander zu streiten, und der erste sagt zum zweiten: "Kannst du dich mit mir vergleichen? Du bist ein armer Mann, der nicht einmal ein Viertel von dem besitzt, was ich besitze. Ein anderer Mann meldet sich zu Wort und sagt zu ihm: "Du Narr und Hochmütiger, worauf solltest du stolz sein? Wissen wir denn nicht, dass das Geld nicht dir gehört und dass du nur ein Bote bist, der seinem Absender Waren bringt? Und in Wahrheit bist du ärmer als der zweite, über den du dich gerühmt hast. Denn er schuldet seinem Absender nur sechzig Goldstücke, die er in seiner Torheit verstreut hat, während du achthundert Goldstücke für Kleinigkeiten verstreut hast. Was wirst du zu deinem Absender über eine so große Summe sagen? Wirst du dann nicht mit Schande und Demütigung bedeckt sein, viel mehr als dieser arme Bettler?" Genau so ist es auch in unserem Fall. Denn sind wir nicht alle Gesandte des Barmherzigen aus der oberen Welt in diese, ein jeder, um seine Seele zu bessern und zu "polieren" nach dem Maß an Weisheit, das

Shemirat HaLashon - Buch A

der Heilige, gepriesen sei Er, ihr eingepflanzt hat?" Deshalb sollte man sich nicht damit brüsten, dass seine Weisheit der seines Freundes überlegen ist; denn sie gehört ihm nicht, sondern ist ihm nur für den letzten Zweck gegeben. Vielmehr sollte er daran denken, wie viele Tage und Jahre er die Tora vernachlässigt hat, und dass er für jeden Tag seines Lebens Rechenschaft über sein Tun ablegen muss.

Und dies ist die Sprache des Sefer Hapardess von MaHaram Cordovero, dem Tor der Heiligtümer 1: "Eine Stufe über den vier heiligen Geschöpfen ist Yofiel, der Engel der Tora, mit allen Schlüsseln der Weisheit in seiner Hand. Und wenn die Seele sich in die Höhe erhebt, befragt der Engel Deah [Wissen] sie nach der Weisheit, die sie in dieser Welt erworben hat. Und in dem Maße, in dem sie sich in der Tora abgemüht hat und ihr nachgegangen ist, in dem Maße wird sie ihren Lohn erhalten. Und wenn es sich mit der Tora hätte beschäftigen können, es aber nicht getan hat, stößt es sie nach unten, unter dieses Heiligtum, in Schande und Demütigung. Und wenn die Seraphen unter dem [himmlischen] Geschöpf ihre Flügel heben und sie gegeneinander schlagen, dann verbrennen sie diese Seele, bis sie verbrannt ist, usw. Und so wird sie jeden Tag gerichtet, obwohl sie gute Taten hat, weil sie sich nicht mit der Tora beschäftigt hat, wie sie es hätte tun sollen."

Deshalb muss der Mensch von Herzen alle Tage seines Lebens darüber nachdenken, wie es im Tanna d'bei Eliyahu geschrieben steht, dass ein Mensch darauf achten soll, das, was er gelernt hat, in die Hand zu nehmen, damit ihn am Tag des Gerichts nicht Scham und Demütigung überkommen, wenn es heißt: "Stehe auf und lege die Schrift vor, die du gelesen hast, und die Mischna, die du gelernt hast."]

Kapitel Fünfzehn

In diesem Kapitel wird die Ursache von Lashon Hara [Verleumdung] [üble Nachrede] erklärt, die ihren Ursprung in der Hingabe [an sie] und in der Verzweiflung [ihrer Eindämmung] in den Augen gewisser Menschen hat.

Und manchmal hat Lashon Hara [Verleumdung] [üble Nachrede] ihren Ursprung in der Verzweiflung. Das heißt, der Yetzer Hara [die böse Neigung] verleitet sie [zu

Shemirat HaLashon - Buch A

glauben], dass es für einen geselligen Menschen unmöglich ist, sich davon zu enthalten, es sei denn, er trennt sich völlig von den Angelegenheiten der Welt - und das ist unmöglich. Und sie begründen dies mit dem Zitat [Bava Bathra 165a]: "Und alle [sind schuldig] der Lashon Hara [Verleumdung]", weshalb sie völlig daran verzweifeln, dies zu befolgen.

Und in Wahrheit ist dies ein großer Irrtum. Denn wenn das so wäre, warum hat die Tora dies [[Enthaltung von Lashon Hara [Verleumdung] [üble Nachrede]]] durch ein negatives Gebot befohlen? Ist es nicht bekannt, dass "der Heilige, gepriesen sei Er, nicht despotisch mit seinen Geschöpfen umgeht"? Die Tora hätte dies also nur in die Klasse der middoth [wünschenswerte Charaktereigenschaften] aufnehmen sollen, wie andere heilige middoth, die nur an einzigartige Individuen gerichtet sind, [und nicht als Mitzwa]. Aber gewiss hat der Schöpfer des Menschen es in die Macht jedes einzelnen Juden gelegt, dass er dies [das Sprechen von Lashon Hara [Verleumdung]] vermeiden kann, wenn er nur seine Augen und sein Herz auf seine Wege richtet. Wie wir in Sifrei, Parschath Ha'azinu [Devarim 32:4] finden: "Er ist ein Gott des Vertrauens, ohne Unrecht." Das heißt, Er hat die Menschen nicht geschaffen, um reshaim zu sein, sondern um tzaddikim zu sein. [Denn wenn das nicht der Fall wäre, gäbe es Unrecht, Gott bewahre, in der Verordnung des Gesegneten, in der Strafe, die Er ihnen danach auferlegt.] Und so steht es geschrieben [Koheleth 7:29]: "Gott hat den Menschen gerecht gemacht, und sie suchten viele [abwegige] Begründungen." Und so steht es in der Tanchuma, Parschath Bereschith 7: "Gott hat den Menschen gerecht gemacht" - Der Heilige, gesegnet sei Er, der "tzaddik und yashar [gerecht]" genannt wird, schuf den Menschen nach Seinem Ebenbild, nur um tzaddik und yashar zu sein, wie Er es ist. Und wenn du fragst: "Warum hat Er dann eine böse Neigung geschaffen, von der geschrieben steht [Bereschit 8,21]: 'Denn die Neigung des menschlichen Herzens ist böse von Jugend auf? Ihr sagt: "Sie ist böse. Wer kann sie zum Guten wenden?' Der Heilige, gepriesen sei Er, antwortet: "Du hast es böse gemacht. Du warst ein Kind und hast nicht gesündigt. Als du erwachsen wurdest, hast du gesündigt. [Das heißt, der Mensch zieht sie [die Yetzer [Neigung] Hara [die böse Neigung]] durch seine Handlungen und durch seine

Shemirat HaLashon - Buch A

Angelegenheiten auf sich. Denn der Heilige, gepriesen sei Er, hat dem Menschen die Kraft gegeben, ihr zu widerstehen und sie in vielen Bereichen zu seinem Diener zu machen, wie es geschrieben steht [Bereschit 4:17]: "Und du wirst es überwinden." Und es steht geschrieben [Mishlei 29:21]: "Einer, der seinen Diener von Jugend auf verwöhnt, usw." Die Worte eignen sich für eine ausführliche Darstellung]. Und wie viele Dinge gibt es in dieser Welt, die härter sind als der Yetzer Hara [die böse Neigung] Hara und bitterer als sie, und doch 'versüßt' man sie. Es gibt nichts Bittereres als die Lupine, und doch strengt man sich an, sie einzuweichen und siebenmal in Wasser zu würzen, bis sie süß ist, und so ist es auch mit Senf und Kapern. Wenn ihr nun das Bittere, das ich erschaffen habe, nach euren Bedürfnissen würzt, den Yetzer [die Neigung] Hara [die böse Neigung] Hara, die euch in die Hände gegeben ist, um wie viel mehr!"

Und so ist es auch in unserem Fall. Wenn ein Mensch seine Augen und sein Herz auf seine Wege richtet und beschließt, darauf zu achten, dass er seinen Mund nur für das Nötige öffnet und nicht für Böses und Betrug, dann wird es ihm gewiss nicht vorenthalten werden, dies zu tun, und "Wer kommt, um sich zu läutern, dem hilft der Himmel." Und, wie Unsere Weisen, möge ihr Andenken gesegnet sein, gesagt haben: "Wenn ein Mensch [wirklich] ein Zaddik sein will, dann weist ihm der Heilige, gepriesen sei Er, einen Engel zu, der ihn auf den Weg eines Zaddiks führt. Und wenn er ein Chasid, [Heiliger], sein will, dann weist Er ihm einen Engel zu, der ihn auf dem Weg eines Chasids führt.

Unsere Weisen, möge ihr Andenken gesegnet sein, haben gesagt [Bava Bathra 165a]: "Und alle [sind schuldig] der Lashon Hara [Verleumdung] [üble Nachrede]", schließen sie daraus nicht sofort: "Kannst du sagen: "Lashon Hara [Verleumdung] [üble Nachrede]"? [d.h., das ist undenkbar.] Sag lieber: "Staub" [avak] von Lashon Hara [Verleumdung] [üble Nachrede]." Und selbst in Bezug auf avak schreibt Maharsha [[Chiddushei Alladoth 164b]]: "Die Absicht von 'Alle' ist nur, dass, wenn ein Mensch seine Augen und sein Herz nicht auf seine Rede richtet und sie nur ihrer Natur überlässt, dann werden sicherlich alle in sie stolpern, im Gegensatz zu Diebstahl und unerlaubten Beziehungen, vor denen er sich manchmal für einige Zeit retten kann, selbst wenn er sie ihrer Natur überlässt. Dies ist nicht so bei

Shemirat HaLashon - Buch A

Lashon Hara [Verleumdung] [üble Nachrede], die mit seinem Sprechen verbunden ist. Aber unsere Weisen, möge ihr Andenken gesegnet sein, wollten nicht sagen, Gott bewahre, dass ein Mensch sich überhaupt nicht von avak Lashon Hara [Verleumdung] [üble Nachrede] befreien kann." [siehe das Vorwort, wo wir dies ausführlich erklärt haben]

Und manchmal liegt die Ursache für die Gewöhnung an seine Sünde in hefker ["Vernachlässigung"], d.h. darin, dass er sieht, dass diese Sache [d.h. die Bewahrung der Zunge] von vielen Menschen in unseren vielen Sünden "aufgegeben" wurde und [dass Lashon Hara [Verleumdung] [üble Nachrede] überhaupt nicht als Sünde betrachtet wird, so dass er in seiner Befolgung geschwächt wird.

Ein Heilmittel dafür ist, sich vorzustellen, dass er und die Leute seiner Stadt an einer schweren Krankheit erkrankten, Gott bewahre, so dass alle Ärzte der Stadt verzweifelten, ein Heilmittel dafür zu finden, und man hörte, dass ein großer Arzt in die Stadt gekommen war, allgemein bekannt und konkurrenzlos für seine Behandlungen dieser Krankheit, der den hoffnungslosen Patienten in seinen früheren Zustand zurückversetzte, so dass keine Spur der Krankheit an ihm sichtbar war. Würde er zögern, sofort nach diesem Arzt zu verlangen, um ihn in seinem Leiden auf dem Krankenbett zu besuchen, in der Hoffnung, dass er ihn von seiner Krankheit heilen könnte? Und wenn einer seiner Angehörigen ihn fragen würde: "Warum bist du eifriger als andere?", würde er nicht antworten: "Narr, wenn mein Leben auf dem Spiel steht, würde ich nicht auf andere schauen, selbst wenn es die Möglichkeit einer Möglichkeit gäbe [dass ich gerettet werden könnte]! Wie viel mehr würde ich bei diesem Arzt, den wir selbst aus der Vergangenheit kennen und der allgemein für seine großartigen Heilungen aller verzweifelten Krankheiten bekannt ist, mein Leben um dieser Narren willen aufgeben, die keine Gnade mit ihrem Leben haben?" Und wenn das schon mit dem [Leben des Körpers] so ist, wie viel mehr mit der Seele! Denn wir wissen, dass derjenige, der seine Zunge vor dem Bösen hütet, das ewige Leben in der kommenden Welt verdient, wie es geschrieben steht [Psalm 34,12-13]: "Gehet hin, meine Söhne ... Wer ist der Mensch, der das Leben begehrt, usw." Und wer ist ein vertrauenswürdigerer

Shemirat HaLashon - Buch A

Arzt als unser Herr, David, Friede sei mit ihm? Und andernfalls, [d.h. wenn wir seine Anweisungen nicht befolgen], gibt es keine Heilung für diese Krankheit in der Ewigkeit. Und auch im Diesseits werden am Ende wegen dieser [Lashon Hara [Verleumdung]] große Leiden und Schmerzen über ihn kommen. Wie viel mehr sollte er dabei auf andere keine Rücksicht nehmen!

Kapitel Sechzehn

In diesem Kapitel wird Lashon Hara [Verleumdung] [üble Nachrede] erklärt, die ihren Ursprung in Nirganuth [Jammern] hat.

Und manchmal entspringt die Ursache der Gewöhnung an ihre Sünde[[Lashon Hara [Verleumdung] [üble Nachrede]]] dem Charakterzug der Nirganuth, wie bei dem Mann, dessen Natur es ist, sich zu beschweren und zu schimpfen und seinen Freund immer zu tadeln, gegen seine Taten und gegen seine Worte, obwohl sein Freund ganz bei ihm ist und keinen Anlass gegen ihn sucht. Und er [der Nörgler] beurteilt alles mit der Waage der Schuld und nicht des Verdienstes, und er macht aus jeder Ungeschicklichkeit Bosheit und verdächtigt seinen Freund, von Hass getrieben zu sein, wie es geschrieben steht [Devarim 1:27]: "Und ihr murrt in euren Zelten und sagt: 'Der Herr hasst uns, er hat uns herausgenommen usw.'" Wer von diesem üblen Charakterzug befallen ist, wird der Sünde der Lashon Hara [Verleumdung] nie entgehen; denn was immer sein Freund tut oder sagt, es wird ihm so vorkommen, als sei nur er gemeint.

Derjenige, der sich von diesem üblen Charakterzug befreien will, wird über die Übel nachdenken, die mit diesem entwürdigenden Charakterzug verbunden sind, und sich dadurch retten: Dadurch verstößt er gegen "Und du sollst deinen Freund lieben wie dich selbst".

Und er ist auch sehr anfällig dafür, dadurch zu der Sünde des eitlen Hasses zu kommen, gegen die es in der Tora ein ausdrückliches negatives Gebot gibt [Vayikra 19,17]: "Du sollst deinen Bruder nicht in deinem Herzen hassen." Und der zweite Tempel wurde deswegen zerstört, wie in Yoma 9b steht. Und [Schabbat 32b]: "Wegen der Sünde des eitlen Hasses gibt es großen Streit im Haus eines Mannes, seine

Shemirat HaLashon - Buch A

Frau hat eine Fehlgeburt, und die Söhne und Töchter eines Mannes sterben jung."

Und auch er verstößt deswegen [Vayikra 19:15]: "In Gerechtigkeit sollst du deinen Freund beurteilen", was unsere Weisen, möge ihr Andenken gesegnet sein, als Beurteilung des Freundes in der Waage des Verdienstes interpretierten. Und im Sefer Charedim finden wir, dass derjenige, der seinen Freund nach den Maßstäben der Schuld beurteilt, "der Wagen der Muschel der Unreinheit" ist, der "Chovah" [[Schuld]] genannt wird.

Und auch durch diese [Eigenschaft der Nirganuth]] ist man sehr anfällig, den Unschuldigen zu verdächtigen, worüber Unsere Weisen, möge ihr Andenken gesegnet sein, gesagt haben [Schabbat 97a]: "Wer den Unschuldigen verdächtigt, ist in seinem Körper angeschlagen."

Und [er ist] auch [anfällig], dadurch zum Issur [Verbot] zu kommen, [jemanden mit Worten zu verletzen und sein Gesicht zu "bleichen", und zur Sünde des Streits, deren Strafe sehr schwer ist [wie in Tor 1:15 erwähnt].

Wenn also jemand seine Seele aus der Grube retten will, wird er sich von genau diesem bösen Charakterzug distanzieren, und alles wird gut mit ihm sein.

Und es gibt Menschen, deren Gewöhnung an ihre Sünde daher rührt, dass sie sie für erlaubt halten. Das heißt, der Yetzer [Neigung] Hara [die böse Neigung] täuscht sie [zu denken], dass diese Sache nicht in die Kategorie von Lashon Hara [Verleumdung] [üble Nachrede] fällt oder dass die Tora nicht verboten hat, Lashon Hara [Verleumdung] [üble Nachrede] gegen diese [Art von] Menschen zu sprechen, [und dass] es im Gegenteil eine Mitzwa ist, ihn aus diesem und jenem Grund zu erniedrigen.

Und in Wahrheit stolpert fast die Mehrheit der Menschen in Lashon Hara [Verleumdung] [üble Nachrede] wegen dieses Versäumnisses, nämlich dem Mangel an [angemessenem] Wissen. Und es gibt kein anderes Heilmittel für dieses Versagen als das vorherige Studium aller Aspekte des Issur [Verbots] [Verbotenen] von Lashon Hara [Verleumdung] [üble Nachrede] gemäß dem Din, wie wir in Chafetz Chaim, Erster Teil, Prinzip 1:4 und 5 erklärt haben.

Und in Wahrheit ist dieses Mittel fast das wirksamste von allen. Und nicht nur bei Lashon Hara [Verleumdung], sondern bei jeder Mitzwa, in der er stolpert [d.h., die er

Shemirat HaLashon - Buch A

übertritt], viele Male, bis der Yetzer [Neigung] Hara [die böse Neigung] Hara in diesem Bereich vorherrscht. Und dieses [Heilmittel] ist nicht neu, denn es ist in dem Ratschlag des "Erinnerns" enthalten, der im Abschnitt über Tzitzith erwähnt wird, mit anderen Worten. [Num 15:39]: "Und du sollst sie [die Purpurschnur] sehen, und du sollst dich an alle Mitzvoth des Herrn erinnern, und du sollst sie tun", wie Raschi dort erklärt. Denn das Erinnern führt zum Tun. Das heißt, er sollte den Din, über den er stolpert, mit großer Konzentration auf alle Einzelheiten dieses Din studieren und ihn auch viele Male wiederholen. Wenn er das tut, wird sich der Din in seinem Gedächtnis festsetzen und die Macht des Yetzer Hara [der bösen Neigung] in dieser Sünde wird auch von ihm genommen werden, wie wir im Midrasch Rabba, Parschath Nasso finden: "Wenn du dich viel mit ihren [der Rabbiner] Worten abmühst, wird der Heilige, gepriesen sei Er, den Yetzer [Neigung] Hara [die böse Neigung] Hara von dir entfernen."

Ein guter Ratschlag, um die Zunge zu hüten: Selbst wenn er sich bereits daran gewöhnt hat [[d.h., an eine bestimmte Art von Lashon Hara [Verleumdung] [üble Nachrede]]], Gott bewahre, und sein Yetzer [Neigung] Hara [die böse Neigung] ihn in diesem Bereich überwältigt hat, so dass er selbst die Lashon Hara [Verleumdung] [üble Nachrede], die aus seinem Mund kommt, nicht "fühlt", sollte er dennoch nicht verzweifeln, sondern er sollte sicher sein, dass durch mehrmaliges Wiederholen des Din eine Umwandlung stattfinden wird und die Sache [d.h., und am Ende wird er jede Rede, die seinen Mund verlässt, "fühlen" [d.h., er wird empfindlich sein]; und selbst wenn es nur der "Staub" von Lashon Hara [Verleumdung] ist, wird er es zu diesem Zeitpunkt mit seiner Zunge fühlen. Denn der Heilige, gepriesen sei Er, hat dem Menschen die Fähigkeit des "Fühlens" [d.h. der Sensibilität] eingepflanzt. Und Er hat es so gemacht, dass er es mehr fühlt, wenn das "Ding" mit seiner Zunge in Berührung kommt. [Dies ist ähnlich dem, was Unsere Weisen, möge ihr Andenken gesegnet sein, gesagt haben [Chullin 17b]: "Der Meister untersuchte es [[das Schlachtmesser für die Kaschrut]] mit seinem Mund."] Und diese Fähigkeit ist von großem Nutzen beim Lernen der Tora, so dass, wenn man die Sache [[das, was er lernt]] von seinem Mund zu seiner Zunge bringt, ihre Korrektheit

Shemirat HaLashon - Buch A

"geprüft" wird. Wie Unsere Weisen, möge ihr Andenken gesegnet sein, gesagt haben [Eruvin 54a] zu Mischlei 4:22: "Denn sie [[Worte der Tora]] sind Leben lemotzeihem "... für diejenigen, die sie [' lemotzi'eihem '], mit ihrem Mund aussprechen." Und dasselbe [Phänomen] gilt für alle Aspekte des Sprechens; aber nur wegen seiner großen Gewöhnung an überflüssiges Sprechen und [seiner Neigung], es nicht zu beachten, ist diese seine Fähigkeit stark geschwächt worden. Wenn er aber unseren Rat befolgt [und er wird sicherlich von da an auf das achten, was er sagt], wird sich diese Fähigkeit des Fühlens allmählich in ihm verstärken, nach und nach, bis sie ihre volle Entwicklung erreicht.

Und im Allgemeinen sollte ein Mensch wissen, dass er, solange ihm nicht klar geworden ist, dass etwas nicht in die Kategorie Lashon Hara [Verleumdung] [üble Nachrede] oder Rechiluth [Klatsch] [Tratsch] oder Machloketh fällt, darauf achten sollte, es nicht zu sagen, selbst wenn der Yetzer [Neigung] Hara [die böse Neigung] ihn verlockt und ihn dazu verleitet, zu sagen, dass in dieser Sache eine Mitzwa liegt und dass er die kommende Welt dadurch verdienen wird - auch dann sollte er es nicht beachten. Denn auf diese Weise [d.h. durch Nichtbeachtung] wird er auf jeden Fall vor dem din [d.h. der Strafe] des Himmels gerettet werden. Denn selbst wenn der din [das Gesetz] in Wahrheit nicht mit ihm wäre [und er den anderen erniedrigt hätte] und sie ihn von oben fragen: "Warum hast du ihn in dieser und jener Sache nicht erniedrigt? Wäre es nicht eine Mitzwa gewesen, dies zu tun?", könnte er antworten: "Für mich war es eine Angelegenheit des Zweifels, so dass ich mich nach der Regel "Sitzen und nicht tun" richten musste [d.h.: "Im Zweifelsfall nicht tun"], im Gegensatz dazu, dass er den anderen erniedrigt hat oder mit ihm in einem Zweifelsfall in Machloketh eingetreten ist, weil der Yetzer [die Neigung] Hara [die böse Neigung] ihn dazu verleitet hat [zu glauben], dass es eine Mitzwa ist, dies zu tun. Was wird er hinterher tun, wenn ihm klar wird, dass er das Issur [Verbot] von Lashon Hara [Verleumdung] oder Machloketh übertreten hat und nur vom Yetzer [Neigung] Hara [der bösen Neigung] getäuscht wurde? Wie wird er sich in der Höhe dafür verantworten? Er wird nicht antworten können, dass er aufgrund von Zweifeln so gesprochen hat. Denn wegen

Shemirat HaLashon - Buch A

des Zweifels hätte er gar nicht sprechen dürfen!

[Und wir können sagen, dass dies die Absicht von [Mishlei 21:33] ist: "Wer seinen Mund und seine Zunge hütet, der hütet seine Seele vor Unglück." Denn, oberflächlich betrachtet, verdient er dafür nicht die kommende Welt, wie es geschrieben steht [Psalm 24:13]: "Wer ist der Mann, der das Leben will usw.", wobei die Absicht das ewige Leben ist, wie die Ausleger geschrieben haben? Aber nach dem, was wir gesagt haben, kann der Vers so verstanden werden, dass derjenige, der sich ständig hütet [vor dem Sprechen], auch wenn die Möglichkeit besteht, dass er mit seinem Sprechen [in erniedrigender Weise] eine Mizwa tut - dennoch, da er sich hütet [davor, in erniedrigender Weise zu sprechen], weil es ihm nicht vollkommen klar ist [dass er es tun kann], aus diesem Grund bekräftigt der Vers, dass der Din mit ihm ist. Denn auf jeden Fall rettet er sich dadurch [durch sein Schweigen] vor den "Mühen" des Gehinnom. Im Gegensatz zu dem umgekehrten Fall, in dem es sein könnte, dass er, anstatt in Gan Eden einzugehen, wie er hofft, dadurch in Gehinnom eintreten könnte, wenn klar wird, dass der Din [indem er abfällig über den anderen spricht] nicht mit ihm ist].

Bis zu diesem Punkt haben wir das Zeichen von "Kol Gehinnom" erklärt, die bösen Eigenschaften, durch die ein Mensch dazu neigt, sich in der Eigenschaft von Lashon Hara [Verleumdung] zu verwurzeln [siehe Anfang von Kapitel XIII]. Deshalb muss der Mensch, der sich von dieser sicheren Krankheit heilen will, an die er sich über einen langen Zeitraum gewöhnt hat, zuerst sich selbst untersuchen [um festzustellen], welcher böse Charakterzug dies verursacht hat, und er muss ihn aus sich selbst ausmerzen. Und dann muss er beginnen, seine Seele zu heilen, indem er sich nach und nach an die guten Eigenschaften gewöhnt, von denen wir in den vorhergehenden Kapiteln gesprochen haben.

Kapitel Siebzehn

In diesem Kapitel wird erklärt, dass jemand, der seinen Nächsten [auch nach dem Din] bestraft, nicht frei kommt, wenn er selbst nicht frei von dieser Sünde ist.

Ein Mann sollte auch darüber nachdenken und wissen, dass

Shemirat HaLashon - Buch A

zu der Zeit, in der er Lashon Hara [Verleumdung] gegen seinen Freund spricht, die Engel in der Höhe auch seine Sünden erwähnen, wie Rokeach in seinem Buch schrieb, und so finden wir es auch in Aggadath Mishlei.

Er muss auch in sein Bewusstsein einprägen, was in Semak [283, im Namen von Riva] geschrieben steht, mit anderen Worten: Selbst diejenigen, für die es eine Mitzwa ist, sie zu töten, wie jemand, der einen Mann [wegen Sodomie] oder eine verlobte Jungfrau verfolgt, oder seinen Nachbarn, um ihn zu töten, muss derjenige, der sie tötet, danach [besonders] auf ihren "Staub" [d.h. eine ähnliche Sünde] achten. Denn wenn, Gott bewahre, ihr Mörder in eine ähnliche Sünde stolpert, wird ihm der Getötete als unschuldiges Blut angerechnet. Der Beweis dafür ist Jehu, der für das Blut des Hauses Achav bestraft wurde, obwohl der Prophet ihm im Namen des Herrn befohlen hatte, sie zu töten, weil er selbst in die Sünde des Hauses Achav gestolpert war."

Und obwohl er Israel eine große Gunst erwiesen hatte, denn Achav hatte den Ba'al und den Kälbern gedient, und Jehu hatte die Ba'al-Anbetung in Israel abgeschafft und [ihre Stätten] zu Abwasserkanälen gemacht, wie es in der Schrift heißt [2. Könige 10:27], und er hatte auch Gunst in den Augen des Herrn gefunden, weil er Achav getötet hatte [wofür ihm das Königreich für vier Generationen gegeben wurde, wie in der Schrift erwähnt], und Jehus spätere Götzenanbetung war unwissentlich, [wie in Sanhedrin 102a geschrieben steht]: "Yehu war ein großer Zaddik ... aber er sah die Unterschrift von Achija Haschiloni und irrte" - trotz alledem, da in ihm ein Teil der Sünde Achavs verblieb, wurde er bestraft, wie es am Anfang von Hoshea [1:4] geschrieben steht: "Und ich werde des Blutes von Yizre'el [d.h. des Blutes des Hauses Achav, das er in Yizre'el getötet hatte] am Haus Yehu gedenken." Und aus den Worten Semaks lernen wir, dass das Gleiche in allen ähnlichen Fällen zwischen einem Menschen und seinem Nachbarn gilt. Wenn jemand seinen Freund mit irgendeiner Art von Strafe bestraft - indem er ihn schlägt oder sein Gesicht " bleich macht" oder indem er Lashon Hara [Verleumdung] gegen ihn spricht -, selbst wenn dabei der Din mit dem Schämenden oder dem Sprechenden übereinstimmt, so muss er doch "in seiner Seele wissen", dass, wenn er selbst

Shemirat HaLashon - Buch A

in der Vergangenheit auf diese Weise gesündigt hat oder wenn er in der Zukunft auf diese Weise sündigen wird, dann wird das Leiden dieses Mannes, dessen Gesicht er gebleicht hat oder gegen den er Lashon Hara [Verleumdung] gesprochen hat, als "unschuldiges Blut" gewertet werden, und er wird dafür bestraft werden, gerade so, als ob er so gegen einen Mann gehandelt hätte, der vollkommen in der Tora des Herrn und Seinen Mitzvoth ist.

Und deshalb wird derjenige, der Lashon Hara [Verleumdung] gegen seinen Freund oder jemanden, der ihm allerlei Leid zufügt, ausspricht, in [ständiger] Angst sein. Denn wenn er gut nachdenkt, wird er feststellen, dass er selbst vor nicht allzu langer Zeit in genau derselben oder in einer ähnlichen Angelegenheit gesündigt hat. Und selbst wenn er sich selbst genau prüft und es nicht findet, sollte er wissen, dass er, nachdem er [so wie er] gesprochen hat, wenn er selbst auf diese Weise übertreten hat, sofort rückwirkend für diese Sünde bestraft wird, weil er auf diese Weise gegen seinen Freund gesprochen hat.

Und so steht es geschrieben [Yevamoth 105b]: "R. Chiyya und R. Shimon ben Rebbi saßen [im Haus des Studiums] ... R. Yishmael ben R. Yossi kam zu ihnen ... In der Zwischenzeit kam Rebbi in die Akademie [und alle mussten sich auf ihre Plätze setzen]. Diese [R. Chiyya und R. Shimon], die beweglich waren, setzten sich [schnell] auf ihre Plätze; R. Yishmael ben R. Yossi, der schwer war, musste [über die Sitzenden steigen, um zu seinem Platz zu gelangen], woraufhin Avdan rief: 'Wer ist das, der über die Köpfe des heiligen Volkes steigt? R. Yishmael: 'Ich, Yishmael ben R. Yossi, der gekommen ist, um die Tora aus dem Mund des Rebbi zu lernen!' Avdan: 'Bist du würdig, Tora aus dem Munde des Rebbi zu lernen!' R. Jischmael: 'Und war Mosche würdig, Tora vom Allmächtigen zu lernen?' Avdan: 'Bist du Mosche!' R. Jischmael: 'Ist dein Lehrer [Rebbi] Gott!' ...In der Zwischenzeit kam eine Yevamah [eine Frau, die für die Leviratsehe vorgesehen war] zu Rebbi, um Chalitzah [Befreiung von der Leviratsehe] zu erhalten, woraufhin er zu Avdan sagte: 'Geh und lass sie untersuchen' [auf pubertäre Anzeichen [um zu sehen, ob sie für Chalitzah geeignet ist]]. Daraufhin sagte R. Yishmael b. Yossi: [Das ist nicht notwendig.] 'So hat Vater gesagt: "Der Mann" steht in der Schrift im Abschnitt [über

Shemirat HaLashon - Buch A

Chalitza [Devarim 25:7]], aber was die Frau betrifft, ob sie erwachsen oder minderjährig ist, [ist die Chalitza gültig]." Daraufhin rief Rebbi Avdan zurück und sagte: "Es ist nicht notwendig [sie zu untersuchen]; der Älteste [R. Yossi] hat bereits entschieden. Als Avdan [über die Sitzenden hinwegging, um an seinen Platz zurückzukehren], sagte R. Yishmael ben R. Yossi zu ihm: "Lass denjenigen, den das heilige Volk braucht, über die Köpfe des heiligen Volkes hinweggehen; aber wie sollte derjenige, den das heilige Volk nicht braucht, über die Köpfe des heiligen Volkes hinweggehen!" - woraufhin Rebbi zu Avdan sagte: "Bleib an deinem Platz. Es wurde gelehrt: "Zu jener Zeit wurde Avdan mit Aussatz geschlagen [[die Strafe für Lashon Hara [Verleumdung] [üble Nachrede]]], seine beiden Söhne ertranken, und die Ehe seiner beiden Schwiegertöchter [[die als Minderjährige verlobt worden waren]] wurde annulliert."

Warum aber ordnete der Herr die Dinge so an, dass "in der Zwischenzeit ein Yevamah kam, usw."? Aber es ist so, wie wir gesagt haben. Denn am Anfang erniedrigte Avdan R. Yishmael ben R. Yossi, weil er über die Köpfe des heiligen Volkes getreten war. Und auch wenn der Din nicht mit ihm [Avdan] war, als er sagte: "Bist du würdig usw.", denn das ist zweifellos ona'ath devarim ["mit Worten Unrecht tun"], so gab es doch keinen Grund, mit Avdan so streng zu sein, dass er mit Aussatz geschlagen wurde, wenn seine Hauptmotivation der Eifer für die Wahrheit war, auch wenn er sich in seiner Art zu sprechen irrte. Aus diesem Grund wurde er sofort von "oben" "geprüft", so dass in der Zwischenzeit die Yevamah kam und Avdan gehen musste. Und inmitten dessen regierte R. Yishmael ben R. Yossi, wie er es tat..." Zu dieser Zeit wurde Avdan mit Aussatz befallen usw." Das heißt, da auch er in diesem Punkt nicht vorsichtig war [[nicht zu treten usw.]], wurde er rückwirkend dafür bestraft, dass er R. Yishmael ben R. Yossi erniedrigt hatte. Ihm wurde auch gezeigt, dass er nicht in Übereinstimmung mit dem Din zu R. Yishmael sagte: "Bist du würdig, Tora von Rebbi zu lernen?", wobei er [fälschlicherweise] in seinen Worten nach der ursprünglichen Meinung des Rebbi urteilte, dass für Chalitza eine Frau [[im Gegensatz zu einer Minderjährigen]] erforderlich ist, weshalb er mit Lepra bestraft wurde. Und außerdem ertranken seine beiden

Shemirat HaLashon - Buch A

Söhne, denn es ist bekannt, dass die Strafe des Ertrinkens und die der Askara [Diphtherie] [im Wesentlichen] dieselbe Strafe ist [mit anderen Worten: Kethuvoth 30b]; und es ist bekannt, dass die Todesstrafe für Lashon Hara [Verleumdung] Askara ist, wie in Schabbat 33a angegeben. Zusammenfassend kann man sagen, dass ein Mensch darauf achten sollte, sich in seinen Eigenschaften daran zu gewöhnen, zu den "Guten" und nicht zu den "Bösen" zu gehören. Und es ist der Charakterzug eines "Guten", seinem Freund mit all seiner Kraft zu helfen und dessen Fehler wie seine eigenen zu "decken". Und wenn er sieht, dass ein anderer einen Zorn gegen seinen Freund hegt, wird er ihn mit Verteidigungen und Entschuldigungen von ihm entfernen. Und das ist Weisheit und Stärke in der Wahrheit. Und "der Böse" tut genau das Gegenteil. Er tut seinem Freund Böses an und freut sich über seinen Untergang, und er stellt seine unwissentlichen Fehler öffentlich zur Schau und macht sie zu böswilligen Fehlern. Und er schürt den Streit unter den Menschen, hetzt einen gegen den anderen auf und rühmt sich dabei, Weisheit und Stärke bewiesen zu haben. Und in Wahrheit ist das nicht so. Wie wir im Midrasch Schocher Tov 52 finden, der von Doeg spricht, der Lashon Hara [Verleumdung] gegen David und Achimelech vor Saul sprach: "[Psalmen 52:3]: 'Warum rühmst du [Doeg] dich des Bösen, du Mächtiger!' David sagte zu ihm: 'Ist das Stärke? Wenn man seinen Freund am Rande einer Grube sieht und ihn hineinstößt? Oder wenn man ihn oben auf einem Dach sieht und ihn herunterstößt? Wer aber ist der Mächtige? Derjenige, der seinen Freund fallen sieht und ihn an der Hand zieht, um ihn vor dem Sturz zu bewahren. Oder einer, der seinen Freund in eine Grube fallen sieht und ihn herauszieht. Und du hast gesehen, wie Saul auf mich wütete, und du hast 'Wasser auf meine Glieder gegossen'? Ist es das, was ein Mensch tut?'"

Und seht, wie groß der Hass gegen die Bösen ist. Denn abgesehen davon, dass sie vom Tisch des Königs der Könige, des Heiligen, gepriesen sei Er, vertrieben werden, wie wir in Schabbat 149b lesen: "Du bist gerecht, Herr; das Böse wird nicht in deiner Wohnstätte wohnen" - selbst in einer Zeit, in der die Propheten und die Heiligen um Barmherzigkeit für Israel flehen, haben sie nicht den geringsten Wunsch, Barmherzigkeit für die Bösen zu

Shemirat HaLashon - Buch A

erflehen. Im Gegenteil, sie bringen in ihrem Gebet zum Ausdruck, dass sie für die Bösen gar nichts erbitten, wie es geschrieben steht [Psalm 125,14]: "Tu Gutes, o Herr, für die Guten und für die Gerechten in ihrem Herzen."

Und wie sehr muss sich ein Mensch hüten, sich über den Fall seines Freundes und über seine Schmach zu freuen, wie geschrieben steht [Mischlei 24,17-18]: "Wenn dein Feind fällt, sollst du dich nicht freuen, und wenn er strauchelt, soll dein Herz nicht fröhlich sein. Damit der Herr es nicht sieht und es böse in seinen Augen ist usw." Und diese Sünde erregt die Macht des Din gegen einen Menschen sehr, und sie hat die Macht, tatsächlich zu zerstören, wie die Sünde der avodah zarah. Denn so finden wir in den Worten Unserer Weisen, möge ihr Andenken gesegnet sein [Eichah Rabbah, Pethichta], dass zur Zeit der Zerstörung des Tempels, als unser Vater Abraham in den Tempel ging und der Heilige, gepriesen sei Er, ihn fragte: "Was macht Mein Geliebter in Meinem Haus?", fragte er: "Warum sind meine Söhne unter den Völkern der Welt verbannt worden?" Und der Heilige, gepriesen sei Er, antwortete: "Weil sie den Götzen dienen und sich gegenseitig an dessen Untergang erfreuen", wobei der Heilige, gepriesen sei Er, diese [zweite] Sünde mit dem Götzendienst gleichsetzt! Der Mensch möge also stets in sich selbst bedenken, dass auch er es angesichts seiner Sünden und seiner Fehler verdient, erniedrigt und beschämt zu werden - wenn nicht der Herr sich seiner durch das Verdienst seiner Väter erbarmt.

Shemirat HaLashon - Buch A

Das Tor der Tora

Kapitel Eins

In diesem Kapitel wird erklärt, dass das Torastudium eine Tikkun [Berichtigung] des Makels der Lashon Hara [Verleumdung] [üble Nachrede] ist, und die Größe der Verpflichtung eines Menschen zur Tora.
Es gibt noch ein weiteres allgemeines Tikkun, das den Charakterzug von Lashon Hara [Verleumdung] [üble Nachrede] auszeichnet, und das ist das Torastudium, wie es in Arachin 15b heißt: "R. Chamma b. R. Chanina sagte: 'Was ist die Änderung für die Sprecher von Lashon Hara [Verleumdung] [üble Nachrede]? Wenn er ein Toragelehrter ist, soll er sich mit der Tora beschäftigen, so wie es geschrieben steht [Sprüche 15:4]: 'Der Heiler der Zunge ist der Baum des Lebens', und der Baum des Lebens ist nichts anderes als die Tora, so wie es geschrieben steht [Ibid. 3:18]: 'Sie [die Tora] ist ein Baum des Lebens für die, die an ihr festhalten.'" Was die Bezeichnung "Baum des Lebens" betrifft: "Tod und Leben sind in der Hand der Zunge" [Ibid. 18:21]. Wenn dem so ist, erwirbt derjenige, der Lashon Hara [Verleumdung] spricht, für sich den ewigen Tod, weshalb die Schrift demjenigen, der seine Zunge heilen will, rät, vom Baum des Lebens zu essen, der die Tora ist, "und er wird davon essen und ewig leben."
Aber er muss seine Seele auf jeden Fall dazu anspornen, sich von nun an vor dieser Sünde zu hüten, wie der Mann, der aus Versehen Gift in den Mund nahm und ein Gegenmittel dafür nahm. Nur wenn er dieses Gift nicht mehr zu sich nimmt, wird ihm das Gegenmittel für die Vergangenheit nützen.
Das Torastudium ist auch ein Vorbeugungsmittel dagegen, dass man zu Lashon Hara [Verleumdung] [üble Nachrede] kommt, wie es dort heißt [Arachin 15b]: "Was ist die Vorbeugung gegen Lashon Hara [Verleumdung] [üble Nachrede]? Wenn er ein Toragelehrter ist, soll er sich mit der Tora beschäftigen." Der Grund ist offensichtlich, wie wir in Sanhedrin 99b finden: "Alle Menschen sind zur Mühsal geschaffen, mit anderen Worten. [Ijjow 5,7]: 'Denn

Shemirat HaLashon - Buch A

der Mensch ist zur Arbeit geboren.' Ich wüsste nicht, ob zur Mühsal der Lippen oder zur Mühsal der Arbeit - wenn nicht geschrieben stünde: [Mischlei 16,22]: 'Denn er sattelt seinen Mund damit', was darauf hinweist, dass er zur Mühsal der Lippen geboren ist. Und ich wüsste immer noch nicht, ob für die [Lippen-]Mühsal der Tora oder die Mühsal des Gesprächs - wenn nicht geschrieben stünde [Josua 1,8]: 'Das Buch dieser Tora soll nicht von deinem Mund weichen', was darauf hinweist, dass er für die Mühsal der Tora geschaffen wurde." Der Gedanke ist, dass dem Menschen, als ihm die Sprache gegeben wurde, die Natur gegeben wurde, dass die Werkzeuge der Sprache das tun, was ihnen zusteht, ohne zu ermüden, im Gegensatz zu den anderen Organen, die der Mensch selbst anspornen muss, um sie in Betrieb zu setzen. Nicht so die Fähigkeit der Sprache. Und das ist der Sinn der "Mühsal der Lippen". Aber der Mensch muss bedenken, dass ihm diese Kraft nur gegeben wurde, um die Tora zu verdienen. Deshalb heißt es, dass die einzige Vorbeugung gegen das Sprechen von Lashon Hara [Verleumdung] darin besteht, sich mit der Tora zu beschäftigen, denn wenn dies nicht geschieht, wird er mit Sicherheit in verbotene Rede stolpern. Denn es liegt in der Natur des Menschen, dass seine Sprechwerkzeuge nicht funktionslos sind [es sei denn, er ist in der Lage, seinen Yetzer Hara [die böse Neigung] zu überwinden und sich "stumm" zu machen, wie es in Chullin 89a heißt].

Wir können demnach verstehen, wie sehr wir uns im Torastudium stärken müssen, sowohl wegen der Verpflichtung an sich, wie wir weiter unten erklären werden, Gott zu gefallen, als auch weil wir dadurch von allen Aspekten der verbotenen Rede gerettet werden. Wie viel mehr in unserer Zeit, wo die Säule der Tora gefallen ist - wie viel mehr muss man sich darin stärken, wie wir in Yerushalmi [Perek Haroeh] finden: "R. Schimon ben Jochai sagt: 'Wenn du eine Generation siehst, die in der Tora schwach geworden ist, so erhebe dich und stärke sie, und du wirst den Lohn von allen erhalten, usw.'" Wir werden ein wenig über die Größe der Verpflichtung eines Menschen in der Tora und die Größe seiner Belohnung in dieser und in der nächsten Welt erklären.

Es ist bekannt, dass das Torastudium an sich [abgesehen vom Lernen, das zum Tun führt] ein positives Gebot der

Shemirat HaLashon - Buch A

Tora ist, wie es geschrieben steht [Devarim 5:1]: "Und du sollst sie [die Mitzvoth] studieren und du sollst dich bemühen, sie zu tun."

Und Unsere Weisen, möge ihr Andenken gesegnet sein, haben gesagt [Peah 1:1]: "Das sind die Dinge, die ein Mensch isst ... und das Torastudium über und gegen alles." Und wir finden in Yerushalmi [Peah, Kapitel 1], dass alle Mitzvoth nicht mit einem Wort der Tora vergleichbar sind.

Und es steht geschrieben [Mishlei 4:2]: "Denn ich habe dir ein gutes Nehmen gegeben; meine Tora sollst du nicht verlassen." Der Sinn von "gut", "meine Tora", ist folgender: Es ist bekannt, dass etwas, das für einen armen Mann so bedeutsam ist, dass er es "gut" nennt, für jemanden, der nicht arm ist, nicht bedeutsam sein kann; und dass etwas, das für ihn bedeutsam ist, für jemanden, der sehr reich ist, nicht bedeutsam sein kann; und dass etwas, das für ihn bedeutsam ist, für einen König nicht bedeutsam sein kann; und dass etwas, das für ihn bedeutsam ist [wie die Eroberung eines Landes], für einen Engel nicht bedeutsam sein kann [[Es ist bekannt, dass die Größe einiger Engel mehrere tausend Parasangs beträgt, wie in Chullin 91b angegeben]]. Deshalb heißt es in dem Vers: "Für eine gute Einnahme, usw." Das heißt, seht und denkt über die Größe ihres [der Tora] Gutes nach, bis zu dem Punkt, dass sie von Mir "gut" genannt wird, der alle Welten erschaffen hat, die alle für Mich unbedeutend sind - ungeachtet dessen, dass Ich die Tora "gut" genannt habe. Und sie ist der verborgene Schatz, mit dem sich der Heilige, gepriesen sei Er, zu allen Zeiten umgibt, wie es geschrieben steht [Mischlei 8:30]: "und ich [Tora] war jeden Tag sein Spielzeug". Und es ist "Meine Tora". Deshalb: "Verlasse sie nicht."

Denn in Wahrheit gibt es kein Ende der Heiligkeit der Tora. Wie Unsere Weisen, möge ihr Andenken gesegnet sein, gesagt haben, gibt es sechshunderttausend Interpretationen jedes Verses der Tora. Und im Midrasch Othioth d'R. Akiva finden wir, dass das Licht der heiligen Namen des Heiligen, gesegnet sei Er in der Höhe, einundzwanzigtausend zehntausend Parasangs erhellt, entsprechend dem Namen " E - h e- yeh " [einundzwanzig in Gematria [numerisches Äquivalent]]. Und Unsere Weisen, möge ihr Andenken gesegnet sein, haben in Yalkut Tehillim gesagt: "R. Elazar sagte: 'Die Abschnitte der Tora wurden nicht in einer

Shemirat HaLashon - Buch A

Reihenfolge angegeben. Denn sonst könnte jeder, der sie liest, Tote auferstehen lassen und Wunder vollbringen. Deshalb blieb ihnen die Reihenfolge der Verse verborgen; aber dem Heiligen, gepriesen sei Er, ist sie offenkundig, wie es geschrieben steht [Jesaja 44,7]: 'Und wer, wie ich, wird lesen usw.?'"

Und in Sifrei, Parschath Ekev finden wir [Mishlei 5:16]: "'Dann werden sich deine Quellen [der Tora] ausbreiten': Die Worte der Tora werden mit Wasser verglichen. So wie das Wasser ewig lebt, so leben auch die Worte der Tora ewig, wie es geschrieben steht [Ibid. 4:2]: "Denn sie sind Leben für den, der sie findet, und für sein ganzes Fleisch Heilung. Und wie das Wasser den Unreinen von seiner Unreinheit befreit, so erheben die Worte der Tora den Menschen von der Unreinheit zur Reinheit, wie es geschrieben steht [Psalm 19,10]: 'Die Furcht des Herrn ist rein.' [Und so wie Wasser einen Menschen reinigt, auch wenn sich die Unreinheit in allen seinen Gliedern ausgebreitet hat, so reinigt die Tora einen Menschen von der Unreinheit seiner Sünden, auch wenn sie sich in ihm ausgebreitet hat, von der Fußsohle bis zum Kopf. Und so wie ein Mensch nicht gereinigt wird, bis das Wasser über alle seine Glieder steigt und nichts zwischen seinen Gliedern und dem Wasser ist, so muss er seinen ganzen Körper und seine Glieder in Wahrheit der Tora unterwerfen, ohne dass etwas dazwischen ist, wie es geschrieben steht [Devarim 6:6]: "Und diese Worte sollen ... auf deinem Herzen sein"]. Und so wie Wasser die Seele eines Menschen wiederherstellt, so stellen die Worte der Tora die Seele eines Menschen vom Weg des Bösen zum Weg des Guten wieder her, wie es geschrieben steht [Psalm 19,8]: "Die Tora des Herrn ist vollkommen und stellt die Seele wieder her. Und wie das Wasser für die Welt umsonst ist, so ist die Tora für die Welt umsonst, wie geschrieben steht [Jesaja 55,1]: "He, alle, die ihr durstig seid, geht zum Wasser [der Tora]." Damit du nicht sagst: 'So wie Wasser keinen Wert hat, so hat auch die Tora keinen Wert; deshalb steht geschrieben [Mischlei 3:15]: 'Sie ist kostbarer als Perlen, und alle eure Wünsche können nicht mit ihr verglichen werden.'"

Und der Mensch wurde nur für die Tora geschaffen. Denn so haben Unsere Weisen, möge ihr Andenken gesegnet sein, erklärt [Sanhedrin 99b]: "Alle Menschen wurden für die

Shemirat HaLashon - Buch A

Mühsal geschaffen, mit anderen Worten. [Iyyov 5;7]: 'Denn der Mensch ist zur Arbeit geboren.' Ich wüsste nicht, ob zur Mühsal der Lippen oder zur Mühsal der Arbeit - wenn nicht geschrieben stünde [Mischlei 16,26]: 'Denn er sattelt seinen Mund damit', was darauf hinweist, dass er zur Mühsal der Lippen geboren ist. Und ich wüsste immer noch nicht, ob für die [Lippen-]Mühsal der Tora oder die Mühsal des Gesprächs - wenn nicht geschrieben stünde [Josua 1,8]: 'Das Buch dieser Tora soll nicht von deinem Mund weichen', was darauf hinweist, dass er für die Mühsal der Tora geschaffen wurde."

Und sie [die Tora] ist die Hauptstütze des Lebens der Seele, wie wir in Sifrei, Parschath Ekev finden." R. Schimon sagt [Devarim 4:9]: "Achte nur auf dich selbst, und achte sehr auf deine Seele. Dies kann mit einem König verglichen werden, der einen Vogel fängt und ihn seinem Diener übergibt und zu ihm sagt: "Pass auf diesen Vogel für meinen Sohn auf. Wenn du ihn verlierst, dann denke nicht, dass du einen Vogel für einen Issar [eine kleine Münze] verloren hast, sondern dass du deine Seele verloren hast.' Und so steht es geschrieben [Devarim 32:47]: 'Denn sie [die Tora] ist keine leere Sache für euch [nicht vergeblich müht ihr euch in ihr ab; großer Lohn wohnt ihr inne]; denn sie ist euer Leben.'"

Und die Welt hat nur durch die Tora Bestand, wie es geschrieben steht [Jeremia 33,25]: "Wäre nicht mein Bund, Tag und Nacht, so hätte ich die Satzungen des Himmels und der Erde nicht gemacht." Und so heißt es im heiligen Zohar, Parschath Bereschith 47a: "Jeder, der sich jeden Tag mit der Tora beschäftigt, wird einen Anteil an der kommenden Welt verdienen, und es wird ihm angerechnet werden, als hätte er Welten gebaut. Denn durch die Tora wurde die Welt erbaut und gestaltet, wie es geschrieben steht [Mischlei 3,19]: 'Der Herr hat durch die Weisheit [Tora] die Erde gegründet usw.' Und jeder, der sich mit ihr beschäftigt, gestaltet die Welten und erhält sie. Und kommt und seht: Mit einem Geist hat der Heilige, gepriesen sei Er, die Welt erschaffen, und mit einem Geist hat sie Bestand, dem Geist derer, die sich in der Tora abmühen." Und das ist die Sprache von Parschath Tzav: "R. Elazar öffnete und sagte: [Jesaja 51:16]: 'Und ich habe meine Worte in deinen Mund gelegt, und mit dem Schatten meiner Hand habe ich dich bedeckt usw.' Daraus

Shemirat HaLashon - Buch A

lernen wir, dass, wenn ein Mensch sich mit Worten der Tora beschäftigt und seine Lippen Tora murmeln, der Heilige, gepriesen sei Er, über ihm schwebt und die Schechinah ihre Flügel über ihm ausbreitet. Mehr noch, er bewirkt, dass die Welt Bestand hat, und der Heilige, gesegnet sei Er, freut sich mit ihm, als ob der Himmel und die Erde an diesem Tag gepflanzt würden."

Und in Chovath Halevavoth steht geschrieben, dass es sich für einen Menschen gebührt, darüber nachzudenken, dass er, wenn ein Buch zu ihm käme, das von einem König aus Fleisch und Blut geschrieben wurde, und er wegen der Art der Schrift oder ihrer Subtilität oder der Tiefe der Sprache an ihrer Bedeutung zweifelte, sehr trauern würde, bis er sie verstehen könnte, und er würde sein ganzes Herz und seinen ganzen Verstand darauf richten, sie zu verstehen. Und wenn dies schon bei einem Buch aus Fleisch und Blut der Fall ist, das heute hier ist und morgen im Grab, wie viel mehr bei dem König der Könige, dem Heiligen, gepriesen sei Er, der sein Leben und sein Heil ist, wie es geschrieben steht [Devorim 30,20]: "Denn Er ist euer Leben und die Länge eurer Tage."

Und viele Menschen stolpern in dieser Sünde, indem sie ihre ganze Energie darauf verwenden, die Gesetze eines Königs aus Fleisch und Blut zu verstehen, und dabei die Gesetze des Königs der Könige, des Heiligen, gepriesen sei Er, vernachlässigen. Das ist ähnlich wie das, was geschrieben steht [Daniel 5:23]: "Und die Götter des Silbers und des Goldes, des Kupfers, des Eisens, des Holzes und des Steins, die ihr weder seht noch hört noch kennt, habt ihr gepriesen; aber den Gott, in dessen Hand eure Seele ist und der Sein ist auf allen euren Wegen, habt ihr nicht gepriesen."

Und Unsere Weisen, möge ihr Andenken gesegnet sein, haben gesagt [Eicha Rabbah, Pethichta]: "Der Heilige, gepriesen sei Er, 'übersah' die Sünde des Götzendienstes, der unerlaubten Beziehungen und des Blutvergießens, aber Er übersah nicht die Sünde des bitul Tora [Vernachlässigung des Torastudiums], wie es geschrieben steht [Jeremia 9,11-12]: 'Warum wurde das Land zerstört?' Und der Herr sprach: 'Weil sie meine Tora verließen, die ich ihnen vorsetzte.'"

Und weil es einige Menschen gibt, denen die Sünde des Bitul Tora gleichgültig geworden ist und die ihre ganze Zeit mit Eitelkeiten verbringen, und die dies überhaupt nicht als

Shemirat HaLashon - Buch A

Sünde betrachten, und, "Übertretung führt zu Übertretung", ihre Söhne nicht beim Torastudium unterstützen, und dadurch sind die "ewigen Berge" gefallen, Ich habe es für angebracht gehalten, einige der Apophthegma Unserer Weisen, möge ihr Andenken gesegnet sein, anzuführen, die sich mit der Größe der Belohnung für das Torastudium sowohl in dieser als auch in der nächsten Welt befassen, und umgekehrt mit der Größe der Strafe [für bitul Tora], Gott bewahre, in der Hoffnung, dass sie dadurch etwas wach werden, an der Tora des Herrn festzuhalten.

Kapitel Zwei

In diesem Kapitel wird der Lohn für das Torastudium erklärt.

Unsere Weisen, möge ihr Andenken gesegnet sein, haben gesagt [Sanhedrin 99b]: "Alle, die die Tora um ihrer selbst willen studieren, schaffen Frieden im himmlischen und irdischen Gefolge, mit anderen Worten. [Jesaja 27:5]: 'Oder wenn er nur an Meiner Festung [Tora] festhält, wird er für Mich Frieden schaffen [1]; er wird für Mich Frieden schaffen [2].' Rav sagte: 'Es ist, als ob er den himmlischen Palast und den irdischen Palast bauen würde, mit anderen Worten. [Ibid. 51:16]: "Und Ich habe Meine Worte in deinen Mund gelegt ... um den Himmel zu pflanzen und die Erde zu gründen."'"

[Und nach den Worten von Rav werden die Worte des Verses [Psalmen 62:13] gut erklärt, mit anderen Worten: "Und Dein, o Herr, ist die Güte; denn Du bezahlst den Menschen nach seinen Werken." Denn viele fragen: "Was für eine Güte liegt darin, dass der Herr für die Erfüllung seiner Mitzwot Gutes schenkt?" Aber nach dieser [Auslegung von Rav] wird es gut verstanden. Denn es ist bekannt, dass, wenn jemand mit seiner Weisheit eine Maschine erfinden würde, mit der die Bauleute in einem Tag eine Stadt errichten könnten, und die Nachricht davon käme zum König, er [der Erfinder] würde gewiss Gunst in seinen Augen finden, und er würde ihm eine große Gabe nach "des Königs Hand" geben, aber es ist undenkbar, dass er ihm die Städte geben würde, die seine Diener mit dieser Maschine erbaut haben, und sie bei seinem Namen nennen würde, als ob er sie selbst gebaut hätte. Aber in diesem Fall

Shemirat HaLashon - Buch A

wird durch die Worte der Tora, die man in dieser Welt lernt, die Schöpfung des Himmels und der Erde erfüllt, wie wir oben in Kapitel I geschrieben haben. Hat nun der Mann selbst diese Paläste gebaut, damit sie nach seinem Namen genannt werden? Ist es nicht der Heilige, gesegnet sei Er, der in Seiner Güte die Schöpfung jeden Tag erneuert und der selbst den Worten der Tora, die er gelernt hat, Kraft gibt, um das Fundament dieser Sache zu sein? Und trotzdem rechnet der Heilige, gepriesen sei Er, es ihm zu, als hätte er selbst die himmlischen und irdischen Paläste gebaut. Und das ist die Absicht von Rav in "als ob er selbst den Himmel und die Erde gepflanzt hätte". Und es ist auch möglich, das scheinbar überflüssige "Du" [[im Hebräischen]] in dem Vers ["Denn Du bezahlst einen Menschen nach seinen Werken"] in Anlehnung des Gra zu interpretieren [Mishlei 10:24]: "Was der Böse fürchtet, das wird über ihn kommen, und was der Gerechte begehrt, das wird er geben." Für die Übertretung, die ein Mensch begeht, wird sie ihn selbst bestrafen, weshalb die Strafe eine Grenze hat, so wie die Übertretung selbst eine Grenze hat. Aber für die Mitzwa belohnt ihn der Heilige, gesegnet sei Er, bei sich selbst und in Seiner Ehre, weshalb der Lohn ewig ist, ohne Grenze, so wie der Heilige, gesegnet sei Er, selbst ohne Grenze ist. Und dies ist die Absicht des Verses: "Und Du, o Herr, bist gütig; denn Du bezahlst den Menschen nach seinen Werken." Das heißt, Du selbst belohnst einen Menschen für die Erfüllung seiner Mitzvoth, so dass es keine Grenze für seinen Lohn gibt.

[Sanhedrin 99b]: "R. Jochanan sagte: 'Er [derjenige, der Tora lernt] sichert auch den Schutz für die ganze Welt, mit anderen Worten. [Jesaja 51:16]: "und mit dem Schatten meiner Hand habe ich dich bedeckt" [und damit die ganze Welt].'" Levi sagte: "Er bringt auch die Erlösung näher, mit anderen Worten. [Ebd.]: "und zu Zion zu sagen: 'Ihr seid mein Volk.'""

[Das Torastudium ist] größer als alle Opfer, denn so haben es Unsere Weisen, möge ihr Andenken gesegnet sein, dargelegt [Rosch Haschana 18a]: "[I Samuel 3:14]: 'Die Schuld des Hauses Eli wird nicht durch Opfer oder Gaben für immer getilgt werden.' Rava sagte: 'Sie kann nicht durch Opfer oder Gaben gereinigt werden, aber sie kann durch Worte der Tora gereinigt werden.'" Und so heißt es in der

Shemirat HaLashon - Buch A

Schrift [Vayikra 7:37]: "Dies ist die Tora für Brandopfer, Speisopfer und Sündopfer usw." Und sie haben gesagt [Menachoth 110a]: "Wenn man sich mit der Tora beschäftigt, ist es so, als ob man ein Brandopfer opfert, als ob man ein Speiseopfer opfert, als ob man ein Sündopfer opfert, als ob man ein Friedensopfer opfert." Und dies ist die Sprache des heiligen Zohar, Parschath Schelach 159a: "
Wenn man sich mit der Tora beschäftigt, ist es, als ob man alle Opfergaben der Welt vor dem Heiligen, gepriesen sei Er, opfert. Mehr noch, der Heilige, gesegnet sei Er, gewährt ihm Sühne für all seine Sünden und sie stellen ihm viele 'Stühle' für die kommende Welt auf."

Und die Tora ist größer als die Rettung von Leben, wie Unsere Weisen, möge ihr Andenken gesegnet sein, gesagt haben [Megilla 16b].

Und durch sie [das Torastudium] verdient man sich die kommende Welt, wie Unsere Weisen, möge ihr Andenken gesegnet sein, gesagt haben [Peah 1:1]: "Dies sind die Dinge ... und das Torastudium über und gegen alles." Und Unsere Weisen, möge ihr Andenken gesegnet sein, haben gesagt [Bava Metzia 85b]: "Das, was geschrieben steht [Iyyov 3:19]: 'Die Kleinen und die Großen sind dort [in der nächsten Welt], und der Knecht frei von seinem Fürsten.' Wissen wir nicht, dass die Kleinen und die Großen dort sind? - Die Absicht ist vielmehr, dass alle, die sich in dieser Welt für die Tora klein machen, in der kommenden Welt groß gemacht werden, und alle, die sich in dieser Welt für die Tora zu Dienern machen, in der kommenden Welt zu freien Menschen gemacht werden." Und in Avoth 6:3: "Es gibt keine Ehre außer der Tora, wie geschrieben steht [Mishlei 3:35]: 'Die Weisen werden Ehre erben.' Begehre nicht mehr Ehre als deine Gelehrsamkeit und giere nicht nach der Tafel der Könige. Denn dein Tisch [in der kommenden Welt] ist größer als ihr Tisch in dieser Welt, und deine Krone ist größer als ihre Krone usw." Und in Sanhedrin 100a: "Alle, die in dieser Welt ihr Gesicht beim Torastudium verdunkeln, erhellt der Heilige, gepriesen sei Er, in der kommenden Welt, wie es geschrieben steht [Hohelied 5:15]: 'Sein Antlitz ist wie Levanon, erlesen wie die Zedern.'" Und in ähnlicher Weise heißt es im Midrasch Rabba: "R. Yehudah interpretiert den Vers so, dass er sich auf Toragelehrte bezieht. In einem Vers heißt es [Ibid. 11]

Shemirat HaLashon - Buch A

'schwarz wie ein Rabe', und in einem anderen [Nachum 2:5]: 'Ihr Aussehen ist wie Flammen, sie blitzen wie Blitze.' Das sind die Tora-Gelehrten, die in dieser Welt unbeholfen und schwarz aussehen, aber in der nächsten Welt wie Flammen aussehen." R. Tanchum ben Chanilai sagte: "Alle, die in dieser Welt nach Worten der Tora hungern, sättigt der Heilige, gesegnet sei Er, in der kommenden Welt, wie es geschrieben steht [Psalm 36,9]: 'Sie werden gesättigt sein von der Fülle Deines Hauses.'"

Und im Midrasch Tehillim 49,2 heißt es: "'Dem obersten Musikanten, den Söhnen Korachs, einen Psalm.' Das ist so, wie die Schrift sagt [Koheleth 11,7]: 'Und süß ist das Licht und gut für die Augen.' Wie süß ist das Licht der kommenden Welt. Glücklich ist der Mensch, der die guten Taten hat, um dieses Licht zu sehen, wie es geschrieben steht [Richter 5,31]: 'Und seine Geliebten [werden sein] wie der Aufgang der Sonne in seiner Macht.'" R. Abba sagte: "Wie süß sind die Dinge, die mit dem Licht verglichen werden. Wie es geschrieben steht [Mischlei 6:23]: 'Denn eine Mitzwa ist eine Lampe, und die Tora ist ein Licht', usw. Glücklich ist der Mensch, der die Tora weiß wie Schnee sieht, denn ihr Lohn ist unendlich. Wenn der Heilige, gepriesen sei Er, kommen wird, um Israel den Lohn der Tora-Arbeiter auszuzahlen, und ihnen von dem verborgenen Licht in ihrem Verdienst zukommen lassen wird - dann werden sie zu den Völkern der Welt sagen: "Wir haben es verdient, weil wir uns mit der Tora beschäftigt haben. Und ihr pflegtet zu uns zu sagen: "Ihr müht euch umsonst ab." - Seht seinen Lohn!' Wie es geschrieben steht [Psalmen 49,2]: 'Hört dies [zoth], ihr Menschen.' Und 'zoth' ist die Tora.' [Psalmen, ebd.]: 'Hört, ihr Bewohner der Erde [chaled]' - das sind die Männer, die Rost [chaludah] in Gehinnom aufwerfen. Und wer sind sie? [Ibid. 3]: 'Sowohl die Söhne von "Adam" als auch die Söhne von "Ish".' "Adam" - das ist Abraham, mit anderen Worten. [Josua 14,15]: 'der große Mann [Adam] unter den Riesen'. Auch die Söhne Adams' - Jischmael und die Söhne der Ketura. Auch die Söhne von Ish" - die Söhne von Noach, der ish tzaddik genannt wurde [Bereschit 6:9]. Eine andere Auslegung: Dies sind die Götzendiener, die nach Gehinnom hinabsteigen. [Ebd.]: "reich und arm zusammen" - reich an Tora und arm an Tora. "reich" - Doeg und Achitophel. Obwohl sie Vorsteher des

Shemirat HaLashon - Buch A

Sanhedrin waren, stiegen sie nach Gehinnom hinab. "und arm an Tora" - einer, der lernen kann, aber nicht lernt. Deshalb sagten die Söhne Korachs [ibid. 4]: 'Mein Mund soll Weisheit sprechen' - die Weisheit der Tora; 'und mein Herz soll Verstand meditieren' - den Verstand der Tora. [Ibid. 5] 'Ich will mein Ohr auf ein Gleichnis neigen' - das Gleichnis der Tora." Und dies ist die Sprache des heiligen Zohar, Parshath Vayeshev:"

[Psalmen 19,8]: "Die Tora des Herrn ist ganz; sie erquickt die Seele": Wie sehr sollten sich die Menschen mit der Tora beschäftigen! Denn wer das tut, hat Leben in dieser und in der kommenden Welt und wird sich in beiden Welten verdient machen. Und selbst wer sich mit der Tora beschäftigt und es nicht um ihrer selbst willen tut [lishmah], wie es sich gehört, verdient dennoch guten Lohn in dieser Welt und wird in der kommenden Welt nicht gerichtet ... Wenn seine Seele im Begriff ist, abzureisen, um an ihren Platz zurückzukehren, geht sie [seine Tora] vor dieser Seele, und viele Tore werden vor der Tora zerbrochen, bis sie ihren Platz betritt und über dem Menschen [wacht], bis er sich zur Auferstehung erhebt, und sie [seine Tora] spricht zu seiner Verteidigung."

Und dies ist seine [des Zohar] Sprache in Parschath Beshalach 46a: "Wie geliebt ist die Tora von dem Heiligen, gepriesen sei Er. Denn wer sich mit der Tora beschäftigt, wird oben und unten geliebt. Der Heilige, gesegnet sei Er, hört auf seine Worte und verlässt ihn nicht in dieser und in der nächsten Welt. Und in der Tora muss man sich abmühen, Tag und Nacht.

Und in Parschath Emor 89b: "Glücklich sind die Israeliten, die der Heilige, gepriesen sei Er, vor allen Völkern bevorzugt hat, der ihnen in seiner Liebe zu ihnen eine Tora der Wahrheit gab, damit sie den Weg des heiligen Königs erkennen. Und wenn man sich mit der Tora beschäftigt, ist es, als beschäftige man sich mit dem Heiligen, gepriesen sei Er. Denn die ganze Tora ist der Name des Heiligen, gesegnet sei Er, so dass, wenn man sich mit ihr beschäftigt, es ist, als würde man sich mit Seinem Namen beschäftigen. Und wenn man sich von der Tora entfernt, entfernt man sich von dem Heiligen, gesegnet sei Er."

Und [Ibid. 96a]: "Wie glücklich ist der Anteil derer, die sich jeden Tag mit der Tora beschäftigen. Wehe denen, die sich

Shemirat HaLashon - Buch A

nicht mit der Tora beschäftigen, denn sie haben keinen Anteil an dem heiligen Namen, und sie sind nicht mit ihm vertraut in dieser und in der nächsten Welt. Und wer es in dieser Welt verdient, der verdient es in der kommenden Welt, wie es geschrieben steht [Hohelied 7:10]: 'Er kitzelt die Lippen der Schläfer'. Denn obwohl sie in dieser Welt sind, murmeln ihre Lippen dort Thora."

Und in Parschath Schelach 259b: "Der Heilige, gepriesen sei Er, ist stolz auf die Tora: 'Wandelt auf Meinen Wegen. Geht und beschäftigt euch mit Meiner Tora, und Ich werde euch in gute Welten und in himmlische Höhen bringen.' [Bamidbar 13,17]: 'Geht diesen [Weg] im Süden hinauf,' und beschäftigt euch mit der Tora, und seht, dass sie vor euch steht und dass ihr Mich durch sie erkennen werdet."

Und [ibid. 176]: [Mishlei 5:19]: "'Eine geliebte Hirschkuh, von vorzüglicher Gunst' - die Tora, das Licht aller Welten. Wie viele Meere und Flüsse, Quellen und Brunnen entspringen aus dir [Tora]! Was kann ich über dich sagen. Alles hängt von dir ab, das himmlische und das irdische. Eine geliebte Hindin, von vorzüglicher Gunst, für die Himmlischen und die Irdischen. Wer wird deine Ehre verdienen, wie es dir gebührt? Und wer kann deine verborgenen und geheimen Dinge aussprechen und offenbaren?"

Und in Parschath Pinchas: "Wer sich in der Tora abmüht, verdient es, dass ihm in dieser Welt viele Tore geöffnet werden und viele Lichter. Wenn er diese Welt verlässt, geht sie [die Tora] ihm voraus und geht zu allen Wächtern der Tore und ruft und sagt [Jesaja 26,2]: 'Öffnet euch, ihr Tore, und lasst das gerechte Volk eintreten.' Bereitet einen Sitz für Ploni, den Diener des Königs. Denn es gibt keine Freude für den Heiligen, gepriesen sei Er, außer in einem, der sich mit der Tora beschäftigt - wie viel mehr in einem, der nachts wach bleibt, um sich mit der Tora zu beschäftigen. Denn alle Tzaddikim in Gan Eden hören auf seine Stimme, und der Heilige, gesegnet sei Er, ist stolz auf ihn."

Und er verdient auch durch die Tora eine heilige Seele, wie es in der Einleitung zum Zohar, Bereschith, der fünften Verkündigung [Bereschith 1:20] geschrieben steht: "Das Wasser soll eine schwärmende, eine lebendige Seele sein." Es gibt hier drei Mitzvoth: erstens, sich in der Tora zu mühen und sich mit ihr zu beschäftigen, und jeden Tag

Shemirat HaLashon - Buch A

hinzuzufügen, um seine Seele und seinen Geist zu vervollkommnen. Denn wenn ein Mensch sich mit der Tora beschäftigt, vervollkommnet er eine andere heilige Seele usw. Denn wenn ein Mensch sich nicht mit der Tora beschäftigt, hat er keine heilige Seele. Und die heilige Seele oben ruht nicht auf ihm. Wenn er sich aber mit der Tora beschäftigt, indem er sie mit seinen Lippen murmelt, verdient er sich diese lebendige Seele und wird den heiligen Engeln gleich, wie geschrieben steht [Psalm 103,20]: 'Lobt den Herrn, seine Engel' - das sind diejenigen, die sich mit der Tora beschäftigen, die auf Erden 'seine Engel' genannt werden, usw. Dies, in dieser Welt. Was die zukünftige Welt betrifft, so haben wir gelernt, dass der Heilige, gepriesen sei Er, dazu bestimmt ist, für sie zu sorgen usw."

Kapitel Drei

In diesem Kapitel wird erklärt, dass die Tora den Menschen vor Bedrängnissen und vor allen [anderen] Übeln in dieser und der nächsten Welt bewahrt.
Kommt und seht, wie groß die Macht der Tora ist, denn es wird gesagt [Berachoth 5b]: "Allen, die sich mit der Tora beschäftigen, werden alle ihre Sünden vergeben, denn es steht geschrieben [Mischlei 16,6]: 'Durch Güte und Wahrheit, [Tora,] werden die Sünden vergeben.'"
Und sie haben weiter gesagt [Ibid. 5a]: "Alle, die sich mit dem Studium der Tora beschäftigen, entfernen Bedrängnisse von sich, wie es geschrieben steht [Iyyov 5:7]: 'Und die Söhne des reshef werden durch uf vertrieben werden,' ' uf ' in Anspielung auf die Tora, wie in [Mishlei 23:5] angedeutet: 'Wenn du von ihr [Tora] wegschaust [hata uf], wird sie verschwinden,' und ' reshef,' [in Anspielung] auf Bedrängnisse, wie in [Devarim 22:29]: 'Vergeudet durch Hunger, umkämpft durch reshef'" ["reshef", weil es auf "Hunger" folgt, was auch Bedrängnis bedeutet]. Und in Tanna d'bei Eliyahu: "Wenn du Bedrängnisse auf dich zukommen siehst, laufe zu den Worten der Tora, und sofort werden die Bedrängnisse fliehen, wie es geschrieben steht [Jesaja 26,20]: "Geh, mein Volk, geh in deine Kammern [der Tora] usw."
Und manchmal rettet ihn die Tora sogar vor dem Tod durch die Hand des Himmels, wie wir im Midrasch Rabba

Shemirat HaLashon - Buch A

Kedoschim lesen: "Wenn er in der Übertretung von ... in die Irre ging, was soll er tun, um zu leben? Wenn er gewohnt war, eine Seite zu lernen, so soll er zwei lernen; und wenn ein Kapitel, so soll er zwei lernen, usw." Und die Tora bewahrt ihn auch vor allen Übeln dieser und der kommenden Welt, wie wir in Tanna d'bei Eliyahu Zuta 17 lesen:

"Die Tora schützt den Menschen all die Jahre, die er im Grab ist, wie geschrieben steht [Sprüche 6,22]: 'Wenn du gehst, wird sie [die Tora] dich leiten' - in dieser Welt; 'Wenn du dich hinlegst, wird sie dich beschützen' - im Grab, während des Todes; 'und wenn du erwachst, wird sie für dich sprechen' - in der kommenden Welt." Die Erklärung finden wir im heiligen Zohar: "Wenn du im Grab liegst, wird die Tora dich vor dem Lärm dieser Welt schützen. Und wenn du erwachst, wird sie für dich sprechen. In der kommenden Welt, wenn du nach dem Tod erwachst, wird sie für dich sprechen. Das heißt, es wird für dich im Namen deines Körpers gut sprechen, damit er als erstes zum ewigen Leben erwacht, wie es geschrieben steht [Daniel 12,2]: "Diese zum ewigen Leben usw.", weil sie sich mit dem ewigen Leben, d.h. der Tora, beschäftigt haben. Und all die Worte, die man beim Studium der Tora in dieser Welt geäußert hat, werden vor dem Heiligen, gepriesen sei Er, stehen und sprechen, und sie werden nicht zum Schweigen gebracht werden.

Und in Avoth 3:6 finden wir: "Wenn jemand das Joch der Tora auf sich nimmt, so ist von ihm genommen ... und das Joch des Lebensunterhaltes." Wenn sie von "das Joch der Tora auf sich nehmen" und nicht von "Tora lernen" sprechen, bedeutet das, dass dies nur dann der Fall ist, wenn er das Joch der Tora auf sich nimmt, um auf keinen Fall darin nachzulassen - wie ein Ochse unter dem Joch, wie sie gesagt haben [Avodah Zarah 5b]: "Es wurde in der Schule von Elijahu gelehrt: 'Man soll sich immer wie ein Ochse für das Joch und wie ein Esel für die Last um [der] Worte der Tora willen machen.'" Und selbst wenn die Last des Jochs des Lebensunterhalts auf ihm lasten würde, ist sie bereits von ihm genommen. Wie viel mehr wird der Herr die Dinge so "ordnen", dass es ihm nicht auferlegt wird. Und die Tora schützt einen Menschen auch, um ihn vor dem Din von Gehinnom zu bewahren, obwohl er gesündigt hat - erst recht

Shemirat HaLashon - Buch A

nach dem Beispiel von Elischa Acher. Denn es heißt [Chagigah 15b]: "Als Acher starb, sagten sie: 'Er soll nicht gerichtet werden, denn er hat sich mit der Tora beschäftigt, und er soll nicht in die kommende Welt kommen, weil er gesündigt hat.'" Und wir finden in Aggadath Mishlei: "Es gibt keine Nächstenliebe, die vor dem Lärm des Gehinnom rettet, sondern nur die Tora allein." [Und wir lernten:] "Die Väter der Welt antworteten: 'Da ihr im Netz des Gerichts gefangen seid, bleibt euch nichts anderes übrig, als euch mit der Tora zu beschäftigen, denn sie [allein] sühnt die Sünde.'" Sie haben auch gesagt [Chagigah 27a]: "Das Feuer von Gehinnom herrscht nicht über Toragelehrte - erst recht nicht über einen Salamander, der, da er vom Feuer erzeugt wird, nicht vom Feuer betroffen wird, wenn man sich damit salbt. Wie viel mehr gilt das für Toragelehrte, deren ganzer Körper aus Feuer besteht, mit anderen Worten. [Jeremia 23:29]: '"Ist denn mein Wort nicht wie Feuer?' spricht der Herr."

Auch vom Großen Din, von dem geschrieben steht [Maleachi 3:19]: "Denn siehe, es kommt der Tag, der brennen wird wie ein Ofen" - wer sich mit der Tora beschäftigt hat, ist dazu bestimmt, gerettet zu werden, wie wir im Midrasch Tehillim lesen: "In der kommenden Zeit wird der Heilige, gesegnet sei Er, die Sonne aus ihrem Gehäuse herausnehmen und mit ihr richten [d.h., mit ihr die Bösen strafen und mit ihr die Gerechten heilen, wie geschrieben steht [ebd. 20]: 'Und es wird euch, die ihr meinen Namen fürchtet, die Sonne der Barmherzigkeit mit Heilung auf ihren Flügeln scheinen usw.'" R. Jehoschua sagte: "Der Heilige, gepriesen sei Er, hat mit allen, die in die Welt kommen, Barmherzigkeit geübt, indem er sie [die Sonne] nicht an das erste Firmament gestellt hat. Denn wenn er sie dort platziert hätte, gäbe es für niemanden Schatten unter ihr, wie es geschrieben steht [Psalmen 19,7]: 'Und es gibt kein Verstecken vor seiner Sonne.'" Aber wer ist in der Zukunft vor Seiner Sonne verborgen? Derjenige, der sich mit der Tora beschäftigt, wie es später geschrieben steht [Ibid. 8]: 'Die Tora des Herrn ist vollkommen.'" Und der Vers [Maleachi 3:19]: "Denn siehe, es kommt der Tag, der brennen wird wie ein Ofen", wird ebenfalls gefolgt von [Ibid. 22]: "Gedenkt der Tora von Mosche, Meinem Knecht." Die Tora [Studium] ist auch [eine] der Mitzvoth, deren

Shemirat HaLashon - Buch A

Früchte in dieser Welt gegessen werden, wobei der Hauptteil für die kommende Welt übrig bleibt.

Sie haben auch gesagt [Avodah Zarah 19b]: "Wer sich mit der Tora beschäftigt, dessen Besitz gedeiht", "Wer sich mit der Tora beschäftigt, für den sorgt der Heilige, gepriesen sei Er, für seine Bedürfnisse."

Aus all dem können wir die Größe der Beschäftigung mit der Tora verstehen. Und unsere Weisen, möge ihr Andenken gesegnet sein, haben bereits gesagt: "Der Heilige, gesegnet sei Er, hat in Seiner Welt nur die vier Ellbogen der Halacha allein." Das heißt, das [letzte] Ziel des Willens und des Verlangens des Heiligen, gesegnet sei Er, in Seiner Welt ist nur der Mensch, der sich mit der Halacha beschäftigt, deren Raum vier Ellen beträgt.

Und wer keine Zeit hat, die Tora kontinuierlich zu lernen, ist auf jeden Fall verpflichtet, sich Zeiten für die Tora zu setzen. Denn so haben Unsere Weisen, möge ihr Andenken gesegnet sein, gesagt [Schabbat 31a]: "Wenn ein Mensch vor das [himmlische] Gericht gestellt wird, wird er gefragt: 'Warst du ehrlich in deinen [geschäftlichen] Geschäften? Hast du dir Zeit für das Torastudium genommen?'" Und selbst wenn er arm ist, muss er sich Zeit nehmen, wie es heißt [Yoma 35b]: "Ein armer Mann und ein reicher Mann kommen zum Gericht. Der Arme wird gefragt: 'Warum hast du dich nicht mit der Tora beschäftigt?' Wenn er sagt: 'Ich war arm', wird er gefragt: 'Warst du noch ärmer als Hillel der Ältere?' Es wird von Hillel dem Älteren gesagt, usw."

Und so heißt es in Yoreh Deah 246: "Jeder Mann Israels ist verpflichtet, die Tora zu studieren, ob er arm oder reich ist, ob er körperlich gesund oder krank ist, ob er jung oder sehr alt ist, ob er ein Bettler ist oder ein verheirateter Mann mit Kindern, er ist verpflichtet, sich Zeit für das Torastudium zu nehmen, bei Tag und bei Nacht, wie es geschrieben steht [Josua 1,8]: '"Und du sollst sie Tag und Nacht studieren."'

Und das "Beiseitelegen von Zeiten" bedeutet, dass er eine bestimmte Zeit festlegt, von der er aus keinem Grund abweicht - selbst wenn er dadurch einen großen Nutzen hat [mit anderen Worten: Shulchan Aruch, Orach Chaim 155].

Und nicht umsonst wird die Tora mit Brot verglichen, wie es geschrieben steht [Mischlei 9:5]: "Kommt und esst von meinem Brot" [d.h. Tora]. Dies soll uns lehren, dass das Brot das Herz nährt, wie es geschrieben steht [Psalm

Shemirat HaLashon - Buch A

104,15]: "Und Brot soll das Herz des Menschen nähren", und wenn jemand ein oder zwei Tage kein Brot isst, wird sein Herz schwach; und noch viel mehr, wenn er eine Woche lang kein Brot isst, wird sein Herz sehr schwach, und es ist schwer für ihn, die Kraft wiederzuerlangen, die er dadurch verloren hat - so ist es genau mit dem Torastudium, das die heilige Seele des Juden nährt. Wenn er einige Tage [und erst recht eine ganze Woche] nicht lernt, wird sie stark geschwächt, weshalb er sehr darauf achten muss, dass er die festgesetzte Zeit nicht einmal um einen Tag versäumt. Und abgesehen davon, dass dies den zweiten und dritten Tag danach untergräbt [denn es ist sehr wahrscheinlich, dass er auch an diesen Tagen nicht lernt, wie Unsere Weisen, möge ihr Andenken gesegnet sein, gesagt haben: "Wenn du mich [Tora] für einen Tag verlässt, werde ich dich für zwei Tage verlassen"] und es danach sehr schwierig für ihn ist, seinen Yetzer [Neigung] Hara [die böse Neigung] erneut zu überwinden und sich Zeiten für die Tora zu setzen - aber selbst an den Tagen, an denen er lernt, wenn die festgelegte Zeit nicht konstant ist, ruht der heilige Geist nicht in vollem Umfang auf diesem Lernen. Dies im Gegensatz zu einer konstanten Zeit, in der eine große und ehrfurchtgebietende Heiligkeit auf jeder Lernsitzung ruht. Wenn er also wegen einer sehr dringenden Notwendigkeit seine feste Zeit absagen muss, wird dies auf ihm wie eine Schuld lasten, die er in dieser vierundzwanzigstündigen Periode eilig zurückzahlen muss, wie wir in Eruvin 65b über R. Acha bar Yaakov finden, dass er tagsüber [von seiner festen Zeit [für seinen Lebensunterhalt]] "borgte" und in der Nacht "zurückzahlte" [siehe Raschi dort].

Und der heilige Zohar [296] geht auf die Belohnung desjenigen ein, der Zeiten für die Tora festlegt [und das Gegenteil, Gott bewahre]:

"Das vierte Heiligtum, usw. Die zweiunddreißig anderen sind für diejenigen bestimmt, die sich ununterbrochen, Tag und Nacht, mit der Tora beschäftigen. Und die anderen, unter ihnen, für all jene, die sich bestimmte Zeiten für die Tora setzen. Und alle sind dazu bestimmt, diejenigen zu bestrafen, die in der Lage sind, sich mit der Tora zu beschäftigen, es aber nicht tun."

Und wer darauf achtet, [Worte der] Tora zu studieren und sie auf sein Herz zu legen, verdient es, den gesegneten Herrn

Shemirat HaLashon - Buch A

zu lieben, wie wir in Sifrei zu [Devarim 6:6] finden: "Und diese Dinge, die ich dir heute gebiete, sollen auf deinem Herzen sein", mit anderen Worten..: "Aus [Ibid. 5]: 'Und du sollst den Herrn, deinen Gott, von ganzem Herzen lieben', wüsste ich nicht, wie man dazu kommt, den Heiligen, gepriesen sei Er, zu lieben; es steht also geschrieben [5]: 'Und diese Dinge [[Worte der Tora]] ... sollen in deinem Herzen sein.' Denn durch sie erkennt ihr den Heiligen, gesegnet sei Er, und haltet euch an Seine Wege."

Kapitel Vier

In diesem Kapitel wird erklärt, wie groß die Strafe für jemanden ist, der sich von der Tora trennt.

Und in Avoth 6:2 finden wir: "R. Jehoschua b. Levi sagte: 'Eine himmlische Stimme geht vom Berg Chorev aus und verkündet: "Wehe den Schöpfungen wegen der Schande der Tora usw.!"'" Und im Zohar Chadash heißt es, dass der vorbestimmte Tag des Gerichts, mit anderen Worten. [Maleachi 3:19]: "Denn siehe, es kommt der Tag, der brennen wird wie ein Ofen" - das ist der Tag, an dem Mosche, unser Lehrer, Friede sei mit ihm, dazu bestimmt ist, 'die Beschämung der Tora rächen', wie wir in der Mischna lesen: 'Wehe den Schöpfungen usw.'" Denn in Wahrheit ist es eine große Schande für die Tora, deren Heiligkeit über allen Welten verwurzelt ist, dass die Menschensöhne, aus Materie geformt, im Staub gegründet, sich von ihr trennen!"

Und in Ma'aloth HaTorah heißt es: "Man sollte es sich zu Herzen nehmen, dass, wenn es einem niedrigen Menschen vergönnt wäre, einem großen, ehrfurchtgebietenden König mit demselben Dienst zu dienen, den alle Würdenträger des Königreichs verrichten, er gewiss unendliche Freude empfinden würde, auch wenn er nichts für seinen Dienst erhielte. Und er würde den Dienst des Königs gewiss nicht ablehnen! Wie viel mehr sollte man sich darüber freuen, dass man es verdient hat, die heilige Tora zu lernen, mit der sich alle himmlischen Engel ständig vergnügen und mit der sich alle Tzaddikim in Gan Eden befassen. Wie viel mehr sollte er sich nicht von ihr fernhalten! Und Unsere Weisen, möge ihr Andenken gesegnet sein, haben gesagt, dass, wenn ein Mensch sich mit der Tora beschäftigt, alle Engel, die

Shemirat HaLashon - Buch A

durch den Atem seines Mundes erschaffen wurden, ihn in einem Kreis umgeben, so weit das Auge reicht - und er in dessen Mitte!

"Daraus können wir die Strafe für den ableiten, der die Tora verlässt, über den Jesaja geschrieben hat [Jesaja 1,28]: 'Und die Verräter des Herrn werden umkommen!' Wehe der Schande! Wehe, wenn er gedemütigt wird! Was wird er am Tag der Heimsuchung tun? Gibt es ein Ende seiner Strafe? So groß der Lohn ist, so groß ist auch die Strafe für den, der sich davon trennt!

"Und er soll sich folgendes vorstellen: Wenn ein großer und ehrfurchtgebietender König einen Mann sähe, der sich im Schmutz suhlt und von allerlei Gebrechen und Krankheiten geplagt und umgeben ist und dem es an allem mangelt, und dieser Mann fände Gunst in den Augen des Königs und er befahl, dass aller Schmutz von ihm abgewaschen würde, und heilte alle seine Krankheiten, bis er gesund und an allen Gliedern heil würde, und kleidete ihn in königliche Gewänder und schmückte ihn mit vielen kostbaren Juwelen und Perlen und gab ihm alle seine Schätze und befahl, dass die ganze Regierung des Königreichs in seiner Hand sei, und gab ihm seine Tochter zur Frau und erhob ihn über alle Fürsten und Diener des Königs, bis er allen Großen seines Königreichs befahl, ihm in königlichen Gewändern zu dienen, wie er es wünschte - und, und siehe, während er in diese königlichen Gewänder gekleidet und mit Juwelen geschmückt war und alle Würdenträger des Königreichs vor ihm hergingen und ihn mit Laternen anführten - zu jener Zeit sah er Kinder, die im Schlamm herumtollten und Steine sammelten, um damit zu spielen, und er beneidete sie und tat, was sie taten, und warf alle seine kostbaren Kleider ab, und verschmähte alle Freuden, die er gerade genossen hatte, und verließ alle Würdenträger, die vor ihm gingen, und wälzte sich im Dreck und besudelte sich darin wie zuvor - würde es ein Ende der Strafe dieses Mannes geben, weil er die Ehre des Königs und seiner Minister, die seinen Willen taten, verachtet und seine königlichen Gewänder besudelt hatte usw. ? Die Analogie ist selbsterklärend: Wie viel mehr ist die Strafe für die Verräter der Tora bestimmt und bereit, die sich von ihr trennen, um im Staub der Eitelkeiten dieser Welt zu wühlen!"

Dies ermöglicht uns zu verstehen [Berachoth 5a]: "Wenn es

Shemirat HaLashon - Buch A

jemandem möglich ist, die Tora zu studieren, und er tut es nicht, so bringt der Heilige, gepriesen sei Er, schwere Leiden über ihn, die ihn beflecken, wie es geschrieben steht [Psalm 39,3]: "Ich war stumm vor Schweigen, zum Schweigen gebracht vor dem Guten [d.h. der Tora], und mein Schmerz [d.h. meine Bedrängnisse] besudelte mich." Dies ist Maß für Maß. Weil er die Tora beschämt und sie wie ein unerwünschtes Gefäß gemacht hat, wurde auch er vor allen beschämt.

Unsere Weisen, möge ihr Andenken gesegnet sein, haben auch gesagt [Berachoth 63a]: "Allen, die im Torastudium nachlässig sind, wird die Kraft fehlen, einen Tag der Bedrängnis zu überstehen, mit anderen Worten. [Mishlei 24:10]: 'Wenn ihr nachlässig werdet, wird eure Kraft an einem Tag der Bedrängnis erschöpft sein.'" Und wir finden im heiligen Zohar zu diesem Vers:

"Wenn ein Mensch in der Tora nachlässig wird und auf Wegen wandelt, die nicht kasher sind, wie viele Feinde sind für ihn bereit, um am Tag der Trübsal gegen ihn verfolgt zu werden! Und sogar die Seele des Menschen, die seine Kraft und Stärke ist, wird zu seinem Feind werden, wie es geschrieben steht: "tzar cochecha" ["Deine Stärke [d.h. Seele] wird zu deinem Feind werden"]. Was ist mit "ihr seid nachlässig geworden" gemeint? Du hast deine Hand vom Festhalten an dem Heiligen, gepriesen sei Er, gelöst. Und wie kann ein Mensch am Heiligen, gepriesen sei Er, festhalten? Indem man an der Tora festhält, hält man am "Baum des Lebens" fest und gibt der Schechinah Kraft, und viele Verteidiger treten für ihn ein, um ihn für das Gute zu erwähnen usw."

Wir finden weiter in Avoth [3:8]: "R. Meir sagt: 'Wenn jemand auch nur eine einzige Sache von seinem Lernen vergisst, rechnet ihm die Schrift das an, als ob er für seine Seele haftet, wie es geschrieben steht [Devarim 4:9]: "Nimm dich nur in Acht und achte sehr auf deine Seele, damit du nicht vergisst usw."

Außerdem gewinnen die Götzendiener dadurch [[Nachlässigkeit im Torastudium]] an Stärke über Israel, wie wir im Midrasch [Eichah Rabba Pethichta] über den Vers [Jesaja 5:24] feststellen: 'Wie Stroh [Esav] wird eine Feuerzunge [Yaakov] verzehren'. Wann wird das Stroh das Feuer verzehren? Wenn sie [Israel] die Tora des Herrn

Shemirat HaLashon - Buch A

verachten, wird ihre [Israels] Wurzel wie Fäulnis sein. Das 'Verdienst der Väter' wird ihnen nichts nützen."

Im Midrasch [Eichah Rabbah Pethichta] finden wir weiter: "[Bereschit 27:22]: 'Die Stimme ist die Stimme von Jaakow' - Solange die Stimme von Jaakow in den Häusern des Gebets und den Häusern des Studiums "zwitschert", werden die Hände von Esav nicht über ihn siegen. Wenn aber die Stimme Yaakovs usw."

Und im Midrasch Eichah heißt es: "Wann wird das Reich der Götzendiener ein Dekret gegen Israel erlassen und damit Erfolg haben? Wenn sie [Israel] Worte der Tora zu Boden werfen, wie es geschrieben steht [Daniel 8:12]: 'Und es wird eine Zeit festgesetzt werden für das [Ende] des täglichen Opfers, und es [das götzendienerische Königreich] wird die Wahrheit zu Boden werfen, und es wird Erfolg haben und gedeihen. "Wahrheit" ist die Tora, wie es geschrieben steht [Mischlei 23:23]: 'Kaufe die Wahrheit und verkaufe sie nicht! Und es steht geschrieben [Hoshea 8,3]: 'Israel hat die Wahrheit aufgegeben; der Feind wird es verfolgen.' Und 'gut' ist nichts anderes als die Tora."

Und [Schemot 17:1]: "Und sie zogen ... und lagerten sich in Refidim", worauf es heißt [ebd. 8]: "Und Amalek kam." Dies wird von Unseren Weisen, möge ihr Andenken gesegnet sein, wie folgt erklärt: [Amalek griff sie an], weil ihre Hand in der Tora "schwächelte" [" rafu yedeihem " [wie " refidim "]].

Und im heiligen Zohar über Schemot 5:17: "'Ihr seid lasch, lasch' - Ihr seid lasch in der Tora; deshalb [Gebot 9]: 'Lasst die Arbeit schwer auf den Menschen lasten' - mit Steuern und Abgaben."

Und [[durch Vernachlässigung des Torastudiums]] schadet er vor allem sich selbst, wie Unsere Weisen, möge ihr Andenken gesegnet sein, gesagt haben: "Wer auch nur einen Punkt seines Lernens vergisst, der bringt seine Söhne ins Exil, wie es geschrieben steht [Hoshea 4:6]: 'Und du hast die Tora deines Gottes vergessen - auch ich werde deine Söhne vergessen.'"

Und auch die Söhne eines Mannes sterben jung wegen dieser Sünde, wie Unsere Weisen, möge ihr Andenken gesegnet sein, festgestellt haben [Schabbat 32b].

Er wird auch in Gehinnom für diese Sünde verurteilt [d.h. bestraft], wie Unsere Weisen, möge ihr Andenken gesegnet

Shemirat HaLashon - Buch A

sein, gesagt haben [Bava Bathra 79a]: "Wer sich von den Worten der Tora trennt, fällt in den Gehinnom, wie es geschrieben steht [Mischlei 21:16]: 'Der Mann, der vom Pfad der Weisheit abweicht, wird in der Versammlung der refaim' [der Schatten] ruhen, wobei "refaim" nichts anderes als Gehinnom ist." Und im heiligen Zohar, Parschath Vayikra:

"R. Schimon sagte: 'Glücklich sind die Männer der Seele, die Männer der Tora, die Söhne des Dienstes des Heiligen Königs. Wehe den Sündern, die es nicht verdienen, sich an ihren Herrn zu halten, und die sich nicht um die Tora verdient machen. Denn alle, die sich nicht um die Tora verdient machen, verdienen weder Geist noch Seele, und ihr Festhalten an der Tora führt zu schmerzlichen Gerichten. Ein solcher hat keinen Anteil am heiligen König, hat keinen Anteil an der Heiligkeit. Wehe ihm, wenn er diese Welt verlässt. Denn er wird jenen bösen Heerscharen offenbart werden, Geschöpfen der Chuzpe, hart wie Hunde, Boten des Feuers von Gehinnom, die sich seiner nicht erbarmen werden usw."

Und er wird auch vom Herrn verworfen, wie es in Avoth 6:2 heißt: "Wer sich nicht mit der Tora beschäftigt, wird nazuf ['verworfen'] genannt."

Und im heiligen Zohar: "Wie sehr müssen die Menschen auf ihre Wege achten und den Heiligen, gepriesen sei Er, fürchten. Denn wer sich nicht in der Tora abmüht und sich nicht mit ihr beschäftigt, wird vom Heiligen, gesegnet sei Er, "verworfen" genannt, ist weit von Ihm entfernt, und die Schechinah ruht nicht auf ihm. Und die "Wächter", die mit ihm gehen, entfernen sich von ihm. Und mehr noch, sie rufen ihm zu: 'Entfernt euch von Ploni [so und so] [jemand], der nicht für die Ehre des Königs eifert. Wehe ihm, denn er ist von den himmlischen und irdischen Wesen verlassen worden, und er hat keinen Anteil am Weg des Lebens!"

Wenn man sich aber mit der Tora beschäftigt und sich im Dienste seines Herrn in der Tora abmüht, wie viele "Wächter" stehen dann um ihn herum bereit, um ihn zu beobachten, und die Schechinah legt sich auf ihn, und alle rufen vor ihm und sagen: "Gebt dem Bild des Königs Ehre, gebt dem Sohn des Königs Ehre. Er wird "bewacht" in dieser Welt und in der kommenden Welt. Glücklich ist sein Anteil!"

Shemirat HaLashon - Buch A

Und auch deswegen [Vernachlässigung des Torastudiums] gibt es Feuersbrünste in der Welt, wie Unsere Weisen, möge ihr Andenken gesegnet sein, sagen [Schewuoth 39a]: "Alle Häuser, in denen nachts keine Worte der Tora gehört werden, werden vom Feuer verzehrt" - und es ist bekannt, dass ganz Israel 'Bürge ist, einer für den anderen.'"

Und Rabbeinu Jona hat in Iggereth Hatschuwa geschrieben, dass "wenn die Menschen ihre Arbeit und ihre Geschäfte beenden und in ihre Häuser gehen oder an [Straßenecken] müßig sind oder müßig reden, ist ihr Übel sehr groß und ihre Sünde äußerst schwer, denn sie beschämen [dadurch] die Tora. Denn wenn sie glaubten, dass ihr Lohn kein Ende hat, warum würden sie dann nicht ihre Füße in das Haus des Studiums setzen, um zu lernen? Eilt der Mensch nicht zur Arbeit, weil er weiß, dass alles eitel ist? Und wie kann er das Leben der kommenden Welt vergessen und nicht einen Tag oder eine Stunde dem Lernen widmen? Und er soll nicht sagen: "Es ist noch Zeit, für den Herrn zu arbeiten, Tora zu lernen und sich mit Mitzvoth und Tzedakoth zu beschäftigen. Er ist schuldig! Er hat sich schwer gegen den Herrn versündigt! Und unsere Weisen, möge ihr Andenken gesegnet sein, haben über den Vers [Bamidbar 15:31] gesagt: 'Denn das Wort des Herrn hat er verachtet, und seine Gebote hat er gebrochen. Diese Seele soll ausgerottet werden; ihre Übertretung ist in ihr", dass, wenn es jemandem möglich ist, sich mit der Tora zu beschäftigen, er es aber nicht tut, er das Wort des Herrn beschämt. Deshalb ist jeder Mensch verpflichtet, in seinem Haus einen Platz einzurichten, an dem er Halachoth [das Gesetz] oder die Heilige Schrift lernt, jeder nach seinen Fähigkeiten. Und wenn er mit seinen Geschäften oder seiner Arbeit fertig ist, muss er sich dorthin begeben, um zu lernen. Und indem er das tut, wird er "Wunder tun" für seine Seele, um sie aus der Grube zu retten. Und er muss über sein Ende nachdenken und sein späteres Ende bedenken, wie Unsere Weisen, möge ihr Andenken gesegnet sein, gesagt haben: "Bedenke drei Dinge, und du wirst nicht zur Übertretung kommen, usw. Und es ist angemessen, dass man sich einen Pashut oder einen halben [[Arten von Münzen]] findet, um Almosen zu geben für jeden Tag, an dem er es versäumt, zum Haus des Studiums zu gehen oder zu einem Ort, an dem er eines der heiligen Bücher hat, um daraus zu lernen."

Shemirat HaLashon - Buch A

[Ich habe von einem wohlhabenden Geschäftsmann gehört, der sich völlig von den Eitelkeiten der Welt trennte, um sich Tag und Nacht ganz mit der Tora des Herrn zu beschäftigen. Und seine Brüder und Familienmitglieder verbündeten sich gegen ihn, um ihn dazu zu bringen, zur "Normalität" zurückzukehren, aber er schenkte ihnen keine Beachtung und sie verzweifelten an ihm. Als seine alten Bekannten ihn fragten, wie er es geschafft habe, sich nicht von dem Aufschrei seiner Familie beeinflussen zu lassen, antwortete er:

"Ich dachte über die Worte Unserer Weisen nach, möge ihr Andenken gesegnet sein [Schabbat 83b]: 'Die Tora hat nur bei demjenigen Bestand, der sich über sie "umbringt" usw.'" Das heißt, [man sollte sich vorstellen], dass er bereits gestorben ist und alle seine Angelegenheiten und damit auch sein Leben abgeschlossen hat. Und er würde vor dem König der Könige, dem Heiligen, gepriesen sei Er, für all die Dinge, für die er sein Leben in Eitelkeit verbracht hatte, vor Gericht gestellt und im himmlischen Din als "schuldig" auftauchen, er schrie: "Wehe mir, für die Schlechtigkeit meiner Taten und meiner Angelegenheiten!" Wenn es ihm inmitten all dessen gestattet wäre, sofort in diese Welt zurückzukehren und Buße zu tun, würde er gewiss keinen Augenblick zögern und sein Ohr gar nicht erst neigen, um von den Geschäften seines Hauses zu hören.

Wenn also ein Mensch an seine Sünden denkt und sich vorstellt, er sei schon gestorben, und wenn der Heilige, gepriesen sei Er, ihm nach seinem Tod die große Güte erwiesen hätte, ihm zu erlauben, Buße zu tun, würde er gewiss nicht einen Augenblick zögern, dies zu tun. Wenn dem so ist, welchen "Schaden" hat der Heilige, gesegnet sei Er, ihm zugefügt, indem er sein Leben verlängert hat, damit er noch zu Lebzeiten Buße tun kann? Sicherlich muss er sich mit all seinen Kräften bemühen, seine Sünden zu bereuen und immer Tora zu studieren oder zumindest eine bestimmte Zeit für das Torastudium vorzusehen und sich nicht von denen beeinflussen zu lassen, die ihn davon abbringen wollen].

Kapitel Fünf

In diesem Kapitel wird erklärt, wie groß die Verpflichtung.

Shemirat HaLashon - Buch A

ist, Toragelehrte zu unterstützen, und wie groß die Belohnung dafür ist.

Aus unserer ganzen Diskussion über die Größe der Tora, die die Grundlage von allem ist, können wir die Größe der Verpflichtung verstehen, die Tora aufrechtzuerhalten, damit sie nicht fällt. Und dies gilt nicht nur für diejenigen, die mit weltlichen Angelegenheiten beschäftigt sind, die sich sicherlich zumindest in diesem großen Unternehmen anstrengen müssen, um sich vor den bitteren Strafen für die Vernachlässigung des Torastudiums zu retten, wie Rabbeinu Jona in Iggereth Hateshuvah schrieb: "Wenn jemand sich vor der bitteren Strafe und dieser großen Sünde retten will, soll er sich mit den Bedürfnissen der Toragelehrten und der Rabbiner usw. beschäftigen, damit sie in seiner Stadt bleiben und sich durch seine Unterstützung mit der Tora beschäftigen." Und Unsere Weisen, möge ihr Andenken gesegnet sein, haben beobachtet, dass der Vers in Mischlei 3:18: "Sie [die Tora] ist ein Baum des Lebens für ihre Erhalter" nicht von "Lernenden" spricht, sondern nur von "Erhaltern", die Toragelehrte und Rabbiner unterstützen - auch diejenigen, die selbst Toragelehrte und Erfüller von Mitzwot in Israel sind, haben eine große Verpflichtung, die Tora zu fördern, und wenn sie es nicht tun, sind sie in der Kategorie "Verflucht", Gott bewahre, wie Rabbeinu Jona in Scha'arei Teschuwa, Tor 3 schrieb: 19, im Namen der Sifrei zu Devarim 27:26: "Verflucht ist der, der die Worte dieser Tora nicht aufrechterhält, um sie zu tun" - "Wenn jemand lernte und prüfte und andere lehrte und die Tora erfüllte und in der Lage ist, diejenigen zu stärken, die sich mit Tora und Mitzwot beschäftigen, es aber nicht tut, ist er in der Kategorie "Verflucht ist der, der nicht aufrechterhält usw. "

Kommt und seht die Größe der Eminenz dessen, der die Tora hochhält und einen Toragelehrten mit seinem Besitz unterstützt und sich ihm nähert, wobei die Schrift es so betrachtet, als ob er [dadurch] an der Schechinah festhielte. Wie Unsere Weisen, möge ihr Andenken gesegnet sein [Kethuvoth 111a], über den Vers [Deuteronomium 4:9] sagen: "Und ihr, die ihr dem Herrn, eurem Gott, anhängtet, seid heute alle am Leben." Ist es nun möglich, dass ein Mensch an der Schechinah festhält? Steht nicht geschrieben [ebd. 24]: "Denn der Herr, dein Gott, ist ein verzehrendes

Shemirat HaLashon - Buch A

Feuer!" Die Absicht ist vielmehr, wenn jemand seine Tochter mit einem Tora-Gelehrten verheiratet, oder Geschäfte für einen Tora-Gelehrten macht, oder einen Tora-Gelehrten mit seinem Besitz begünstigt, wird es ihm angerechnet, als ob er der Schechinah anhielte." Und sie erklärten weiter [Ibi d. 10b]: "Alle, die Toragelehrte in ihren Häusern beherbergen und ihnen von ihrem Essen anbieten, werden von der Schrift als Darbringer täglicher ['ständiger'] Opfer betrachtet." Und [Ibi d. 63b]: "R. Nechemiah eröffnete [seine Rede] zu Ehren der Gastgeber, indem er [I Samuel 15:6] erklärte: 'Und Saul sagte zu den Keni: Geh, zieh weg, geh hinab aus der Mitte Amaleks, damit ich dich nicht mit ihm vertilge - und du hast an allen Kindern Israels Barmherzigkeit getan': Folgt daraus nicht a fortiori? Wenn schon Jithro, der Mosche nur zu seiner eigenen Ehre befreundet war, dies [seinen Nachkommen, den Keni] zugestanden wurde, wie viel mehr dann jemand, der einen Toragelehrten beherbergt, ihn speist und ihm zu trinken gibt und ihn mit seinem Besitz versorgt!'... R. Elazar b. R. Yossi Haglili eröffnete [seine Rede] zu Ehren des Gastgebers, indem er [II Samuel 6:11] erklärte: 'Und der Herr segnete das Haus von Oved-Edom... wegen der Lade Gottes' [die er in seinem Haus aufbewahrte]. Folgt daraus nicht a fortiori? Wenn die Lade, die nicht aß und nicht trank - weil sie vor ihr fegten und besprengten, so [wurden sie belohnt], wie viel mehr dann derjenige, der einen Toragelehrten beherbergt und ihn speist und ihm zu trinken gibt und ihn mit seinem Besitz versorgt!"

Und im Midrasch Rabba, Koheleth 2: "R. Meir war ein erfahrener Schreiber und verdiente drei Selaim pro Woche. Mit einem ernährte er sich, mit einem kleidete er sich, und mit einem versorgte er Toragelehrte."

Und wir finden im Midrasch Rabba, Schir Haschirim 6:11: "Ich ging hinunter zu einem Nussgarten": "R. Jehoschua b. Levi sagte: 'Israel wird mit einer Nuss verglichen. So wie eine Nuss aufgeschnitten wird und sich selbst ersetzt, und sie wird zu ihrem Besten aufgeschnitten - warum also? Denn sie ersetzt sich selbst, wie Haare und Nägel - so ist alles, was Israel von seiner Arbeit "abschneidet" und denen gibt, die in der Tora in dieser Welt arbeiten, zu ihrem eigenen Besten. Sie schneiden, und es [[das, was sie schneiden]] wird für sie ersetzt und trägt zu ihrem Reichtum in dieser Welt bei und

Shemirat HaLashon - Buch A

[gibt ihnen] guten Lohn in der kommenden Welt." Und darüber hinaus wird derjenige, der in seinem Namen lernt, "sein Freund" genannt, und er hat Anteil an der Belohnung für seine Tora, wie wir in Sotah 21a über Schimon, den Bruder Asarjas, erfahren, und wie es aus der Partnerschaft zwischen den Stämmen Jissachar und Sewulun bekannt ist. Wie wir im Midrasch Rabba, Parschath Kedoschim 25a finden: "R. Huna und R. Jirmija sagten im Namen von R. Chiyya b. Abba: 'Der Heilige, gesegnet sei Er, ist dazu bestimmt, den Männern der Mizwa [d.h. den Bewahrern der Tora] neben den Toragelehrten in Gan Eden Schatten und Schirme zu machen. Und es gibt drei Verse zu diesem Zweck: einer, [Koheleth 7:12]: "Denn im Schatten der Weisheit [Tora] ist der Schatten des Geldes"; [Jesaja 56,2]: "Glücklich ist der Mann, der sie [die Tora] tut, und der Menschensohn, der sie bewahrt"; [Mischlei 3,15]: "Sie [die Tora] ist ein Baum des Lebens für die, die sie bewahren." "Schimon, der Bruder Asarjas, sagte in seinem Namen, usw." [Zevachim I, Mischna 2]: "War aber Schimon nicht größer als Asarja? Aber weil Asarja Geschäfte machte und Schimon unterstützte, deshalb wurde die Halacha in seinem [Asarjas] Namen geschrieben." Ähnlich, [Devarim 33:18]: "Freue dich, Sewulun, über deinen Auszug, und Jissachar, über dein Zelt [der Tora]." War Jissachar nun nicht größer als Sewulun? Weil aber Sewulun die Siedlung verließ, um Geschäfte zu machen, und zurückkehrte und Jissachar unterstützte und für seine Mühen belohnt wurde, steht der Vers in seinem [Sewuluns] Namen geschrieben, mit anderen Worten. "Freue dich Zevulun in deinen Auszug." Und selbst in dieser Welt verliert er [Zevulun] dadurch nichts [[unterstützt Jissachar]], wie wir im Midrasch Rabba, Parschath Tetzaveh [Schemoth 36] über Mischlei 6:23 finden: "'Denn eine Mitzwa ist eine Lampe und die Tora ist Licht.' Was ist die Bedeutung von 'Eine Mitzwa ist eine Lampe'? Jeder, der eine Mitzwa tut, ist wie jemand, der eine Lampe vor dem Heiligen, gepriesen sei Er, anzündet, und er belebt seine Seele, die mit anderen Worten 'eine Lampe' genannt wird [Mischlei 24:27]: 'Die Lampe des Herrn ist die Seele des Menschen'. Und was bedeutet "und die Tora ist Licht"? Oft denkt man daran, eine Mitzwa zu tun, und der Yetzer [Neigung] Hara [die böse Neigung] Hara in ihm sagt: "Warum eine Mitzwa tun und deinen Besitz verlieren?

Shemirat HaLashon - Buch A

Bevor du anderen gibst, gib deinen Söhnen.' Und der Yetzer [Neigung] Hara [die böse Neigung] tov sagt: 'Gib für die Mitzwa. Siehe, was geschrieben steht: 'Denn eine Mitzwa ist eine Lampe.' So wie eine Lampe, wenn sie brennt, auch wenn Tausende und Abertausende von ihr leuchten, ihr Licht an seinem Platz bleibt, so verlieren alle, die für eine Mitzwa geben, ihren Besitz nicht, weshalb geschrieben steht: 'Denn eine Mitzwa ist eine Lampe und die Tora ist Licht.'" Und in ähnlicher Weise heißt es im heiligen Zohar, Parschath Vayechi:

"Warum geht Zevulun bei den Segenssprüchen immer vor Jissachar? Liegt Yissachars Beschäftigung nicht in der Tora, die in allen Fällen den Vorrang hat? Warum hat dann Zevulun den Vorrang bei den Segenssprüchen? Sein Vater setzte ihn an die erste Stelle und Mosche setzte ihn an die erste Stelle. Aber Zevulun verdient dies, weil er Brot aus seinem eigenen Mund nahm und es in den Mund von Jissachar legte, weshalb er bei den Segnungen an erster Stelle steht. Daraus lernen wir, dass jemand, der einen Toragelehrten unterstützt, Segnungen von oben und von unten erhält. Darüber hinaus verdient er "zwei Tafeln", die andere nicht verdienen. Er verdient Reichtum, damit er in dieser Welt gesegnet wird, und er verdient einen Anteil in der kommenden Welt."

[Und so können wir den Vers verstehen: "Freut euch Zevulun, wenn ihr hinausgeht, und Jissachar, wenn ihr zeltet." Das heißt, obwohl der Kaufmann sich nicht zu freuen pflegt, wenn er sein Haus verlässt, um Handel zu treiben, sondern nur, wenn er nach Hause zurückkehrt, damit der Heilige, gesegnet sei Er, ihm hilft und seine Mühe nicht vergeblich ist - vor allem, wenn er auf dem Meer fahren muss, das ein Ort der Gefahr ist -, sagt Mosche, unser Lehrer, deshalb: "Du, Zevulun, darfst dich freuen, wenn du in Booten hinausfährst [siehe Raschi dort]; denn Jissachar wohnt in deinen Zelten, die du ihm zur Tora und zum Erbe vermacht hast. Dann wird der Heilige, gesegnet sei Er, euch gedeihen" [wie der heilige Zohar schreibt]].

Und man verdient auch dadurch [Unterstützung der Tora], dass gute und heilige Söhne aus ihm hervorgehen, wie wir im heiligen Zohar, Parschath Metzora [Mishlei 3:18] finden: "Sie ist ein Baum des Lebens für diejenigen, die an ihr festhalten, und ihre Anhänger sind glücklich, usw." Das sind

Shemirat HaLashon - Buch A

die, die " Vorrat " in die Taschen der Tora-Gelehrten stecken. Denn diejenigen, die das tun, unterstützen die Tora vom Kopf bis zum Ende des Körpers. Und unser ganzer Glaube ist davon abhängig und wird dadurch gestützt. Und er bringt Söhne hervor, die würdig sind, Propheten der Wahrheit zu sein.

[So wie der Heilige, gepriesen sei Er, den Stamm Levi geheiligt und Israel ermahnt hat, ihn nicht zu verlassen, wie es geschrieben steht [Devarim 16:19]: "Gib acht auf dich, dass du den Leviten nicht verlässt, solange du in deinem Land lebst", so ist es auch der Wille des gesegneten Herrn, dass wir Menschen unterstützen, die sich von den Angelegenheiten der Welt trennen, um dem Herrn zu dienen. Denn das steht der Unterstützung des Leviten in dieser Hinsicht sicher nicht nach. Wie Rambam schreibt [Hilchoth Shemitah Veyovel, Kapitel 13 Halachah 12 und 13]: "Warum verdiente der Levit nicht mit seinen Brüdern das Erbe in Eretz Jisrael und an seiner Beute? Denn er war dazu auserwählt, dem Herrn zu dienen, ihm zu dienen und das Volk seine gerechten Wege und gerechten Urteile zu lehren, wie es geschrieben steht [Devarim 33:10]: 'Sie sollen Jaakow deine Rechte lehren und Israel deine Tora.' Deshalb wurden sie von den Wegen der Welt getrennt. Sie führen keine Kriege wie der Rest Israels, sie erben nicht, und sie verdienen sich nichts mit der Kraft ihres Leibes, sondern sie sind "das Heer des Herrn", wie es geschrieben steht [ebd. 11]: 'Der Herr segne seine [Levis] Stärke.' Und der Heilige, gepriesen sei Er, vermacht ihnen, wie geschrieben steht [Num 18,20]: 'Ich bin dein Anteil und dein Erbe.' Und das gilt nicht nur für den Stamm Levi allein, sondern für jeden Menschen von allen, die in die Welt kommen, dessen Geist ihn bewegt, und der von sich aus versteht, abgesondert zu sein, vor dem Herrn zu stehen, ihm zu dienen und ihm zu dienen, den Herrn zu erkennen und gerecht zu wandeln, wie Gott ihn gemacht hat. Und er entledigt sich der vielen "Abrechnungen", die die Menschen suchen, er wird geheiligt als "Allerheiligstes", und der Herr wird sein Teil und sein Erbe für immer und ewig. Und er vermacht ihm in dieser Welt, was ihm genügt, wie er es mit den Cohanim und den Leviten tat. Wie David, Friede sei mit ihm, sagte [Psalmen 16,5]: 'Der Herr ist der Anteil meines Erbes.'" Bis hierher, seine [Rambams] schöne Sprache].

Shemirat HaLashon - Buch A

Und in die Kategorie der Unterstützung von Tora-Gelehrten fällt auch die Heirat der eigenen Tochter mit einem Tora-Gelehrten. Unsere Weisen, möge ihr Andenken gesegnet sein, haben gesagt [Kethuvoth 111b], dass [wenn man seine Tochter mit einem Toragelehrten verheiratet], es so ist, als würde man sich an die Schechinah binden. Und wie in Pesachim 49a geschrieben steht: "Man sollte [wenn nötig] alles verkaufen, was man hat, und die Tochter eines Toragelehrten heiraten und seine Tochter mit einem Toragelehrten verheiraten, so dass, wenn er stirbt oder ins Exil geht, [zumindest] seine Söhne Toragelehrte sein werden."

Und in unserer Zeit, in unseren vielen Sünden, ist vielerorts das Horn der Tora zu Staub zerfallen, und die Zahl der Tora-Gelehrten schwindet, und niemand nimmt sie in seine Häuser auf, um eine Verbindung mit ihnen einzugehen. Und manchmal ist es leichter, eine passende Partie für einen Bürgerlichen zu finden als für einen Toragelehrten. Wie groß ist dieser Stein des Anstoßes geworden! Denn dadurch wird die Tora erlöschen, Gott bewahre, wenn sie [die Toragelehrten] sehen, dass niemand sie unterstützt. Es ist auch eine große Schande für die Tora, wenn ihre Lernenden beraubt und verödet sind und nicht in die Häuser aufgenommen werden. Wehe dieser Schande! Wehe der Demütigung! Wie werden wir dem Heiligen, gepriesen sei Er, in Zukunft antworten, wenn wir wegen der Schande für die Tora vor Gericht gestellt werden! Wie wir im Zohar Chadash lesen "[Maleachi 3:19]: 'Siehe, es kommt der Tag, der brennen wird wie ein Ofen, usw.' Das ist der Tag, an dem Mosche, unser Lehrer, dazu bestimmt ist, die Beschämung der Tora auf sich zu nehmen." Und der Gaon, R. Yehonathan, erhebt in seinem Buch Ya'aroth D'vash einen Aufschrei darüber.

Und all das kommt von der Täuschung des Yetzer [Neigung] Hara [der bösen Neigung], die einen Mann dazu verleitet zu sagen, dass seine Tochter keinen Erfolg oder hohen Stand erreichen wird, wenn sie einen Toragelehrten heiratet, was nicht der Fall wäre, wenn sie diesen und jenen Mann heiratet. Und in Wahrheit ist das nicht so. Denn der Heilige, gepriesen sei Er, der Gott der Welt und Versorger aller Seiner Geschöpfe, mit anderen Worten. [Psalmen 136:25]: "Er gibt Brot für alles Fleisch" - Würde Er einem

Shemirat HaLashon - Buch A

Menschen, Gott bewahre, den Lebensunterhalt vorenthalten, weil er die Tora lernt und ihre Mitzwot erfüllt? Wehe dem, der so von seinem gesegneten Schöpfer denkt! Und ich spreche nicht von den Menschen, auf die das Licht der Tora nicht scheint, die sich nicht anstrengen, sich mit einem Toragelehrten zu messen, die nicht vom "Honig ihrer Worte" gekostet und ihre Süße nicht gesehen haben. Aber ich bin erstaunt über die Hausherren, die Männer der Tora, die ihren großen Wert erkennen, aber dies vernachlässigen! Daraus ergibt sich auch großer Schaden für diejenigen, denen es gleichgültig ist, eine Verbindung mit einem Toragelehrten einzugehen.

Und in der Tat, wie sehr sollte man sich mit all seiner Kraft anstrengen, um sich an einen Toragelehrten zu binden, selbst wenn man viele seiner Besitztümer opfern muss [um dies zu tun]. Wie Unsere Weisen, möge ihr Andenken gesegnet sein, gesagt haben [Pesachim 49b]: "Man soll alles verkaufen, was man hat, und die Tochter eines Toragelehrten heiraten, und seine Tochter mit einem Toragelehrten verheiraten usw.; und wer seine Tochter gibt, usw."

Und in unserer Zeit ist die Verpflichtung sogar noch größer. Denn wenn man sich mit einem Gelehrten der Tora vermählt, werden aus ihm später Generationen von Gottesfürchtigen und Erfüllern Seiner Mitzvoth hervorgehen. Nicht so, wenn er das Gegenteil tut. Wer weiß, was dann aus seinen Nachkommen wird? Wie wir an unseren vielen Sünden in diesen Zeiten sehen, ist es für denjenigen, der reicher ist als sein Nachbar, schwieriger, sich vor den Machenschaften des Yetzer Hara [der bösen Neigung] zu retten. Deshalb muss man darauf achten, sich der Tora und denen, die sie studieren, anzunähern; und "die Tora verteidigt und rettet", wie Unsere Weisen, möge ihr Andenken gesegnet sein, gesagt haben [Sotah 21a].

Kapitel Sechs

Auch dieses Kapitel spricht von der großen Verpflichtung, die Tora zu stärken.

Wir haben bereits gesagt, dass wir uns um die Bedürfnisse der Tora-Gelehrten kümmern müssen, damit sie sich mit der Tora des Herrn befassen können. Wie viel mehr ist es eine

Shemirat HaLashon - Buch A

große Mitzwa, in jeder Stadt, für diejenigen, die in der Lage sind, sich zu bemühen, Jeschiwoth der Tora für Jugendliche zu gründen, die noch nicht "Lernende" geworden sind, damit [das Studium der] Tora nicht zurückgeht, Gott bewahre. Denn "wenn es keine Kinder gibt, dann gibt es auch keine Ziegen". Wie viel mehr müssen wir in unserer Zeit, in der das Horn der Tora durch unsere vielen Sünden fast in den Staub gesunken ist, es stärken, damit es nicht, Gott bewahre, ganz fällt.

Und in unseren vielen Sünden sehen wir mit unseren eigenen Augen, dass es viele Jugendliche gibt, die Poskim in Israel hätten werden können, die aber, weil sie keinen Lehrer haben, absolute Ignoranten bleiben. Und es gibt einige von ihnen, die auch korrupt werden. Und selbst die Städte, in denen es Jeschiwot gibt, werden immer weniger, weil sich niemand findet, der sie bei der Deckung ihres Bedarfs unterstützt. Wehe unseren Augen, die das sehen! Und es gibt niemanden, der eine Lösung dafür findet, dass die Tora nicht ausläuft, Gott bewahre. Und wie sollen wir vor dem Thron des Gesegneten antworten, wenn die Schande der Tora von ihm gefordert wird!

Und die Hauptverantwortung liegt bei den Würdenträgern der Stadt, die die Macht haben, zu protestieren und etwas zu ändern, wie Unsere Weisen, möge ihr Andenken gesegnet sein, über den Vers Vayikra 4:21 gesagt haben: "Es ist das Sündopfer für die Versammlung", gefolgt von [ebd. 21]: "Wenn ein Vorsteher sündigt", um uns zu lehren, dass die Sünde der Versammlung die Sünde des Vorstehers ist, indem er dafür verantwortlich gemacht wird, dass er nicht dafür sorgt, die Dinge zu korrigieren.

Aber der Rat des Yetzer Hara [der bösen Neigung] ist darin zu erkennen, dass er, wenn sich ihm eine Mitzwa dieser Art bietet, einen Mantel der Demut annimmt und sagt: "Ich bin der Geringste in der Stadt, und meine Worte werden sicher nicht beachtet werden. Warum sollte ich meinen Atem verschwenden?" Aber wenn der Mensch über sich selbst nachdenkt, wird er sehen, dass dies nur der Rat des Yetzer Hara [der bösen Neigung] ist. Denn wenn mitten in seiner Rede jemand seine Ehre auch nur im Geringsten "anrühren" würde, würde sein Mund "Fackeln" gegen ihn schleudern, und er würde Menschen aufhetzen, um ihn gegen den anderen zu verteidigen. Aber wenn die Ehre Gottes auf dem

Shemirat HaLashon - Buch A

Spiel steht, wird er plötzlich demütig und kleinlaut. Das ist nichts anderes als der Yetzer Hara [die böse Neigung] Hara, der den Menschen, wie der Leopard, seine Flecken verändert. [Dies ist es, was Unsere Weisen, möge ihr Andenken gesegnet sein [Berachoth 61a], andeuteten, indem sie sagten, dass der Yetzer [Neigung] Hara [die böse Neigung] Hara zwischen den beiden Kammern des Herzens liegt und keinen festen Platz hat, wie der Yetzer [Neigung] Hara [die böse Neigung] tov es tut, auf der rechten Seite. Aber er variiert seine Verlockungen, je nach der Situation].

Deshalb wird der Mann, dessen Herz von der Furcht des Herrn berührt wurde, dafür sorgen, dass er sich für die Tora einsetzt, damit von ihm in der Zukunft keine Zahlung für das Blut Israels verlangt wird, denn es ist bekannt, dass wegen der Sünde der Vernachlässigung der Tora Söhne sterben, wie wir im Tanna d'bei Eliyahu finden: "Wer in der Lage ist, zu protestieren, es aber nicht tut, und Israel zum Guten zurückzuführen, es aber nicht tut, an dessen Händen klebt all das Blut, das in Israel vergossen wurde, wie es geschrieben steht [Hesekiel 33:7]: 'Du aber, [Hesekiel], Menschensohn, ich habe dich zum Wächter für das Haus Israel gemacht, und du hast etwas aus meinem Mund gehört, und du musst sie warnen,' [und wenn du es nicht tust]... soll er [der Böse] in seiner Sünde sterben, und ich werde sein Blut von deiner Hand fordern. " Und ebenso, wenn jemand für die Ehre des Herrn und seine heilige Tora eintritt, die jetzt in unseren Sünden entweiht worden sind, gibt es kein Ende für seinen Lohn, wie wir in Yerushalmi im letzten Kapitel von Berachoth finden: "Wenn du eine Generation gesehen hast, die die Tora vernachlässigt, dann erhebe dich und stärke sie, und du wirst den Lohn von allen erhalten."

Und auch wenn es allen bekannt ist, dass es heute wegen unseres schwindenden Einflusses, unserer vielen Sünden und [aus] anderen Gründen nicht leicht ist, sich dafür einzusetzen, so sollte er doch nicht nachlässig sein, denn "nach dem Aufwand ist der Lohn." Und selbst wenn manche Menschen ihn deswegen beschämen, soll er sich nicht darum scheren. Und er soll wissen, dass sein Lohn dafür größer sein wird, weil er Schande für den Heiligen, gepriesen sei Er, erlitten hat. Und so finden wir in Yerushalmi, dem letzten Kapitel von Peah [8:6], in Bezug auf die Almosensammler:

Shemirat HaLashon - Buch A

"R. Elazar war ein Almosensammler. Einmal kam er nach Hause und fragte: 'Was habt ihr [in meiner Abwesenheit] getan?' Sie antworteten: 'Eine Gruppe [von Menschen] kam und aß und trank und betete für dich.' R. Elazar: 'Ich habe keinen guten Lohn [davon].' Ein anderes Mal [nach der Rückkehr von einer Abwesenheit] fragte er: 'Was habt ihr getan? Sie antworteten: 'Eine andere Gruppe kam und aß und trank und beschämte euch.' R. Elazar: 'Jetzt habe ich einen guten Lohn.'"

Und in Avoth d.R. Nathan: "Besser ein Mal mit Leiden als hundert Mal ohne Leiden." Und umgekehrt wird die Größe der Strafe für jemanden, der die Tora nicht unterstützt, im heiligen Zohar, Parschath Vayishlach, mit anderen Worten erklärt:

"Wenn jemand sich mit dem Studium der Tora beschäftigt und niemand ihn unterstützt und niemand ihm "Vorrat" in die Tasche steckt, um ihn zu stärken, dann gerät die Tora in jeder Generation in Vergessenheit, und die Kraft der Tora wird jeden Tag geschwächt; denn diejenigen, die sich mit der Tora beschäftigen, haben nichts, um sie zu unterstützen, und das Reich der Götzendiener stärkt sich jeden Tag. Kommt und seht, was diese Sünde bewirkt, denn es gibt niemanden, der die Tora so unterstützt, wie sie unterstützt werden sollte: Jene [höheren Welten, die] "Stützen" [somchim] genannt werden, sind geschwächt und bewirken, dass er [d.h. die Urschlange], der keine Schenkel und Beine hat, Kraft nimmt und steht."

[Bereschit 3:14]: "Und Gott, der Herr, sprach zu der Schlange: 'Weil du das getan hast, bist du verfluchter als alle Tiere... Auf deinem Bauch sollst du gehen...'" Was ist die Absicht von "Auf deinem Bauch sollst du gehen"? Dass ihre "Stützen" zerbrochen und ihre Füße abgeschnitten würden und sie nichts hätte, worauf sie stehen könnte. Und wenn Israel die Thora nicht unterstützen will, geben sie ihr [der Schlange] Stützen und Schenkel, auf denen sie stehen und sich durchsetzen kann." [So weit der heilige Zohar.]

Und wisse weiter, dass in den heiligen Büchern steht, dass derjenige, der die Lernenden der Tora unterstützt, auch wenn er in dieser Welt ein Ignorant ist, es verdient, die Tora in der kommenden Welt zu kennen. Und in Wahrheit ist es offensichtlich, denn da er einen Anteil an der Tora desjenigen hat, den er unterstützt hat, und es ist bekannt,

Shemirat HaLashon - Buch A

dass die großen Freuden von Gan Eden in der Geistigkeit der Tora selbst enthalten sind, muss er natürlich die Tora kennen.

Und wenn das so ist, dann soll jeder Mensch darüber nachdenken, wie sehr er die Tora-Lernenden unterstützen muss. Denn wenn man in dieser Welt einen Mann fragen würde, der kein Tora-Gelehrter ist [oder - selbst wenn er einer wäre -], aber das Traktat noch nicht gelernt hat, das sein Freund, der arme Tora-Gelehrte, gerade lernt: "Wie viel würdest du geben, um in diesem Traktat oder in der Yoreh Deah oder in der Choshen Mishpat auswendig zu lernen, würde er sicherlich antworten: "Ich würde alles geben, was ich könnte, sogar für ein Kapitel; wie viel mehr für einen ganzen Traktat." Und das sogar in dieser Welt, in der wir die Größe der Heiligkeit der Tora und die Größe ihres Wertes nicht erkennen. Wie viel mehr, in der kommenden Welt, wo alle die Größe der Heiligkeit der Tora vor Augen sehen und die Erhabenheit ihres Wertes spüren werden - [und es ist aus dem heiligen Zohar bekannt, dass "wer einen Traktat erbt, eine Welt erbt"] - wie sehr wird er sich danach über den Teil der Tora freuen, den er für sich beiseite gelegt finden wird, für den er sich in dieser Welt nicht abgemüht hat, sondern nur für das Wenige, das er von seiner Arbeit beiseite gelegt hat, während er noch lebt! Und wenn ein Mensch immer darüber nachdächte, würde er zu Lebzeiten die Toragelehrten verfolgen und wünschen, sich an sie zu klammern und sie zu stärken, viel mehr als einer einen anderen verfolgen würde, um ihn in die Angelegenheiten dieser Welt mit einzubeziehen!

Kapitel Sieben

In diesem Kapitel wird die Größe des Lohns für denjenigen erklärt, der seine Söhne beim Torastudium unterstützt, und umgekehrt die Größe seiner Strafe, Gott bewahre, [wenn er es nicht tut].
Und wie viele werden in unseren vielen Sünden nachlässig in der Tora und denken nicht an die große Strafe, die für die Vernachlässigung des Torastudiums bestimmt ist, wie es im Midrasch Mischlei, Parascha 10, heißt: "R. Jischmael sagte: Kommt und seht, wie schmerzlich der Tag des Gerichts ist, wenn der Heilige, gepriesen sei Er, die ganze Welt richten

Shemirat HaLashon - Buch A

wird. Wenn einer kommt, der die Schrift gelernt hat, aber nicht die Mischna, so wendet der Heilige, gesegnet sei Er, sein Angesicht von ihm ab, und die Qualen von Gehinnom wachsen in ihm, usw., und sie nehmen ihn und werfen ihn in Gehinnom. Wenn jemand kommt, der zwei oder drei Ordnungen [der sechs Ordnungen der Mischna] gelernt hat, wird er gefragt: "Mein Sohn, warum hast du nicht alle Halachoth [das Gesetz] gelernt? Wenn jemand kommt, der die Halachoth [das Gesetz] gelernt hat, fragt er ihn: "Mein Sohn, warum hast du die Tora Cohanim nicht gelernt? Warum hast du sie nicht geprüft? Denn sie enthält alles, usw.'? Wenn jemand kommt, der Torath Cohanim gelernt hat, fragt der Heilige, gepriesen sei Er, ihn: "Mein Sohn, warum hast du die fünf Bücher der Tora nicht durchgesehen, die die Shema, Tefillin und Mezuzah enthalten?" Wenn jemand kommt, der die fünf Bücher der Tora gelernt hat, fragt der Heilige, gepriesen sei Er, ihn: "Mein Sohn, warum hast du die Hagaddah nicht gelernt, usw. Wenn jemand kommt, der die Hagaddah gelernt hat, fragt der Heilige, gesegnet sei Er, ihn: "Mein Sohn, warum hast du nicht den Talmud gelernt? usw. Wenn einer kommt, der Talmud gelernt hat, fragt ihn der Heilige, gesegnet sei Er: "Wenn du Talmud gelernt hast, hast du den Gottlichen Wagen betrachtet? usw., Meinen Thron der Herrlichkeit, wie er steht? usw., wie viele Wege er sich dreht? usw."

Und mehr noch, sie unterstützen nicht einmal ihre Söhne in der Tora und schicken sie nur so lange zur Schule, bis sie ein wenig Chumasch können. Wehe uns, dass es in unseren Tagen so weit gekommen ist! Wissen wir nicht, was in Joresch Deach 245:6 steht, dass der Vater, wenn er die Mittel hat, für den Unterricht seines Sohnes aufkommen muss, bis er Mischna, Gemara, Halachoth [das Gesetz] und Aggadoth kennt?

Und ich kenne ihre Ausreden, dass die Zeiten schwierig sind, usw. Aber in Wahrheit, wenn sie ihre Seele erforschen würden, wüssten sie, dass der Yetzer [Neigung] Hara [die böse Neigung] sie nur täuscht. Denn in anderen Dingen, die nur dem körperlichen Nutzen ihres Sohnes dienen, hilft nicht jeder von ihnen seinem Sohn mit all seiner Kraft, sogar mehr als er kann? Und manchmal bringt er sogar sein Leben seinetwegen in Gefahr, indem er Dinge tut, die gegen das Gebot verstoßen, sowohl zwischen dem Menschen und

Shemirat HaLashon - Buch A

seinem Nächsten als auch zwischen dem Menschen und dem Herrn. Und er segnet sich selbst in seinem Herzen und sagt: "Alles wird mir gut gehen, denn ich tue allezeit Wohltätigkeit, indem ich meine Familie ernähre." Aber wenn er seinen Sohn in der Tora unterstützen muss, damit er weiß, wie man dem Herrn dient und sowohl seinen Sohn als auch sich selbst zum ewigen Leben bringt, wie wir weiter unten aus den Midraschim Unserer Weisen, möge ihr Gedächtnis gesegnet sein, anführen werden, sagt er, dass die Zeiten hart sind! Und so heißt es in der Schrift [Jesaja 93,2]: "Und nicht mich hast du angerufen, Yaakov; denn du bist mir überdrüssig geworden, o Israel" - "mir", um genau zu sein. Im Midrasch Esther Rabba 3 heißt es zu diesem Vers: "Er arbeitet den ganzen Tag und wird nicht müde; er betet, und er wird müde!" Und in Wahrheit sind die Ausgaben für das Torastudium seiner Söhne außerhalb der Ausgaben für den Lebensunterhalt, die für ihn an Rosch Haschana festgelegt wurden, wie Unsere Weisen, möge ihr Andenken gesegnet sein, gesagt haben [Beitzah 16a]: "Der gesamte Lebensunterhalt des Menschen ist für ihn von Rosch Haschana bis Jom Kippur festgesetzt, mit Ausnahme der Ausgaben für den Schabbat, ... und der Ausgaben für das Torastudium seiner Söhne, die, wenn er weniger gibt, ihm weniger [vom Himmel] gegeben werden, und wenn er mehr gibt, ihm mehr gegeben werden." Kommt und seht, was Unsere Weisen, möge ihr Andenken gesegnet sein, gesagt haben [Kiduschin 30a]: "Wenn jemand den Sohn seines Sohnes die Tora lehrt, so rechnet die Schrift es ihm an, als ob er sie am Berg Sinai empfangen hätte, mit anderen Worten. Devarim 4:9: 'Und du sollst sie [[Worte der Tora]] an deine Söhne und an die Söhne deiner Söhne weitergeben', gefolgt von [Ibid. 10]: 'an dem Tag, da du vor dem Herrn, deinem Gott, in Chorev standest.'" Außerdem verdient er dadurch ein langes Leben für sich und seine Söhne, denn es steht geschrieben [Ibid. 11:19]: "Und du sollst sie deine Söhne lehren", gefolgt von [Ibid. 21]: "Damit deine Tage verlängert werden und die Tage deiner Söhne usw."

Auch verdient er es, durch das Tora-Lernen seines Sohnes aus dem Gehinnom gerettet zu werden, wie wir in Tanna d'bei Eliyahu Zuta 12 lesen: "Unwissende, die ihre Söhne in der Heiligen Schrift und der Mischna unterrichtet haben, werden durch sie von dieser Schande und dieser

Shemirat HaLashon - Buch A

Demütigung und dieser Erniedrigung und von dem Din des Gehinnom gerettet." Und manchmal verdienen sie es dadurch auch, zu den tzaddikim gezählt zu werden, wie wir im Midrasch Hane'elam, Ruth, Kapitel 2, finden:
"Als R. Zmira nach Kfar Ono ging, sah er Flammensäulen in den Klüften der Berge des Ararat aufsteigen. Als er sein Ohr neigte, hörte er Stimmen, und ein Araber sagte zu ihm: 'Komm mit mir, und ich werde dir Wunder zeigen, die den Menschen verborgen sind.' Er ging mit ihm hinter einen Felsen und sah andere Klüfte, aus denen Flammen emporstiegen, und hörte andere Stimmen, worauf der Araber zu ihm sagte: "Neige dein Ohr hierher usw. Er tat dies und hörte Stimmen, die sagten: "Wehe! Er tat dies und hörte Stimmen, die sagten: "Wehe!", worauf er sagte: "Dieser Ort ist sicherlich einer der Orte von Gehinnom", und der Araber verließ ihn. In der Zwischenzeit bückte er sich an einem anderen Ort und sah, wie ein Mann schrie und in eine andere Tiefe gebracht wurde, in der er verschwand und nicht mehr gesehen wurde. Da fiel er in einen Traum, in dem er diesen Mann sah und ihn fragte: "Wer bist du?" Er antwortete: "Ich bin ein sündiger Jude, der keine Sünde in der Welt ungesühnt gelassen hat. R. Zmira: 'Wie ist dein Name?' Der andere: 'Ich weiß es nicht. Die zum Gehinnom Verurteilten erinnern sich nicht an ihren Namen.' R. Zmira: 'Woher kommst du?' Der andere: 'Aus dem oberen Galiläa. Ich war ein Schlachter, und wegen der vielen Übeltaten, die ich dort begangen habe, verurteilten sie "diesen Mann" [d.h. mich] zu dreimaliger Strafe bei Tag und dreimal bei Nacht.' R. Zmira erhob sich von dort und ging nach Obergaliläa, wo er eine Kinderstimme hörte, die sagte [Mischlei 2:40: 'Wenn du es wie Silber suchst, wenn du es wie einen verborgenen Schatz suchst, dann wirst du die Furcht des Herrn verstehen.' Er ging in ein anderes Studienhaus, wo er die Stimme eines anderen Kindes hörte, das sagte [Zephanja 2,3]: 'Suchet Gerechtigkeit, suchet Demut. Vielleicht wirst du verborgen' [vor seinem Zorn]. Er ging hin und suchte den bösen Mann und befragte ein Kind, das zu ihm sagte: "Rebbi, möge dies und das über den Mann kommen, der kein Übel und keine Sünde in der Welt ungesühnt gelassen hat. Möge es so sein mit diesem bösen Mann und mit der Amme, die ihn gestillt hat.' R. Zmira: 'Hatte er einen Sohn in der Welt?' Das Kind: 'Ja, er hat einen Sohn hinterlassen, und der ist böse wie sein

Shemirat HaLashon - Buch A

Vater, und er ist das Kind, das ins Schlachthaus kommt.' Er [R. Zmira] suchte ihn auf und nahm ihn zu sich und beschäftigte sich mit ihm in der Tora, bis er ihn das Lesen, das Gebet und die Schma gelehrt hatte, danach lehrte er ihn Mischna, Talmud, Halachoth [das Gesetz] und Aggadoth, bis er sehr weise wurde - und er ist R. Nachum Hapakuli. Und warum nannten sie ihn "Hapakuli"? Wie es geschrieben steht [Jesaja 28:7]: "paku pliliyah" - [homiletisch,] "er befreite [seinen Vater von] dem Din [in jener Welt]." Und von ihm stammten viele Weisen der Generation ab, die "Pakuli" genannt wurden. Dieser Mann [der Metzger] kam im Traum zu ihm und sagte zu ihm: "Rebbi, wie sehr hast du mich getröstet - so möge der Heilige, gepriesen sei Er, dich trösten. Denn von dem Tag an, an dem mein Sohn einen einzigen Vers kannte, befreite Er mich von meinem Din. Sobald er das Schma rezitierte, befreiten sie mich von meinem Din, sowohl bei Tag als auch bei Nacht, mit einem Mal. Sobald er in der Schule las, hoben sie meinen Din ganz und gar auf. An dem Tag, an dem er so weise wurde, dass sie ihn "Rabbi" nannten, setzten sie meinen Platz unter die Zaddikim in Gan Eden. Und jeden Tag, an dem eine Tora-Neuheit in seinem Namen zitiert wird, krönen sie mich mit der höchsten Krone, mit der die Zaddikim gekrönt werden. Wegen dir habe ich all diese Ehre verdient. Glücklich ist das Los desjenigen, der einen Sohn hinterlässt, der sich in dieser Welt in der Tora abmüht!"

Und ähnlich heißt es im Tanna d'bei Eliyahu Zuta 17: R. Yochanan b. Zakkai sagte: "Einmal ging ich auf der Straße, als ich einen Mann beim Holzsammeln fand, und ich sprach zu ihm, aber er antwortete mir nicht. Danach kam er und sagte zu mir: 'Rebbi, ich bin tot und nicht lebendig.' Und ich sagte zu ihm: 'Wenn du tot bist, wozu brauchst du dann dieses Holz?' Er antwortete: 'Rebbi, höre auf das eine, was ich dir sagen werde. Einmal, als ich noch lebte, waren mein Freund und ich in meinem Palast in eine Sünde verwickelt. Und als wir hierher kamen, verordneten sie uns den Tod durch Verbrennen. Wenn ich Holz sammle, verbrennen sie meinen Freund; und wenn er Holz sammelt, verbrennen sie mich.' Er antwortete: "Als ich hierher kam, ließ ich meine Frau schwanger zurück, und ich weiß, dass sie mit einem Mann schwanger ist. Darum bitte ich dich, dass du dich um ihn kümmerst, wenn er geboren ist, bis er fünf Jahre alt ist,

Shemirat HaLashon - Buch A

und dass du ihn zur Schule bringst, damit er lesen lernt. Denn wenn er sagt: "Lasst uns den gesegneten Herrn segnen", dann werden sie mich aus dem Din von Gehinnom herausholen. Und all der Lohn, von dem wir oben in Bezug auf denjenigen geschrieben haben, der Tora-Gelehrte unterstützt, gilt auch für denjenigen, der seinen Sohn beim Tora-Studium unterstützt. Und er verdient dadurch auch, dass er Gunst in den Augen des Heiligen, gesegnet sei Er, findet, wie wir in Tanna d'bei Eliyahu Zuta 23 finden, in Bezug auf die Frage des Attributs Din, warum Er Israel bevorzugt, wenn es geschrieben steht [Devarim 10:17]: "Denn der Herr, dein Gott,... der keine Gunst erweisen und kein Bestechungsgeld annehmen wird.,"; und der Heilige, gesegnet sei Er, antwortet: "Aber sie erweisen Mir keine Gunst, usw. Und außerdem lehren sie Tora und gründen Gruppen, um sich mit Tora zu beschäftigen, und zahlen den Lehrern einen Lohn, damit sie ihre Söhne Tora lehren!" Und umgekehrt wird im heiligen Zohar, Parschath Pekudei 256, die Strafe für denjenigen erklärt, der seinem Sohn das Torastudium vorenthält:

"...zwei Säulen an der Westseite, usw." Diese sind dazu bestimmt, in allen Himmeln über all jene zu verkünden, die ihre Söhne der Tora berauben und sie [von ihr] entfernen, damit sie sich nicht mit ihr beschäftigen: Wehe dem Ploni [so und so] [Jemand], der seinen Sohn der Tora beraubt hat. Wehe ihm, denn er geht verloren von dieser Welt und von der kommenden Welt und von [seinem] Anteil in der kommenden Welt!"

Und dies ist ein offener Tadel an diejenigen, die ihre Söhne des Torastudiums berauben, wenn sie noch Jugendliche von vierzehn oder fünfzehn Jahren sind, und dadurch bleiben sie [schwielige] Jugendliche, "abgeschüttelt" von Tora und Mitzvoth, deren einziger Wunsch es ist, modische Kleidung zu tragen und ihren Horizont mit Silber und Gold zu erweitern. Wehe dem Vater, der sich schämt, wenn seine Zeit gekommen ist, zu Gott zurückzukehren!

Und es gibt einige, die so argumentieren: "Was nützt es ihm, ein [Tora-]Lernender zu sein? Wird er Rabbiner werden?" [was bedeutet, dass ein Jude, der kein Rabbiner werden will, nicht zu wissen braucht, wie er dem Herrn zu dienen hat, Gott bewahre!] Solche soll es in Israel nicht geben. Kennen wir nicht den Vers [Psalmen 19,9]: "Die Mizwa des Herrn

Shemirat HaLashon - Buch A

ist klar, sie erleuchtet die Augen", was so verstanden wird, dass ein Mensch ohne die Tora, die ihn leitet, einem Blinden gleicht, der allein auf einer Straße voller Abgründe wandelt, dessen Gefahr sehr groß ist und dessen Scheitern sicher näher ist als seine Flucht. Genau so ist es mit einem Menschen ohne Tora. Nicht nur, dass ihm aufgrund dieser [Unkenntnis der Tora] viele hundert Mitzvoth fehlen werden, weil er überhaupt nicht weiß, ob das, was er tut, eine Mitzvah ist oder nicht, sondern er wird an ihrer Stelle viele hundert Übertretungen begehen, die er für Mitzvoth hielt. Und mehr noch, die Mitzvoth, die bei ihm verbleiben, werden, abgesehen davon, dass die meisten von ihnen ohne Freude, ohne Liebe und ohne Furcht ausgeführt werden, selbst unvollkommen und fehlerhaft sein, denn er wird nicht wissen, wie er sie gemäß dem Din ausführen soll.

Betrachten wir zur Veranschaulichung zwei Mitzvoth, die von allen Juden eingehalten werden, Tefillin [und das Rezitieren des Schma]: Tefillin - Hat er darauf geachtet, dass sie [vollkommen] quadratisch sind, gemäß dem din? Und dass die Riemen schwarz sind? Denn all dies ist eine "Halacha an Mosche vom Sinai". Und auch, dass die Tefillin auf dem Kopf und nicht auf der Stirn getragen werden? Und auch, dass das Hand-Phylakterium ganz auf den Bizeps gelegt wird und nicht [auch] etwas darunter? Es ist verständlich, dass jeder, der kein gelehrter Mensch ist, gegen diese Dinge verstoßen wird.

Und so verhält es sich auch mit dem Beten des Schma: Hat er darauf geachtet, das Joch des Himmelreichs auf sich zu nehmen, wie es der Din vorschreibt? Und auch, dass er es für seine Ohren hörbar macht und richtig ausspricht, wie im Schas und im Schulchan Aruch erklärt. Und auch, sie zu ihrer vorgeschriebenen Zeit zu rezitieren, im Sommer und im Winter, denn all dies ist ein Din der Tora. Und auch viele Details der Dinim [des Gesetzes] zu beachten, die mit diesen Mitzvoth einhergehen. Und daraus wird man erst recht auf jene Mitzvoth schließen, an die Juden nicht gewöhnt sind - dass es ihnen ohne Kenntnis der Tora gewiss an ihnen fehlen wird.

Und jeder wird diesen Mangel erkennen, wenn der Heilige, gesegnet sei Er, dazu bestimmt ist, zu verkünden, dass sie alle kommen, um ihren Lohn für die Mitzvoth anzunehmen, wie Unsere Weisen, möge ihr Andenken gesegnet sein,

Shemirat HaLashon - Buch A

sagen [Vayikra Rabbah 27]: "Eine himmlische Stimme ist dazu bestimmt, auf dem Berggipfel zu ertönen und zu verkünden: 'Wer mit Gott gearbeitet hat, soll kommen und seinen Lohn entgegennehmen!'" Dann wird jeder seine Mitzvoth "fühlen" und die Größe seines Defizits an Mitzvoth erkennen, das er durch seine mangelnde Kenntnis der Tora erlitten hat. Und das ist die Absicht der "Erleuchtung der Augen", die Tora erleuchtet die Augen eines Menschen bei der Erfüllung der Mitzvoth.

Und nun lasst uns nachdenken und Mussar [Ethik] von den früheren Generationen nehmen, die uns diese mehreren hundert Jahre vorausgegangen sind [wie in den Zeiten des Maharshal, des Maharsha, des MaHaram Shif, des P'nei Yehoshua und des Tzelach, die alle Vorsteher der Methivtoth waren], die ihre Kinder zur Schule schickten, und die, wenn sie nicht die Mittel hatten, einen Privatlehrer zu engagieren, ihre Söhne in eine Jeschiwa schickten, damit sie lernten, bis sie ein Mann wurden. Sollen wir sagen, dass jeder Vater dachte, dass sein Sohn ein Rabbiner oder ein Posek in Israel werden würde? Wissen wir nicht, was Unsere Weisen, möge ihr Andenken gesegnet sein [Koheleth Rabbah 7], über den Vers [Koheleth 7:28] sagen? "Einen Mann von tausend habe ich gefunden" - "Tausend beginnen mit der Schrift, und aus ihnen gehen hundert Männer der Mischna hervor; aus ihnen zehn Männer des Talmuds; und aus ihnen einer, der würdig ist, "ein Mann" genannt zu werden und in Israel Recht zu sprechen." Aber die klare Wahrheit ist diese: Ein Vater, der seinen Sohn auf eine Schule und eine Jeschiwa schickte, argumentierte so: "Wenn der Herr mich für würdig erachtet, einen Sohn zu haben, der ein Mann des Talmuds und ein Lehrer in Israel sein wird, wie groß ist dann mein Anteil! Aber wenn ich das nicht verdiene, sondern nur, dass er ein wenig Gemara oder auf jeden Fall Mischnayoth kennt, ist das auch gut. Denn wenn der Heilige, gesegnet sei Er, ihm einen Beruf gewährt - ganz gleich, um welchen Beruf es sich handelt -, so wird er sich gewiss eine feste Studienzeit in Gemara oder Mischnajot oder jedenfalls in Aggadot Unsere Weisen, möge ihr Andenken gesegnet sein, setzen. Und selbst wenn er, Gott bewahre, an den Wochentagen keine Zeit hat, wird er am heiligen Schabbat gewiss in das Haus des Studiums gehen und einige Seiten Gemara oder Mischnayoth lernen.

Shemirat HaLashon - Buch A

Und auch dafür werden sich alle meine Mühen für ihn gelohnt haben, sowohl zu Lebzeiten als auch nach meinem Tod" [Ein Sohn, der Tora lernt, erwirbt bekanntlich Verdienste für seinen Vater und befreit ihn aus dem Gehinnom. Und selbst wenn er in Gan Eden ist, verdient er es, durch ihn aufzusteigen.]

Wenn ja, warum sollten wir dann "klüger" sein als die früheren Generationen? Denn in Wahrheit sind wir in dieser Hinsicht seit mehr als achtzehnhundert Jahren "ohne Acker und ohne Weinberg", und trotzdem hat uns unser Gott nicht im Stich gelassen. Das kann nur daran liegen, dass der Yetzer Hara [die böse Neigung] dem Vater vorgaukelt, er sei barmherzig zu seinem Sohn, indem er ihn von der Tora entfernt und ihn den Angelegenheiten der Welt unterwirft. Aber in Wahrheit wird er, wenn er gut darüber nachdenkt, sehen, dass er damit grausam zu ihm ist und nicht barmherzig. Wie wir in Sifrei zu Devarim 11:19 lesen: "'Und du sollst sie [[Worte der Tora]] deinen Söhnen lehren, damit sie in ihnen sprechen.' Daraus haben sie gelehrt: Wenn das Kind zu sprechen beginnt, spricht sein Vater die heilige Sprache mit ihm und lehrt es die Tora. Und wenn er das nicht tut, ist er geeignet, begraben zu werden, wie es geschrieben steht: 'Und du sollst sie deine Söhne lehren, in ihr zu sprechen... [Ibid. 21], damit deine Tage verlängert werden.' Wenn du sie deine Söhne lehrst, werden sich deine Tage verlängern, und wenn nicht, werden sie sich verkürzen." Denn so werden die Worte der Tora ausgelegt: Vom Negativen schließt man auf das Positive, und vom Positiven auf das Negative. [Und der Sifrei spricht nicht nur von sehr kleinen Kindern; sondern solange sein Sohn unter seiner Autorität steht, obliegt es ihm, ihn Tora zu lehren [Denn spricht der Vers von "Minderjährigen"?]] Und so haben Unsere Weisen, möge ihr Andenken gesegnet sein, gesagt [Schabbat 32b], dass die Söhne eines Mannes sterben, weil sie die Tora vernachlässigen. Deshalb soll jeder Mann dafür sorgen, seinen Sohn in der Tora zu stärken, und er wird dadurch seine Tage verlängern - er und seine Söhne. Und der Heilige, gepriesen sei Er, der allem Fleisch Brot gibt, wird seine Augen gewiss nicht von dem Zaddik abwenden.

Shemirat HaLashon - Buch A

Kapitel Acht

Mehr zu diesem Thema.
Heute gibt es einige, die eine andere Rationalisierung verwenden: Warum sollten wir umsonst arbeiten, um ihn Tora zu lehren? "Vielleicht muss er mit zwanzig Jahren zur Armee gehen, und es ist besser, ihm andere Dinge beizubringen, die ihm den Dienst erleichtern." Das ist vergleichbar mit einem Mann, der eine lange Seereise machen muss und verzweifelt, weil er nichts zu essen kauft und nichts vorbereitet, aus Angst, dass das, was er kauft, nicht ausreicht.
[Und wie sehr sollten wir uns in Wahrheit schämen! Denn wenn sich einem Menschen zwei gute, nützliche Geschäftsgelegenheiten böten, so dass er, wenn er die eine nähme, die andere verlassen müsste, so würde er mit nüchternem Auge schauen, welche sicher und welche unsicher ist. Und wie viel mehr [würde er die erste wählen], wenn sie [die zweite] nur eine Möglichkeit einer Möglichkeit ist. Er würde auch mit nüchternem Auge prüfen, was besser und nützlicher ist und was länger hält. Denn manchmal, auch wenn das eine besser ist als das andere, wird er sich für das zweite entscheiden, wenn es länger hält. Umso mehr, wenn es an sich besser ist als das andere. Aber wenn es darum geht, zwischen dem Dienst des Herrn und den Angelegenheiten der Welt zu wählen, verleitet uns der Yetzer Hara [die böse Neigung] dazu, den Dienst des Herrn aufzugeben, der an sich besser und nützlicher ist als alle Angelegenheiten der Welt, wie der Tanna sagt [Avoth 4:14]: "Besser einen Augenblick in der kommenden Welt, usw.", und es ist auch ewig, im Gegensatz zu allen Angelegenheiten dieser Welt, die nur ein vorübergehender Schatten sind. Und auch die ewige Belohnung, die sich aus dem Dienst für den gesegneten Herrn ergibt, ist eine Gewissheit, wie es nichts Gewisseres gibt - und der Yetzer [Neigung] Hara [die böse Neigung] verleitet uns dazu, all dies zu verlassen, wegen der Möglichkeit eines möglichen [Nutzens in] dieser Welt! Und das ist es, was wir im BeichtGottesdienst [an Jom Kippur] sagen: "Wir haben uns von Deinen Mitzvoth und von Deinen gütigen Urteilen abgewandt, und es war uns nicht

Shemirat HaLashon - Buch A

vergleichbar." Das heißt, das ewige Gut war in unseren Augen nicht [auch] mit dem vergänglichen Gut dieser Welt vergleichbar. Der Beweis: Wir haben das Gewisse vor dem Ungewissen verworfen! Und wer vor der Verlockung des Yetzer Hara [der bösen Neigung] gerettet werden will, wird ständig in sich selbst nachdenken und die Größe der Freude über die Belohnung bedenken, die der Heilige, gesegnet sei Er, ihm für [die Einhaltung] Seiner Mitzvoth geben wird. Wie die Gra geschrieben hat, hat der Heilige, gesegnet sei Er, aus diesem Grund die ewige Welt mit allem, was für die Belohnung für die Erfüllung der Tora und der Mitzvoth notwendig ist, erschaffen und hat Seine Belohnung nicht in dieser Welt gegeben. Denn selbst wenn man einem Menschen für eine Mitzwa die ganze Welt und ihre Freuden gäbe, würde das nicht ausreichen für die Freude, die er für die Mitzwa verdient. Und wenn ein Mensch darüber nachdenkt, wird er sicherlich nicht das sichere, ewige Gut für die Möglichkeit der Möglichkeit [des Vergnügens] in dieser Welt ablehnen].

Und in Wahrheit sollten wir uns vor unseren Vätern der früheren Generationen, die ein paar hundert Jahre vor uns lebten, schämen und erniedrigen. Wie werden wir ihnen antworten, wenn sie uns fragen: "Warum wart ihr so nachlässig im Torastudium und in der Erfüllung der Mitzwot? Wisst ihr denn nichts von all den Verordnungen und all dem Leid, das über uns gekommen ist? [Wisst ihr nicht, dass sie uns allen möglichen Qualen ausgesetzt haben, um die Tora und die Mitzwot zu annullieren, und wir trotzdem standhaft geblieben sind und uns mit dem Wenigen, was uns an Kraft geblieben ist, gestärkt haben, um über die Tora zu wachen, zur Ehre des Herrn, des Gottes des Himmels und der Erde, um nicht einmal einen der "Zäune" unserer Weisen zu übertreten, möge ihr Andenken gesegnet sein? Und ihr, die ihr mit der Hilfe des Herrn von Königen der Güte beschützt wurdet, die euch erlaubten, die ganze Tora und die Mitzvoth zu erfüllen, wart nachlässig in der Erfüllung der Tora! Denn hat der König uns wirklich daran gehindert, unsere Kinder in eine Schule zu schicken und sie die Tora zu lehren, damit sie wissen, wie sie dem Herrn dienen sollen? Glauben die Könige in unseren Tagen nicht an den Herrn und geben seiner Tora Ehre und Ruhm? Dies [ist geschehen] nur, weil der Yetzer [Neigung] Hara [die

Shemirat HaLashon - Buch A

böse Neigung] uns mit seinen Täuschungen überlistet hat, um uns die Ehre und die Furcht vor dem König der Könige, dem Heiligen, gepriesen sei Er, zu nehmen."

Und ich werde "mein Gleichnis erheben" und sagen: Zwei Herrscher kämpften gegeneinander, und sie setzten eine Zeit von vier Tagen für den Krieg fest. Am ersten Tag besiegte der erste Herrscher den zweiten und tötete viele seiner Feinde. Am zweiten Tag kämpften sie erneut, und der zweite besiegte den ersten. Am dritten Tag zogen sie wieder in den Krieg, und der erste besiegte den zweiten. In der Nacht, als sie sich berieten, sagte einer zu seinem Nachbarn: "Lasst uns versuchen, eine List zu finden, um sie zu besiegen. Denn was nützt es uns, wenn wir morgen wieder siegen? Wenn wir morgen wieder in den Krieg ziehen, wird uns der zweite Herrscher vielleicht wieder besiegen wie am zweiten Tag." Der andere antwortete: "Ich habe einen guten Plan. Der Ort, an dem sie ihre Schilde und Waffen aufbewahren, liegt außerhalb des Lagers. Sie werden nur von einigen wenigen Wachen geschützt und nicht von der ganzen Armee. In der Nacht werden wir plötzlich über sie herfallen und sie einnehmen. Der Plan wurde von den anderen gebilligt, und sie taten es. Am Morgen des vierten Tages trompeteten die Männer des ersten Herrschers zum Angriff, woraufhin die Männer des zweiten Herrschers herbeieilten, um ihre Rüstung anzulegen - aber sie fanden nichts und waren gezwungen, sich zu ergeben und das Joch ihrer Feinde auf sich zu nehmen.

Genau so ist unsere Situation. Es ist bekannt, dass der Yetzer [Neigung] Hara [die böse Neigung] ein Mann des Krieges ist, der ständig gegen Israel kämpft. Manchmal besiegt er uns und manchmal besiegen wir ihn. Und der Yetzer [Neigung] Hara [die böse Neigung] sagt in seinem Herzen: "Ich habe keine Möglichkeit, Israel zu besiegen. Ich werde dafür sorgen, dass sie ihre Schilde und Waffen nehmen, mit denen sie mich bekämpfen [die Tora, die allein Israel gegen den Yetzer [Neigung] Hara [die böse Neigung] verteidigt], und sie ist die Waffe, mit der sie mich bekämpfen" [wie Unsere Weisen, möge ihr Andenken gesegnet sein, gesagt haben [Kidduschin 30b]: "Ich habe einen Yetzer [Neigung] Hara [die böse Neigung] geschaffen, und ich habe die Tora als ihr Gegenmittel geschaffen", und ohne sie ist es unmöglich, ihr zu

Shemirat HaLashon - Buch A

entkommen, wie wir an anderer Stelle ausführlich beschrieben haben]. Und so sehen wir es mit unseren eigenen Augen in unserer Zeit. Denn das ist der Weg des Yetzer [Neigung] Hara [der bösen Neigung], uns mit Argumenten zu überwältigen, um uns vom Lernen der heiligen Tora abzuhalten.

Ich werde das, was ich zu einem Vers aus dem Hohelied gesagt habe, abschreiben, und dann werden wir zu unserem Thema zurückkehren. [Hohelied 1,7]: "Sage mir, Du, den meine Seele liebt, wie willst Du Deine Herde weiden? Wie willst du sie am Nachmittag weiden lassen usw." Raschi erklärt, dass die Gemeinde Israels hiermit vor dem Heiligen, gepriesen sei Er, wie eine Ehefrau zu ihrem Ehemann sagt: "Sage mir, Du, den meine Seele liebt, wie willst Du Deine Herde weiden, [Israel], und wie willst Du sie am Nachmittag zum Schlafen bringen, in der Verbannung der Götzendiener, die für sie eine Zeit des Leidens ist, wie der [heiße] Nachmittag eine Zeit des Leidens für die Herde ist?" Und der Heilige, gepriesen sei Er, antwortet [ibid. 8]: "Wenn du es nicht weißt, du schönste der Frauen, [Israel], dann geh hinaus in die Fußstapfen der Schafe", was Raschi erklärt: "Wenn ihr nicht wisst, Meine Gemeinde und Meine Versammlung, ihr schönsten Frauen unter den anderen Völkern, wie ihr euch weiden und retten könnt vor denen, die euch drängen, unter ihnen zu bleiben, damit eure Söhne nicht verloren gehen, dann besinnt euch auf die Wege eurer Vorväter, die Meine Tora empfangen und Meine 'Bewahrung' und Meine Mitzvoth bewahrt haben, und wandelt auf ihren Wegen, und zur Belohnung dafür werdet ihr auch eure Kinder weiden lassen, unter den Fürsten der Völker. Und so hat Jeremia gesagt [Jeremia 31:24]: "Mache dir Wegweiser ... richte dein Herz auf den Pfad usw." Was nun die Antwort des Heiligen, gepriesen sei Er, betrifft, weiß Israel nicht, dass es eine Mitzwa ist, auf dem Weg unserer Vorväter zu wandeln? Aber in Wahrheit ist dies eine tiefe Angelegenheit. Die Gemeinde Israels hat um Rat gefragt, was man in dieser Zeit tun soll, in der wir ohne Einfluss sind und in vielen Schwierigkeiten stecken und der Yetzer Hara [die böse Neigung] uns dazu verleitet, das Joch der Tora von uns zu nehmen, damit dadurch das Joch der Götzendiener von uns genommen wird. Deshalb wird der Begriff "weiden" verwendet, der Einfluss bedeutet, und

Shemirat HaLashon - Buch A

"wie willst Du sie dazu bringen, sich hinzulegen", wie Raschi erklärt. Der Heilige, gepriesen sei Er, antwortet: "Wenn du es nicht weißt, du schönste der Frauen, dann geh in den Fußstapfen der Schafe hinaus." Das heißt, denkt über die Wege eurer Väter nach. Denn es ist bekannt, dass Israels Anrufung des Gedenkens des Herrn an "das Verdienst der Väter" in fast jedem Gebet davon abhängt, dass wir bis zu einem gewissen Grad auf ihren Wegen wandeln. Und obwohl wir nicht in der Lage sein werden, auch nur den Bruchteil eines Bruchteils ihrer heiligen Wege zu erreichen [um nicht zu sagen, in ihren Wegen zu wandeln"], wie die Schrift sagt [Josua 14,15]: "der größte der Riesen", worüber Unsere Weisen, möge ihr Andenken gesegnet sein, gesagt haben [Bereschith Rabba 14: 6], dass sich dies auf Abraham und die anderen Vorväter bezieht [anscheinend auch in dieser Hinsicht] - auf jeden Fall, wenn wir uns bemühen, das zu erreichen, was unser Verstand von ihren heiligen Wegen erreichen kann, und ein wenig von ihrem heiligen Verhalten zu erfassen, dann wird uns ihr erhabenes Verdienst nützen, um uns zu allem Guten zu bringen - was nicht der Fall sein wird, wenn wir "die Schulter ausschlagen" und uns weigern, überhaupt auf ihren Wegen zu wandeln, in welchem Fall die Erinnerung an ihr Verdienst uns nicht zur Ehre gereichen wird. Ich möchte ein Beispiel anführen, das nicht einmal einen Bruchteil ihrer heiligen Wege ausmacht: Warum hat der Heilige, gepriesen sei Er, Abraham wegen der Akeidah [der Bindung Isaaks] so hoch erhoben? Ist es nicht sogar in unseren Tagen so, dass, wenn der Heilige, gesegnet sei Er, jemandem befiehlt, seinen Sohn als Brandopfer zu opfern, er sich nicht weigern würde? Aber die Wahrheit ist, wie der Rambam schreibt, dass seine [Größe in seiner] Prüfung darin bestand, dass er sie mit absoluter Liebe hinnahm. Er stand dafür früh am Morgen auf, spaltete das Holz selbst und wartete drei Tage, bis ihm der Ort [des Opfers] erschien. Und dazu gehörten noch mehrere Prüfungen, wie wir im Midrasch lesen: Der Satan erschien in Form eines Flusses, den Abraham auf dem Weg zur Akeida durchqueren musste, wobei er halshoch im Wasser stand und schrie: "Rette, o Herr, denn Wasser ist in die Seele gekommen", und die [Erscheinung] verschwand, was seine vollkommene Liebe zum Herrn und seine völlige Duldung [seines Befehls] zeigt. Und nun lasst uns eine Weile darüber nachdenken. Was

Shemirat HaLashon - Buch A

wäre, wenn Abraham seinen Sohn einem König zum Militärdienst geben müsste und er mehrere Möglichkeiten hätte, ihm diesen Dienst zu erleichtern, indem er ihn für einige Jahre vom Torastudium fernhält und ihn in anderen Fächern unterrichtet, die ihm später die Last erleichtern würden - und dann erscheint ihm der Heilige, gepriesen sei Er, und sagt: "Tu so, wie du es immer getan hast; lehre ihn Tora und Mitzvoth, und dann werde ich tun, was ich will" - würde Abraham dies nicht in voller Liebe hinnehmen, noch mehr als er es bei der Akeida getan hat? Und noch viel mehr, denn dazu bräuchte er nicht einmal das Gebot des Herrn, [sondern würde es selbst tun]! Und nun, wie sollten wir uns nicht schämen, wenn wir wissen, dass auch wir, gesegnet sei der Herr, an den Herrn und an seine Tora glauben und uns immer an das Verdienst der Akeida Israels, des Sohnes Abrahams, erinnern; und doch, wenn wir uns in der gleichen Situation befinden, opfern wir sofort Tora und Mitzvoth - nur um ihn vom Militärdienst zu retten! Und der Yetzer [Neigung] Hara [die böse Neigung] lockt uns, [indem er uns sagt, dass] wir damit unseren Sohn mitleidsvoll sind. Aber in Wahrheit ist das kein Mitleid, sondern Grausamkeit gegen seine Seele [wie oben in Sifrei erwähnt] und gegen alle seine zukünftigen Generationen.

Und in den meisten Fällen wird ihm das auch körperlichen Schaden zufügen; denn er wird von Jugend an dazu erzogen, seine Begierden zu befriedigen, und wenn er sie nicht ausreichend befriedigen kann, wird er die Menschen auf jede erdenkliche Weise verletzen - durch Diebstahl, Raub und Gewalt. "Seine Hand wird sich gegen alle richten und die Hand aller gegen ihn" [Bereschit 16,12].

Und nun wollen wir uns die anderen Vorfahren ansehen. Es ist bekannt, dass Isaak, unser Vater, zur Zeit der Akeida siebenunddreißig Jahre alt war [Bereschit 29,20]. Und wenn er der Akeida nicht zugestimmt hätte, hätte der alte Abraham ihn sicher nicht dazu zwingen können. Aber Isaak tat dies mit voller Zustimmung, wie es geschrieben steht [Bereschit 22,8]: "Und die beiden gingen zusammen" - mit einem Herzen. Und Isaak, der damit einverstanden war, würde den Willen des Heiligen, gesegnet sei Er, sicher nicht aus [relativ] geringfügigen Erwägungen missachten. Wenn das so ist, wir, die wir immer an seine Verdienste denken [[um unseretwillen]], wie viel mehr sollten wir auf seinen

Shemirat HaLashon - Buch A

Wegen wandeln, um Tora und Mitzvoth nicht für irgendetwas aufzugeben!

Kapitel Neun

Mehr zum gleichen Thema.
Und nun werden wir von Yaakov, unserem Vater, sprechen, möge der Friede auf ihm sein. Es ist bekannt, dass er dreiundsechzig Jahre alt war, als er vom Haus seines Vaters nach Kanaan ging, wie Raschi erklärt. Und er war siebenundsiebzig Jahre alt, als er in das Haus von Lavan kam. Was geschah mit den vierzehn dazwischen liegenden Jahren? Unsere Weisen, möge ihr Andenken gesegnet sein, sagen [Bereschith Rabba 68:5], dass er bei Sem und Ever war und dort in ihrem Studienhaus lernte.
Das wirft natürlich eine Frage über unseren Vater Yaakov, Friede sei mit ihm, auf. War dies die Zeit für das Torastudium? War er nicht dreiundsechzig Jahre alt und kinderlos? Und [das ist] besonders [rätselhaft] in Anbetracht der Tatsache, dass nur er und kein anderer Mann für die Zeugung des heiligen Volkes Israel geeignet war, das auf der Erde erscheinen sollte. Und all dies war unserem Vater Yaakov bekannt, wie Raschi kommentiert [Bereschit 29:21]: "Denn meine Tage [des Wartens] sind vollendet," "und wann werde ich die zwölf Stämme zeugen?" Wenn dem so ist, war es eine große Mitzwa, dass er sofort zum Haus von Lavan ging, wie Isaak ihm gesagt hatte, und eine Frau heiratete und nicht vierzehn Jahre lang zu warten und sich für das Torastudium zu trennen.
Um all dies zu beantworten, scheint es, dass Jaakow wusste, dass Lavan offensichtlich nicht zustimmen würde, ihm seine Tochter zu geben, ohne ein großes Geschenk zu erhalten, wie es geschrieben steht [ibid. 31:15]: "Sieht er [Lavan] uns [seine Töchter] nicht als Fremde an"? [Und es ist bekannt, dass unser Vater Yaakov auf dem Weg von Elifaz [dem Sohn Esavs] verarmt wurde. Wenn das so wäre, müsste er sicherlich Sklavenarbeit für ihn verrichten, um seine Tochter zu heiraten, wie Isaak es ihm befohlen hatte und wie es am Ende auch geschah. Und Jaakow hatte Angst, zu ihm hinabzusteigen und dort zu bleiben. Denn er wusste, dass Lavan ein Betrüger war, und dass er ihn auch aus der Welt vertreiben wollte, wie die Tora am Ende von ihm bezeugt,

Shemirat HaLashon - Buch A

dass er ihn verfolgte und ihn töten wollte, damit der Gott Abrahams ihm nicht beistehe und ihn rette [mit anderen Worten: ebd. 31:42]. Und [er wusste], dass auch sein Haus voller Götzen war und dass er dieser Unreinheit ohne das Verdienst der Heiligkeit der Tora nicht standhalten konnte, und dass es ihm im Hause Lavans nicht möglich sein würde, an der Tora festzuhalten.

Deshalb flüchtete er zu Sem und Ever und studierte dort vierzehn Jahre lang mit großem Eifer die Tora. In all diesen Jahren legte er sich nicht ein einziges Mal zum Schlafen nieder, wie die Heilige Schrift über ihn bezeugt [Ibid. 28:11]: "Und er schlief an jenem Ort", wie Raschi dort erklärt. Und obwohl er mit solcher Gelehrsamkeit danach mehrere Jahre im Hause Lavans blieb, konnte ihm nichts schaden. [Nach unseren Worten ist die Zahl von vierzehn Jahren sehr treffend. Denn sie sollten die Jahre aufwiegen, die er im Hause Lavans zu bleiben hatte, und es ist bekannt, dass dies vierzehn Jahre sein würden, wobei Jaakow wusste, dass er nicht in sein Haus zurückkehren konnte, solange Joseph nicht geboren war, da er [Joseph] wie "Flamme" und Esav wie "Stroh" war [siehe Ovadja 1:18], und wie es geschrieben steht [Bereschit 30:25]: "Und es geschah, als Rahel Joseph gebar, dass Jaakow zu Lavan sagte: "Schick mich weg usw."", [wie Raschi erklärt], und es ist bekannt, dass Joseph im vierzehnten Jahr war, wie es geschrieben steht [ibid. 31:41]: "Ich habe dir vierzehn Jahre für deine beiden Töchter gedient, usw." - Daher lernte Yaakov zuerst vierzehn Jahre lang ununterbrochen Tora, so dass das Verdienst dieser vierzehn Jahre für ihn im Haus von Lavan stehen würde, wie oben erwähnt].

Wir aber, die wir uns immer an die Verdienste der Väter erinnern, müssen ebenfalls in den Fußstapfen unseres Vaters Yaakov, Friede sei mit ihm, wandeln. Und jeder Vater muss dafür sorgen, dass er seinen Sohn an die Tora und an die Mitzvoth gewöhnt, solange er an seinem Tisch sitzt, das heißt, bis er einundzwanzig Jahre alt ist. Und dann, selbst wenn sein Los darauf fällt, seiner Majestät, dem Kaiser, zu dienen, und er sicherlich nicht in der Lage sein wird, zu dieser Zeit Tora zu studieren, wird dennoch die Heiligkeit der Tora, die er bis dahin gelernt hat, nicht von ihm weichen. [Und gewiss wird der Heilige, gepriesen sei Er, ihn gedeihen lassen und die Herzen des Königs und seiner Berater und

Shemirat HaLashon - Buch A

seiner Fürsten zu seinem Besten neigen, wie es über Joseph geschrieben steht [Bereschit 39:21]: "Und der Herr war mit Joseph, und er schenkte ihm Gnade und gewährte ihm Gunst usw."] Und auch am Ende seiner Dienstzeit, wenn er nach Hause zurückkehrt, werden alle seine Taten mit Rechtschaffenheit getan sein, und sein Vater wird sich seiner nicht schämen, und der Heilige, gepriesen sei Er, wird ihn dafür in dieser Welt gedeihen lassen, wie er es mit unserem Vater Jaakow am Ende seiner Dienstzeit mit Lavan tat, wie es in der Tora geschrieben steht. Und auch in der himmlischen Welt, wenn er es verdient, vor dem Ehrenthron des Gesegneten zu stehen, wird er einer der "Heiligen" des Herrn sein, weil er den Herrn als seinen Gott auserwählt hat, wie es geschrieben steht [Devarim 16:17-19]: "Den Herrn hast du heute auserwählt, dass er dir ein Gott sei und dass du in seinen Wegen wandelst und seine Satzungen und seine Mizwot hältst ... Und der Herr hat dich heute auserwählt ... und dass du dem Herrn, deinem Gott, ein heiliges Volk bist usw."

Wenn er [der Vater] aber versucht, ihm das Joch der Tora und der Mitzvoth in seiner Jugend abzunehmen, um ihm die Last des Militärdienstes zu erleichtern, so dass er nur eine kurze Zeit zu dienen hat, dann wird er eine Schande für seinen Vater in seinem Anfang in dieser Welt und eine Quelle der Demütigung für ihn am Ende, in der oberen Welt, sein, denn er wird eine ewige Welt gegen eine zeitliche eingetauscht haben.

Und weil es bekannt ist, dass der Yetzer Hara [die böse Neigung] den Menschen immer dazu bringt, nur an den zeitlichen Erfolg zu denken, hat uns der Tanna einen Balsam dafür gegeben, indem er sagt [Avoth 2:1]: "Wäge den Verlust einer Mitzwa gegen ihren Gewinn ab und den Gewinn einer Übertretung gegen ihren Verlust." Das heißt, man soll die Geringfügigkeit des Verlustes, den man in dieser Welt erleidet, wenn man eine Mitzwa verrichtet, gegen die Unermesslichkeit der ewigen, spirituellen Belohnung abwägen, die man in der Oberwelt gewinnen wird. Und wenn der Yetzer [Neigung] Hara [die böse Neigung] ihn einlädt, eine Übertretung aus irgendeinem Vergnügen heraus zu begehen, soll er die Geringfügigkeit des Vergnügens, das er davon in dieser Welt für eine winzige Zeit genießen wird, gegen die gewaltige Strafe und

Shemirat HaLashon - Buch A

das ewige Leiden, das es ihm verursachen wird, abwägen.

Und das Gleiche gilt für uns. Um den Yetzer Hara [die böse Neigung] und diejenigen zu überwinden, die ihn dazu anstiften, seinen Sohn vom Pfad des Guten zum Pfad des Bösen zu neigen, soll man sich den ewigen Lohn bzw. die ewige Strafe vor Augen führen, die der Mensch aus seinen Sünden zieht, und dann wird der Yetzer Hara [die böse Neigung] seinen Griff um ihn lockern. Denn dies ist die Sprache des heiligen Zohar in Parschath Bechukothai 115: "[Maleachi 1:6]:
'Ein Sohn wird seinen Vater ehren und ein Knecht seinen Fürsten.' Ein Sohn wird seinen Vater ehren, wie es geschrieben steht: 'Du sollst deinen Vater und deine Mutter ehren', was sie mit 'mit Essen und Trinken und dergleichen' übersetzt haben. Und das während des Lebens seines Vaters. Damit du nun nicht sagst, dass er nach dem Tod seines Vaters davon befreit ist, so ist dies nicht der Fall, denn [auch in dieser Hinsicht] steht geschrieben: 'Ehre deinen Vater.' Denn wenn der Sohn auf krummen Pfaden wandelt, so beschämt er gewiss seinen Vater; er erniedrigt ihn gewiss. Aber wenn der Sohn auf einem gerechten Weg wandelt und seine Missetaten korrigiert, ehrt er seinen Vater gewiss. Er ehrt ihn in dieser Welt vor den Menschen; er ehrt ihn in der kommenden Welt vor dem Heiligen, gepriesen sei Er. Der Heilige, gesegnet sei Er, hat Mitleid mit ihm [dem Vater] und setzt ihn auf seinen Ehrenplatz. Glücklich sind die Zaddikim, die sich heilige Söhne, heilige Nachkommen verdienen, von denen geschrieben steht [Jesaja 61,9]: 'Alle, die sie sehen, werden sich vor ihnen verneigen, denn sie sind Samen, gesegnet vom Herrn.'"

Und selbst wenn dieser [anrüchige] Sohn stirbt und er [der Vater] sich durch seine Taten bereits verdient hat, in Gan Eden zu sitzen, wird ihm [dem Vater] dennoch großes Leid von ihm zugefügt. Denn sie werden ihn von Gan Eden nach Gehinnom bringen, um das Leiden seines Sohnes mitzuerleben, wie Unsere Weisen, möge ihr Andenken gesegnet sein, gesagt haben. Und der Gra hat diese Idee auf den Vers [Mischlei 29:17] zurückgeführt: "Züchtige deinen Sohn, und er wird dir Frieden geben, und er wird deiner Seele Wohlgefallen schenken": "Wenn dein Sohn usw."; und außerdem wird er dir Frieden von Gehinnom geben,

Shemirat HaLashon - Buch A

"und er wird deiner Seele Vergnügen bereiten" in Gan Eden, wie in der Episode von R. Akiva, der mit einem bösen Sohn Tora lernte und ihn [den Vater] aus Gehinnom rettete; und darüber hinaus wird sogar ein Zaddik, wenn er einen bösen Sohn hat, von Gan Eden nach Gehinnom gebracht, um das Leiden seines Sohnes zu erleben. Und das ist die Bedeutung von 'Züchtige deinen Sohn, und er wird dir Frieden geben' an deiner Stelle, und er wird dir auch Vergnügen bereiten usw."

Und wenn er ständig darüber nachdenkt und die Geringfügigkeit des Lohns für die Übertretung in dieser Welt gegen ihren ewigen Verlust abwägt, wird der Vater gewiss nicht auf die Stimme der "Einflüsterer" hören und sich für das Leben entscheiden, um seinen Sohn in der Tora des Herrn zu stärken, die das wahre Leben ist, wie es geschrieben steht [Mischlei 3,18]: "Sie ist ein Baum des Lebens für die, die an ihr festhalten." Und wenn er von seinen Früchten isst, lebt er ewig, wie unsere Weisen, möge ihr Andenken gesegnet sein, für uns in dem Segensspruch formuliert haben: "Und das ewige Leben hat er in unsere Mitte gepflanzt." Und dann wird er das ewige Leben verdienen, er und seine Nachkommen, wie es geschrieben steht: "Und er wird deine Seele erfreuen", und wie es in der Tora geschrieben steht [Devarim 30,19]: "Und wähle das Leben, damit du lebst, du und deine Nachkommen."

Und auch in dieser Welt werden seine Angelegenheiten gedeihen, wie Unsere Weisen, möge ihr Andenken gesegnet sein, gesagt haben [Avodah Zarah 19b]: "Wer sich mit der Tora beschäftigt, dessen Geschäfte gedeihen", wie es geschrieben steht [Psalm 1:2-3]: 'aber in der Tora des Herrn ist sein Verlangen, ... und alles, was er tut, wird ihm gelingen.'"

Und auf all dies wird in der Antwort des Heiligen, gepriesen sei Er, an die Gemeinde Israels [Hohelied 1,7] kurz angespielt: "Wie willst du weiden?", was "Einfluss" bedeutet. Wie wollt ihr sie am Nachmittag zum Schlafen bringen?", was die Strenge der Zeit andeutet. "Wenn ihr es nicht wisst, etc.... in den Fußstapfen der Schafe", was auf das Nachdenken über die Wege unserer Vorfahren - Abraham, Isaak und Yaakov - anspielt. Wenn wir auf ihren Wegen wandeln, wird Er uns Einfluss gewähren, wie ihn

Shemirat HaLashon - Buch A

unsere Väter hatten, und die Strenge der Zeit wird für uns an allen unseren Wohnorten gemildert werden.

Und mit der Hilfe des Herrn habe ich auch im heiligen Zohar gefunden, dass dieser Vers auf die Stärkung unserer Söhne in der Tora anspielt, wodurch wir die Kraft haben werden, unsere Söhne zu beschützen, und wodurch wir unter den Völkern Bestand haben werden, mit anderen Worten. Zohar, Parschath Balak:

"Wenn du nicht weißt, für dich, du schönste der Frauen, usw." Warum "für dich"? [Die Bedeutung ist:] Wenn du nicht weißt, wie du dich im Exil stärken kannst und wie du dich mit Kraft umgürten kannst, um deine Söhne zu verteidigen, dann "geh für dich hinaus", um dich zu stärken "in den Fußstapfen der Schafe", der Kinder im Haus ihres Lehrers, die Tora studieren." Von ihnen wirst du die Kraft nehmen, deine Söhne zu schützen.

Kapitel Zehn

In diesem Kapitel wird erklärt, was Unsere Weisen, möge ihr Andenken gesegnet sein, gesagt haben: "Ein Mensch ohne Tora ist wie ein Fisch ohne Wasser".

Und ein Mann soll sich nicht irren und sagen: "Was soll das ganze Getue, meinen Sohn von der Tora zu entfernen? Kann er nicht auch ohne sie ein Jude sein, wie andere Juden?"

Aber in Wahrheit ist es nicht so, mein Bruder, denn es wurde bereits durch das bewiesen, was Unsere Weisen, möge ihr Andenken gesegnet sein, in Berachoth 71b und an mehreren anderen Stellen gesagt haben, und durch das, was auch in unserer Zeit im Schmelztiegel der Erfahrung geschehen ist, dass ein Jude, der aus der Tora genommen wird, wie ein Fisch ist, der aus dem Wasser genommen wird. Auch wenn er noch etwas Leben in sich hat, wird er am Ende sterben. Es ist möglich, dass ein Fisch einige Stunden lebt, solange das Wasser noch an seinem Körper ist; aber wenn er austrocknet, wird er sofort sterben, denn sein Lebenselement ist erloschen.

Dasselbe gilt für die wesentliche Heiligkeit des Herrn, die über Seinem Volk Israel schwebt und durch die es verdient, ewig zu leben, wie es geschrieben steht [Devarim 4:4]: "Und ihr, die ihr dem Herrn, eurem Gott, anhängt, seid heute alle am Leben usw.", worüber Unsere Weisen, möge ihr

Shemirat HaLashon - Buch A

Andenken gesegnet sein, gesagt haben, dass dies nur durch die Vermittlung der Tora geschieht. Und wenn die Menschen sich von der Tora trennen, beschäftigen sie sich, solange die "Feuchtigkeit" der Tora noch auf ihnen lastet, noch etwas mit ihren Mitzvoth, an die sie in der Vergangenheit gewöhnt waren. Aber im Laufe der Zeit, wenn die Feuchtigkeit zu versiegen beginnt, beginnen sie auch, die Mitzvoth aufzugeben, und wer weiß, wozu das führen kann. Und das ist in der Tat die Absicht der Verse in Parschath Bechukothai [Wajkira 26:14-15]: "Und wenn ihr nicht auf Mich hört [euch in der Tora abmüht usw., wie Raschi dort erklärt] und all diese Mitzwot nicht tut [wenn ihr nicht lernt, werdet ihr nicht tun], und wenn ihr [als Folge des Nichttuns] die Täter Meiner Satzungen verachtet, und wenn eure Seelen die Vorbilder Meiner Gebote [die Weisen] abstoßen, nicht zu tun [d.h., [d.h., wenn ihr andere daran hindert] alle Meine Mitzvoth zu tun [d.h., wenn ihr leugnet, dass sie 'Meine' Mitzvoth sind], um Meinen Bund zu brechen" [d.h., Mich zu verleugnen - sieben Übertretungen, wobei die erste zur zweiten führt, usw., all dies wie von Raschi nach Torath Cohanim erklärt].

Und ich habe hiermit erklärt, was wir jeden Tag im zweiten Abschnitt des Schemas [Devarim 11:13] sagen: "Und es wird sein, wenn ihr auf die Liebe hört... [ebd. 16]: Gebt acht auf euch selbst... und ihr sollt anderen Gotten dienen usw." Denn ist es nicht so, dass, wenn ein Mann seinen Sohn ermahnt, den rechten Weg zu gehen, er dies in Übereinstimmung mit seiner [des Sohnes] Natur tut? Wenn er [schon] auf diesem Weg wandelt, ermahnt er ihn, mehr Kraft aufzubringen und nicht von ihm abzuweichen; und wenn er nach den Launen seines Herzens abschweift und ihn verlassen will, gebietet er ihm wenigstens, nicht ganz vom Weg des Herrn abzuweichen, Gott bewahre. Und wenn er das Gegenteil täte und seinem Sohn, der auf dem rechten Weg wandelt, befehlen würde, nicht vom Weg des Herrn abzuweichen und seinen Glauben zu ändern, Gott bewahre, so wäre das weder zu seiner Ehre noch zu der seines Sohnes. Und spricht hier der Anfang des Abschnitts "Und es soll sein usw." nicht von Menschen, die den Herrn fürchten und seinen Namen von ganzem Herzen und ganzer Seele lieben, wie es geschrieben steht "zu lieben usw."? Wie können wir dann "damit dein Herz nicht verführt wird, usw." verstehen?

Shemirat HaLashon - Buch A

Außerdem scheint die Formulierung "und ihr geht in die Irre" [vesartem] überflüssig zu sein. Doch die Wahrheit entspricht ihrem eindeutigen Sinn. Denn am Anfang des Abschnitts steht geschrieben [ibid. 13]: "und Ihm mit ganzem Herzen zu dienen", worüber Unsere Weisen, möge ihr Andenken gesegnet sein, gesagt haben [Ta'anith 2a]: "Was ist der Dienst des Herzens? Das Gebet." Und deshalb heißt es in der Schrift: "Gebt Acht auf euch selbst, damit euer Herz nicht verführt wird." Das heißt, damit der Yetzer Hara [die böse Neigung] euch nicht dazu verleitet zu sagen: "Warum sollte ich Tora studieren, wenn ich den Herrn schon liebe und, Gott sei Dank, jeden Tag bete? Das ist genug, und was ist, wenn ich mich jetzt ganz vom Torastudium abwende oder wenn ich meinen Sohn davon abbringe? Betet er denn nicht jeden Tag?" Deshalb kommt die Schrift und weist uns darauf hin, dass das Ende der Abkehr von der Tora sein wird "und ihr werdet anderen Gotten dienen", wie wir am Anfang geschrieben haben, dass dies vergleichbar ist mit dem Herausnehmen eines Fisches aus dem Wasser, wobei sein Leben in kurzer Zeit erlischt. So verhält es sich mit dem Juden, der die Tora [Studium] völlig verlässt und vom Pfad des Mussar [Ethik] auf einen anderen Pfad abweicht. Er ist nicht weit davon entfernt, anderen Gotten zu dienen. [Und das ist offensichtlich, denn so steht es in Sifrei zu diesem Vers: "damit dein Herz nicht verführt wird und du dich verirrst und dienst usw." - Sobald ein Mensch sich von der Tora trennt, verfällt er sofort dem Götzendienst. Und deshalb sagt die Schrift anschließend [ebd. 18]: "Und du sollst diese, Meine Worte, auf dein Herz legen." Das heißt, diese Meine Worte - dass ein Mensch, der sich von der Tora abwendet, am Ende, Gott bewahre, zum Götzendienst kommt - sollen in dein Herz eingehen. Und deshalb [Ibid. 19]: "Du sollst sie deine Söhne lehren usw." und dich nicht damit begnügen, dass dein Sohn allein die Mitzwa des Gebets erfüllt. Und aus diesem Grund schließt die Schrift [Ibid. 21]: "Damit eure Tage verlängert werden und die Tage eurer Kinder auf der Erde", wie unsere Weisen, möge ihr Andenken gesegnet sein, im Perek Chelek sagen: "Die Exilanten werden nur durch das Verdienst der Tora eingezogen."

All dies [galt] schon in den früheren Generationen; wie viel mehr in der unseren, wo so viele vom Weg des Herrn

Shemirat HaLashon - Buch A

abgewichen sind, indem sie sich von der Tora getrennt haben. Dies ist gewiss "eine Zeit zu tun" um des Herrn willen und um unsere Söhne in Tora und Tradition zu stärken.

Und dies ist die Sprache des heiligen Zohar in Parschath Terumah über Psalmen 129:126]: "Es ist eine Zeit, für den Herrn zu handeln", mit anderen Worten: "Solange die Tora in der Welt besteht und die Menschen sich mit ihr beschäftigen, freut sich der Heilige, gesegnet sei Er, über das Werk Seiner Hände und freut sich über alle Welten, und die Himmel und die Erde bleiben bestehen. Mehr noch, der Heilige, gepriesen sei Er, versammelt sein ganzes Gericht und sagt zu ihnen: 'Seht das heilige Volk, das ich auf der Erde habe, durch das die Tora geschmückt wird. Seht Mein Werk, von dem ihr gesagt habt: 'Was ist der Mensch, dass Du seiner gedenkst?'" Und wenn sie die Freude ihres Herrn an seinem Volk sehen, tun sie sogleich ihren Mund auf und sagen [1. Chronik 17,21]: "Wer ist wie dein Volk Israel, eine Nation im Land? Aber wenn Israel die Tora vernachlässigt, wird Seine Kraft gleichsam geschwächt, weshalb "es eine Zeit ist, in der man für den Herrn handelt". Dies sind die Zaddikim, die übrig geblieben sind. Sie müssen ihre Lenden umgürten und gute Taten vollbringen, damit der Heilige, gepriesen sei Er, sich stärkt, um sich mit den Zaddikim und mit seinen Lagern und Bataillonen zu freuen. Warum? [Psalmen, ebd.]: [Denn] 'sie haben Deine Tora übertreten', und die Menschen der Welt beschäftigen sich nicht mit ihr, wie es sich gehört."

Und gerade in unserer Zeit, in der wir in unseren vielen Sünden mit eigenen Augen sehen, dass die Jugend, die von der Tora abgewichen ist, auch die Einhaltung des Schabbats und anderer Bräuche aufgegeben hat, obliegt es gewiss jedem Vater, seine Söhne in der Tora des Herrn zu stärken und sie in Seinen Mitzvoth zu unterweisen, wie es geschrieben steht [Mischlei 22,6]: "Unterweise den Jüngling usw. Und sein Lohn dafür wird sehr groß sein, weit größer als der der vorangegangenen Generationen, wie wir in Avoth d'R. finden. Nathan 3:6: "Besser hundertmal mit Leiden als einmal ohne Leiden", und [Hesekiel 44:15]: "Aber die Cohanim - die Leviten, die Söhne Tzaddoks, die mein Heiligtum hüteten, als die Kinder Israels von mir abirrten - sie sollen zu mir kommen, um mir zu dienen,

Shemirat HaLashon - Buch A
usw."
Aus all diesen Kapiteln geht für uns hervor, dass ein jeder dafür sorgen muss, sein Sprachvermögen mit der Heiligkeit der Tora zu heiligen und die Säule der Tora zu stärken, und indem wir das tun, werden wir das Kommen des Erlösers verdienen, schnell, in unseren Tagen, Amen.

Shemirat HaLashon - Buch A

Epilog

Kapitel Eins

Darin werden weitere Dinge erklärt, die für die Tore Eins und Zwei relevant sind.

In diesem Kapitel wird erklärt, wie man sich durch die Bewahrung seiner Zunge eine besondere Eminenz in der kommenden Welt verdient.

Unsere Weisen, möge ihr Andenken gesegnet sein, haben gesagt [Bava Bathra 165a]: "Die Mehrheit [begeht die Sünde des] Diebstahls; die Minderheit unerlaubte Beziehungen; und alle den "Staub der Lashon Hara [Verleumdung] [üble Nachrede]." Daraus kann man ableiten, wie wichtig es ist, seine Zunge zu hüten. Denn liegt es nicht in der Natur eines jeden Menschen, auf etwas stolz zu sein, das seine Vornehmheit widerspiegelt? Wenn er sehr wohlhabend ist, wird er sich sehr anstrengen, um einen prächtigen Hof zu haben; wenn er ein Hausbesitzer ist, um ein schönes Haus zu haben; und selbst wenn er ein Diener ist, wird er dafür sorgen, dass er eine schöne Uniform für Schabbat und Jom Tov hat, damit er vor seinen Freunden nicht in Verlegenheit gerät. Wenn dies schon in dieser vergänglichen Welt so ist, deren Vergnügen und Ehre nur Eitelkeit und Leere sind, wie viel mehr ist es dann in der ewigen Welt so.

Ist es nicht bekannt, dass ein Mensch, der sich in den Dienst des Heiligen, gepriesen sei Er, stellt, um seine Mitzvoth zu erfüllen, dort zu seiner Ehre ein heiliges Heiligtum für ihn zu seinem Vergnügen geschaffen wird, wie es im Midrasch Koheleth heißt, dass jedem Tzaddik eine eigene Wohnstätte zu seiner Ehre gegeben wird. Und wenn dies so ist, dann wird der Mann, der sich zu Lebzeiten vor unerlaubten Beziehungen hütet, zwar auch dafür belohnt und ihm wird ein Ort gegeben, der für ewiges Vergnügen bereit ist, aber diese Art von Heiligtum und sein Vergnügen sind für eine Minderheit Israels in Gan Eden zu finden, und seine Eminenz wird nicht gesondert anerkannt, denn stolpert nicht nur eine Minderheit in unerlaubte Beziehungen? Und wenn er sich vor Diebstahl hütet, und eine Minderheit hütet sich

Shemirat HaLashon - Buch A

auch vor dieser Übertretung, dann haben sie ein Heiligtum wie er. Wenn er sich aber in der Eigenschaft hütet, seine Zunge zu hüten, und zwar in allen Einzelheiten, dann wird die Erhabenheit seines Heiligtums, das durch diese Mizwa geschaffen wurde, von allen in Gan Eden anerkannt werden. Denn stolpern nicht alle über den "Staub von Lashon Hara [Verleumdung] [üble Nachrede]" [wenn nicht einer, der seine Seele anstrengt, darin nicht nachlässig zu sein], so dass es kein anderes Heiligtum wie dieses gibt.

Und vor allem, wer die Einleitung des Chafetz Chaim und die ersten beiden Tore aller seiner Kapitel sorgfältig studiert, wird sehen, dass in Erfüllung der Eigenschaft, seine Zunge zu hüten, ihm jedes Jahr mehrere Hundert und Tausend Sünden abgezogen werden und ihm dafür viele Hundert und Tausend Mitzvoth hinzugefügt werden. Denn selbst wenn ihm dadurch nur zehn Worte unangemessenen Sprechens pro Tag abgezogen werden, dass er seinem Mund einen Maulkorb verpasst hat, wären es immer noch über dreitausend pro Jahr [Und auf diese Weise habe ich erklärt, was Unsere Weisen, möge ihr Andenken gesegnet sein, gesagt haben [Arachin 15b]: "Alle, die Lashon Hara [Verleumdung] [üble Nachrede] sprechen, vermehren ihre Sünden bis zum Himmel", was bedeutet, dass, wenn man sich an diese Sünde gewöhnt hat, seine Sünden von selbst stark zunehmen], und diese [mundtot gemachten] Worte würden für ihn in der kommenden Welt als Mitzvoth gerechnet werden. Wie Unsere Weisen, möge ihr Andenken gesegnet sein, gesagt haben [Makkoth 23b]: "Wenn ein Mensch sitzt und keine Sünde begeht, wird er belohnt wie jemand, der eine Mitzwa getan hat, und für jeden Moment, in dem er seinen Mund mundtot macht, usw." Und er wird auch ganz selbstverständlich zu vielen heiligen Eigenschaften gelangen, wie ich im Zweiten Tor dieses Werkes geschrieben habe.

Kapitel Zwei

In diesem Kapitel wird erklärt, wie wichtig es ist, seine Zunge zu hüten, wenn man sich Zeit für die Tora nimmt.
Und vor allem, wenn man sich im Studienhaus eine Zeit für die Tora gesetzt hat, wie sehr wird die Eigenschaft, seine Zunge zu hüten, dem Lernen nützen, damit es nicht gestört

Shemirat HaLashon - Buch A

wird! Denn wenn er das nicht tut, läuft er Gefahr, das Lernen jeden Tag zu verlieren, und sein Lernen selbst wird bruchstückhaft sein. Und die Größe der Strafe dafür ist wohl bekannt. Wie Unsere Weisen, möge ihr Andenken gesegnet sein, gesagt haben [Avodah Zarah 3b]: "Wenn jemand sein Torastudium unterbricht, um zu reden, wird er mit Ginsterkohlen gefüttert, wie es geschrieben steht [Iyyov 30:4]: 'Diejenigen, die maluach [[homiletisch] "auf die Tafeln geschriebene Worte" [luchoth]] mit [müßigem] Gerede unterbrechen, Ginsterkohlenwurzeln sind ihr Brot.'" Und das ist Maß für Maß. Denn wer die Tora studiert, dessen Seele lebt ewig im Licht der heiligen Tora, die die Seele nicht verzehrt [Gott bewahre], sondern sie im Gegenteil ewig erhält, wie das Brot den Leib zu Lebzeiten erhält. Aus diesem Grund wird die Tora "Brot" genannt, wie es geschrieben steht [Mishlei 9:5]: "Kommt, esst von meinem Brot usw." Und wenn er mitten im Lernen aufhört, zeigt er, dass er dieses Brot nicht will, weshalb er dort - statt der Nahrung der Seele, dem Licht der Tora - das Licht [d.h. das Feuer] der Ginsterwurzeln zu sich nimmt.

Warum gerade Ginsterbäume? Weil diese Kohlen aus einem Ginsterbaum zwölf Monate lang nicht ausbrennen, wie Unsere Weisen, möge ihr Andenken gesegnet sein, gesagt haben [Bava Bathra 74b], um uns zu lehren, dass er dafür wie ein Rascha [ein Bösewicht] gerichtet wird, dessen Strafe in Gehinnom zwölf Monate dauert. Und dies ist die Sprache des heiligen Zohar in Parschath Schelach:

"Wenn jemand Worte der Tora für müßiges Gerede unterbricht, wird sein Leben von dieser Welt 'unterbrochen', und sein Gericht erwartet ihn in der kommenden Welt."

[Und in der Tat scheint es mir ein guter Rat für jemanden zu sein, der seinen Mund und seine Zunge vor verbotener Rede bewahren möchte, sich selbst zu lehren, im Haus des Studiums oder im Haus des Gebets überhaupt nicht zu sprechen. Denn abgesehen davon, dass dies an sich eine große Mitzwa ist, wegen der Heiligkeit des Ortes, wie die heiligen Bücher schreiben, ist es auch in anderer Hinsicht von großem Nutzen für uns, 1] dass die Tora, die man im Studienhaus studiert, und seine Gebete vollständig sind, dass es nicht an Antworten auf "Amen" und "Amen yeheh shme rabbah" und "Barechu" fehlt, 2] dass dadurch in der Abrechnung der Tage seines Lebens etwa zehn Jahre frei

Shemirat HaLashon - Buch A

von verbotener Rede sind. Denn ein Jude befindet sich tagsüber im Studienhaus für seine Gebete und für einige Zeit nach seinem Gebet, mindestens vier Stunden am Tag, besonders wenn er auch eine feste Zeit für das Torastudium hat, jeden Tag im Studienhaus für etwa zwei Stunden. Wenn er dies beachtet, verbringt er etwa ein Viertel des ganzen Tages mit Tora und Gebet. Wenn das so ist, wie gut wird es für ihn sein, wenn ein vierter Teil der Tage seines Lebens hinzukommt, in denen es keine verbotene Rede gegeben hat, sondern nur Tora und Gebet, 3] dass es ihm dadurch aber auch jeden Tag leichter fällt, sein Sprachvermögen zu hüten, nachdem er sich jeden Tag gelehrt hat, es fünf oder sechs Stunden lang zu unterdrücken, während er im Studienhaus saß].

Kapitel Drei

In diesem Kapitel wird erklärt, dass man sich besonders für eine Mitzwa anstrengen muss, die keine "Schutzherren" hat.

Im Sefer Charedim finden wir, dass man, obwohl man zu allen Mitzwot verpflichtet ist, dennoch an einer von ihnen festhalten muss, mit großer Kraft und Beständigkeit, damit man nicht alle Tage seines Lebens übertritt. Denn die Allgemeinheit der Tora, die aus den 613 Mitzvoth besteht, wird mit anderen Worten ein Baum des Lebens genannt. [Mishlei 3:18]: "Er ist ein Baum des Lebens für den, der an ihm festhält." Und wer an einem Zweig des Baumes festhält, der hält alle fest, die alle ein Körper sind und diesem Zweig nachfolgen. Wenn er aber versuchen würde, sich an allen Zweigen zusammen festzuhalten, könnte er das nicht. Und das ist die Absicht von Schabbat 118b: "R. Nachman b. Yitzchak sagte: 'Möge es mir so ergehen, dass ich [die Mitzwa] der drei Schabbat-Mahlzeiten erfüllt habe.' ...R. Scheheth sagte: 'Möge es mir so ergehen, dass ich die Mitzwa des Tzitzith erfüllt habe!' R. Yosef fragte R. Yosef b. Rabbah: 'In welcher Mitzwa ist dein Vater am gewissenhaftesten?' Er antwortete: 'In der Mitzwa des Tzitzit. Eines Tages stieg er eine Leiter hinauf, als eine seiner Fransen riss, und er kam nicht herunter, bis er sie repariert hatte.'" Und Raschi erklärt "Ich habe die Mitzwa der Tefillin erfüllt" so, dass er nicht vier Ellen ohne Tefillin

Shemirat HaLashon - Buch A

gegangen ist. Ähnlich verhält es sich mit den Zitzen ... Siehe den Sefer Charedim, der seine Worte auch aus dem Yerushalmi belegt, dass dadurch die Tage in der Welt, die ganz gut und lang ist, vermehrt und verlängert werden.

Und auch wir werden über unser Thema sagen, dass in unserer Zeit, in der die [Mizwa der Vermeidung] der Sünde von Lashon Hara [Verleumdung] und Rechiluth [Klatsch] von einigen Leuten völlig aufgegeben wurde, wenn man sich selbst stärken würde, um seine Zunge immer vor Lashon Hara [Verleumdung] und Rechiluth [Klatsch] zu hüten, wie viel Belohnung würde er dadurch bekommen! Denn ist es nicht bekannt, was im Sefer Charedim geschrieben steht, dass eine Mizwa, die keine "Gönner" hat, wie eine Met-Mizwa ist [ein Toter, der niemanden hat, der ihn kauft [den der Finder begraben muss]], und "eine Mizwa, die keine 'Verfolger' hat - lauft ihr nach, um sie zu tun", denn die Mizwa schreit und sagt: "Wie bescheiden bin ich, dass ich von allen verlassen wurde!" Und die Größe [der Mizwa] ist schon aus dem bekannt, was in Berachoth gesagt wird, dass sogar der Hohepriester oder ein Nasiräer oder einer, der sein Pessachopfer schlachten oder seinen Sohn beschneiden wollte - denen es nicht erlaubt ist, sich für Verwandte unrein zu machen [[durch die Unreinheit des Leichnams]] - sich für eine Mizwa unrein machen, damit sie nicht in Schande liegt [[unbestattet]].

Und nun lasst uns sehen: Ist nicht eine Met-Mitzwa bloße Materie, ohne Leben, Geist oder Seele, trotz derer, weil diese Materie einst das Gefäß eines lebenden Juden war, die Thora so besorgt um ihre Schande war und [ihre Beerdigung] sogar dem Hohepriester oder einem Nasiräer erlaubte, und [erlaubte es] nicht, das Pessachopfer zu schlachten oder seinen Sohn zu beschneiden, um sich für ihn [den toten Körper] unrein zu machen und für seine Bedürfnisse zu sorgen - erst recht nicht mit der heiligen Tora, die kostbarer ist als Perlen und die das "Spielzeug" des Heiligen, gepriesen sei Er, ist, wie geschrieben steht [Mischlei 8: 30]: "Und ich [Tora] war jeden Tag sein Spielzeug" - wenn eine ihrer Mitzwot, Gott bewahre, in Schande liegt, wie viel mehr sind wir verpflichtet, uns in ihr zu stärken, damit sie im Himmel nicht gegen uns aufschreie! Und sieh, mein Bruder, wie groß die Hingabe ist, die darin liegt [[das Sprechen von Lashon Hara [Verleumdung] [üble

Shemirat HaLashon - Buch A

Nachrede] für einen, der daran gewöhnt ist und es überhaupt nicht als [Übertretung] eines negativen Gebots betrachtet. Denn selbst wenn er schlecht über seinen Nächsten redet und ihn bis zur Erniedrigung herabwürdigt, wenn du ihn fragst: "Warum hast du Lashon Hara [Verleumdung] [üble Nachrede] und Rechiluth [Klatsch] [Tratsch] gesprochen", wird er dir hundert Begründungen geben, warum dies nicht in die Kategorie Lashon Hara [Verleumdung] [üble Nachrede] fällt. Und wenn Sie ihm beweisen, dass es absolute Lashon Hara [Verleumdung] [üble Nachrede] ist, wird er seine ursprüngliche Aussage zurückziehen und sagen, dass, selbst wenn es in die Kategorie Lashon Hara [üble Nachrede] [üble Nachrede] fällt, die Tora sicherlich nicht beabsichtigt hat, das Verbot auf einen solchen Mann anzuwenden, den er gesehen hat, wie er dieses und jenes Unrecht tut, und der ein Schmeichler ist, dessen Unrecht anzuprangern eine Mitzwa ist. Kurz gesagt, je mehr du ihm die Größe der Sünde in dem, was er bisher über ihn gesagt hat, zeigen willst, desto mehr wird er Lashon Hara [Verleumdung] und Rechiluth [Klatsch] sprechen und ihn aus der Kategorie "dein Mitmensch" entfernen und sagen, dass er kein Jude ist, gemäß den Parametern seines Yetzer [Neigung] Hara [der bösen Neigung] Hara. Gibt es etwas Ähnliches bei allen Übertretungen in der Welt? Wenn wir zum Beispiel jemanden sehen, der neveilah [Kadaver] oder treifah [zerrissenes lebendes Fleisch] isst, und wir tadeln ihn dafür, dass er die Tora des Herrn übertreten hat und nicht darauf geachtet hat, es zu vermeiden - ist es dann denkbar, dass er noch ein weiteres Stück Issur [Verbot] [Verbotenes] vor seinem Tadler nimmt und es vor ihm isst! [Es sei denn, er wäre ein Ketzer, Gott bewahre, der die Gemeinde Israels verlassen hat, oder einer, der seine Söhne aus der Religion entfernt hat - und von solchen ist nicht die Rede]. Und bei dieser bitteren Sünde, die auch ein negatives Gebot der Tora beinhaltet und deren Strafe äußerst streng ist, wie wir schon viele Male von Schas und Poskim erklärt haben, sehen wir, dass je mehr wir einen Mann dafür tadeln, dass er Lashon Hara [Verleumdung] oder Rechiluth [Tratsch] gegen seinen Freund gesprochen hat, desto mehr wird er ihn in Zukunft erniedrigen! Dies kann aus keinem anderen Grund geschehen, als dass diese Sache [die Mitzwa gegen Lashon Hara [Verleumdung] [üble Nachrede]] durch die Kraft der

Shemirat HaLashon - Buch A

Gewohnheit hefker [aufgegeben] worden ist. Und selbst bei denen, die dieser Sünde nicht verfallen sind, ist ihr Herz bei vielen von ihnen nicht so sehr durch diese Sünde verbittert wie durch die anderen negativen Gebote der Tora. Wenn das so ist, dann gibt es keine größere Met-Mitzvah als diese!

Und in Wahrheit, wie sehr sollte sich der Sprecher von Lashon Hara [Verleumdung] [üble Nachrede] deswegen schämen. Denn wenn er in der Tora nachschlagen würde und dort die Verse fände, die das Issur [Verbot] des Sprechens von Lashon Hara [Verleumdung] [üble Nachrede] betreffen [wie z.B. Vayikra 19:16: "Du sollst nicht schwatzen unter deinem Volk", oder Devarim 27:24: "Verflucht ist, wer seinen Freund heimlich schlägt", oder Ibid. 24:9: "Denke daran, was der Herr, dein Gott, Mirjam angetan hat", oder Schemot 23:1: "Du sollst nicht falsches Zeugnis reden" usw.] und die Spitze eines Jods an irgendeiner Stelle fehlen würde, würde er sich weigern, den Segen über die Tora auszusprechen, und sagen, dass die Tora des Herrn vollkommen sein muss, da der Heilige, gepriesen sei Er, sie uns gegeben hat, und nicht fehlerhaft. Er glaubt also in Wahrheit an den gesegneten Herrn und an seine heilige Tora, in all ihren Buchstaben, aber wenn dieses Thema zur Sprache kommt, werden die Verse der Tora von ihm sofort aufgegeben, und er hält es überhaupt nicht für eine Sünde! Erinnere dich, mein Bruder, was wir im Tanna d'bei Eliyahu Rabbah, Kapitel 28, finden: "Wenn jemand Worte der Tora erkennt und sie 'übergeht', ist er ein absoluter Übeltäter."

Kapitel Vier

In diesem Kapitel wird die Fülle der Belohnung erklärt, die sich aus der Bewahrung der Zunge ergibt, und das Verdienst, vielen Menschen zu nützen.

Deshalb muss der verständige Mensch sich darin [[die Zunge zu hüten]] ständig stärken, und dann wird er in dieser und in der nächsten Welt glücklich sein. Denn auch bei anderen Mitzvoth, wenn man sich stärkt, sie niemals zu übertreten, ist der Lohn sehr groß, wie wir oben geschrieben haben; wie viel mehr bei diesem.

Denn steht es nicht geschrieben [Mischlei 2:4-5]: "Wenn du sie suchst wie Silber, wenn du sie suchst wie einen

Shemirat HaLashon - Buch A

verborgenen Schatz - dann wirst du die Furcht des Herrn verstehen." Und es ist bekannt, dass jeder lieber ein festes Einkommen auch mit weniger Gewinn hat als ein zufälliges Einkommen mit größerem Gewinn. Wie viel mehr gilt das für dieses ["Einkommen", die Zunge zu hüten], das ein regelmäßiges Einkommen mit großem Gewinn ist. Denn mit dieser Mitzwa kann man sowohl verdienen, wenn man in seinem Haus sitzt oder wenn man im Haus des Gebets oder im Haus des Studiums ist, als auch, wenn man auf den Markt geht und die Leute sprechen sieht, was sie nicht sprechen sollten [und sich von ihnen distanziert.] Wie Unsere Weisen, möge ihr Andenken gesegnet sein, gesagt haben [Kidduschin 39b]: "Wenn jemand sitzt und nicht übertritt, wird er belohnt wie derjenige, der eine Mitzwa tut." Zusammengefasst: Mit dieser Mitzwa kann man von dem Zeitpunkt, an dem man [morgens] aus dem Schlaf aufsteht, bis zu dem Zeitpunkt, an dem man abends schlafen geht, mühelos und mit großem Gewinn "verdienen". Denn für jeden Moment, in dem er seinen Mund zuhält, verdient er das "verborgene Licht", wie Unsere Weisen, möge ihr Andenken gesegnet sein, gesagt haben.

Und [das obige ist] besonders [wahr] im Hinblick auf die Aussage Unserer Weisen, möge ihr Andenken gesegnet sein [Yoma 9b, Gittin 57a], dass der zweite Tempel wegen der Sünde des eitlen Hasses und der Lashon Hara [Verleumdung] zerstört wurde. Wenn diese Sünde die Macht hatte, zu zerstören, was erbaut wurde, hat sie zweifellos die Macht, den Wiederaufbau dessen zu verhindern, was zerstört wurde, Gott bewahre.

Deshalb wird derjenige, der seine Zunge mit aller Kraft hütet und auch andere dazu anspornt, dies zur Ehre des Herrn und seiner Tora zu tun, damit ihre Mitzvoth nicht aufgegeben werden, Gott bewahre, sein Verdienst sehr groß sein. Denn in Wahrheit befindet sich die Gemeinde Israels im Status von k'sheirim [Gerechten] und tzaddikim, aber [sie sind nachlässig in der Bewahrung ihrer Zungen], weil es ihnen an der Kenntnis der Dinim [des Gesetzes] in diesem Bereich mangelt; und vielen fehlt auch der Rat, dem Yetzer Hara [der bösen Neigung] in diesem Bereich zu entkommen, was wir alles im Zweiten Tor besprochen haben. Wenn sich also jemand fände, der sie dazu aufrütteln könnte, würden seine Worte gewiss angenommen werden, und das

Shemirat HaLashon - Buch A

Verdienst der vielen würde ihm zufallen.

Und das ist die Sprache des Zohar Chadash in Parschath Lech Lecha: "R. Avahu sagte: 'Kommt und seht, wie groß der Mann ist, der einen anderen zur Reue bringt. Woher wissen wir das? Aus Bereschit 14:18: "Und Malki Tzedek, der König von Schalem" lehrte R. Chiyya Rabbah: "Wenn die Seele des Zaddiks, der andere zur Umkehr veranlasst, seinen Körper verlässt, geht Michael, der große Fürst, der die Seelen der Zaddikim vor seinen Schöpfer stellt, hinaus und grüßt diesen Zaddik, wie es geschrieben steht: "Und Malki Tzedek" - das ist Michael, der Oberste der Hüter der Tore der Gerechtigkeit; "der König von Schalem" - das ist das himmlische Jerusalem. [Ebd.]: "brachte Brot und Wein heraus" - er trat zu ihm und sagte: "Komm in Frieden." Und in 62b:

"Der Herold verkündet jeden Tag: 'Glücklich sind die, die sich mit der Tora beschäftigen, und die, die es anderen ermöglichen, die Tora zu lernen, und die, die "ihre Eigenschaften übersehen".'"

Und dies [die Enthaltung von Lashon Hara [Verleumdung]] wird sicherlich dazu beitragen, das Kommen des Erlösers zu beschleunigen, und zwar schnell, in unseren Tagen, so wie dies selbst die Erlösung aus Ägypten gefördert hat, dass es unter ihnen nicht die Sünde der Lashon Hara [Verleumdung] gab. Wie wir im Midrasch Rabba, Parschath Emor finden: "Wegen vier Dingen wurde Israel aus Ägypten erlöst: Sie änderten ihre Namen nicht; sie änderten ihre Sprache nicht; sie sprachen nicht Lashon Hara [Verleumdung] [üble Nachrede]; und nicht einer von ihnen wurde als unzüchtig befunden." [Was das Problem von Schemot 2,14 angeht: "In Wahrheit ist die Sache bekannt geworden", haben die Kommentatoren dies bereits erörtert.]

Kapitel Fünf

In diesem Kapitel wird erklärt, warum wir unser Herz auf den Weg stellen müssen, den unsere Vorfahren gegangen sind.

Wir müssen auf dem Weg gehen, den unsere Vorväter gegangen sind, wie es geschrieben steht [Jeremia 31:20]: "Stellt euer Herz auf den Weg, den ihr [d.h. eure Vorväter] gegangen seid. Wie der Tanna d'bei Eliyahu Rabbah 23 sagt:

Shemirat HaLashon - Buch A

"Als Israel in Ägypten und in der Wüste war, waren sie mit ganzem Herzen dabei, usw. Und als sie in Ägypten waren, versammelten sie sich alle und wohnten zusammen, denn sie waren alle zusammen an einem Band, und sie schlossen einen Bund miteinander, dass sie einander Güte erweisen und den Bund Abrahams, Isaaks und Jaakovs in ihren Herzen bewahren und ihrem Vater im Himmel allein dienen und die Sprache des Hauses Jaakovs, ihres Vaters, nicht verlassen und die Sprache Ägyptens nicht lernen, um [nicht] den Wegen der Götzendiener zu folgen. Wie [hat sich dies manifestiert]? Als Israel in Ägypten allein seinem Vater diente und seine Sprache nicht änderte, sagten die Ägypter zu ihm: 'Warum dient ihr nicht den Göttern Ägyptens, damit seine [des Pharao] Arbeit für euch erleichtert wird?' Israel antwortete: 'Haben nun unsere Väter Abraham, Isaak und Jaakow unseren Vater im Himmel verlassen, damit ihre Kinder nach ihnen ihn verlassen?' Sie antworteten: 'Nein, usw.' Und sie ließen ihre Söhne in Ägypten beschneiden, und die Ägypter sagten zu ihnen: 'Wenn ihr euch nicht daran haltet und euch nicht beschneiden lasst, wird euch vielleicht die harte Arbeit erleichtert werden. Und Israel sagte: 'Haben unsere Väter den Bund unseres Gottes im Himmel vergessen, dass ihre Kinder nach ihnen ihn vergessen sollten?' Die Ägypter: 'Nein.' Und Israel: 'So wie unsere Väter, so werden auch wir nicht vergessen. Eine Variante: Als Israel in Ägypten seine Söhne beschnitt, fragten die Ägypter sie: 'Warum beschneidet ihr eure Söhne? Werden sie nicht nach kurzer Zeit in den Fluss geworfen?' Israel: 'Wir werden sie beschneiden, und danach könnt ihr mit ihnen machen, was ihr wollt.' Und als Israel das siebentägige [Hochzeits-]Fest veranstaltete, fragten die Ägypter: 'Warum... wird er nicht nach kurzer Zeit zur Schwerstarbeit herausgeholt?' Israel: 'Wir werden das... Fest feiern, und danach könnt ihr mit uns machen, was ihr wollt. Die Toten werden sterben und die Getöteten werden getötet und die Geborenen werden leben.' Bei all dem schmähten die Ägypter Israel und schlugen sie und schüchterten sie ein, und Israel konnte nicht vor ihnen fliehen, wie es geschrieben steht [Psalm 42,14]: "Du machst uns zur Schande für unsere Nachbarn, zum Spott und zum Hohn für die, die um uns sind... [18]: All das ist uns widerfahren, aber wir haben dich nicht vergessen und deinen Bund nicht missachtet usw.""

Shemirat HaLashon - Buch A

Wenn das so ist, werden auch wir unser Herz auf diesen Weg richten und dafür sorgen, dass wir einander Güte erweisen und den Bund Abrahams, Isaaks und Yaakovs einhalten, um unserem Gott im Himmel allein zu dienen, und unsere Herzen nicht der Verlockung des Yetzer Hara [der bösen Neigung] und seinen Forderungen zuneigen, so wie Israel seine Ohren nicht den Forderungen der Ägypter zuneigte, obwohl diese anboten, ihre Lasten zu erleichtern. Und dafür soll an uns der Vers [Micha 7:15] erfüllt werden: "Wie an dem Tag, da ihr [d.h. eure Väter] aus Ägyptenland auszogt, will ich ihm [Israel] Wunder zeigen", und zwar schnell, in unseren Tagen, Amen!

Kapitel Sechs

In diesem Kapitel werden wundersame Ratschläge gegeben, wie man sich vor Lashon Hara [Verleumdung] und anderen Sünden zwischen einem Menschen und seinem Nächsten retten kann; eine aufschlussreiche Analogie dafür.

Und nun wollen wir das Buch so abschließen, wie wir es begonnen haben, mit dem Vers [Psalm 34:13]: "Wer ist der Mann, der das Leben begehrt, der Tage liebt, um Gutes zu sehen?", indem ich meine Erklärung des Verses [Psalm 140:12] einführe: "Der Mann der Zunge wird auf Erden nicht bestehen. Der Mann der Gewalttätigkeit - das Böse wird ihn bis zu seinem Untergang jagen." Dem wollen wir eine allgemeine Einführung in dieses Werk voranstellen. Zusammenfassend kann man sagen, dass derjenige, der wirklich seinen Mund und seine Zunge hüten will, um nicht zu Machloketh [Streit] und Lashon Hara [Verleumdung] und Fluchen und "Bleichen des Gesichts" zu kommen, sich mit voller Bezahlung die Eigenschaft der Geduld aneignen wird, um in jeder Hinsicht "seine Eigenschaften zu übersehen". Das heißt, in sich aufnehmen, dass er für diese heilige Eigenschaft jedes Jahr etwa vier oder fünf Silberrubel ausgeben wird. Und für einen reicheren Mann eine größere Summe, wie erklärt werden wird.

Wir werden unsere Worte erklären: Das Issur [Verbot] [Verbotenes] von Machloketh und Lashan Hara und Rechiluth [Klatsch] kommt meist durch eine Kleinigkeit zustande, die einen denken lässt, dass Ploni [so und so]

Shemirat HaLashon - Buch A

[Jemand] ihn beleidigt hat, und er folgt "der Linie des Din", um seine Eigenschaften nicht zu übersehen und überhaupt nachzugeben. Und das führt natürlich zu Aufregung und Streit. Wenn er aber immer [d.h. vor der Provokation] beschließen würde, dass er für diese Eigenschaft des "Übersehens seiner Eigenschaften" [die selbst eine Eigenschaft ist, seine Zunge zu hüten, wie ich oben geschrieben habe] jedes Jahr etwas Geld ausgeben muss, wie für alle anderen Mitzvoth, würde er sich überhaupt nicht aufregen! Denkt an eine andere Mizwa, wie die des Zitzith [wenn wir in unserer Zeit Tcheleth [die blaue Schnur] hätten], oder wenn es in unserer Zeit unmöglich wäre, einen Ethrog oder ähnliches zu erhalten, es sei denn, man gibt vier oder fünf Silberrubel dafür aus [selbst wenn man nicht wohlhabend ist; und wenn er es ist, sogar mehr als das], sicherlich würde kein Mann in Israel verdächtigt werden, deswegen auf die Mizwa zu verzichten, es sei denn, er hätte überhaupt nichts, Gott bewahre.

So sollte man in Bezug auf die Eigenschaft, seine Eigenschaften zu übersehen, handeln, und dadurch würde man vor vielen schweren Sünden bewahrt werden, obwohl dies kein positives Gebot ist, sondern nur eine gute Eigenschaft im Allgemeinen. Ist es nicht bekannt, dass es wegen der Kleinheit unseres Verstandes sehr schwierig für uns ist, den Din der Tora klar zu erkennen, wann es erlaubt ist, sich an seinem Freund zu vergreifen und mit ihm zu streiten. Denn sehr oft mag es einem [nur] so vorkommen, dass Ploni [so und so] [jemand] ihn in irgendetwas beleidigt hat [denn wir sprechen nicht von ausgesprochenen Räubern oder dergleichen, die uns in die Tasche greifen würden]. Und auch weil "ein Mensch sich selbst nahe ist" und "ein Mensch keinen Fehler in sich selbst sieht", ist jemand, der seine Eigenschaften nicht übersieht, immer anfällig für die Issur [Verbot] [Verbote] selbst des Diebstahls, der Machloketh und Lashon Hara [Verleumdung] [üble Nachrede] und dergleichen; und sicherlich sind diese Issur [Verbot] [Verbote] größer als die des Verzichts auf ein positives Gebot allein.

Und ich kenne die "Widerlegung" des Yetzer Hara [der bösen Neigung] - dass er dann ständig vier oder fünf Silberrubel für diese Dinge ausgeben müsste; und das ist unmöglich. Deshalb werde ich mich selbst erklären: Wenn

Shemirat HaLashon - Buch A

jemand eine Woche lang gut über die Buchhaltung nachdenkt, wird er selbst erkennen, dass viele der Beleidigungen und Streitigkeiten und [Episoden von] Lashon Hara [Verleumdung] und dergleichen wegen Kleinigkeiten sind, sein Gefühl, dass Ploni [so und so] [jemand] ihm wegen einer zahuv [einer Münze] oder dergleichen Unrecht getan hat. Denn wir sprechen hier nicht von reichen Menschen, sondern von einfachen Menschen. Wenn man sich also in seinem Innern entschließt, jedes Jahr vier oder fünf Silberrubel für [die Pflege] dieser Eigenschaft auszugeben, wird man dadurch auf jeden Fall tausend Worte verbotener Rede vermeiden, [deren Vermeidung] vier oder fünf Silberrubel wert ist, und "wer kommt, um sich zu reinigen, dem hilft [der Himmel]." Und am Ende wird er die Erlangung dieser Eigenschaft in Vollständigkeit verdienen [und als Ergebnis wird er zur Erlangung der großen Eigenschaft von chesed [Güte] kommen [siehe nächstes Kapitel]

Wenn er dies aber nicht tut, sondern sich immer über jede Kleinigkeit ärgert, muss er wissen, dass er am Ende sicherlich zu vielen verbotenen Dingen kommen wird, und dass er dadurch sehr wahrscheinlich verarmt, Gott bewahre, [wie ich oben im Tor der Erinnerung, Kapitel VI, im Namen von Sefer Hakaneh geschrieben habe, dass man durch Lashon Hara [Verleumdung] in Armut gerät].

Ich möchte dies mit einem anschaulichen Vergleich verdeutlichen: Es war einmal ein großer Geizhals, der sein Brot nie mit den Armen teilte und viele Jahre lang bei jeder Haushaltsausgabe schnorrte, wodurch er mehrere hundert Rubel Silber anhäufte. Dieser Geizhals dachte immer über neue Sparmöglichkeiten nach und beschloss schließlich, mit dem Brot, das er aß, sparsam umzugehen, und das tat er auch. Im ersten Monat gewöhnte er sich daran, jeden Tag auf einen Viertelliter Brot zu verzichten. Dadurch wurde seine Tasche voller, und er freute sich sehr darüber, wie es seine Gewohnheit war; und er fühlte deswegen keine Schwäche des Herzens. Und im dritten Monat, als er sich daran gewöhnt hatte, fing er an, noch ein Viertel Brot zu sparen, bis er im Laufe der Tage ein schwaches Herz bekam und zu einem Arzt ging, der zu ihm sagte: "Du leidest an Abmagerung: "Du leidest an Auszehrung, und es gibt fast kein Heilmittel dagegen; ich habe aber ein gewisses Mittel,

Shemirat HaLashon - Buch A

das dich heilen kann, aber es kostet dich zweihundert Silberrubel." Als der Geizhals dies hörte, floh er aus dem Haus des Arztes. Aber sein Zustand verschlimmerte sich von Tag zu Tag, und er sah, dass sein Ende schrecklich sein würde, also ging er wieder zum Arzt und bat ihn: "Gib mir das Mittel, von dem du gesprochen hast, und ich werde dir alles geben, was du willst, denn 'meine Seele ist an der Pforte des Todes'." Der Arzt antwortete: "Ich muss die Ursache deiner Krankheit kennen, um zu wissen, wie ich das Mittel zubereiten muss." Der Geizige wandte sich ihm zu und sagte: "Ich muss zugeben, dass ich selbst die Ursache dafür bin." Und er erzählte ihm die ganze Geschichte. Der Arzt antwortete: Dummer Mann, alles in allem haben Sie etwa vier oder fünf Rubel gespart und Ihr Leben in Gefahr gebracht. Und wer weiß schon mit Sicherheit, dass Ihnen dieses Medikament helfen wird! Außerdem müssen Sie jetzt das Fünfzigfache Ihres Gewinns ausgeben!"

So ist es auch in unserem Fall. Wer seine Ehre und jeden Cent seines Geldes so sehr hütet, dass er beim geringsten Verdacht nicht zulässt, dass es jemand anrührt, der wird nicht jede Woche vor Lashon Hara [Verleumdung] [üble Nachrede] und Machloketh fliehen; und zweifellos werden sich im Laufe eines Jahres viele hundert Worte verbotener Rede und Machloketh deswegen ansammeln. Und es ist durchaus möglich, dass er, wenn er am Tag des Gedenkens zum Gericht vor den Herrn kommt, feststellen wird, dass seine Sünden deswegen mehr sind als seine Mitzvoth, denn sie werden die Mehrheit bilden. Und deshalb wird er durch das Din des Himmels zum Tode verurteilt werden, wie Unsere Weisen, möge ihr Andenken gesegnet sein, gesagt haben [Rosch Haschana 16b]: "Absolute Übeltäter [d.h. diejenigen mit einer Mehrheit von Sünden, nach Raschi] werden sofort für den Tod eingeschrieben und versiegelt." Aber der Erhabene, gepriesen sei Er, erlöst ihn in Seiner überreichen Barmherzigkeit vom Tod [wie wir in der Tanna d'bei Eliyahu, Kapitel eins, finden], und Er wandelt die Strafe des Todes in eine der Armut um, und infolgedessen fällt er aus seinem Status.

Wenn wir nun die Ursache der meisten Sünden erforschen, die dazu geführt haben, finden wir sie in fünf oder sechs Silberrubeln. Denn er hat vielleicht einmal Lashon Hara [Verleumdung] [üble Nachrede] gegen seinen Freund

Shemirat HaLashon - Buch A

gesprochen und auch mit ihm gestritten, weil er ihn verdächtigte, sein Zahav [Geld] angerührt zu haben, und hat sich wie eine eiserne Säule gegen ihn gestellt, sowohl ihm gegenüber als auch in seiner Abwesenheit, bis er seinen Standpunkt bewiesen hatte. Und manchmal konnte die ganze Summe, um die es ging, ein Pfund oder sogar weniger sein, so dass er in der Summe vielleicht fünf oder sechs Silberrubel gewonnen hat. Und was hat er durch all das gewonnen? Mehrere hundert Sünden der verbotenen Rede [abgesehen von der gelegentlichen Vermischung des "Staubes des Diebstahls" in seiner Tasche, der an sich die Macht hat, ihn und seine Besitztümer zu beenden]. Und deshalb blieb nur noch ein Schritt zwischen ihm und dem Tod, so dass er am Ende von seinem ["hohen"] Stand fiel.

Und das ist der Sinn von [Psalm 140:12]: "Der Mann mit der Zunge wird auf der Erde keinen Bestand haben." Das heißt, er wird keine Basis oder Grundlage haben, auf der er seine Position fest verankern kann, sondern er wird von einem Zustand in den anderen getrieben, wie der Vers abschließend sagt: "Das Böse wird ihn jagen bis zu seinem Untergang."

Deshalb soll der Mensch nicht so handeln, sondern in allen Angelegenheiten "seine Eigenschaften übersehen", und er wird es dadurch verdienen, dass man sich am Tag des Gedenkens an ihn erinnert und ihn in seiner früheren Stellung belässt. Und an Rosch Haschana wird der Heilige, gepriesen sei Er, sicherlich den Einfluss, den er durch das Übersehen seiner Eigenschaften verloren hatte, wieder vergrößern. Und das ist die Absicht des Verses [Psalmen 34:13]: "Wer ist der Mann, der das Leben will, der die Tage liebt, um das Gute zu sehen?" [Das heißt, er will beides, Leben und Gutes] "Hüte deine Zunge usw." Denn wenn er das nicht tut, muss er [sogar in dieser Welt] entweder das Leben oder das Gute verlieren, wie oben erwähnt. Hütet er aber seine Zunge vor dem Bösen, so wird man sich seines Lebens und auch des Guten erinnern, wie wir im Midrasch Mischlei finden, dass, wenn es die Art eines Menschen ist, Gutes zu reden, auch die Engel oben Gutes von ihm reden.

Kapitel Sieben

In diesem Kapitel wird die Größe des Wesenszuges der

Shemirat HaLashon - Buch A

chesed [Nächstenliebe] und der Wert einer Gesellschaft für gemiluth chasadim [das Tun der chesed] erklärt.

Und in der Tat, wie groß ist diese Mitzwa in den Augen des gesegneten Herrn, denn es steht geschrieben [Micha 6:8]: "Er hat dir gesagt, o Mensch, was gut ist, und was der Herr von dir verlangt - nämlich Gerechtigkeit zu tun und chesed zu lieben usw." Und Unsere Weisen, möge ihr Andenken gesegnet sein, haben gesagt [Sukkah 49b]: "'Gerechtigkeit zu tun' - das ist din; 'und chesed zu lieben' - das ist gemiluth chasadim." Und er erfüllt damit auch die Mitzwa von [Devarim 29:9]: "Und du sollst in Seinen Wegen wandeln", wie wir in Sifrei über den Vers [ebd. 10:12] finden: "'in allen Seinen Wegen wandeln' - das sind die Wege des Heiligen, gepriesen sei Er, wie es geschrieben steht [Schemot 34:6]: 'Haschem, Haschem, der Gott, der barmherzig und gnädig ist, langsam zum Zorn und reich an chesed, usw.'" Und unsere Weisen, möge ihr Andenken gesegnet sein, sagen [Bava Metzia 30b]: "R. Yosef lehrte [Shemoth 18:20]: 'Und du sollst sie auf den Weg aufmerksam machen' - das ist gemiluth chasadim."

Und dadurch erweckt man den Charakterzug des chesed oben. Wie unsere Weisen, möge ihr Andenken gesegnet sein, sagen: "Der Heilige, gepriesen sei Er, sagt: 'Nun tun diese [Menschen], die selbst chesed brauchen, chesed miteinander; ich, der ich voller chesed und Barmherzigkeit bin, wie viel mehr muss ich chesed mit Meinen Schöpfungen tun!'" Und so finden wir im heiligen Zohar, Parschath Emor:

"Wir haben gelernt: 'Mit der Tat unten, wird die Tat oben erweckt.' Wenn man etwas unten tut, wird die Kraft oben entsprechend geweckt. Wenn ein Mensch in der Welt chesed tut, wird chesed oben erweckt und ruht an diesem Tag, und er [der Tag] wird in ihm um seinetwillen gekrönt. Und wenn jemand unten mit Barmherzigkeit handelt, wird Barmherzigkeit an jenem Tag erweckt, und er wird um seinetwillen mit Barmherzigkeit gekrönt. Und dann steht dieser Tag für ihn bereit, um ihm ein Schild zu sein, wenn er es braucht usw. Glücklich ist, wer eine Tat vollbringt, die unten kascher ist; denn er erweckt dadurch die entsprechende Kraft oben. Mit dieser Eigenschaft, mit der man misst, wird ihm gemessen."

Und es [gemiluth chasadim] ist eines der drei Dinge, auf

Shemirat HaLashon - Buch A

denen die Welt steht, wie wir in Avoth, Kapitel 1 finden: "Die Welt steht auf drei Dingen: auf Tora, auf Avodah [dem Opferdienst] und auf gemiluth chasadim." Und das ist gleichbedeutend mit Opfern. Wie es in Avoth d'R. Nathan [4:4]: "Woher leiten wir dies für gemiluth chasadim ab? Es steht geschrieben [Hoshea 6:6]: 'Denn ich wollte chesed und nicht opfern.' Die Welt wurde ab initio nur mit chesed erschaffen, wie es geschrieben steht [Psalmen 893]: "Denn ich habe gesagt: 'Die Welt wird durch chesed erbaut werden.'" Einmal ging R. Jochanan b. Zakkai aus Jerusalem hinaus, und R. Jehoschua ging ihm nach und sah den Tempel in Trümmern, worauf er sagte: "Wehe uns, der Ort, an dem unsere Sünden gesühnt wurden, liegt in Trümmern!", worauf R. Jochanan antwortete: "Mein Sohn, verzage nicht. Wir haben ein gleichwertiges Sühnopfer. Welche? Gemiluth chasadim, wie es geschrieben steht: 'Denn ich wollte chesed und nicht Opfer!'" [Siehe Sukkah 49b, dass [nach R. Elazar] die Nächstenliebe größer ist als die Opfer; wie viel mehr, gemiluth chasadim!] Sie [gemiluth chasadim] ist größer als die Mitzwa der Tzedakah [Wohltätigkeit], wie R. Elazar sagte [Succah 49b]: "Größer als die Nächstenliebe ist die Freundlichkeit, wie geschrieben steht [Hoshea 10:12]: 'Säet für euch selbst durch Nächstenliebe, erntet durch Herzensgüte.' Wer sät, weiß nicht, ob er essen wird oder nicht; wer aber erntet, wird mit Sicherheit essen." "Die Rabbiner lehrten: 'In dreierlei Hinsicht ist die Herzensgüte größer als die Nächstenliebe: Die Nächstenliebe - mit dem Vermögen; die Herzensgüte - sowohl mit dem Vermögen als auch mit dem eigenen Körper. Nächstenliebe - zu den Armen; Herzensgüte - sowohl zu den Reichen als auch zu den Armen. Nächstenliebe - zu den Lebenden; Herzensgüte - sowohl zu den Lebenden als auch zu den Toten." Und es ist eines der Dinge, deren Früchte man in dieser Welt isst, wobei das Wesentliche für die kommende Welt übrig bleibt, wie wir in Peah I finden.

Unsere Weisen, möge ihr Andenken gesegnet sein, haben weiter gesagt [Yalkut Tehillim]: " Chesed steht für einen Menschen bis zum Ende aller Generationen, wie es geschrieben steht [Psalmen 103.:17]: 'Und der chesed des Herrn ist von Welt zu Welt zu denen, die ihn fürchten, usw.'" Und diese Eigenschaft ist eine der drei guten Eigenschaften,

Shemirat HaLashon - Buch A

die Israel eingepflanzt wurden - Schamhaftigkeit, Barmherzigkeit und Güte, wie Unsere Weisen, möge ihr Andenken gesegnet sein, festgestellt haben [Yevamoth 79a].

Und wenn jemand seine Augen von dieser Mitzwa abwendet, ist seine Sünde sehr groß. Wie Rabbeinu Yonah schreibt [Sha'arei Teshuvah 67] über den Vers [Devarim 15:9]: "Nimm dich in Acht, dass nicht in deinem Herzen eine gemeine Sache ist, zu sagen: 'Das siebte Jahr ist herbeigekommen, das Jahr der Schemitah [Befreiung], und dein Auge ist böse gegen deinen Bruder, den Armen, und er schreit gegen dich zum Herrn, usw.'" - Dies ist seine reine Sprache: "Man hat uns hiermit gelehrt, dass derjenige, der es unterlässt, den Armen zu leihen, zwei negative Gebote ["hüte dich" und "vor"] übertritt. Wenn wir ermahnt worden sind, das Leihen nicht zu unterlassen, wenn das siebte Jahr naht, aus Furcht vor der Entlassung, wie groß muss dann die Sünde desjenigen sein, der das Leihen unterlässt, wenn keine Gefahr besteht, dass er einen solchen Verlust erleidet. Wegen der Größe der Übertretung bezeichnet die Tora den Gedanken desjenigen, der das Leihen ablehnt, als 'eine gemeine Sache'." Und im Midrasch Schir Haschirim: "R. Jehuda sagt: 'Wenn jemand [die Mitzwa der] gemiluth chasadim verweigert, ist es, als ob er die Gottheit verleugnet. Aber König David, Friede sei mit ihm, was würde er tun? Er würde liebevoll handeln, mit allen, usw."

Wegen der Größe dieser Mitzwa war man in der ganzen Diaspora Israels daran gewöhnt, Gesellschaften für gemiluth chasadim zu haben, um einem Mann in der Not zu helfen. Warum aber ist diese heilige Gesellschaft besser als die gemiluth chasadim, die man selbst durchführt? Aus mehreren Gründen: Es gibt keinen Vergleich zwischen vielen, die eine Mitzwa tun, und [nur] wenigen, die sie tun, wie Unsere Weisen, möge ihr Andenken gesegnet sein, gesagt haben. Und selbst wenn, weil sie viele sind, sein [d.h. jedes einzelnen] Geld nicht den ganzen Kredit deckt, sondern nur einen [kleinen] Teil davon, so scheint es doch klar, dass der Heilige, gepriesen sei Er, jeden einzelnen so betrachtet, als ob er allein der Geber des Kredits wäre; denn ohne seinen kleinen Betrag könnte der Arme nicht bekommen, was er braucht. [Dies ist vergleichbar mit unserem Spruch [bezüglich der verbotenen

Shemirat HaLashon - Buch A

Schabbatarbeiten] [Schabbat 3a]: "[Nur] derjenige, der die ganze Arbeit verrichtet, ist verantwortlich, und nicht derjenige, der [nur] einen Teil der Arbeit verrichtet", obwohl die Mischna sagt, dass, wenn jeder für sich allein die Last nicht tragen kann, [jeder] verantwortlich ist. Der Grund dafür ist, dass dies nicht "ein Teil" der Arbeit genannt wird; denn da es ohne ihn unmöglich ist, die Arbeit zu verrichten, wird es so angesehen, als ob er selbst die ganze Arbeit getan hätte]. Und [[ein weiterer Grund für die Überlegenheit der gemiluth chasadim Gesellschaften]] ist, dass es sich um eine Mitzwa handelt, für die man Geld ausgibt und die nicht ohne Aufwand zu haben ist, weshalb ihre Belohnung viel größer ist, wie im heiligen Zohar, Parschath Terumah, geschrieben steht. Außerdem kann die Mitzwa [[der Gesellschaft]] auch dann erfüllt werden, wenn man arbeitet oder schläft. Und abgesehen von all diesen Dingen ist bekannt, was der Midrasch Koheleth sagt: Wenn ein Mensch nach Mitzvoth schmachtet und keine dauerhafte Mitzvah für die Generationen hat, welche Freude kann er dann haben? Aber einer, der an einer Mitzwa der Vielen teilhat, wie die, über die wir sprechen, oder einer, der Geld hinterlässt, um Jeschiwot des Torastudiums zu unterstützen - selbst wenn er in Gan Eden sitzt, ist auf seiner Seele Süße und Licht durch die Mitzwa, die ständig durch die Gelder erfüllt werden, die er eindeutig zu diesem Zweck hinterlassen hat, niedergelegt.

Und wisse, mein Bruder, dass die Mitzwa der Gemiluth Chasadim die höchste Stufe der acht Stufen der Mitzwa der Tzedakah ist, wie Rambam in Hilchoth Matnoth Aniyim 10:7 schreibt, mit anderen Worten..: "Es gibt acht Stufen der Wohltätigkeit, eine über der anderen. Die allerhöchste ist die Unterstützung eines Juden, der [in Armut] gefallen ist, indem man ihm ein Geschenk oder ein Darlehen gibt oder eine Partnerschaft mit ihm eingeht oder ihm Arbeit verschafft, um ihn aufrechtzuerhalten, damit er sich nicht an andere wenden muss. Diesbezüglich steht geschrieben [Vayikra 25:35]: 'Und du sollst ihn unterstützen, auch wenn er ein Proselyt oder ein Gast ist, und er soll bei dir wohnen'. Das heißt, damit er nicht fällt und von anderen abhängig wird." [siehe Yoreh Deah 249] Und wie passend und richtig ist es, sich so zu verhalten, wie ich es in einigen heiligen Städten in Israel gesehen habe, wo kürzlich eine heilige

Shemirat HaLashon - Buch A

Gesellschaft zu diesem Zweck gegründet wurde, die "die Unterstützung der Gefallenen" genannt wird, die die Gefallenen unterstützt und aufrecht erhält, damit sie nicht ganz zusammenbrechen, Gott bewahre. Und das ist es, was sie tun: Sie leihen für eine bestimmte Zeit eine Geldsumme aus, die in ihrem Reglement festgelegt ist, und lassen die Rückzahlung in einfachen wöchentlichen Raten zu. Sie ernennen einen Mann [entweder kostenlos oder gegen Bezahlung] aus der Gesellschaft, der jede Woche die Gelder von den Kreditnehmern einsammelt, so dass fast nie Geld aus dem Fonds fehlt. Sehe, wie viele Vorteile diese Regelung hat. Abgesehen davon, dass er zum Zeitpunkt des Darlehens das positive Gebot "Und du sollst ihn unterstützen" erfüllt, was, wie oben erwähnt, die höchste Stufe der Mitzvah der Tzedakah ist, tut er darüber hinaus mit dem Darlehensnehmer in der Art der Rückzahlung chesed. Und die Formulierung unserer Weisen, möge ihr Andenken gesegnet sein [Succah 49b], ist wohlbekannt: "R. Elazar sagte: 'Tzedakah wird nur entsprechend der darin enthaltenen Güte belohnt."

Möge der Herr unsere Herzen stärken, damit wir Seinem chesed nacheifern, damit die Größe Seiner Güte nicht von uns weicht. Wie Unsere Weisen, möge ihr Andenken gesegnet sein, gesagt haben [Vayikra Rabbah 36]: "Wenn du das Verdienst der Väter und das Verdienst der Mütter 'wanken' siehst, halte dich an gemiluth chasadim, wie es geschrieben steht [Jesaja 54:10]: 'Denn die Berge werden wanken und die Hügel schwanken, aber Mein chesed wird nicht von euch weichen'" - das ist gemiluth chasadim. [Ibid.] 'Und der Bund Meines Friedens soll nicht wanken' - das ist derjenige, der Frieden macht zwischen einem Mann und seiner Frau und zwischen einem Mann und seinem Nächsten." Denn auch das ist gemiluth chasadim. Und es möge sich in uns erfüllen [ibid. 14]: "Mit tzedakah wirst du errichtet werden, usw."

Shemirat HaLashon - Buch B

Shemirat HaLashon

Das Hüten der Zunge

Buch B

Kapitel Eins

In diesem Kapitel wird erklärt, dass man, wenn man seinen Mund "aufgibt", wahrscheinlich alle seine Mitzvoth verliert. In [Mischlei 13:7] steht geschrieben: "Es gibt solche, die sich bereichern und nichts haben, usw." Es ist bekannt, dass Mischlei aus Analogien [meshalim] besteht. [Im obigen Beispiel lautet die Analogie:] So wie es in Geldangelegenheiten möglich ist, dass jemand Reichtümer anhäuft, und doch, wenn es zur Buchhaltung kommt, feststellen kann, dass den großen Gewinnen in seinem Geschäft viele Schäden gegenüberstehen, so dass, wenn man das eine gegen das andere aufrechnet, nichts übrig bleibt, so ist es in Angelegenheiten der Ewigkeit möglich, dass ein Mensch immer Mitzwot und gute Taten tut und doch eine böse Natur hat, die ihn dazu bringt, seine Mitmenschen zu verleumden. Ein solcher Mensch wird, wenn er in die höhere Welt kommt, feststellen, dass er nichts hat, dass alle Reben und Pflanzen, die er in Gan Eden durch seine Taten gepflanzt hat, mit Dornen und Nesseln bedeckt sind, und die Reben darunter nicht zu sehen sind, wie es geschrieben steht [Ibid. 24:31]: "Ich ging am Feld eines faulen Mannes vorbei und am Weinberg eines Mannes, dem das Herz fehlte, usw." Das heißt, es gibt zwei Arten von Menschen: Die einen sind zu faul, sich Tora und gute Taten für ihre Seele anzueignen. Der eine ist zu faul, sich die Tora und die guten Werke für seine Seele anzueignen, das ist der "Acker des Faulen", der nicht gelernt oder durch seine Faulheit vergessen hat, und der andere hat kein Herz. Er hat Tora und gute Taten, aber sein Herz kümmert sich nicht um sie, damit sie Bestand haben. Über den ersten schreibt Salomo [ebd. 24:30]: "Und siehe, es war alles mit Dornen

Shemirat HaLashon - Buch B

bewachsen", d.h. anstelle der schönen Worte der Tora wuchsen Dornen und Dornensträucher aus fauler Rede. Und über die zweite: [ebd.]: "Nesseln hatten sein Gesicht bedeckt." In unserem Zusammenhang wird dies so verstanden, dass jedes Wort der Tora und der Heiligkeit, das er gesprochen hatte und das "herrliche, dem Herrn heilige Früchte" hätte hervorbringen können, von oben mit dem Geist der Unreinheit seiner verbotenen Rede bedeckt und überlagert wurde.

Wie wir im heiligen Zohar, Parschath Pekudei, lesen: "Und in diesem bösen Geist finden sich andere Aufwiegler des Din, die dazu bestimmt sind, böse oder schmutzige Rede zu ergreifen, die ein Mensch mit seinem Mund ausspricht, auf die Worte der Heiligkeit folgen. Wehe ihnen und wehe ihrem Leben! Wehe ihnen in dieser Welt und wehe ihnen in der nächsten Welt! Denn jene unreinen Geister nehmen das unreine Wort, und wenn er danach Worte der Heiligkeit ausspricht, treten jene unreinen Geister hervor und nehmen die unreine Rede und verunreinigen [damit] die heilige Rede, so dass dem Sprecher nicht geglaubt wird, und die heilige Kraft gleichsam geschwächt wird."

Und König Salomo, Friede sei mit ihm, sagte in ähnlicher Weise [Mishlei 13:3]: "Einer, der seine Lippen weit aufreißt, für den ist es ein 'Brechen'", was der Gra erklärt: "Einer, der seine Lippen [in Lashon Hara [Verleumdung]] weitet, obwohl er eine gute Seele hat, und obwohl er viele Mitzvoth getan und viele 'Zäune' [gebaut] hat, sein Mund wird alles zerbrechen."

Der Vers [Ibid. 24:31] endet: "und seine Steinmauer wurde niedergerissen." Das heißt, im Laufe der Zeit wird selbst ein starker Steinzaun zusammenbrechen, und der Weinberg wird von jedem Wanderer zertreten und ist nichts mehr wert. So ist es auch mit dem Menschen, der nicht auf das achtet, was über seine Lippen kommt, die von ihm gleichsam "verlassen" sind. Alle starken Zäune, die er anfangs um sein Verhalten errichtet hatte, werden zerstört. Deshalb muss der Herzensmensch, der seine Taten bessern will, zuerst einen Zaun um seinen Weinberg bauen, d.h. er muss seinen Mund und seine Zunge mit einem besonders starken Schutz versehen, damit sie ihn nicht wieder ins Unglück stürzen.

Shemirat HaLashon - Buch B

Was die Verwendung des Wortes "Weinberg" durch Salomo betrifft, so wird ganz Israel als Weinberg betrachtet, mit anderen Worten. [Jesaja 5:7]: "Denn der Weinberg des Herrn der Heerscharen ist das Haus Israel", und jeder Jude hat einen Anteil an diesem Weinberg - abgesehen davon hat jeder einen eigenen Weinberg in Gan Eden, wie es geschrieben steht [Koheleth 12:5]: "Ein Mensch geht in sein ewiges Haus." Und er muss sich besonders um ihn kümmern, ihn mit angenehmen Gewächsen bepflanzen und ihn bewachen, damit er nicht verdirbt.

Er muss auch die Dornen und Dornensträucher aus seinem Weinberg ausrotten. Das sind Menschen, denen er mit seiner Zunge Schaden zugefügt hat oder die er beschämt oder gekränkt hat. Er muss sie mit seinem Mund versöhnen, und er muss auch vor dem Herrn bekennen, dass er gegen seinen Willen, wie er in der Tora steht, verstoßen hat. Denn alle Sünden zwischen dem Menschen und seinem Nächsten sind auch Sünden zwischen dem Menschen und seinem Schöpfer, wie man wohl weiß. Und selbst wenn er ihnen nicht ins Gesicht gesprochen hat und seine Worte keine Wirkung hatten, muss er in jedem Fall vor dem Herrn Buße tun, und so werden die Dornen aus seinem Weinberg entfernt werden, ebenso wie der Geist der Unreinheit, der sein Gesicht bedeckte [siehe Teil 1, Das Tor der Tora, wo wir dies näher erläutert haben.] [Das Ende des [einleitenden] Verses [Mischlei 13:7]: "und [es gibt] solche, die verarmen und großen Reichtum haben": Es ist bekannt, dass, wenn jemand aus Liebe [zum Herrn] bereut, alle Sünden, die er am Anfang begangen hat, für ihn zu Verdiensten werden; so ergibt sich, dass er, je mehr er am Anfang gesündigt hatte und verarmt war, danach umso reicher wird. Das kann man so verstehen, wie es gemeint ist: Wer aus Liebe bereut, ist gewiss verbittert über jede Sünde, die er begangen hat, und trauert darüber, wie sein Herz es zulassen konnte, den Willen des Schöpfers zu übertreten, der in seiner Güte und seinem Wohlwollen der ganzen Schöpfung Leben schenkt. Infolgedessen wird seine Sünde von vornherein ausgerottet, und er erfüllt damit das positive Gebot der Reue. Es zeigt sich also, dass für jede Sünde, die er am Anfang begangen hat, nun an ihrer Stelle die positive Mitzwa der Teschuwa steht].

Shemirat HaLashon - Buch B

Kapitel Zwei

Mehr zu diesem Thema

Unsere Weisen [Yoma 39a] haben über den Vers [Vayikra 11:43] gesagt: "Und macht euch nicht unrein, indem ihr sie [scheratzim [Kriechtiere]] esst, damit ihr durch sie unrein werdet." - "Wenn jemand sich ein wenig unrein macht, machen sie ihn sehr unrein; [wenn er sich unrein macht] in dieser Welt, machen sie ihn unrein und in der kommenden Welt." Raschi erklärt hier: "Sie erlauben ihm, sehr unrein zu werden", aber das stimmt nicht mit "sie machen ihn unrein" überein.

Nach dem oben erwähnten heiligen Zohar ist dies jedoch eindeutig zu verstehen, mit anderen Worten: "Durch seine verbotenen Worte kommt der Geist der Unreinheit auf ihnen zur Ruhe, woraufhin die Chitzonim [die "äußeren," profanen Kräfte] diese verbotenen unreinen Worte nehmen und durch sie alle [nachfolgenden] Worte der Heiligkeit verunreinigen, so dass sie nicht als Gabe vor dem Gesegneten Herrn emporsteigen können, da der Geist der Unreinheit auf ihnen ruht. Und das ist die Absicht Unserer Weisen, möge ihr Andenken gesegnet sein: "Sie machen ihn sehr unrein", und "von unten - sie machen ihn von oben unrein". Das heißt, die Unreinheit wird auch von oben auf die Quelle seiner Seele herabgezogen."

Was die Aussage "Sie machen ihn in der kommenden Welt unrein" betrifft, d.h. wenn er stirbt und seine Seele zu G-tt, der sie ihm gegeben hat, zurückkehrt, um dort Rechenschaft abzulegen [und er wird gewiss wünschen, dass sie ihn nach Gan Eden bringen], werden die Zerstörer ihm zuvorkommen und ihn in ein abscheuliches Gewand kleiden, [und wer kann sich die Größe der Schande und der Kasteiung vorstellen, die dieses Gewand bei ihm hervorrufen wird], und er wird dadurch gezwungen sein, nach Gehinnom hinabzusteigen, einem Ort der Finsternis und des Schattens, um sich dort von dem Schmutz seiner Sünden zu reinigen.

Womit kann man dies vergleichen? Mit einem Bräutigam, der von seinen Bräutigamen zum Hochzeitsbaldachin gebracht wird und auf dem Weg dorthin von ein paar hohlen Kerlen angegriffen wird, die ihn von den Fußsohlen bis zum

Shemirat HaLashon - Buch B

Kopf mit Schlamm und Dreck bespritzen. Als die Trauzeugen sie anschreien: "'Ihr Hohlköpfe, woher habt ihr so viel Dreck?', zeigen sie allen [die dort versammelt sind], dass der Bräutigam einer ihrer Gefährten ist und dass er selbst den ganzen Schlamm und Morast vorbereitet hat. Genau so ist es auch in unserem Fall. Der Mensch selbst schafft durch den Schmutz seiner Sünden dieses abscheuliche, unreine Gewand, und er zieht es zwangsläufig an und kann es nicht loswerden, da er es selbst zubereitet hat. Wie die Heilige Schrift sagt [Jesaja 50,11]: "Wandle in der Flamme deines Feuers und in den Flammen, die du angezündet hast. Durch meine Hand ist dies zu dir gekommen." Und unsere Weisen, möge ihr Andenken gesegnet sein, haben in ähnlicher Weise gesagt [Avodah Zarah 20b]: "Ein Mensch soll nicht am Tag [unzüchtige Gedanken] denken und in der Nacht zur Unreinheit kommen." Sie haben uns hiermit gelehrt, dass die Geister der Unreinheit sich nicht an ihn geklammert und ihn verunreinigt hätten, wenn er den Gedanken nicht zuerst in seinen Geist gesetzt hätte.

Und auf all das wurde in dem Vers über Jehoschua ben Jehotzadak, den Hohepriester, mit anderen Worten angespielt. [Sacharja 3:1]: "Und er zeigte mir Jehoschua, den Hohepriester, der vor dem Engel des Herrn stand. Und der Satan stand zu seiner Rechten, um ihn anzuklagen... [4] ...Nehmt ihm [Jehoschua] die schmutzigen Gewänder ab." Die "schmutzigen Gewänder" stehen für die Unreinheit der Übertretungen, die so abstoßend sind wie Mist. Und "entfernt ... von ihm" bedeutet, dass er gegen seinen Willen damit bekleidet war. Und genau das sagt uns die Heilige Schrift in [Vayikra 11:43] kurz und bündig: "Macht euch damit nicht unrein, damit ihr nicht durch sie unrein werdet." Und die Schrift sagt [ebd. 49]: "Und ihr sollt euch heilig machen, und ihr sollt heilig sein, worüber Unsere Weisen, möge ihr Andenken gesegnet sein, sagen [Yoma 39a]: "Wenn ein Mensch sich ein wenig heiligt, heiligen sie ihn viel; von unten, heiligen sie ihn von oben; in dieser Welt, heiligen sie ihn in der kommenden Welt." Und nun ist alles ganz klar verstanden. Der Heilige, gesegnet sei Er, ist die Quelle des Guten und des Chesed - wenn ein Mensch seine Yetzer [Neigung] Hara [die böse Neigung] unterdrückt und sich ein wenig auf die Seite der Heiligkeit zieht - der

Shemirat HaLashon - Buch B

Heilige, gesegnet sei Er, verleiht ihm "ein Los" der Heiligkeit, eine "volle Handvoll". Wie Unsere Weisen, möge ihr Andenken gesegnet sein, sagen [Shir Hashirim Rabbah 5]: "Der Heilige, gepriesen sei Er, sagte: "Öffne vor Mir eine Öffnung wie die einer [feinen] Nadel, und Ich werde dir eine Öffnung wie die einer Eingangshalle öffnen." "Wenn sie ihn von unten heiligen, dann heiligen sie ihn von oben." Das heißt, die Heiligkeit wird von oben auf die Quelle seiner Seele herabgezogen. "In dieser Welt wird er geheiligt und in der kommenden Welt." Das heißt, wenn er nach oben steigt und vor dem Thron des Herrn stehen muss, wird er mit den Gewändern der Majestät und Herrlichkeit der Heiligkeit bekleidet [wie es von Jehoschua ben Jehotzadak geschrieben steht [Sacharja 3,4]: "Und ich habe dich mit festlichen Gewändern bekleidet."]

Und das ist der Sinn von [Bamidbar 15:40]: Damit ihr euch an alle meine Mitzvoth erinnert und sie tut, und damit ihr eurem G-tt heilig seid." Nun, scheinbar ist "damit ihr euch an alle Meine Mitzvoth erinnert und sie tut" überflüssig, denn es steht [kurz] davor [ibid. 39]: "und du wirst an alle Mitzvoth des Herrn denken und sie tun". Und es hätte dort heißen müssen: "und du wirst deinem G-tt heilig sein." Aber der Vers [39] deutet uns etwas Wesentliches an, nämlich: Wann sind die Mitzvoth von so großem Nutzen, dass ein Mensch durch sie "heilig vor G-tt" wird? Wenn er darauf achtet, nicht nach den Gedanken seines Herzens und dem Blick seiner Augen in die Irre zu gehen. Wie Unsere Weisen, möge ihr Andenken gesegnet sein, zu diesem Vers gesagt haben [Berachoth 12]: "'Nach eurem Herzen' - das ist Ketzerei;" "und nach euren Augen' - das ist Ehebruch." Und der Chinuch schreibt, dass zur "Ketzerei" alle Gedanken gehören, die der Perspektive der Tora zuwiderlaufen, und zum "Ehebruch" gehört das Streben nach den Lüsten der Welt.

Womit kann man das vergleichen? Mit einem, dessen Haus voller Schlamm und Morast ist. Selbst wenn er die schönsten goldenen Gefäße in sein Haus bringt, wird es dadurch nicht verschönert werden. Er muss erst den Schlamm und Morast entfernen und dann die Gefäße hineinbringen. Und so ist es auch in unserem Fall. Dem Juden ist die Kraft gegeben, durch sein Festhalten an Tora und Mitzvoth die Heiligkeit des Herrn in seiner Seele zu

Shemirat HaLashon - Buch B

verwurzeln, wie es geschrieben steht [Bamidbar 35:34]: "Ich, der Herr, wohne in der Mitte Israels." Aber wann ist das der Fall? Wenn er nicht zulässt, dass der Yetzer Hara [die böse Neigung] durch seine falschen Ideen oder schmutzigen Gedanken dort wohnt. Und das ist die Absicht von "Und ihr sollt nicht in die Irre gehen nach euren Herzen und nach euren Augen, nach denen ihr in die Irre geht." [Das heißt, nur wenn ihr euch in Zukunft vor eurer Verirrung hütet]. "damit ihr euch an alle meine Mitzvoth erinnert und sie tut, usw." Das heißt, wenn ihr darauf achtet, nicht in die Irre zu gehen, wie oben erwähnt, wird das großartige Ergebnis folgen, dass ihr durch das Tun der Mitzvoth dem Herrn heilig sein werdet. [Wie die Männer der Großen Versammlung für den Segen über eine Mitzvah formuliert haben: "der uns mit seinen Mitzvoth geheiligt hat." ["so dass" bezieht sich auf "und ihr werdet heilig sein" [d.h. "so dass ihr, indem ihr euch an meine Mitzwot erinnert und sie tut, eurem G-tt heilig sein werdet"]]. Wenn ihr aber, G-tt bewahre, auf Abwege geratet, werden die Mitzvoth euch nicht helfen, heilig zu werden. Und das ist die Absicht des Propheten in [Jeremia 4:3]: "Pflügt für euch selbst eine Furche und sät nicht auf Dornen." Glücklich ist, wer darüber nachdenkt. Es wird ihm in dieser und in der nächsten Welt zum Vorteil gereichen.

[Und so habe ich den Vers in Psalm 81:10 erklärt: "Es soll in dir kein fremder G-tt sein und du sollst dich nicht vor einem fremden G-tt niederwerfen. [11] Ich bin der Herr, dein G-tt, der dich aus dem Land Ägypten heraufgeführt hat. Öffne deinen Mund weit, und ich werde ihn füllen." Nun hätte es angeblich zuerst heißen müssen: "Ich bin der Herr, dein G-tt, usw." und erst dann: "Es soll kein fremder G-tt in dir sein", wie es in der Tora steht. Warum ist die Reihenfolge umgedreht? Aber unsere Weisen, möge ihr Andenken gesegnet sein, haben uns gesagt [Schabbat 105b]: "Welcher ist der fremde G-tt im Körper eines Menschen? Der Yetzer [Neigung] Hara [die böse Neigung]." [Am Anfang stiftet sie ihn an, Übertretungen zu begehen, die nicht so schwerwiegend sind; aber am Ende " Übertretung erzeugt Übertretung", und sie erlaubt ihm sogar, sich vor Götzen zu verneigen.] Und die Absicht des Verses [in den Psalmen]: "Ich bin der Herr, dein G-tt, usw." ist: Habe ich euch nicht aus dem Land Ägypten heraufgeführt, damit ihr

Shemirat HaLashon - Buch B

die Tora empfangt, wie es geschrieben steht [Schemot 3:12]: "Und dies ist das Zeichen für dich [Mosche], dass ich dich gesandt habe. Wenn du das Volk aus Ägypten herausführst, wirst du G-tt auf diesem Berg dienen." Denn dies [das Empfangen der Tora] ist der Zweck des Exodus, wie Raschi erklärt. Deshalb: "Mache deinen Mund weit auf, und ich werde ihn füllen." Das ist so, wie wenn ein Rabbi zu seinem Schüler sagt: "Öffne deinen Mund und lass deine Worte leuchten." Denn der Heilige, gepriesen sei Er, möchte jedem Juden einen großen Anteil an der Tora geben. In Wahrheit hängt jedoch alles von der Kraft des Empfängers ab, weshalb Er sagt: "Öffne deinen Mund weit." Das heißt, mach dich bereit, viel zu empfangen, und ich werde ihn füllen, wie du ihn weit machst. Aber dem ist eine Frage vorangestellt: Wann wird dies in dir erfüllt sein? Wenn "kein fremder G-tt in dir sein wird", wenn der Yetzer Hara [die böse Neigung] kein Gast in deinem Körper sein wird. Dann wirst du deinen Mund für die Tora weit öffnen können, und ich werde ihn füllen. Denn zu diesem Zweck habe ich dich aus Ägypten heraufgeführt [wie es geschrieben steht [Ibid. 13:9]: "Und es soll ein Zeichen an deiner Hand sein..., damit die Tora des Herrn in deinem Mund sei."] Wenn aber ein fremder G-tt in deinem Körper ist, d.h. wenn er voller unzüchtiger Gedanken ist, dann, G-tt behüte, werde ich deinen Wunsch, deinen Mund mit Tora zu erweitern, nicht erfüllen können.

Aber dennoch sollte man nicht verzweifeln, selbst wenn es einem schwerfällt, seine Gedanken zu reinigen und unzüchtige Gedanken völlig aus seinem Herzen zu verbannen. Denn wenn dies der Fall wäre, würden auch Seine Mitzvoth und seine Tora nicht dazu beitragen, seine Seele zu heiligen, und wie sollte er jemals sein Ziel erreichen? Aber das wichtigste Element hier ist die Formel Unserer Weisen, möge ihr Andenken gesegnet sein: "Wenn jemand kommt, um sich zu reinigen, wird ihm [vom Himmel] geholfen." Und wenn er sich von ganzem Herzen wünscht, unzüchtige Gedanken zu entfernen, wird ihm der Himmel sicherlich dabei helfen, und er darf, G-tt bewahre, keine Mitzwa oder Tora zunichte machen, auch wenn seine Gedanken nicht ganz rein sind. In diesem Zusammenhang haben Unsere Weisen, möge ihr Andenken gesegnet sein, gesagt [Pesachim 50b]: "Man soll sich immer mit Tora und

Shemirat HaLashon - Buch B

Mitzvoth beschäftigen, auch lo lishmah [nicht um des Himmels willen], denn aus lo lishmah wird lishmah [um des Himmels willen] folgen." Das heißt, die Heiligkeit der Tora und der Mitzwa wird ihm helfen, so dass es in seiner Macht steht, auch um des Himmels willen zu tun und zu lernen. Und das ist es, worauf der obige Vers selbst anspielt. Denn am Anfang steht geschrieben [Bamidbar 15:39]: "Und du wirst an alle Mitzvoth des Herrn denken und sie tun." "die Mitzvoth des Herrn", was bedeutet, dass er sie um des Herrn willen tut, steht nur in Bezug auf das Erinnern, aber nicht in Bezug auf das Tun, da er noch nicht die Reinheit der Gedanken beim Tun der Mitzvoth erreicht hat. Auf jeden Fall wird das Tun dieser Handlungen ihn dazu bringen, die [unreinen] Gedanken des Herzens zu beseitigen und seine Begierden zu überwinden, wonach er die Stufe von [Ibid. 40] erreichen wird: "und du wirst alle meine Mitzvoth tun", wobei auch das Tun ausschließlich um des Herrn willen geschieht; und dies wird ihn auf die Stufe der Heiligkeit bringen - "und du wirst heilig sein." Das alles aber erreicht nur derjenige, der kommt, um sich zu reinigen und sich zu stärken, um die unzüchtigen Gedanken zu beseitigen und sich von seinen Begierden fernzuhalten. [Nur] dann erlangt "derjenige, der kommt, um sich zu läutern"].

Kapitel Drei

In diesem Kapitel werden einige der Abschnitte der Tora erläutert, die von diesem [Lashon Hara [Verleumdung] [üble Nachrede] sprechen.
Zunächst die Episode mit der Schlange, die Lashon Hara [Verleumdung] über den Heiligen, gesegnet sei Er, sprach und damit den Tod über die Welt brachte. Und [Bereschit 29:20]: "Wenn G-tt mit mir ist und mich beschützt", worüber Unsere Weisen, möge ihr Andenken gesegnet sein, gesagt haben: "wenn Er mich vor Lashon Hara [Verleumdung] bewahren wird". Und die Episode von Joseph [ebd. 37:2]: "Und Josef brachte ihr böses Gerede zu ihrem Vater", was der Auslöser für den Abstieg der Juden nach Ägypten war. Und [Schemot 2,14]: "In Wahrheit ist die Sache bekannt geworden" [siehe Raschi dort und was wir weiter unten schreiben werden]. Auch dort [4:1] sagt Mosche, unser Lehrer, Friede sei mit ihm: "Aber sie werden

Shemirat HaLashon - Buch B

mir nicht glauben", und der gesegnete Herr entgegnet [ebd. 2]: "Was ist das in deiner Hand?" ... [3] ... und es wurde zu einer Schlange." Auch dort [6]: "Und siehe, seine Hand war aussätzig wie Schnee." Und [ibid. 17:2]: "Und das Volk stritt mit Mosche... [7] ...über den Streit der Kinder Israels, usw.", gefolgt von [8]: "Und Amalek kam und führte Krieg mit Israel, usw." Und [ebd. 23:1]: "Du sollst nicht falsches Zeugnis reden, das gilt sowohl für den Sprecher als auch für den Empfänger [von Lashon Hara [Verleumdung]] [wie wir in Makkoth 23a finden], gefolgt von [2]: "Sei nicht hinter vielen her, um Böses zu tun." Und, in Bezug auf das me'il [das äußere Gewand des Ephods] [ebd. 28:32]: "Es soll eine Grenze um seinen Mund herum sein", und der ganze Abschnitt. Und [35]: "Und man wird seinen Klang hören, wenn er zum Heiligtum kommt, usw." Und der gesamte Abschnitt von Tazria und Metzora: die Pestflecken der Häuser, die Pestflecken der Kleidung, die Pestflecken der Menschen, [Vayikra 13:46]: "Einsam soll er sitzen" - auch außerhalb des Lagers Israels. Und seine Sühne - "zwitschernde" Vögel. Und [Ebd. 19:16]: "Geh nicht schwatzend unter dein Volk", [Ebd. 17]: "Zurechtweisen sollst du deinen Nächsten, aber du sollst keine Sünde seinetwegen tragen." Und [Ibid. 25:17]: "Du sollst einem Menschen nicht Unrecht tun, seinem Nächsten", was sich auf verbales Unrecht bezieht, das ebenfalls in die Kategorie der bösen Rede fällt. Und [Bamidbar 5:1]: "Und sie sollen jeden Aussätzigen aus dem Lager hinausschicken" - selbst wenn er so groß in der Tora wäre wie Doeg. Und [Ebd. 12:1]: "Und Mirjam und Aaron sprachen gegen Mosche, usw." Und der gesamte Abschnitt von Schelach Lecha, der über die Spione spricht. Und [Ebd. 21:5]: "Und das Volk redete gegen G-tt und gegen Mosche." Und [Devarim 23:10]: "Wenn du als Lager gegen deine Feinde ausziehst, so hüte dich vor allem Bösen [davar ra]", worüber Unsere Weisen, möge ihr Andenken gesegnet sein, gesagt haben: " davar ra " kann als " dibbur ra " [böse Rede] gelesen werden. Und in Tetze, das "Ausgeben eines bösen Namens [motzi shem ra]," und [Ibid. 24:9]: "Denkt daran, was der Herr, euer G-tt, Mirjam angetan hat, usw." Und [Ibid. 27:24]: "Verflucht sei, wer seinen Freund heimlich schlägt", was sich auf Lashon Hara [Verleumdung] bezieht. Und es ist bekannt, dass allen "Verfluchungen" Segnungen

Shemirat HaLashon - Buch B

vorausgingen; und sie begannen mit einem Segen, indem sie sagten: "Gesegnet ist der, der nicht schlägt" - daraus leiten wir ab, dass derjenige gesegnet ist, der in dieser Hinsicht achtsam ist.

Unsere Weisen, mögen sie gesegnet sein, haben gesagt [Sanhedrin 26b], dass der Heilige, gesegnet sei Er, zu Doeg, dem Bösen, sagte: "Wenn du zu dem Abschnitt kommst, in dem es um die Sprecher von Lashon Hara [Verleumdung] geht, was erklärst du dann?" Die Bedeutung ist: Wenn ein Mensch eine Übertretung begeht, ist er von Natur aus beschämt und gekränkt, wenn er auf den entsprechenden Abschnitt in der Tora stößt. Deshalb schreibt Eliyahu Rabbah [Ende von 138]: "Jemand, der blind oder lahm ist, sollte nicht in die Tora gerufen werden, um den Abschnitt zu lesen [der diese Fehler behandelt]. Ebenso sollte jemand, der unerlaubter Beziehungen verdächtigt wird, nicht für diesen Abschnitt aufgerufen werden, oder ähnliches." Wenn dem so ist, haben wir oben gezeigt, dass ein großer Teil der Tora von diesen Dingen spricht [[Lashon Hara [Verleumdung] [üble Nachrede]]], und ein Mann, der seine Lippen spreizt und seine Rede in die Richtung lenkt, die sein Yetzer [Neigung] Hara [die böse Neigung] begehrt, wird im Laufe seines Lebens sicherlich jede Sache viele zehnmal übertreten, und wie wird seine Seele stürmen, wenn man ihm in der kommenden Zeit zeigt, dass er in den wenigen Tagen seines Lebens viele zehn Abschnitte der Tora übertreten hat. Es ist bekannt, was Unsere Weisen, mögen sie gesegnet sein [Chagigah 5b], über den Vers [Amos 4:13] gesagt haben: "Denn Er, der die Berge formt und die Winde schafft und einem Menschen sagt, was er redet" - "selbst das leichteste Gerede eines Menschen wird ihm zur Zeit seines Gerichts angerechnet." Wie viel mehr wird er für diese schwerwiegenden verbotenen Dinge [der Lashon Hara [Verleumdung] [üble Nachrede]] getadelt werden und sie vor seinen Augen haben, wie es in Psalm 50:20 geschrieben steht: "Du sitzt und redest gegen deinen Bruder. Gegen den Sohn deiner Mutter erhebst du Verleumdungen ... aber ich will dich zurechtweisen und es vor deinen Augen in Ordnung bringen." Und es ist bekannt, was die Gra geschrieben hat, dass man für jede Äußerung einer verbotenen Rede [wie Lashon Hara [Verleumdung] [üble Nachrede] und Rechiluth [Klatsch] [Tratsch] und

Shemirat HaLashon - Buch B

dergleichen] in die tiefsten Tiefen des Scheol hinabsteigen muss, und es ist unmöglich, sich die Qualen und Leiden vorzustellen, die man für eine solche Äußerung erleidet.

Und selbst am Ende, wenn er von seinen Sünden gereinigt ist durch die Vielzahl von Leiden, die er erleidet, und durch seine Mitzvoth verdient, seinen Anteil in Gan Eden zu nehmen, wie wird er dort für immer beschämt sein, wenn er zu diesen Abschnitten kommt [denn jede Seele in Israel wird dort verdienen, sich im Licht der Tora zu sonnen, die er zu Lebzeiten gelernt hat], und wie ein Stummer wird er seinen Mund in ihnen [den Worten der Tora] nicht öffnen, und das nicht für ein oder zwei Jahre, sondern für Tausende und Abertausende von Jahren. Jedes Mal, wenn er zu diesen Abschnitten kommt, wird er um seine Seele klagen - wie konnte er sich erlauben, einen so großen Teil dieser heiligen, ehrfurchtgebietenden Tora-Rolle aufzugeben! Denn dort wird er mit eigenen Augen sehen, wie all die heiligen Engel vor dem Wort des Herrn schwitzen und zittern, und er, ein kleines, niedriges, dunkles Geschöpf, hat die Worte des Herrn Hunderte und Tausende von Malen in seinem Leben verächtlich ignoriert! Glücklich ist der Mensch, der über diese Dinge nachdenkt, während er noch in dieser Welt ist! Wie glücklich und gesegnet wird er in dieser und in der nächsten Welt sein!

Es ist bekannt, was in Sefer Chasidim geschrieben steht, dass eine Mitzwa, die keine "Gönner" hat, wie eine Met-Mizwa [Tote Mitzva] ist [siehe Erster Teil, Schlussfolgerung, Kapitel III]. Und diese Mitzwa klagt an und beklagt sich: "Wie unglücklich ich bin, dass mich alle vergessen haben!" Und das gilt sogar für eine einzelne Mizwa; wie viel mehr [wie wir dem Leser gezeigt haben] für eine, die einen großen Teil der Tora einnimmt, die sich mit dem sorgfältigen Umgang mit dem Sprachvermögen befasst. Und es ist klar, dass ein großer Teil der Tora in Schande liegt, wenn die Menschen nicht darauf achten, sondern ihre Zunge nach Belieben entfesseln. Wie groß ist der Lohn derer, die darauf achten, in diesem Bereich nicht zu übertreten. Er ehrt diese Mitzvoth, und über ihn hat die Schrift geschrieben [I Samuel 2:30]: "Denn wer mich ehrt, den werde ich ehren."

[Und sieh nun, mein Bruder, dass nach dem Ausspruch Unserer Weisen, möge ihr Andenken gesegnet sein [Bava

Shemirat HaLashon - Buch B

Bathra 165a], dass alle [Menschen stolpern] in Lashon Hara [Verleumdung] [üble Nachrede], es kein Issur [Verbot] [Verbotenes] in der Welt gibt, das so "vernachlässigt" ist wie das von Lashon Hara [Verleumdung] [üble Nachrede]. Denn beim Diebstahl stolpert nur die Mehrheit, aber bei Lashon Hara [Verleumdung] alle! Und obwohl sie gesagt haben, dass dies nur für den "Staub" von Lashon Hara [Verleumdung] [üble Nachrede] gilt und nicht für Lashon Hara [üble Nachrede] [üble Nachrede] selbst, hat Rambam seligen Andenkens bereits geschrieben: "Würden wir uns doch vor dem Issur [Verbot] [Verbotenem] selbst hüten!" Wenn das so ist, gibt es keine andere Mitzwa, die in diesem Ausmaß aufgegeben wurde. Und derjenige, der sich darin stärkt, ehrt in Wahrheit die Mitzwa, und sie wird ihm darüber hinaus Verdienst zuschreiben, weil er das tut].

Und es ist bekannt, dass Unsere Weisen, möge ihr Andenken gesegnet sein, gesagt haben, dass derjenige, der eine Mitzwa erfüllt, obwohl sie uns vom Gesegneten Herrn befohlen wurde, vom Heiligen, gepriesen sei Er, so angesehen wird, als hätte er sie selbst veranlasst. Und das ist schon bei einer einzelnen Mitzwa so; wie viel mehr bei einer, die einen so großen Teil der Tora einnimmt. Wenn man sich selbst stärkt, sie zu erfüllen [[alle Aspekte dieser Mitzwa]], wird es ihm in der kommenden Zeit so angerechnet werden, als hätte er selbst all diese heiligen Dinge erdacht, die in diesen Abschnitten geschrieben sind. Wie viel Größe und Ehre wird ihm deshalb in der kommenden Zeit zuteil werden! Und wie sehr wird sich sein Herz daran erfreuen! In diesem Mann wird sich erfüllen [Psalm 105:3]: "Das Herz derer, die den Herrn suchen, wird sich freuen!"

Kapitel Vier

In diesem Kapitel wird erklärt, dass durch die Sünde der Zunge die Sünden eines Menschen in der Höhe bekannt werden und er sich selbst und der ganzen Welt Schaden zufügt.

Es steht in der Tora geschrieben [Schemot 2:14]: "Und Mosche fürchtete sich und sagte: 'In Wahrheit ist die Sache bekannt geworden'", worüber Raschi sagt, dass Mosche sich wunderte, warum Israel mehr als alle anderen Völker

Shemirat HaLashon - Buch B

geschlagen wurde, und nun sah er, warum sie dies verdienten [d.h., weil es Lashon Hara [Verleumdung] unter ihnen gab]. Steht nicht in Hesekiel 20 geschrieben, dass sie sich großer Sünden schuldig gemacht haben, unter anderem des Götzendienstes, einer äußerst schweren Sünde, und er wunderte sich trotzdem über ihre Trübsal! Wie kann es dann sein, dass sein Erstaunen dadurch gemildert wurde, dass die Sünde der Lashon Hara [Verleumdung] [üble Nachrede] dazukam?

[Dies wird jedoch durch den heiligen Zohar, mit anderen Worten, gelöst: Wenn jemand Lashon Hara [Verleumdung] [üble Nachrede] spricht, erregt er den großen Widersacher gegen Israel, der Tod, Schwert und Gemetzel über die Welt bringt. Dies ist die Sprache des heiligen Zohar in Parschath Pekudei: "Es gibt einen bestimmten Geist, der über all denen steht, die Lashon Hara [Verleumdung] [üble Nachrede] reden, und wenn Menschen oder ein Mensch Lashon Hara [Verleumdung] [üble Nachrede] erregen, dann wird jener unreine Geist oben erregt, der Sachsucha ['Streit'] genannt wird, und er stützt sich auf die Erweckung von Lashon Hara [Verleumdung] [üble Nachrede], die von Menschen initiiert wurde, und er steigt in die Höhe, und das Aufwiegeln von Lashon Hara [Verleumdung] [üble Nachrede] verursacht Tod, Schwert und Gemetzel im Land. Wehe denen, die dieses böse Mittel schüren und ihren Mund und ihre Zunge nicht hüten und sich nicht darum kümmern und nicht erkennen, dass von der niederen Erregung die höhere Erregung abhängt, sowohl zum Guten als auch zum Bösen, usw. Und alle verschwören sich, um die Große Schlange zu erwecken, um die Welt zu verdammen. Und das alles wegen der Erweckung von Lashon Hara [Verleumdung] [üble Nachrede], die unten eingeleitet wird."

Wir haben an anderer Stelle erklärt, dass ohne die Sünde der Zunge diese nicht die Macht hätte, die Abscheulichkeiten der Menschen in der Höhe zu verkünden und dafür Sühne zu fordern. [Und nun] ist alles klar. Denn auch Mosche, unser Lehrer, Friede sei mit ihm, wusste, dass es in Ägypten viele große Sünden [unter den Juden] gab, aber am Anfang dachte er, dass die Sünde der Zunge nicht darunter war, so dass der Satan nicht verdammen konnte. [Wie Unsere Weisen, möge ihr Andenken gesegnet sein, gesagt haben [Vayikra Rabba 26]: "Die Generation von Achav, obwohl sie

Shemirat HaLashon - Buch B

sich des Götzendienstes schuldig gemacht hatte, zog in den Krieg und gewann, weil es unter ihnen keine Lashon Hara [Verleumdung] [üble Nachrede] gab. Die Generation Davids [in den Tagen Sauls], obwohl es unter ihnen Kinder gab, die in den neunundvierzig Facetten der Tora bewandert waren, würde in den Krieg ziehen und fallen, denn es gab Lashon Hara [Verleumdung] [üble Nachrede] unter ihnen"] Als aber Mosche sah, dass Lashon Hara [Verleumdung] unter ihnen war, sagte er: "In Wahrheit ist die Sache bekannt geworden", was soviel bedeutet wie: "In Wahrheit ist nun die "bekannte" Sache, die Sünde des Götzendienstes, oben bekannt geworden und hat sich herumgesprochen, und alle ihre Sünden häufen sich auf ihnen, weswegen sie so sehr geschlagen werden.

Und aus all dem kann ein Mensch darüber nachdenken, wie vorsichtig er sein muss, um sich vor dieser Sünde zu schützen, damit er sich nicht selbst schadet [denn wenn er Lashon Hara [Verleumdung] gegen seinen Freund spricht, wird er Maß für Maß bestraft, da er von oben beschimpft wird [wie Rabbeinu Chaim Vital seligen Andenkens in Sha'ar Hakedushah schrieb: "Wenn du das Böse deines Freundes erwähnst, werden sie deine Sünden erzählen"]], und dass er nicht der ganzen Welt schadet, wie oben im Namen des heiligen Zohar erwähnt.

Wir finden in der Tora, dass, wenn jemand seinen Freund bestohlen hat, seine Änderung darin besteht, den gestohlenen Gegenstand seinem Besitzer zurückzugeben, und wenn er ihn gekränkt oder beschämt hat, ihn zu versöhnen und von ihm vergeben zu bekommen. Aber wer sich an diese Sünde [Lashon Hara [Verleumdung]] gewöhnt, der stachelt gewiss den großen Widersacher an, die Welt zu verdammen. Wer weiß, wie viele wegen ihm [dem Sprecher] verarmt sind und wie viele wegen ihm gestorben sind? Und wenn er auch nach den Gesetzen der Menschen nicht dafür bestraft werden kann, so wird er doch nach den Gesetzen des Himmels nicht davon freigesprochen, auch wenn es sich um eine Gramma [eine Handlung mit indirekter Verursachung] handelt. Deshalb sollte derjenige, der auf seine Seele achtet, dies sehr beachten.

Shemirat HaLashon - Buch B

Kapitel Fünf

In diesem Kapitel wird erklärt, wie groß der Makel in der Höhe ist, der durch die Sünde der Zunge entsteht.
Wir finden in der Tora, dass, wenn ein Mensch eine Sünde begeht, deren absichtliche Übertretung ein Sündopfer erfordert, das Blut des Sündopfers an den äußeren Altar gesprengt wird, und dass, wenn der gesalbte Priester die Sünde begangen hat, die Besprengung an den inneren Altar und das Heilige Parochet [[der Vorhang, der das Heilige vom Allerheiligsten trennt]] erfolgen muss. Der Grund dafür ist der folgende: Für jede Sünde, die ein Mensch begeht, steigt der "Makel" entsprechend der Größe seiner Seele in der heiligen Welt empor. Und es ist bekannt [siehe Ta'anit 5a], dass alles, was wir in dieser Welt sehen, sein Gegenstück oben hat. Es gibt ein Jerusalem unten und es gibt ein Jerusalem oben. Es gibt einen Berg des Herrn, den Tempelberg, unten und einen "Berg des Herrn" oben. Es gibt einen Ort, der "Lager der Schechinah" genannt wird, den Vorhof des Zeltes der Begegnung, unten und auch oben, von dem die Schrift sagt [Psalm 29,3]: "Und wer wird an seiner heiligen Stätte stehen?" Wenn ein Mensch sündigt, bringt er Unreinheit von oben in das Heiligtum, den Vorhof des Zeltes der Zusammenkunft, darüber. Deshalb muss er sich hier auf dem äußeren Altar besprengen, wodurch die Unreinheit von oben entfernt wird. Aber der Makel des gesalbten Priesters, dessen Heiligkeitsgrad sehr groß ist, reicht bis zum höchsten Ort, dem Zelt der Zusammenkunft oben, weshalb er auch hier auf das Zelt der Zusammenkunft sprengen muss.

Nun finden wir manchmal, auch bei einem einfachen Menschen, dass wegen der Größe seiner Missetat seine Sünde bis hoch an den heiligen, ehrfurchtgebietenden Ort, gegenüber dem Allerheiligsten, reicht, weshalb die Tora befahl, für ihn gegenüber diesem Ort zu sprengen. Wir finden dies im Fall der Reinigung eines Aussätzigen, wie es in der Tora geschrieben steht [Vayikra 14:16]: "Und der Kohein soll eintauchen ... und er soll von dem Öl mit seinem Finger siebenmal vor dem Herrn besprengen." Und wir finden in Torat Cohanim [und in Raschi]: "gegenüber dem Allerheiligsten". Der Grund: Wegen der Größe seiner

Shemirat HaLashon - Buch B

Missetat [[Lashon Hara [Verleumdung] [üble Nachrede]]] reichte seine Sünde nach oben, in das Allerheiligste, weshalb das Besprengen auch gegenüber diesem Ort erfolgen muss, um ihn zu reinigen.

Wie sehr muss ein Mensch erschaudern, wenn er sich daran erinnert, dass seine Sünden bis zum Allerheiligsten gereicht haben. Und in der Tat finden wir Ähnliches im Tanna d'bei Eliyahu, dass die Lashon Hara [Verleumdung], die ein Mensch spricht, bis zum Thron der Herrlichkeit aufsteigt, wie es geschrieben steht [Psalmen 73,9]: "Sie haben ihren Mund in den Himmel gesetzt, und ihre Zunge wandelt auf der Erde."

Darüber hinaus können wir etwas Wundersames und Erstaunliches sehen. Wenn der Hohepriester einmal im Jahr in das Allerheiligste eintrat, war sein erster Dienst vor der Entgegennahme des Blutes des Stieres und dessen Besprengung das Räuchern mit Weihrauch, wie es in der Tora steht. Und wir finden [Yoma 49a], dass der Weihrauch für die Sünde der Lashon Hara [Verleumdung] sühnt, wie es dort heißt: "Eine Sache, die in der Stille getan wurde [[das Räuchern des Weihrauchs]], kommt und sühnt für eine Tat [[Lashon Hara [Verleumdung] [üble Nachrede]]], die in der Stille getan wurde." Von hier aus können wir die Größe des Schadens der Zunge verstehen, der bis ins Allerheiligste reicht, ganz im Inneren. Und dieser [Dienst] erfordert den Hohepriester, den heiligsten Mann in ganz Israel, und er muss dort "vor dem Herrn" sühnen.

Und bedenke weiter, mein Bruder, dass es dem Hohepriester zwar erlaubt war, einmal im Jahr ganz hineinzugehen, aber nur mit der Weihrauchwolke, um die Sünde der Lashon Hara [Verleumdung] [üble Nachrede] zu entfernen. [Ohne sie drohte ihm der Tod.] Und danach die Besprengung mit Blut. Man sieht also, dass diese Sünde die gesamte Sühne des inneren G-ttesdienstes aufhält. "'Chukah' [eine Vorschrift] ist in dieser Hinsicht geschrieben." [Yoma 40a]

Daraus können wir alle auch lernen, wie man sich richtig verhält: dass man, wenn man kommt, um seine Handlungen zu ändern und vor dem Herrn für seine Sünden zu bereuen, zuerst dafür sorgen sollte, diese Sünde der Lashon Hara [Verleumdung] zu korrigieren, wonach seine Reue akzeptiert wird. So wie wir beim Hohepriester sehen, dass er, bevor er kam, um die Sünde der Verunreinigung des

Shemirat HaLashon - Buch B

Heiligtums und seiner heiligen Dinge zu sühnen, obwohl auch sie mit Kareth bestraft wird, die Tora ihm noch befahl, die Sünde der Lashon Hara [Verleumdung] [üble Nachrede] durch den Weihrauch zu sühnen.

Kapitel Sechs

In diesem Kapitel wird erklärt, dass jemand, der sein Sprachvermögen nicht hütet, auch wenn er nicht Lashon Hara [Verleumdung] [üble Nachrede] und Rechiluth [Klatsch] [Tratsch] selbst spricht, dadurch in der Zukunft einen großen Teil der Tora vermissen wird.

Jemand, der die Tage seines Lebens schätzt, muss darauf achten, sie nicht freiwillig zu verlieren, aber in unseren vielen Sünden sind wir nicht darauf bedacht. Wir wollen uns selbst erklären. Ist es möglich, dass jemand einem anderen die Tage seines Lebens schenkt? Und selbst wenn es möglich wäre, ist bekannt, dass niemand bereit wäre, dies zu tun, nicht einmal einen Monat oder eine Woche seiner Zeit - und das zu Recht. Denn es gibt nichts Kostbareres als Zeit. Denn in der begrenzten Zeit, die der Heilige, gepriesen sei Er, einem Menschen in Seiner Güte gegeben hat, kann er die Ewigkeit für sich erben. Aber wir sehen mit eigenen Augen, dass derjenige, der sein Sprachvermögen nicht hütet, jeden Tag wissentlich und willentlich viel von seiner Zeit vergeudet. Manchmal vergeudet er mehrere Stunden oder wenigstens eine Stunde am Tag, in der er mit Menschen über Dinge spricht, die nicht einmal seine Arbeit betreffen, allgemeines Geschwätz. Nun weiß ich freilich, dass jemand, der mit mir streiten will, sagen wird, dass dies nicht so ist. Aber wenn man sich einmal die Mühe machen würde, alle nicht lebenswichtigen Gespräche des Tages zusammenzuzählen, würde man feststellen, dass man eine oder zwei Stunden pro Tag oder dreißig Stunden pro Monat vergeudet hat, oder, in einer Jahresrechnung, selbst wenn man nur eine Stunde pro Tag rechnet, würde man mehr als dreihundertfünfzig Stunden angesammelt haben, die vergeudet wurden. Und sicherlich hätte er dadurch nicht die nächste Welt gewonnen, noch nicht einmal diese Welt, und nur diesen Gewinn - dass ihm in dieser Zeit ein großer Teil der Thora verloren gegangen wäre [der gesegnete Herr hat jedem Menschen einen Teil des Lebens zugeteilt, der für

Shemirat HaLashon - Buch B

seine Bedürfnisse, seine Thora ausreicht, und seine [künftige] Welt, wie die Chovoth Halevavoth geschrieben haben, und dass er diesen Teil in müßige Angelegenheiten umgeleitet hätte [[abgesehen davon, dass darin sicherlich Lashon Hara [Verleumdung] [üble Nachrede] [Verleumdung], Rechiluth [Tratsch] [Tratsch], verbales Unrecht und andere [Formen der] verbotenen Rede enthalten sind.]]

Aber umgekehrt, jemand, der sich damit abfindet, sein Sprachvermögen zu hüten [und ein solcher Mensch wird sicherlich nicht zu irgendeiner Versammlung von Menschen gehen, denn dort wäre es für ihn unmöglich, nicht in verbotene Rede von sich selbst zu stolpern oder auf jeden Fall Lashon Hara [Verleumdung] [üble Nachrede], Rechiluth [Klatsch] [Tratsch] zu hören, leitzanuth oder andere [Formen] verbotener Rede zu hören [wie ich im ersten Teil erklärt habe], oder [wenn er beschließt], dass er, wenn er jemanden trifft, nicht über irgendeinen Mann sprechen wird] - ein solcher Mann wird sicherlich mehrere Dutzend Stunden pro Woche [zu seinem Leben] hinzufügen, die für das Torastudium oder die Erfüllung [anderer] Mitzvoth frei sind.

Und das ist die Absicht des Verses [Koheleth 9:9]: "Sieh das Leben mit der Frau, die du liebst, alle Tage des Lebens deiner Eitelkeit, denn das ist dein Anteil am Leben." "die Frau, die du liebst" spielt auf die Tora an ["die du liebst" - denn "man lernt die Tora nur an dem Ort [d.h. in dem Fach], den sein Herz begehrt" [Avodah Zarah 19a]] Und die Heilige Schrift ermahnt uns, keinen einzigen Tag Tora zu versäumen, denn das ist unser Anteil am Leben. "Eure Eitelkeit" spielt auf einen Menschen an, der darauf bedacht ist, alle Tage, die er auf der Erde lebt, zu hüten und keinen Tag zu vergeuden, weil er weiß, dass diese Welt eine Welt der Eitelkeit ist und dass er nur hierher gesandt wurde, um die Botschaft des Herrn der Welt zu erfüllen, um seinen Anteil an der Tora und an der Erfüllung der Mitzvoth zu erlangen, um in der kommenden Welt im Licht des Lebens zu erstrahlen. Von einem solchen Menschen können wir hoffen, dass er seine Tage hütet, dass nicht ein Tag vergeudet wird. Kurz gesagt, so wie die Männer von großem Reichtum, die Geldscheine von großem Wert besitzen, diese wachsam hüten, da jeder von ihnen einen Teil ihres

Shemirat HaLashon - Buch B

Reichtums darstellt, so muss auch der Mann mit Herz seine Tage und Stunden hüten, da jeder von ihnen sein Teil im Leben ist. Die Maxime der Weisen ist wohlbekannt: "Es gibt keinen Verlust wie den Verlust von Zeit." Denn wenn ein Mensch einen Dinar aus seiner Tasche verliert, kann er hoffen, dass er ihn wiederfindet oder dass der Heilige, gepriesen sei Er, ihm stattdessen einen anderen gewährt. Aber wenn eine bestimmte Stunde verloren geht, wird er sie nie wieder finden. Und das wird ihm vor Augen geführt werden, wenn er in der künftigen Welt zur Rechenschaft gezogen wird und man ihm darlegt, wie er seine Tage und Stunden verbracht hat, wie es geschrieben steht [Psalm 50,21]: "Ich werde dich zurechtweisen; ich werde es dir vor Augen führen." Unsere Weisen, möge ihr Andenken gesegnet sein, haben gesagt: "Sie erleuchten alle seine Taten vor ihm. Dann wird er sich über sein Verhalten beklagen, aber wer wird ihm dann helfen können?" Glücklich ist derjenige, der sich an all das erinnert, solange er noch lebt!

Für den Mann, der seine Rede hütet, gibt es noch einen weiteren ständigen Gewinn. Denn immer, wenn er sprechen möchte und darüber nachdenkt, dass dies ein Issur [Verbot] [Verbotenes] von Lashon Hara [Verleumdung] oder verbales Unrecht oder Leitzanuth oder ähnliches beinhalten könnte, und er sich zurückhält und nicht spricht, wird es für ihn so gerechnet, als ob er aktiv eine Mitzwa erfüllt hätte, wie Unsere Weisen, möge ihr Andenken gesegnet sein, gesagt haben [Makkoth 23a]: "Wenn ein Mensch saß und keine Übertretung beging, die sich ihm darbot, so wird es ihm angerechnet, als hätte er eine Mitzwa vollbracht", und so werden ihm [der seinen Mund hütet] viele Tausende von Mitzwa hinzugefügt!

Kapitel Sieben

In diesem Kapitel wird erklärt, dass derjenige, der darauf achtet, diese schwere Sünde zu vermeiden, beim Bau des Tempels mitwirkt, der sein soll.

Das Apophthegma unserer Weisen, möge ihr Andenken gesegnet sein [Yoma 9b], ist wohlbekannt, dass die Generation des zweiten Tempels Tora und Mitzvoth besaß und seine Zerstörung auf die Sünde von sinath chinam [eitler Hass] und Lashon Hara [Verleumdung]

Shemirat HaLashon - Buch B

zurückzuführen war. Und die Rischonim schreiben, dass, wenn diese Sünde die Macht hatte, ein Haus zu zerstören, das bereits gebaut war, wie viel mehr würde sie seinen Wiederaufbau verhindern. Und dies wird in dem Apophthegma Unserer Weisen, möge ihr Andenken gesegnet sein, angedeutet: "Jede Generation, in deren Tagen der Tempel nicht wiederaufgebaut wird, ist [wie eine], in deren Tagen er zerstört wird." Und wenn das so ist, müssen wir uns zwangsläufig stärken, um diese Sünde zu korrigieren, d.h. darauf zu achten, dass wir nicht darin stolpern. Denn wie lange werden wir im Exil bleiben?

Aber überlegen wir doch einmal, wer diese Sünde korrigieren kann? Der einfache Mensch kann es sicherlich nicht richtig tun, da er nicht weiß, was Lashon Hara [Verleumdung] [üble Nachrede] ist und was Rechiluth [Klatsch] [Tratsch] ist und was in ihre Kategorien eingeht. So dass ihre grundsätzliche Korrektur von jemandem abhängt, der ein Toragelehrter ist. Er kann über ihre Halachoth [das Gesetz] nachdenken und sich darum kümmern, sie zu erfüllen.

Unsere Weisen, möge ihr Andenken gesegnet sein, haben gesagt [Jeruschalmi Sanhedrin 2:6]: "Als König Salomo die Tochter des Pharao heiratete und damit gegen Devarim 17:17 verstieß: 'Und er [ein König] soll sich keine Frauen mehren', stieg das Jod von 'und er soll sich nicht mehren' [lo y arbeh] vor dem gesegneten Herrn auf und sagte: 'Eine Schenkungsurkunde, die teilweise zunichte gemacht wird, ist ganz zunichte gemacht.' Der Heilige, gesegnet sei Er, antwortete: "Salomo und tausend wie er werden für null und nichtig erklärt, aber ein Buchstabe Meiner Tora wird nicht für null und nichtig erklärt" - woraus ersichtlich wird, dass der Heilige, gesegnet sei Er, kategorisch dagegen ist, dass ein Buchstabe der Tora für alle hefker ["aufgegeben"] wird. Und wenn wir uns fragen, was in der Tora aufgegeben wurde, stellen wir fest, dass die Sünde der Lashon Hara [Verleumdung] in den Augen derer, die den Geschmack der Tora nicht gekostet haben, hefker [d.h., nicht als Sünde angesehen] ist.

[Und bei unseren vielen Sünden findet selbst jemand, der die Dinim [die Gesetze] der Tora verstehen kann, diese Sünde nicht so streng wie die anderen. Ein Beweis dafür ist, dass, wenn es jemandem passierte, dass irgendwie

Shemirat HaLashon - Buch B

koscheres Fleisch mit Fleisch vermischt würde, das neveilah [Aas] oder treifah [wörtlich: "zerrissen"] war, und er darüber stolperte [d.h., er aß das Letztere], würde sein Herz in ihm bitter sein, und es würde buchstäblich seine Seele schmerzen, und er würde darüber fasten und sich sein ganzes Leben lang daran erinnern, dass er über die Sünde der neveilah und treifah gestolpert war - aber nicht über diese Sünde! Selbst wenn er über verbales Unrecht gestolpert wäre oder über das Aufhellen des Gesichts [mit Scham] oder über Lashon Hara [Verleumdung] [üble Nachrede] oder Rechiluth [Klatsch] [Tratsch] selbst - für all das gibt es ausdrückliche negative Gebote in der Tora - und selbst wenn er all das zusammen getan hätte, wenn er einen Streit angezettelt hätte, bei dem es zu verbalen Beleidigungen und zur Aufhellung des Gesichts und zu Lashon Hara [Verleumdung] [üble Nachrede] und Rechiluth [Klatsch] [Tratsch] zusammen kam, würde sein Herz deswegen nicht allzu sehr in Aufruhr geraten. Und selbst wenn ihm nach dem Streit dämmern würde, dass er das alles selbst verursacht hat, wäre seine Seele nicht so aufgewühlt, dass er deswegen zu einem Weisen gehen würde, um Rat zu suchen, wie er es bei Neveiloth und Treifoth und dergleichen tun würde. Ein weiterer Beweis: Er würde sich nur einige Tage lang daran erinnern, danach wäre es völlig vergessen, so als hätte er nie den Geschmack dieser Sünden in all seinen Tagen gekostet. All dies ist ein klarer Beweis dafür, dass der Yetzer Hara [die böse Neigung] Hara sogar den Mann des Herzens davon abhält, seine Augen und sein Herz auf diese Dinge zu richten].

Wenn das so ist, wie sehr muss sich ein Toragelehrter zumindest vor diesen Issur [Verboten] in Bezug auf das Sprachvermögen hüten [d.h. Lashon Hara [Verleumdung] [üble Nachrede], Rechiluth [Tratsch] [Geschwätz], verbale Beleidigung und Aufhellung des Gesichts], damit die Worte des Herrn nicht wie Hefker sind. Nun, nach dem, was wir oben erklärt haben, ist davon der Bau des zukünftigen Tempels abhängig [Und die Sefarim [die heiligen Bücher] haben im Namen des heiligen Zohar geschrieben, dass, wenn [auch nur] eine Synagoge das Merkmal des Schalom richtig beachtet, wir das Kommen des Messias verdienen könnten. Wenn dem so ist, liegt das Kommen des Messias in unserer Hand [aber wir müssen zuerst darauf achten,

Shemirat HaLashon - Buch B

sinath chinam und Lashon Hara [Verleumdung] zu vermeiden]. Und alle, die sich stärken, um diese Sünde zu korrigieren, werden einen Anteil an dem zukünftigen Tempel haben; denn ohne sie würde der Tempel für immer in Trümmern liegen, G-tt bewahre.

Wenn wir nun die Erlaubnis hätten, den Tempel zu bauen, und dafür Geld erforderlich wäre, würde bekanntlich jeder Jude bereitwillig alles beitragen, was er kann, damit auch er einen Anteil am Tempel hat. Nun, in unserem Fall wird überhaupt kein Geld benötigt! Nur um uns selbst zu stärken und uns von der schweren Sünde der Lashon Hara [Verleumdung] und sinath chinam zu distanzieren und an dem Merkmal des Schalom festzuhalten. Wenn wir das tun, wird die Sünde korrigiert werden und wir werden das Kommen des Messias und den Bau des Tempels verdienen. Und wie erhaben wird der Name des Mannes sein, der die Ursache für den Wiederaufbau des Tempels war, wie wir in Nechemia [Kapitel 3] finden, wo für alle Zeiten die Namen der Männer aufgezeichnet sind, die einen Teil der Mauer Jerusalems stifteten. Wie viel mehr noch, [wer] für den Tempel selbst spendet!

Kapitel Acht

Ermahnungen zur Gewissensprüfung [soul-accounting]. Wir haben gelernt [Bava Bathra 78b]: R. Shmuel b. Nachmani sagte im Namen von R. Yonathan [Bamidbar 21:27]: "Deshalb sagen die Herrscher: 'Lasst uns nach Cheschbon kommen, usw.': 'die Herrscher' - das sind die Herrscher über ihren Yetzer [Neigung] Hara [die böse Neigung]. 'Lasst uns nach Cheshbon kommen' - Lasst uns kommen und die Abrechnung der Welt machen ['cheshbon' = Abrechnung], den Verlust [bei der Erfüllung] einer Mitzwa gegen ihren Lohn; und den Lohn einer Übertretung gegen ihren Verlust." Die klare Bedeutung ist wohlbekannt: dies [der Lohn einer Mitzwa] ist ewig, und dies [der "Verlust" einer Mitzwa] ist zeitlich. Außerdem ist dies [die "Belohnung" einer Übertretung] ein unbedeutendes Vergnügen, und dies [die Belohnung einer Mitzwa] ist überwältigend. Denn "ein Augenblick des Vergnügens in der kommenden Welt ist größer als alle Vergnügungen dieser Welt", und das Gegenteil gilt für die Übertretung.

Shemirat HaLashon - Buch B

Es scheint mir auch, dass man sich vorstellen sollte, dass die beiden Sockel einer Waage vor ihm stehen. Auf der einen steht der Verlust, den er durch die Erfüllung einer Mitzwa erleiden wird, und auf der anderen der Lohn. Er wird sehen, dass die Belohnung den Verlust bei weitem überwiegt, so dass der Verlust kaum zu sehen ist, und dadurch [d.h. durch diese visuelle Hilfe] wird der Yetzer Hara [die böse Neigung] erschlagen. Ebenso verhält es sich mit Übertretungen. Er soll sich vorstellen, dass er auf der einen Seite die "Belohnung" für die Übertretung sieht und auf der anderen Seite die Zerstörer, die ihn mit schweren, bitteren Qualen quälen wollen.

[Bamidbar, ibid.]: 'Ihr werdet aufgebaut und gefestigt werden' - [Wenn ihr so handelt,] werdet ihr in dieser Welt aufgebaut und für die kommende Welt gefestigt werden." Wenn wir nun darüber nachdenken, [fragen wir]: Warum hat R. Shmuel b. Nachmani diesen Mussar [Ethik] diesem Vers gegenübergestellt? Wie hängen sie zusammen? Dies scheint durch das, was Unsere Weisen, möge ihr Andenken gesegnet sein, sagen, gelöst zu werden [Chagigah 15a]: "Der Zaddik nimmt seinen Anteil und den Anteil seines Nachbarn [des Raschas] in Gan Eden; der Rascha nimmt seinen Anteil und den Anteil seines Nachbarn [des Zaddiks] in Gehinnom." Offensichtlich ist dies schwierig. Ist Er nicht ein G-tt der Wahrheit und ein gerechter Richter? Und welchem Tzaddik wird dieser Anteil gegeben? Es scheint, dass die Erklärung wie folgt lautet: Die beiden leben in einer Stadt. Der Rasha macht sich immer über das Verhalten des Zaddiks, seine Tora und seine Avodah [g-ttlicher Dienst] lustig und verleumdet ihn vor der Bevölkerung. Und der Zaddik stärkt sich selbst und erträgt seine Schande und lässt sich nicht auf einen Streit mit ihm ein und wandelt weiter auf dem Weg des Herrn, in Seiner Tora und in Seiner Avodah. Wenn sie zum Gericht in der kommenden Welt kommen, verliert der Rascha seinen Anteil am Verdienst. Denn abgesehen davon, dass er dem Herrn nicht dienen wollte, hat er einen verspottet, der es tat, und dadurch auch den g-ttlichen Dienst in den Augen der Menschen "abgekühlt". An wen fallen nun alle seine Verdienste zurück? Auf seinen Nächsten, den Zaddik, den er verspottete und dem er Schande und Demütigung zufügte, und der ständig gezwungen war, sich zu stärken, um in

Shemirat HaLashon - Buch B

seinem Dienst nicht nachzulassen. [Dies ist der Sinn von: "Er [der Zaddik] nimmt seinen Anteil und den Anteil seines Nachbarn [des Raschas] in Gan Eden."]

Zu: "Der Rascha nimmt seinen Anteil und den Anteil seines Nächsten [des Zaddiks] in Gehinnom", kann dies wie folgt verstanden werden: Durch seinen ständigen Hohn und Spott über den Zaddik verursacht er Mängel in seinem [des Zaddiks] g-ttlichen Dienst, für die der Rascha, der die Ursache dieser Mängel ist, die Strafe auf sich nehmen muss. Und nun kehren wir zu dem Vers zurück. Es ist bekannt, dass am Anfang die Städte zu Moav gehörten. Und die Statthalter sagten zu Sichon und seinen Soldaten: "Lasst uns in die Stadt Cheschbon kommen, und sie wird nun als die Stadt Sichons betrachtet werden." Und die [Mussar [Ethik]] Analogie in unserem Fall: Die Aspekte der Tikkun [Änderung], die in Gan Eden durch die Taten der Reschaim bewirkt wurden, werden auf die Zaddikim zurückfallen, die ihr Yetzer [Neigung] Hara [die böse Neigung] beherrschten und dem Herrn dienten und die Reschaim nicht beachteten, die sie und ihren Dienst beschämten.

Sie erklärten auch "die Stadt Sichon" auf eine andere Weise, mit anderen Worten. [Ebd. 28]: "Denn ein Feuer ist von Cheschbon ausgegangen, eine Flamme von der Stadt Sichon. Es hat Ar von Moav verzehrt, die Besitzer von Arnon" - Wenn ein Mensch sich wie ein junger Esel [ayir - ähnlich ir, "Stadt"] macht, der gefügig dem schmeichelnden Gerede [[sicha, angedeutet durch "Sichon"]] seines Treibers folgt], in diesem Fall dem Yetzer [Neigung] Hara [der bösen Neigung], "Ein Feuer wird von Cheshbon ausgehen" - von jenen, die die Rechnung der Welt aufstellen, "eine Flamme von der Stadt Sichon" - den tzaddikim, die als "Sprossen" [sichin, angedeutet durch "Sichon"] bezeichnet werden, und es wird jene verzehren, die keine Rechnung für ihr Ende aufstellen. " Die Erklärung [meiner bescheidenen Meinung nach] ist, gemäß dem anderen Phänomen, von dem uns Unsere Weisen, möge ihr Andenken gesegnet sein, berichten, dass der Rasha seinen Anteil und den Anteil seines Nachbarn [des Zaddiks] in Gehinnom einnimmt. Das ist die Absicht von "denn ein Feuer ist von Cheschbon ausgegangen" - das heißt, das Feuer von Gehinnom, das durch die Sünden der Zaddikim entstanden ist, wird von ihnen ausgehen, d.h. es wird nicht über sie herrschen. Und

Shemirat HaLashon - Buch B

über wen wird es herrschen? Über die Reshaim, die nicht mit ihrem Ende rechnen. Und so lautet die Schlussfolgerung des Verses: "Es hat Ar von Moav verzehrt" - was andeutet, dass es die Lüstlinge verzehren wird [mit anderen Worten: [Ibid. 25:1]: "Und das Volk fing an, nach den Töchtern Moavs zu lüstern"]. [Ebd. 21:28]: 'die Besitzer der Höhen von Arnon' - die Hochmütigen des Geistes."

Kapitel Neun

Hüten der Zunge, in der Reihenfolge der Abschnitte der Tora.

Bereschith
Wir haben gelernt [Arachin 15b]: "R. Jochanan sagte im Namen von R. Jossi b. Zimra: 'Wenn jemand Lashon Hara [Verleumdung] spricht, ist es so, als würde er die G-ttheit leugnen, mit anderen Worten. [Psalmen 12:5]: "die da gesagt haben: 'Mit unserer Zunge wollen wir mächtig sein; unsere Lippen sind bei uns. Wer ist Herr über uns?"" Die Absicht ist: Einer, dessen Zunge wie "ein gespannter Pfeil" ist, um sich vor den Menschen immer zu loben und zu sagen: "Wenn ich nur meine Lippen gegen ihn auftue, werde ich ihn mit meiner Zunge erledigen, und er wird vor allen zertreten werden. Wer kann meine Zunge überwinden? Und selbst wenn ich ihn diesmal nicht fertigmache, sind unsere Lippen nicht bei uns, und ich kann ihn vor den Menschen verleumden, und er wird von allen verachtet werden." Und er denkt gar nicht daran, dass es einen gibt, der über allem steht und dessen Augen über die ganze Erde reichen.

Und in Wahrheit gibt es in allen Sünden einige, die aus Begierden kommen, und einige, die aus dem Verlangen nach Reichtum kommen, die die Oberhand über ihn gewinnen, weshalb er stolpert und übertritt - im Gegensatz zum Sprechen von Lashon Hara [Verleumdung] gegen seinen Freund, wo es kein Vergnügen gibt, wie es geschrieben steht [Koheleth 10:11]: "Und es ist kein Vorteil für den Mann der Zunge." Dies [d.h. das Reden von Lashon Hara [Verleumdung]] rührt nur daher, dass das Wort des Herrn in seinen Augen hefker ist und er sich überhaupt nicht um das Gebot des Schöpfers kümmert, weshalb sie ihn für einen Leugner der G-ttheit gehalten haben.

Shemirat HaLashon - Buch B

Ein weiterer Grund, der in "den Büchern der G-ttesfürchtigen" steht: Es ist bekannt, dass jemand, der Lashon Hara [Verleumdung] sprechen will, sich nach allen Seiten umschaut, um zu sehen, ob jemand zuschaut, und es so aussehen lässt, als würde das Auge des Himmels nicht sehen, G-tt bewahre, wie Unsere Weisen, möge ihr Andenken gesegnet sein, in Bezug auf einen Dieb sagen, [der nachts stiehlt].

Wenn wir weiter darüber nachdenken, stellen wir fest, dass die erste Lashon Hara [Verleumdung], die in die Welt kam, durch die Schlange und durch die Verleugnung des lebendigen G-ttes kam, indem die Schlange zu Eva sagte [Bereschith 3:5]: "Denn G-tt weiß, dass an dem Tag, an dem du davon isst, deine Augen geöffnet werden" [wie Raschi es dort im Namen des Midrasch auslegt: "Jeder Handwerker hasst seine Konkurrenten. Er aß von diesem Baum und schuf die Welt. Wenn ihr davon esst, werden euch die Augen geöffnet, und ihr werdet wie G-tt sein, Schöpfer der Welten."] Und das brachte der ganzen Welt den Tod, und alle hassen ihn und wollen ihn töten, wie die Schrift sagt [Ibid. 15]: "Und Hass werde ich zwischen dich und zwischen das Weib setzen ... Er wird dir den Kopf zertreten usw." [abgesehen von seinen anderen Strafen: seine Beine wurden abgeschnitten, mit anderen Worten. [Ibid. 19]: "Auf deinem Bauch sollst du gehen"; und seine Nahrung ist Staub, mit anderen Worten. [Ibid.]: "Und Staub sollst du essen"; und das Sprachvermögen wurde ihm genommen.

Und so ist es auch mit dem Menschen der Lashon Hara [Verleumdung] [üble Nachrede]. Wenn seine böse Natur enthüllt wird, hassen ihn alle und hüten sich vor ihm, damit er sie nicht zu Objekten der Schande und Demütigung macht. Und selbst wenn er es verdient, für die Auferstehung aufzustehen, wird er wie ein absoluter Stummer sein. Wie Unsere Weisen, möge ihr Andenken gesegnet sein, gesagt haben [Devarim Rabba 6]: "Der Heilige, gepriesen sei Er, ist dazu bestimmt, den Menschen der Lashon Hara [Verleumdung] die Zunge abzuschneiden, so wie es geschrieben steht [Psalmen 13:4]: 'Der Herr wird alle "glatten" Lippen abschneiden, die Zunge, die prahlerische Dinge spricht.'" Der Hinweis bezieht sich auf die Zeit der Auferstehung. Wer kann die Größe des Leidens dieses Menschen und seine ewige Schande ermessen! Denn dann

Shemirat HaLashon - Buch B

werden alle das Wesen dieses Menschen erkennen, dass er ein Übeltäter war, der mit seinen geschmeidigen Lippen Hass zwischen dem Menschen und seinem Freund schürte, wie es in der Schrift heißt [Koheleth 12,13]: "Das Ende der Sache, alles wird gehört", was Onkelos übersetzt: "Alle Taten der Menschen sind dazu bestimmt, offenbart zu werden, usw." Aus diesem Grund [d.h., dass er ein Mann der Lashon Hara [Verleumdung] war] kam diese Strafe über ihn, dass alle Menschen lebendig und mit unversehrter Sprache aufstanden wie früher, und dieser Mann, als ein absolut Stummer. Daran kann der Mensch die Schwere der Sünde erkennen, die bis in seine Seele in dieser und in der nächsten Welt reicht.

Und wisset ferner, dass, wie die Schlange in ihrer Nahrung bestraft wurde, wie es geschrieben steht: "Und Staub sollst du essen alle Tage deines Lebens", so wird der Mensch der Lashon Hara [Verleumdung] [üble Nachrede] mit Armut bestraft, wie es im Sefer Hakanah geschrieben steht: "Seht und begreift, dass alle, die Lashon Hara [Verleumdung] [üble Nachrede] äußern, mit Aussatz bestraft werden", und er schließt: "Wer nicht aussätzig wird, wird mit Armut bestraft, die dem Aussatz gleichkommt, und er wird zum Bettler, der den Menschen verpflichtet ist."

Und in der Tat ist dies in meinen Augen ein Wunder. Denn es liegt in der Natur des Menschen, von großen Männern Heilmittel und Segen zu erbitten, um seinen Lebensunterhalt zu verdienen. Und wie sollen ihnen all die Heilmittel und Segnungen helfen, wenn sie sich, G-tt bewahre, an die Sünde der Lashon Hara [Verleumdung] und Rechiluth [Klatsch] [Tratsch] gewöhnt haben, die in der Tora mit einem ausdrücklichen Fluch [Arur] belegt ist [Devarim 27:24]: "Verflucht [Arur] ist, wer seinen Freund heimlich schlägt", was sich laut Raschi auf Lashon Hara [Verleumdung] [üble Nachrede] bezieht. Und unsere Weisen, möge ihr Andenken gesegnet sein, haben gesagt [Schewuoth 36a]: "'Arur' - darin liegt ein Fluch; darin liegt die Exkommunikation." Und dieses [Arur] wurde nicht von einem Mann allein ausgesprochen, sondern im Konsens mit ganz Israel, zusätzlich zu den Cohanim und den Leviten, wie es in der Schrift steht. Und dieser eine [[indem er Lashon Hara [Verleumdung] [üble Nachrede] sprach]] machte seinen Segen zunichte!

Shemirat HaLashon - Buch B

Hätten sie [die Heilmittelsuchenden] auf mich gehört, so hätte ich sie vielmehr ermahnt, sich vor dieser Sünde besonders zu hüten und insbesondere ihrem Freund nicht aktiv zu schaden, indem sie stehlen, rauben, betrügen und dergleichen. [Denn diese sind gewiss eine starke Kraft, um den eigenen Besitz zu untergraben und ihn verloren gehen zu lassen, wie wir im Büchlein Sefath Tamim im zweiten und dritten Kapitel geschrieben haben, indem wir Verse und Zitate Unserer Weisen, möge ihr Andenken gesegnet sein, anführen]. Denn dann würde sein Besitz sicherlich gesegnet werden, mehr als durch alle "Heilmittel". Bekanntlich wurden allen Arurim Segenssprüche vorangestellt, z.B. "Gesegnet ist der, der seinen Freund nicht schlägt, usw." Und ganz Israel antwortete darauf mit "Amen". Und dieser Segen wird sich sicherlich erfüllen.

Kapitel Zehn

Noach
[Bereschit 9:22]: "Und er [Cham] sagte es seinen beiden Brüdern draußen": Die Tora sagt uns hier seine Sünde, dass er ihn [Noach] nicht nur selbst nicht bedeckte, sondern auch draußen davon erzählte, d.h. auf dem Markt, wie Onkelos sagt, ohne auf seinen [Noachs] Zustand zu achten, um ihn nicht vor den Leuten zu beschämen - weshalb er [Noach] ihn verfluchte.

Wajetze
[Ibid. 28:20]: "Und er behütet mich auf dem Weg, den ich gehen werde": Wir finden im Midrasch: "Und Er bewahrt mich vor Lashon Hara [Verleumdung]." Und so haben Unsere Weisen, möge ihr Andenken gesegnet sein, in Sifrei zu Devarim 23:10 gesagt: "Wenn du als Lager gegen deine Feinde ausziehst, dann sollst du dich vor jedem Übel hüten", dass dies auf Lashon Hara [Verleumdung] [üble Nachrede] anspielt. Und es ist offensichtlich, dass der Mensch, wenn er sich an einen Ort der Gefahr begibt, besonders bewacht werden muss, wie es dort geschrieben steht [Ibid. 15]: "Denn der Herr, dein G-tt, wandelt inmitten deines Lagers, um dich zu retten, usw." Und es ist bekannt, dass wegen der Sünde der Lashon Hara [Verleumdung] die Schechinah von Israel weicht, und es gibt niemanden, der sie beschützt. Und

Shemirat HaLashon - Buch B

so war es auch bei Yaakov, als er zu Lavan ging, der ein Ort der Gefahr war, wie wir vom Ende der Episode wissen, als er ihn verfolgte, um ihn zu töten, wenn der Heilige, gepriesen sei Er, ihn nicht gerettet hätte, wie es geschrieben steht [Devarim 26:5]: "Ein Aramäer [Lavan] würde meinen Vater [Yaakov] vernichten" - deshalb betete Yaakov, unser Vater, dass er nicht darüber stolpern möge [Lashon Hara [Verleumdung] [üble Nachrede]].

Kapitel Elf

Wayeschew
Die Tora hat die Episode von Josef und seinen Brüdern, die zu unserem Abstieg nach Ägypten führte und viele andere schreckliche Folgen hatte, stark erweitert, so dass jeder daraus Mussar [Ethik] lernen sollte, wie er seinen Mund und seine Zunge schützen kann.

In Avoth 1:13 lesen wir, dass Hillel zu sagen pflegte: "Wenn ich nicht für mich selbst bin, wer wird dann für mich sein, usw." Dieser Ausspruch ist sehr umfassend. Seine eindeutige Bedeutung bezieht sich auf den Eifer im Dienst des Herrn und besagt: "Wenn ein Mensch nicht für sich selbst eifert, solange er noch lebt und solange er noch Kraft hat, wer kann ihm dann helfen?" Wie die Schrift sagt [Koheleth 9,10]: "Alles, was deine Hand zu tun findet, das tue in deiner Kraft" - "in deiner Kraft", um genau zu sein. Wir haben dies bereits an anderer Stelle dargelegt. Denn ein Mann kann sich nur sehr wenig auf seine Söhne verlassen, und seine Hauptaufgabe ist es, "Proviant für die ihm zugedachte Bleibe" vorzubereiten. Und in diesem Zusammenhang sagt Hillel ganz klar: Wenn ein Mensch nicht selbst für seine Seele sorgt, wer kann es dann für ihn tun?

Aber er spielt damit auch auf ein ehrfurchtgebietendes Phänomen an. Und das ist: Wenn der Mensch sich selbst nichts Böses tut, wer kann ihm dann etwas Böses antun? Denn die Wahrheit ist, dass alles, was dem Menschen in dieser Welt widerfährt, sei es zum Guten oder zum Schlechten, von ihm selbst verursacht wird. Was unser Thema, den Abstieg nach Ägypten, betrifft, so war die erste Ursache dafür Abrahams Ausspruch [zu dem Heiligen, gepriesen sei Er] [1. Mose 15,8]: "Woher weiß ich, dass ich

Shemirat HaLashon - Buch B

es erben werde?" und Seine Antwort [ebd. 13]: "Du wirst es sicher wissen, denn dein Same wird ein Fremder im Land [Ägypten] sein, usw." Und Unsere Weisen, möge ihr Andenken gesegnet sein, haben gesagt [Schabbat 89b]: "Yaakov hätte in eisernen Ketten nach Ägypten hinuntergehen sollen, aber sein Verdienst hat ihm zur Ehre gereicht, indem er ehrenvoll zu seinem Sohn gebracht wurde, der in Ägypten regierte.

Und der Grund dafür, dass Josef regierte und seine anderen Söhne sich vor ihm demütigten, stammte von unserem Vater Jaakow selbst. Denn er wurde zornig auf Rahel, als sie zu ihm sagte [Bereschith 30:1]: "Gebt mir Söhne", wurde ihm von G-tt gesagt [wie im Midrasch, Bereschith Rabba 71:10 berichtet]: "Ist das die Art, denen zu antworten, die unterdrückt werden? Bei deinem Leben, deine Söhne werden vor ihrem Sohn [Joseph] stehen!"

Kurzum, man muss mit seinen Worten äußerst vorsichtig sein, denn damit beeinflusst man sein Schicksal, ob zum Guten oder zum Schlechten, G-tt bewahre.

[Ebd. 37:2]: "Und Joseph brachte einen bösen Bericht über sie [die Söhne Leas] zu ihrem Vater": Er erzählte ihm, dass sie ihre Brüder [die Söhne der Konkubinen] "Knechte" nannten und dass sie unerlaubter Beziehungen und des eiver min hachai [[Essen eines Gliedes, das von einem lebenden Tier abgerissen wurde]] verdächtig waren. Der Vers sagt uns, dass er es niemandem außer ihrem Vater erzählte, und das auch nur, um sie zu tadeln - obwohl er das nicht hätte tun dürfen, denn er hätte sie zuerst selbst tadeln müssen; denn das Gebot der Zurechtweisung [ein positives Gebot in der Tora] gilt auch für einen Schüler gegenüber seinem Lehrer, und er hätte es seinem Vater nicht offenbaren dürfen. [Und vielleicht hat er sie zuerst getadelt, und sie haben ihm zugegeben, dass sie sie nicht hätten Diener nennen sollen. Denn in Wahrheit hatte Yaakov sie, bevor er sie heiratete, befreit und als Frauen genommen, wie der Vers in Bezug auf sie sagt [ibid.]: "die Weiber seines Vaters". Oder sie hatten den Verdacht selbst bestritten, indem sie sagten, er sei nicht wahr, d. h., sie hätten sie nicht als Dienerinnen bezeichnet. Was seinen Verdacht auf unerlaubte Beziehungen betrifft, so war dies ein Irrtum Josephs, denn mit Hilfe des Sefer Yetzirah hatten sie einen Golem in Form einer Frau erschaffen].

Shemirat HaLashon - Buch B

Und unsere Weisen, möge ihr Andenken gesegnet sein, sagen dazu im Midrasch [Midrasch Rabba]: "[Mischlei 16:11]: 'Eine Waage und eine gerechte Waage sind des Herrn' - für sie alle wurde er Maß für Maß bestraft. Denn 'sie nennen ihre Brüder Knechte' - Yaakov wurde als Knecht verkauft. Denn 'sie verdächtigen ihn der unerlaubten Beziehungen' - ganz Ägypten verdächtigte ihn mit der Frau des Joseph. Denn 'sie sind verdächtig des eiver min hachai', weil er nicht sah, wie sie die Schechita durchführten - das war ein Irrtum, und die Heilige Schrift weist uns darauf hin [Bereschit 37:3]: 'Und sie schlachteten ein Ziegenböckchen' [nachdem sie ihn verkauft hatten] und aßen es nicht lebendig."

[Bereschith 37:3]: "Und Israel liebte Joseph mehr als alle seine Söhne, denn er war der Sohn seines hohen Alters.": Die Schrift teilt uns hier mit, dass Jaakow die Lashon Hara [Verleumdung], die Josef ihm brachte, nicht akzeptierte und ihn nur liebte, weil er der Sohn seines hohen Alters war.

[Ebd. 5]: "Und Josef träumte einen Traum... [8] ...Willst du über uns herrschen?": Die Heilige Schrift führt die Träume aus, um den extremen Hass der Brüder auf Josef zu erklären, der so weit ging, dass sie ihn aus der Welt schaffen wollten: Sie nahmen an, dass er über sie herrschen wollte, weshalb er ihrem Vater "bösen Bericht" über sie brachte, damit er sie aus seiner Gegenwart entfernen sollte [wie Raschi erklärt [ibid.]: "wegen seiner Träume und wegen seiner Worte" - "wegen des bösen Berichts, den er ihrem Vater gebracht hatte." Und das Gewand, das sein Vater ihm schenkte, diente als "unterstützender Beweis" dafür, dass er seinen Bericht akzeptiert hatte], und dass er vielleicht, G-tt bewahre, mit Joseph übereinstimmen würde, so dass er [Joseph] ein "Fürst" über sie sein würde, wie in Isaaks Segen an Yaakov [Ibid. 27:29]: "Sei ein Fürst für deine Brüder, und die Söhne deiner Mutter werden sich vor dir verneigen." Oder, [sie dachten,] G-tt bewahre, dass er [Jaakow] sie ganz verbannen würde, wie Noach sagte [Ibid. 9:25]: "Verflucht ist Kanaan; ein Knecht unter Knechten soll er seinen Brüdern sein." Deshalb berieten sie sich, wie sie ihn loswerden könnten.

[Ebd. 14]: "Und er [Yaakov] sandte ihn [Joseph] aus Emek Chevron" - "aus dem tiefen [[angedeutet durch " Emek "]] Rat des Zaddik [Abraham], der in Chevron begraben ist, in

Shemirat HaLashon - Buch B

Erfüllung dessen, was gesagt wurde [Ibid. 15:13]: 'denn dein Same wird ein Fremder sein in einem Land, das nicht das ihre ist.'" Die Bedeutung hier ist [meiner bescheidenen Meinung nach], dass Ägypten die "Nacktheit des Landes" war, ein extrem unreiner Ort, weshalb es von Anfang an bestimmt war, dass einer der Söhne Yaakovs kommen würde, um dort [in Ägypten] den Glauben an die g-ttliche Vorsehung zu verbreiten, wie es geschrieben steht [Ibid. 41:25]: "Was G-tt tun wird, hat er dem Pharao gezeigt." Aus einem ähnlichen Grund befahl Joseph danach, dass sie [die Ägypter] sich beschneiden sollten - alles, um die Macht der Unreinheit zu schwächen, damit es danach für Israel geeignet sei, dort zu verweilen.

[Ebd. 37:15]: "Und ein Mann fand ihn, und siehe, er irrte auf dem Felde umher usw." Die Heilige Schrift führt dies ausführlich aus, damit man sich nicht fragt: Wie konnte dieses große Unglück durch "die Botschaft einer Mizwa" herbeigeführt werden, nachdem Joseph dorthin gegangen war, um den Auftrag seines Vaters zu erfüllen! Und wie konnte all dies durch unseren Vater Yaakov eingeleitet werden? Deshalb sagt uns die Heilige Schrift, dass die Botschaft in Sichem vollendet wurde, und dass er aus eigenem Antrieb weiterzog.

[Ebd. 17]: "Denn ich hörte, wie sie [die Brüder] sagten: 'Lasst uns nach Dothan [nelchah dotainah] gehen', was Raschi so interpretiert: 'um gegen dich nichlei datoth [rechtliche Mittel [angedeutet durch 'nelchah dothainah']] zu suchen, um dich damit zu töten." Die Erklärung: Sie hatten beschlossen, dass Josef ein Mann der Lashon Hara [Verleumdung] war, der ihren Vater zum Hass auf sie provozierte. Und wer weiß, wie viel Zwietracht er unter ihnen stiften würde? Deshalb suchten sie nach einem Vorwand, um ihn auf eine Weise loszuwerden, die sie rechtlich nicht zu "Mördern" machen würde. Dass er indirekt durch sie getötet wurde, ging sie nichts an. Und was ihren Ausspruch betrifft [ibid. 60]: "Lasst uns gehen und ihn töten", war in demselben indirekten Sinn gemeint. Wie in der bekannten Gemara, Makkoth 23a] gesagt wird: "Wenn jemand Lashon Hara [Verleumdung] [üble Nachrede] spricht, ist er geeignet, den Hunden vorgeworfen zu werden, denn es steht geschrieben [Schemot 23:1]: 'Du sollst nicht falsches Zeugnis reden', und davor steht [ebd. 22:39]: 'Dem

Shemirat HaLashon - Buch B

Hund sollst du es vorwerfen.'" Und wir finden in der Gemara [Bava Kamma 24b]: "Wenn jemand einen Hund gegen jemanden hetzt, ist er nicht schuldig [des Mordes]." Und obwohl er nach dem Gesetz des Himmels sicherlich auch für "Umgehung" haftbar ist, dachten sie, dass sie in diesem Fall nach dem Gesetz des Himmels nicht haftbar wären, weil Josef ein Mann der Lashon Hara [Verleumdung] und des Streits war.

[ibid. 22]: "Wirf ihn in diese Grube in der Wüste. ... um ihn aus ihrer Hand zu retten und ihn zu seinem Vater zurückzubringen": Sein [Reuvens] Rat erwies sich als vorteilhaft für Josef [denn er rettete ihn aus ihrer Hand], aber es war auf jeden Fall gefährlich, ihn dorthin zu werfen; denn es gab dort Schlangen und Skorpione. [Er [Reuven] wusste jedoch nichts davon, denn wenn er es gewusst hätte, wäre es tatsächlich "Mord" gewesen, wie es in Yevamoth 121b heißt]: "Wenn jemand in eine Grube voller Schlangen und Skorpione fällt, kann über ihn ausgesagt werden, dass er tot ist." [Unten werden wir das "Maß für Maß" in diesem Zusammenhang erklären.]

[Ebd. 25]: "Und sie setzten sich nieder, um Brot zu essen": Die Schrift teilt uns hier mit, dass sie ihm damit Unrecht getan haben. Denn selbst die größte Sünde, die die Todesstrafe nach sich zieht, erfordert einen Aufschub des Gerichts, da es ihnen in dieser Nacht oblag, über das Gericht selbst nachzudenken und sich nicht mit dem Essen zu befassen. Wir werden weiter unten erklären, welches Leid sie deswegen "Maß für Maß" erfuhren.

[Ebd.]: "...und siehe, eine Karawane von Ismaeliten ...zog hinab, um es nach Ägypten zu bringen": Die Schrift weist uns darauf hin, dass der gesegnete Herr mit denselben Mitteln, mit denen er seinem Nächsten schaden will, ihm Nutzen bringt. Und hier wurde er, nachdem er an die Ismaeliten verkauft worden war, nach Ägypten in das Haus des Potiphar gebracht, wo er die Prüfung [mit der Frau des Potiphar] durchmachte und überstand, durch deren Verdienst er zur Größe aufstieg.

[Ebd. 26]: "Und Juda sagte zu seinen Brüdern: 'Was nützt es uns, wenn wir unseren Bruder töten? [27]: Lasst uns hingehen und ihn an die Ismaeliter verkaufen.'": Das war einerseits ein großer Vorteil für Josef, weil er vor dem Tod bewahrt wurde, und andererseits ein großer Schaden, weil

Shemirat HaLashon - Buch B

sie zustimmten, ihn als Sklaven zu verkaufen. [Ebd. 28]: "Und sie verkauften Joseph an die Ismaeliten für zwanzig Silberstücke... [34]: Und Jaakow zerriss seine Kleider ... und er beweinte seinen Sohn viele Tage."

Von hier an beginnt die Heilige Schrift, die Strafen und Kränkungen aufzuzählen, die sie dafür erlitten, alles "Maß für Maß". Zunächst wurde Juda bestraft, der die unmittelbare Ursache für den Verkauf war. Er wurde zum Trauernden über seine Söhne und zerriss gewiss auch seine Kleider über sie, wie es der Din verlangte. Und auch seine Brüder waren von der Strafe des "Zerreißens" [k'riyah] nicht ausgenommen, denn auch sie zerrissen ihre Kleider an ihrem Tag des Jammers [mit anderen Worten: Ibid. 44:13]. Und weil er [Yaakov] seinen Sohn "viele Tage" beweinte, deshalb, [Ibid. 38:12]: "Und nach 'vielen Tagen' starb die Tochter Schuas, Judas Frau,". Und weil er seinen Vater mit einem Ziegenbock täuschte, indem er Josefs Gewand in sein Blut tauchte, täuschten sie ihn auch mit einem Ziegenbock, wie wir im Midrasch lesen. Und weil sie sagten [ebd. 37:32]: "Erkenne nun", wurde auch er durch Tamar mit [Ebd. 38:25] bestraft: "Erkenne nun, wem gehört dieses Siegel und dieser Mantel und dieser Stab? Wer kann sich vorstellen, wie groß die Schande und die Kränkung war, die er damals erlitt!

Auf jeden Fall können wir [von hier aus] die Größe der Güte des gesegneten Herrn sehen, denn sobald er sagte [ibid. 38:26]: "Sie hat recht [Tzadkah], [sie ist schwanger] von mir", und er nahm den Din auf sich, kam eine himmlische Stimme hervor und sagte: " Tzadkah, von mir sind geheime Dinge ausgegangen!" Der wesentliche Gedanke ist, dass die gesamte Episode g-ttliche Vorsehung ist [siehe Raschi]. Wie wir im Midrasch lesen, hat der Engel, der über die Begierde eingesetzt wurde, ihn zu jener Zeit mit Schande überzogen - woraus ersichtlich wird, dass gerade aus dieser Schande, die über ihn verhängt wurde, viel Gutes über ihn kam: Tamar zeugte zwei rechtschaffene Söhne, aus denen das Königreich des Hauses David hervorging.

Das Gleiche finden wir in Bezug auf Na'ami. Es steht geschrieben [Rut 1,19]: "Und die ganze Stadt war über sie in Aufruhr. Und sie sagten: 'Ist das Na'ami?'" Raschi kommentiert, dass alle hinausgegangen waren, um die Frau des Boas zu begraben, und alle sagten: "Seht, was mit ihr

Shemirat HaLashon - Buch B

geschehen ist, weil sie Eretz Jisrael verlassen hat!" Ja, warum ist das passiert? Die Wahrheit ist, dass es "Maß für Maß" ist. Denn als sie und ihr Mann zur Zeit der Hungersnot Bethlehem verließen, wegen der vielen Armen, die zu ihnen gekommen waren, schrien sie alle und sagten: "Wer wird uns jetzt in der Zeit der Hungersnot unterstützen?" Und deshalb wurde ihr verordnet, dass, wenn sie nach Bethlehem zurückkehrte, die ganze Stadt in Aufruhr sein und sagen würde: "Seht, was mit ihr geschehen ist!" - bis sie selbst das Urteil über sie akzeptierte, indem sie sagte [ibid. 20]: "Nennt mich nicht Na'ami ["süß"], nennt mich Mara ["bitter"], denn der Allmächtige hat mich schwer verbittert."

Aber wenn wir weiter darüber nachdenken, sehen wir, wie groß die Güte des Heiligen, gepriesen sei Er, ist, dass die Strafe selbst zu großem Nutzen führt. Denn es wurde für sie ein Ort vorbereitet, um ihre Ruhe wiederherzustellen und ihr hohes Alter zu erhalten. Denn nach dem Tod der Frau des Boas war es vom Himmel bestimmt, dass er Rut heiraten sollte, wie es geschrieben steht [Mischlei 19,14]: "Und vom Herrn eine verständige Frau." Und dadurch wurde ihr Oved geboren, der bekanntlich Machlon war, wie die Kabbalisten schrieben, weshalb es geschrieben steht [Rut 4:17]: "Na'ami wurde ein Sohn geboren" [[und nicht "Rut", da Machlon der Sohn von Na'ami war [mit anderen Worten: Ibid. 1:2]]]. Zusammenfassend muss der Mensch glauben, dass "aus dem Mund des Allmächtigen das Böse nicht hervorgeht, und wenn doch Leid entsteht, müssen wir wissen, dass das Gute darin liegt.

Und nun wollen wir darüber sprechen, was mit Josef geschehen ist. Zunächst einmal berichtet uns die Tora, dass er zwar als Sklave verurteilt wurde, weil er über seine Brüder gesagt hatte, dass sie ihre Brüder Knechte nannten, dass aber die Barmherzigkeit des Himmels über ihm lag, dass sein Erfolg dort wuchs und er zum Aufseher von Potiphars Haus ernannt wurde.

[Bereschit 39:6]: "Und Josef war schön an Gestalt und Aussehen": Wie Raschi erklärt, begann er, als er sich erhaben sah, sein Haar zu scheren, woraufhin der Heilige, gepriesen sei Er, zu ihm sagte: "Dein Vater ist in Trauer und du frisierst dein Haar! Ich werde den 'Bären' gegen dich aufhetzen", woraufhin [ibid. 7]: "Und es geschah nach diesen Dingen, dass die Frau seines Fürsten usw.", und der

Shemirat HaLashon - Buch B

Himmel sorgte dafür, dass er ins Gefängnis kam.

Nach unseren Weisen seligen Andenkens ist bekannt, dass er nur ein Jahr im Hause Potiphars arbeitete und zwölf Jahre im Gefängnis saß, [denn er wurde mit siebzehn Jahren aus dem Hause seines Vaters vertrieben und stand mit dreißig Jahren vor dem Pharao], und wir finden in Schemot Rabba 3, dass er zehn Jahre im Gefängnis sitzen musste, weil er Lashon Hara [Verleumdung] über seine zehn Brüder gesagt hatte, und weil er zu dem obersten Butler sagte [Bereschith 40: 13]: "Denn wenn du dich an mich erinnerst ... und du dich an mich erinnerst", wurde ihm verordnet, noch zwei Jahre dort zu sitzen - aber als die Zeit vollendet war, blieb er nicht einen Augenblick länger dort, wie es geschrieben steht [Ibid. 41:14]: "Und sie 'eilten' ihn aus der Grube" und nicht: "Und sie holten ihn aus der Grube", denn dann wäre er dort noch ein paar überflüssige Augenblicke geblieben.

Aus all dem ersehen wir die Schwere des Issur [Verbots] von Lashon Hara [Verleumdung], zwölf Monate für jeden Menschen wurden ihm auferlegt, entsprechend der [Zeit des] Gerichts in Gehinnom. Und während er dort saß, sprach ganz Ägypten darüber, dass er [mit Potiphars Frau] verdächtig sei, wie Raschi zu dem Vers erklärt [ebd. 40:1]: "Und es geschah nach diesen Dingen, dass er sündigte usw.", und zwar, weil er seine Brüder verdächtigt hatte. Aber nachdem seine Strafe vollzogen war, gedachte der Heilige, gepriesen sei Er, seiner Gerechtigkeit und erhob ihn höher und höher, bis er im ganzen Land Ägypten in Herrlichkeit und Ruhm als heiliger Mann G-ttes bekannt gemacht wurde, wie geschrieben steht [Ibid. 41:38]: "Kann man einen solchen finden, einen Mann, der mit dem Geist G-ttes ausgestattet ist?"

Kapitel Zwölf

Fortsetzung von Wayeschew

[Bereschit 42:9]: "Und Josef erinnerte sich an die Träume ... und er sagte zu ihnen: 'Ihr seid Spione usw.'" Bei all dem hatte er die Absicht, die Sühne für ihre Sünden zu erwirken", wie es in [Ibid. 25] der Fall war: "Und Joseph befahl, dass ihre Gefäße mit Getreide gefüllt würden, dass ihr Geld zurückgegeben würde, jeder in seinen Sack, usw." Und in Wahrheit bereitete ihnen das Geld am Anfang ihrer

Shemirat HaLashon - Buch B

[Rückreise] viel Kummer, als [Ibid. 27]: "der eine [Levi [nach Raschi]] öffnete seinen Sack [28] ... und ihr Herz ging aus, und jeder zitterte vor seinem Bruder und sagte: 'Was ist das, was G-tt uns angetan hat?'" Und auch am Ende, als sie zu ihrem Vater kamen [ibid. 35]: "Und als sie ihre Säcke ausleerten, siehe, da fand jeder sein Geldbündel in seinem Sack, und sie sahen ihre Geldbündel, sie und ihr Vater, und sie erschraken." Und auch [Ibid. 43:18]: "Und die Männer fürchteten sich, denn sie wurden in das Haus Josephs gebracht ... und sie sagten: 'Es ist wegen des Geldes, das in unsere Säcke zurückgegeben wurde, usw.'" Sie litten sehr wegen des Geldes; dies, um für sie zu büßen wegen des Geldes, das sie für ihn genommen hatten [indem sie ihn als Sklaven verkauften].

Und so wurde es vom Himmel herbeigeführt, dass Levi der erste war, der seinen Sack öffnete und das Geld fand, wie Raschi erklärt. Denn er war der erste, der zu seinem Bruder Schimon sagte [ebd. 37:19-20]: "Siehe, dieser Träumer kommt, und nun lasst uns hingehen und ihn erschlagen."

[Ibid. 42:37]: "Und Reuven sagte zu seinem Vater: 'Du kannst meine beiden Söhne töten, wenn ich ihn [Benjamin] nicht zu dir zurückbringe... [38]: Und er sagte: 'Mein Sohn soll nicht mit dir hinuntergehen.'" Der Midrasch berichtet, dass Yaakov über ihn [Reuven] sagte: "Er ist ein törichter Bechor [[Erstgeborener]]. Sind das seine Söhne und nicht meine Söhne?" Die Worte von Reuven müssen in der Tat verstanden werden, aber im Wesentlichen ist dies die Erklärung: Was auch immer aus dem Mund eines Menschen kommt [[abgesehen von dem, was sich auf die Furcht vor dem Herrn bezieht, was eine Funktion des freien Willens des Menschen ist]], wird vom Himmel bewirkt. Dies ist der Kern der Aussage Unserer Weisen, möge ihr Andenken gesegnet sein: "Alles liegt in den Händen des Himmels, außer der Furcht vor dem Himmel." Und der Midrasch sagt uns, dass dieser Ausspruch Reuvens ["Ihr dürft meine beiden Söhne töten"] sich in seinen Söhnen [d.h. Nachkommen], Dathan und Aviram [in der Episode von Korach], erfüllt hat. Und in Wahrheit war er [Reuven] selbst die Ursache dafür, indem er sagte [Bereschit 27:32]: "Werft ihn in diese Grube, die in der Wüste ist." Die Tat war sehr böse, und deshalb stiegen sie [Dathan und Aviram] lebendig in den Scheol hinab, in die Mitte der Grube. Seine Absicht

Shemirat HaLashon - Buch B

war gut, wie es geschrieben steht [Bereschith, ebd.]: "um ihn aus ihren Händen zu retten, um ihn zu seinem Vater zurückzubringen", verdiente er, dass einer seiner Nachkommen, On ben Peleth, gerettet wurde, indem er in Reue zu seinem Vater im Himmel zurückkehrte [deshalb wurde er "On" genannt, da er sein ganzes Leben lang in Aninuth ["Trauer" [über seine Sünde]] war, wie Unsere Weisen, möge ihr Andenken gesegnet sein, erklärt haben.

Und Juda sagte [ibid. 43:9]: "Wenn ich ihn [Benjamin] nicht zu dir bringe und ihn dir [lebendig] vorlege, werde ich mich alle Tage an dir versündigt haben", wobei Juda sowohl in dieser als auch in der nächsten Welt bürgt und dadurch mehr als alle anderen Brüder großes Leid erfährt, wie in Parschat Wajigasch geschrieben steht. Der Grund dafür ist, dass er die Ursache dafür war, dass Josef als Sklave verkauft wurde. In Wahrheit war Juda der vornehmste der Brüder, und er hätte sich stärken müssen, um Josef zu seinem Vater zurückzubringen, weshalb er vom Himmel bestraft wurde, indem er für einen anderen Bruder [Benjamin] bürgen musste, um ihn zu seinem Vater zu bringen. Und darin stärkte er sich mit all seiner Kraft, und er willigte auch ein, sich vor dem Herrn des Landes niederzuwerfen, um als Sklave genommen zu werden, damit sein Bruder zu seinem Vater heimkehren konnte. Und alle anderen Brüder, die in den Verkauf eingewilligt hatten, mussten großes Leid ertragen, weil sie sich damit abfanden, selbst Sklaven zu werden, wie es geschrieben steht [ebd. 44,9]: "Und auch wir werden meinem Herrn Sklaven sein." Und auch [Ibid. 50:18]: "Und seine Brüder gingen auch hin, und sie fielen vor ihm [Joseph] nieder und sagten: 'Siehe, wir sind deine Sklaven.'"

Eine weitere schreckliche Sache, die Juda widerfuhr: Unsere Weisen seligen Andenkens haben gesagt [Sotah 7b]: "All die Jahre, in denen Israel in der Wüste war, 'rollten' die Gebeine Judas in seinem Sarg herum, bis Mosche aufstand und für ihn um Gnade flehte. Er sagte... [Devarim 33:7]: 'Höre, o Herr, die Stimme Judas' - worauf sich seine Glieder wieder vereinigten. Aber er wurde noch nicht zur himmlischen Synode gebracht, bei der Mosche sagte [ibid.]: 'und zu seinem Volk sollst Du ihn bringen'. Aber er konnte sich nicht mit den dortigen Weisen halachisch unterhalten, woraufhin Mosche sagte [ebd.]: 'Lass seine Hände für ihn

Shemirat HaLashon - Buch B

kämpfen', usw." All das geschah ihm, weil er gesagt hatte [Bereschith 43:9]: "Wenn ich ihn [Benjamin] nicht zu euch bringe und ihn euch [lebendig] vorstelle, werde ich mich alle Tage an euch versündigt haben." Aber er hat ihn gebracht! Aber "der Fluch eines Weisen ist auch dann erfüllt, wenn die Bedingung [[in diesem Fall, ihn zurückzubringen]] erfüllt ist" [Makkoth 11b]. Und wir haben bereits gesagt, dass alles, was aus dem Mund eines Menschen kommt, durch g-ttliche Vorsehung geschieht, so dass hier der Wille des Herrn in die Tat umgesetzt wurde. Es scheint mir, dass die Erklärung wie folgt lautet: Es ist bekannt, dass sie [die Brüder] einen Bann über jeden verhängt haben, der dies [den Verkauf Josephs] unserem Vater Yaakov offenbaren würde, und sie schlossen die Schechina in diesen Bann ein, weshalb der Heilige Geist [der Prophetie] von unserem Vater Yaakov entfernt wurde [bis zum Ende [der Episode], wo geschrieben steht [ibid. 45:27]: "Und der Geist ihres Vaters Yaakov wurde wieder lebendig", was Onkelos übersetzt: "Und der Heilige Geist ruhte [wieder] auf ihm."] Und wegen dieses Bannes wurde über ihn [Juda] verfügt, dass die Heiligkeit ganz von ihm abfalle [wie bei einem Menschen, der exkommuniziert wird], weshalb Juda gezwungen war, die Exkommunikation auf sich zu nehmen, wie geschrieben steht: "Und ich habe gesündigt gegen meinen Vater alle Tage."

Und seht weiter, dass der Heilige, gepriesen sei Er, keine Belohnung zurückhält, die ihm zusteht. Wir haben oben schon erwähnt, dass in dem Rat Judas auch viel Gutes für Josef lag, denn er rettete ihn vor dem Tod. In diesem Zusammenhang sagte Jaakow über ihn [Bereschit 49:8]: "Juda - dich werden deine Brüder preisen" [siehe Raschi dort]. Unsere Weisen seligen Andenkens haben gesagt, dass der Herr das Königreich des Hauses Juda erbarmte, weil er Josef vor dem Tod bewahrte, und seine Nachkommenschaft bis zur Zerstörung des Tempels nicht vernichtete, im Gegensatz zu den anderen Königen Israels, die alle nur vorübergehend waren. Wenn einer seine Zeit beendet hatte, erhob sich ein anderer und tötete ihn und sein ganzes Haus, ohne eine Spur zu hinterlassen - im Gegensatz zu den Königen aus dem Haus David, aus dem Samen Juda's.

Und siehe da, eine weitere, äußerst furchtbare Sache, die sich im Laufe der Zeit entfaltete, Maß für Maß. Denn Joseph

Shemirat HaLashon - Buch B

stolperte in der Sünde der Lashon Hara [Verleumdung] [üble Nachrede] [gegen seine Brüder], wie in der Tora berichtet wird. Und seine Brüder wollten ihm keineswegs verzeihen und sprachen zu ihm im äußersten Din [Bereschit 37:20]: "Laßt uns hingehen und ihn töten" [d.h.: "Laßt uns die Hunde auf ihn hetzen" u.ä.], und sie wollten ihn deswegen als Sklaven verkaufen, obwohl Juda ihn verteidigte und ihnen nicht erlaubte, ihn zu töten, wie es geschrieben steht [Bereschith 37:26]: "Was nützt es uns, wenn wir unseren Bruder töten, usw." Dennoch wollte er ihm keineswegs vergeben und sagte [ebd. 27]: "Lass uns hingehen und ihn verkaufen." Und deshalb wollte in den folgenden Generationen, wenn einer aus der Nachkommenschaft Judas in den Issur [Verbot] [Verbotenes] der Annahme von Lashon Hara [Verleumdung] stolperte, der Unterscheidende aus der Nachkommenschaft Josephs ihm auf keinen Fall vergeben. Und wer ist es, der auf diese Weise gestolpert ist?

Kein Geringerer als unser Gebieter, König David, Friede sei mit ihm, der das Böse glaubte, das Ziva über Mefiboschet sprach, und sagte [II. Samuel 19:30]: "Du [Mefiboschet] und Ziwa sollen das Feld teilen" - worauf eine himmlische Stimme ertönte und sagte: "Rechavam [aus der Nachkommenschaft Judas] und Jaravam [aus der Nachkommenschaft Josephs] sollen das Königreich teilen." Und wie es in der Schrift steht, dass nach dem Tod Salomos Jarawam und ganz Israel zu Rechawam kamen und ihn baten, sein Joch auf ihnen etwas zu erleichtern, damit sie ihm dienen würden, und er antwortete ihnen [1. Könige 12,14]: "Mein Vater [Salomo] hat euch mit Peitschen gezüchtigt, ich aber werde euch mit Skorpionstacheln züchtigen" - woraufhin sie alle antworteten [2. Chronik 10,16]: "Jeder in seine Zelte, o Israel", und sie krönten Jarawam. Und die Ursache dafür war Davids Akzeptanz von Lashon Hara [Verleumdung] [üble Nachrede]. Wie unsere Weisen seligen Andenkens sagten: "Hätte David Lashon Hara [Verleumdung] nicht akzeptiert, wäre das Königreich des Hauses David nicht geteilt worden und Israel hätte nicht dem Götzendienst gedient, und wir wären nicht aus unserem Land vertrieben worden." Und all das ist "Maß für Maß", wie wir geschrieben haben.

Und nun lasst uns das Leid sehen, das über sie vom Himmel

Shemirat HaLashon - Buch B

kam wegen des Brotes, weil sie sich hinsetzten, um Brot zu essen [[bevor sie Joseph verkauften]]. Denn als sie Benjamin brachten und ihn vor Josef stellten, dachten sie, dass sie damit seine Forderung erfüllt hätten und er ihnen erlauben würde, nach Hause zurückzukehren. Aber es sollte nicht so sein, wie es geschrieben steht [Bereschit 43,16]: "Und Joseph sah Benjamin bei ihnen und sagte zu dem Aufseher seines Hauses: 'Bringt diese Männer ins Haus und [sorgt dafür], dass etwas geschlachtet und zubereitet wird; denn mit mir werden diese Männer essen.'" Und, später, [Ibid. 25]: "...denn sie hörten, dass sie dort Brot essen würden", und [Ibid. 18]: "Und die Männer fürchteten sich, denn sie wurden in das Haus Josephs gebracht. Und sie sagten: 'Es ist wegen des Geldes, das in unsere Säcke zurückgegeben wurde ... und um über uns herzufallen und uns als Sklaven zu nehmen." Und [ibid. 31]: "Und er sagte: 'Legt Brot hin.'" [Ebd. 33]: "Und sie setzten sich vor ihn, der Erstgeborene nach seinem Dienstalter usw." Und ebenso die ganze Episode mit dem Kelch, alles, was sich um das Mahl drehte, bei dem sie den Kelch sahen, durch den er weissagte. Denn wenn er sie nicht eingeladen hätte, mit ihm zu speisen und den Kelch zu sehen, wären sie am Ende nicht des Diebstahls verdächtigt worden und hätten nicht das große Leid erlitten, durch das sie alle einwilligten, Sklaven zu werden.

Aber in Wahrheit war dies alles "Maß für Maß". Weil sie in der Grube saßen und Brot aßen, als Joseph in der Grube war, wurde ihnen befohlen, auch unter schrecklichen Umständen zu sitzen und Brot zu essen, bis Juda selbst sagte [ebd. 44,16]: "Was sollen wir reden und wie sollen wir uns rechtfertigen? G-tt hat die Sünde eurer Knechte erkannt." [Und er, der gleichsam den Din des Himmels auf sich nahm, sagte: "Siehe, wir sind Sklaven meines Herrn, usw." Und damit wendet er den notwendigen Din für den Verkauf [Josephs] ab. [Und obwohl Josef in dieser Parscha noch nicht versöhnt ist und sagt [ebd. 17]: "Der Mann, in dessen Hand der Kelch gefunden wird - er soll mein Diener sein. Und du, geh in Frieden hinauf zu deinem Vater", ist Juda damit nicht einverstanden, mit anderen Worten. [Ebd. 18]: "Und Juda zog zu ihm hin", bis zum Ende der Episode, [Ebd. 45:1]: "Und Joseph konnte sich nicht zurückhalten usw."]

Shemirat HaLashon - Buch B

Und aus dieser ganzen furchterregenden Episode können wir verstehen, wie sehr man seine Zunge und seine Taten hüten muss. Und auch aus [dem Bericht über] Joseph können wir seinen heiligen Charakterzug verstehen, mit anderen Worten. [Ebd. 45:5]: "Und nun seid nicht betrübt, und ärgert euch nicht, dass ihr mich hierher verkauft habt." Und in ähnlicher Weise am Ende der Parscha [Ibid. 50:21]: "Und er tröstete sie und sprach zu ihren Herzen." Und bezeuge auch die Größe Josefs, der seinem Vater nicht sagte, was ihm angetan worden war, bis es ihm vor seinem Tod prophetisch offenbart wurde, wie es geschrieben steht [[Yaakov spricht]] [Ibid. 49:23]: "Sie [die Brüder] haben ihn verbittert und sie haben ihn angefeindet und sie haben ihn gehasst, usw." Und darüber hinaus finden wir in den Worten Unserer Weisen, möge ihr Andenken gesegnet sein, dass Josef darauf achtete, nicht mit seinem Vater allein zu sein, damit seine Brüder ihn nicht verdächtigten, seinem Vater zu erzählen, was er durch ihre Hand erlitten hatte.

Kapitel Dreizehn

Schemoth

[Schemot 2:14]: "Und Mosche fürchtete sich, und er sagte: 'Ja, die Sache ist bekannt geworden.'" [siehe oben, Kapitel IV]

[Ebd. 4:1]: "Und Mosche antwortete und sagte: 'Aber sie werden mir nicht glauben, und sie werden nicht auf meine Stimme hören; denn sie werden sagen: 'Der Herr ist dir nicht erschienen.'" [Ebd. 2]: "Und der Herr sprach zu ihm: 'Was ist das in deiner Hand?' Und er sagte: 'Ein Stab.'" Warum hat G-tt Mosche das vorgeworfen? Hätte er nicht fragen sollen, wie er es tat? Ich habe von dem Gaon R. Eliyahu Schick, seligen Andenkens, gehört, dass er sich an den Worten "Aber 'Hen' werden sie mir nicht glauben" stieß und kategorisch erklärte. Er hätte sagen müssen: "Vielleicht werden sie mir nicht glauben." [Dies erklärt, was unsere Weisen seligen Andenkens sagten: "Als der Heilige, gepriesen sei Er, zu Mosche sagte [Devarim 31:14]: "Hen, deine Tage sind nahe, um zu sterben", antwortete Mosche: "Mit 'Hen' habe ich Dich gepriesen [mit anderen Worten: Ibid. 10:14]: " Hen, dem Herrn, deinem G-tt, gehören die Himmel und der Himmel der Himmel usw."] und mit ' Hen

Shemirat HaLashon - Buch B

' antwortest Du mir?" Der L-Rot antwortete: "Aber du hast auch gesagt: 'Aber Hen, sie werden mir nicht glauben.'" Vordergründig ist dies unerklärlich; aber nach der obigen Auslegung ist die Bedeutung klar: Der Heilige, gepriesen sei Er, sagte zu ihm: "'Hen', deine Tage sind nahe, um zu sterben" - kategorisch. Dies war für Mosche sehr schwer zu akzeptieren, und er antwortete: "Aber ich habe Dich mit "Hen" gepriesen, und Du antwortest mir mit "Hen"!" Darauf erwiderte der Herr, dass dies "Maß für Maß" dafür sei, dass er auch "Hen" [kategorisch] gesagt habe.

Und, [meiner bescheidenen Meinung nach,] ist es möglich zu antworten, dass Mosches Ausspruch "Sie werden mir nicht glauben" einige dazu gebracht haben mag, an seiner Prophezeiung zu zweifeln, wie in der Episode von Korach. [Denn obwohl am Ende die Wahrheit seiner Prophezeiung für alle offensichtlich war - wie es geschrieben steht [Devarim 11:2]: "Denn ich spreche nicht mit euren Kindern, die die Strafe des Herrn, eures G-ttes, nicht kannten und nicht sahen... [6]: Und was er an Dathan und Aviram, dem Sohn Eliavs, getan hat... [9]: ...sondern bei dir, dessen Augen die ganze große Tat des Herrn gesehen haben, die er getan hat" - dennoch litt er anfangs schwer unter der Hand von Korach, Dathan und Aviram.

[Schemot 4:2]: "Was ist das in deiner Hand? Und er sagte: 'Ein Stab.'" [siehe Raschi, dass Er zu Mosche sagte: "Mizeh ["Von dem"], das in deiner Hand ist, verdienst du, geschlagen zu werden" [weil du den Unschuldigen zu Unrecht verdächtigt hast]. Daraus können wir verstehen, dass in allen Fällen von Lashon Hara [Verleumdung] [üble Nachrede] - da es aus der Tosefta Peah bekannt ist, dass die Strafe dafür in dieser Welt vollzogen wird, wobei die Hauptsache in der kommenden Welt verbleibt - keine Notwendigkeit besteht, eine entfernte Ursache für seine Strafe anzuführen, sondern [sie kann leicht verstanden werden] als ausgehend von dem, was unmittelbar "zur Hand" ist.

Und auch nach der zweiten Erklärung in Raschi kann es so verstanden werden, dass Er zu ihm sagt: "Ist es nicht für alle offensichtlich, dass es [nur] ein Stab ist, und dass er keinen großen Schaden anrichten kann? Ich werde dir zeigen, wie 'die Furcht vor dem Tod' von ihm ausgehen kann". Und, analog dazu, dass durch Lashon Hara [Verleumdung] eine

Shemirat HaLashon - Buch B

scheinbar kleine Sache zur "Furcht vor dem Tod" führen kann."

[Ebd. 3]: "Und er warf es auf die Erde, und es wurde zu einer Schlange" [vgl. Raschi]. Man kann auch sagen, dass er ihm andeutete, dass durch Worte der Lashon Hara [Verleumdung] die Schlange geschaffen wurde, die den Menschen oben "verfolgt" und ihn "beißen" will.

[Ebd. 4]: "Strecke deine Hand aus und halte ihren Schwanz fest." Damit deutete er ihm an, dass er sich durch die bloße Flucht vor ihr noch nicht vor ihr gerettet hatte - bis er seine Strafe [für das Reden gegen Israel] akzeptiert hatte.

[Ebd. 5]: "Und er streckte seine Hand aus und ergriff sie." Es steht nicht geschrieben "und hielt es" [wie befohlen], sondern "und ergriff es", was darauf hinweist, dass Mosche tat, was der Herr befohlen hatte, und sogar noch mehr, denn wenn er es ergreift, wird es noch gefährlicher. Aber sobald er [in seine Strafe] eingewilligt hatte, wurde es von ihm entfernt.

[Ebd.]: "Und er wurde zu einem Stab in seiner Hand", um anzudeuten, dass, wenn jemand das Leid, das über ihn gebracht wird, auf sich nimmt, sofort der Din des Himmels von ihm weicht. Und dies erklärt, was wir in Avodah Zarah 16b finden: "Die Rabbiner lehrten: Als R. Eliezer von den Ketzern ergriffen wurde, brachte man ihn zum "Gericht" auf das Schafott. Der Archon sagte zu ihm: "Ein alter Mann wie du, der sich mit solchen Leichtsinnigkeiten beschäftigt!" Er erwiderte: "Der Richter hat meinen Glauben!" Der Archon dachte, dass er gemeint sei [wenn er seinen Vater im Himmel gemeint hatte], und sagte zu ihm: "Da du den Glauben des Dimus [[den Götzendienst des Archons]] angenommen hast, bist du frei!" Der Gedanke ist, dass, da R. Elieser das Urteil G-ttes über ihn angenommen hatte, der Din sofort von ihm abfiel und es dem Archon in den Sinn kam, dass er gemeint war, und er befreite ihn!

[Schemot 4:6]: "Und der Herr sprach wieder zu ihm: 'Leg deine Hand in deinen Schoß usw.'" [siehe Raschi]. In diesem Fall deutete er ihm auch an, dass er Lashon Hara [Verleumdung] gesprochen hatte und dass er deshalb mit Aussatz behaftet sein würde. Und obwohl er am Anfang bereits seine Strafe aus Furcht vor der Schlange erhalten hatte, geschah dies ["Leg deine Hand in deinen Schoß usw."] wegen der zweiten Sache, die er gesagt hatte,

Shemirat HaLashon - Buch B

nämlich: "Und sie werden meiner Stimme nicht gehorchen." Und in Wahrheit war es nicht so [d.h., dass sie nicht gehorchten], denn es steht danach geschrieben [ibid. 31]: "Und das Volk glaubte, und sie hörten, usw."

[Ibid. 7]: "Und er sprach: 'Leg deine Hand wieder in deinen Schoß'" - um ihm zu zeigen, dass nicht der Schoß die Ursache des Aussatzes war, sondern die Sünde, und dass, wenn die Sünde beseitigt war, der Schoß selbst die Heilung seiner Hand bewirken würde.

Kapitel Vierzehn

Beshalach

[Ibid. 17:7]: "Und er nannte den Namen der Stätte Massa und Meriva wegen des "Streits" [riv] der Kinder Israels und wegen ihrer "Prüfung" [nasotham] des Herrn, indem sie sagten: 'Ist der Herr in unserer Mitte oder nicht?'" Es folgt [8]: "Und Amalek kam und führte Krieg, usw." Aus der Gegenüberstellung der Verse lernen wir, dass die Sünde der Meriva auch dazu beigetragen hat, Amalek über sie zu bringen. Das Gleiche gilt für andere Götzendienste - deshalb muss man sehr darauf achten, Meriwa [Streit] zu vermeiden.

Mischpatim

[Ibid. 23:1]: "Nimm keinen falschen Bericht an", worüber unsere Weisen gesagt haben [Pesachim 118a]: "Alle, die Lashon Hara [Verleumdung] sprechen, verdienen es, den Hunden vorgeworfen zu werden, denn es steht geschrieben: 'Nimm keine Falschmeldung auf', was man auch lesen kann: 'Verbreite keine Falschmeldung'. Und dem geht voraus [22:30]: 'Dem Hund sollst du es vorwerfen [was auch gelesen werden kann "ihm"].'" Dies ist leicht zu verstehen. Denn es ist die Art des Hundes, immer zu bellen und manchmal sogar denjenigen zu beißen, der an ihm vorbeigeht, auch wenn er dies "unschuldig" tut. So ist es die Art des Mannes der Lashon Hara [Verleumdung] [üble Nachrede], jedem mit seinem "Bellen" zu schaden. Er findet an allen Menschen etwas auszusetzen und beschämt sie. Es ist daher nur angemessen, dass er vor die Hunde geworfen wird und dass sie ihn erschrecken und beißen, "Maß für Maß".

Der MaHaral von Prag nennt einen weiteren Grund. Die

Shemirat HaLashon - Buch B

Hunde hüteten sich, wenn es nötig war, [beim Exodus] zu bellen, wie es geschrieben steht [Ibid. 11;7]: "Und gegen alle Kinder Israels wird ein Hund seine Zunge nicht schärfen." Doch er [der Mensch], dem der Herr Verstand und Wissen verliehen hat, kann seinen Yetzer [Neigung] Hara [die böse Neigung] nicht davon abhalten - deshalb ist er schlimmer als sie!

Das Sefer Charedim schreibt im Namen der Kabbalisten, dass der Himmel manchmal seine Seele in einem Hund reinkarniert, und dies wird angedeutet durch "Er verdient es, den Hunden vorgeworfen zu werden."

Im Gegensatz dazu steht [23:2]: "Neigt euch nicht nach vielen [bösen Menschen] zum Bösen." Die Kommentatoren erklärten dies so, dass man, selbst wenn man sieht, dass viele sich an eine bestimmte Sünde gewöhnt haben, ihnen nicht folgen soll. Und so ist es auch in unserem Fall. Selbst wenn man sieht, dass viele seiner Freunde und Bekannten in dieser Sünde der Lashon Hara [Verleumdung] stolpern, sollte man sich nicht dazu verleiten lassen, ihnen zu folgen.

Kapitel Fünfzehn

Tetzave

Wir haben gelernt [Arachin 16a]: "Das me'il [das Gewand des Hohepriesters] sühnt für Lashon Hara [Verleumdung] [üble Nachrede], denn der Heilige, gepriesen sei Er, sagte: 'Das, was einen Ton erzeugt [die Glocken auf dem Gewand], soll für den Ton der Stimme sühnen' [d.h. Lashon Hara [Verleumdung] [üble Nachrede]]." Und das ist nur dann so, wenn seine Handlungen [von Lashon Hara [Verleumdung] [üble Nachrede]] nicht von Nutzen waren [um Streit und dergleichen zu erzeugen]; wenn sie es aber waren, kommen Pestflecken über ihn." Mit der Hilfe des gesegneten Herrn werden wir den entsprechenden Abschnitt in der Tora Wort für Wort erklären:

[Schemot 28:31]: "Und du sollst das Me'il des Efods [d.h. den Gürtel des Efods] ganz aus blauer Wolle [tcheleth] machen." Es scheint, dass tcheleth notwendig war aufgrund dessen, was unsere Weisen seligen Andenkens über tzitzith gesagt haben [Menachoth 89a], dass tcheleth an [die Farbe] des Meeres erinnert; das Meer an das Firmament; und das Firmament an den Thron der Herrlichkeit. Das heißt, er soll

Shemirat HaLashon - Buch B

dadurch daran denken, dass er vor den Thron der Herrlichkeit treten wird. Ähnlich ist es in unserem Fall. Im Tanna d'bei Eliyahu heißt es, dass die Lashon Hara [Verleumdung], die man spricht, gegenüber dem Thron der Herrlichkeit aufsteigt, wie es geschrieben steht [Psalmen 73a]: "Sie haben ihren Mund in den Himmel gesetzt, und ihre Zunge wandelt auf der Erde." Da er in tcheleth gekleidet ist, wird er daran denken und darüber nachdenken, wohin seine Worte aufsteigen, und er wird sich davor hüten.

[Schemot 28:32]: "Und das Maul seines Kopfes wird in seinem Innern [umgeschlagen] sein." Dies deutet an, was Unsere Weisen, möge ihr Andenken gesegnet sein, über den Vers [Hiob 26:7] gesagt haben: "'Er hängt die Erde am Nichts [blimah]' - Von wem hängt die Erde ab? Von dem, der sich den Mund zuhält [bolem piv], wenn er streitet." Das heißt, er unterdrückt dann seine ganze Rede, damit sie nicht nach außen dringt.

[Shemoth, Ibid.]: "Es soll ein Rand für seinen Mund sein, rundherum, das Werk eines Webers": Das heißt, er soll sich vorstellen, dass auf seinem Mund das Werk eines Webers ist, dass seine Lippen aneinander gewebt sind, so dass er sie nicht öffnen kann.

[Ebd.]: "Wie die Öffnung einer Rüstung soll sie [die Halsöffnung] für sie sein, damit sie nicht zerrissen wird." Warum muss die Tora "wie die Öffnung einer Rüstung" hinzufügen? Reicht es nicht aus, wenn es heißt: "Und das Maul seines Kopfes soll in ihm sein. Es soll eine Umrandung für sein Maul geben"? Damit soll angedeutet werden, dass, so wie man eine Rüstung zum Schutz anlegt, damit man nicht von den Pfeilen verletzt wird, die auf einen abgeschossen werden, man, wenn man seinen Mund zuklemmt, Schutz vor seinem Widersacher hat und schließlich dazu dient, ihn zum Schweigen zu bringen, indem man ihm keine Antwort gibt. Würde er ihm jedoch antworten, würde sich der Streit ausweiten und es käme zu einer Schlägerei, wie es geschrieben steht [Ibid. 21:18]: "Und wenn die Menschen streiten und einer seinen Nächsten mit einem Stein oder mit der Faust schlägt, usw." Und der Heilige, gepriesen sei Er, ist auch deshalb sein Beschützer, weil "die Erde von ihm abhängt", wie oben erwähnt. [Ebd. 33-34]: "Und du sollst an seinem [unteren] Saum Granatäpfel von Purpur machen ... und goldene

Shemirat HaLashon - Buch B

Glocken in ihrer Mitte rundherum [eine Glocke zwischen je zwei Granatäpfeln]. Eine goldene Glocke und ein Granatapfel [daneben], eine goldene Glocke und ein Granatapfel, am Saum des Me'il-Karussells. Die Anspielung scheint hier auf das zu sein, was Unsere Weisen, möge ihr Andenken gesegnet sein, gesagt haben [Chullin 89a]: "Was ist das 'Gewerbe' eines Menschen? Er soll sich zum Stummen machen. Ich könnte denken, sogar für Worte der Tora. Deshalb steht geschrieben [Psalmen 58,2]: 'Rechtschaffenheit sollst du reden.'" Daraus ergibt sich, dass man, wann immer man Zeit hat, nicht müßig bleiben, sondern Tora lernen soll. Und das Lernen soll nicht still sein, wie wir in Eruvin 54a lesen. Und wenn man die Tora nicht lernen kann, aus welchem Grund auch immer, soll man sich zu einem Stummen machen, der seinen Mund nicht öffnen kann. Und aus diesem Grund befanden sich am Saum des Me'il "eine goldene Glocke und ein Granatapfel, eine goldene Glocke und ein Granatapfel", in Anspielung auf das Studium der Tora, wie oben erwähnt. Und inmitten dessen, wenn er nicht lernen kann, sollte er die Eigenschaft der Stille annehmen [wie unsere Weisen seligen Andenkens gesagt haben [Avoth 1:16]: "R. Shimon ben Gamliel sagte: 'Mein ganzes Leben lang wuchs ich unter den Weisen auf, und ich fand nichts Besseres für den Körper als Stille.'"] Und darauf spielt der Granatapfel neben der Glocke an, der wie ein Granatapfel ist, der keinen Ton macht. Und wenn man sich auf diese Weise verhält, versichert uns die Tora [ibid. 35]: "und sein Klang wird gehört werden, wenn er zum Heiligtum kommt." Das heißt, der Klang seines Gebetes und seiner Tora wird in der Höhe angenommen werden, was nicht der Fall sein wird, wenn er sein Sprachvermögen nicht hütet und seine Rede mit Lashon Hara [Verleumdung], Rechiluth [Klatsch] und dergleichen vermischt, in welchem Fall die verbotene Rede seine heiligen Worte verunreinigen wird und sie nicht in der Höhe angenommen werden, wie oben in Kapitel I erwähnt.

Und [Shemoth, Ibid.]: "...und wenn er geht, und er wird nicht sterben" ist in diesem Sinne zu verstehen. Das heißt, wenn seine Zeit gekommen ist, die Welt zu verlassen, wird er dort alles finden, was er "vor dem Herrn" gesagt hat, wie wir im heiligen Zohar lesen: "Selbst ein einzelner Atemzug, der den Mund eines Menschen verlässt, geht nicht verloren."

Shemirat HaLashon - Buch B

"und er wird nicht sterben": Das heißt, er wird dadurch ewiges Leben haben, wie es geschrieben steht [Vayikra 18:5]: "Und er wird durch sie leben."

Kapitel Sechzehn

Tazria und Metzora

In diesen Paraschioth schreibt die Tora ausführlich über die Größe der Unreinheit des Metzora [eines mit Tzara'ath [Aussatz] Befallenen] und über seine Reinigung. Und die Gemara in Arachin ist wohlbekannt, dass Tzara'ath denjenigen befällt, der Lashon Hara [Verleumdung] [üble Nachrede] spricht, wie es dort heißt [Arachin 15b]: "Wenn jemand Lashon Hara [Verleumdung] [üble Nachrede] redet, wird er mit Pestflecken behaftet, mit anderen Worten. [Psalmen 101:5]: 'Wer seinen Nächsten heimlich verleumdet, der atzmith', und [Vayikra 25:30]: latzmituth", was der Targum mit "lachalutin" wiedergibt; [d.h. dass er ein metzora muchlat ist], worüber wir gelernt haben: "Der einzige Unterschied zwischen einem Aussätzigen, der unter Quarantäne steht, und einem bestätigten [muchlat [ähnlich wie "lachalutin"]] Aussätzigen ist das Zerzausen der Haare und das Zerreißen der Kleider" [[diese erhalten wir bei dem zweiten, aber nicht bei dem ersten]]. Zu [Arachin 16a]: "Pestflecken kommen für sieben Dinge, usw.", schreibt der Maharscha, dass es dort möglich ist, dass Tzara'ath für ihn sühnt, denn er unterliegt der Quarantäne - im Gegensatz zur Sünde der Lashon Hara [Verleumdung], wo er eine metzora muchlat ist.

Seht, wie groß die Unreinheit eines Metzora ist. Denn sobald jemand sein Zelt betritt, ist er unrein, sobald sein Kopf und der größte Teil seines Körpers hineinkommt. Und das gilt selbst dann, wenn der Metzora unter einem Baum sitzt und ein reiner Mensch unter ihm hindurchgeht.

Es gibt drei Arten der Unreinheit: die Unreinheit des toten Körpers, die Unreinheit der Zivah [Genitalausfluss] und die Unreinheit des Metzora. Der erste wird nur außerhalb des Lagers der Schechinah geschickt, der zweite außerhalb von zwei Lagern, und der dritte, die Metzora, außerhalb von [allen] drei Lagern, wie es geschrieben steht [Vayikra 13:46]: "Einsam soll er sitzen, außerhalb des Lagers in seiner Behausung." Das heißt, auch die anderen Unreinen

Shemirat HaLashon - Buch B

dürfen nicht bei ihm sitzen. Und unsere Weisen seligen Andenkens haben gesagt. Was ist anders an der Metzorah, dass er allein sitzt? Er [durch seine Lashon Hara [Verleumdung]] trennte einen Mann von seiner Frau, einen Mann von seinem Nachbarn - "Allein soll er sitzen."

Und weiter steht in der Tora geschrieben [ibid. 95]: "Seine Kleider sollen zerrissen werden und sein Haar soll lang werden." Der Grund dafür mag sein, dass Lashon Hara [üble Nachrede] [Verleumdung] in erster Linie aus dem Stolz kommt, dass man sich für einen angesehenen Mann unter den Menschen hält, wodurch sein Herz ihn dazu bringt, seinen Freund zu erniedrigen. Denn wenn er seine eigenen Unzulänglichkeiten erkennen würde, würde er nicht nach den Fehlern eines anderen suchen. Das bezeugt die Schrift, wenn sie über seine Reinigung schreibt [ebd. 14,4], dass er Zedernholz, Ysop und eine Zunge aus Wolle, die mit Scharlach gefärbt ist, nehmen soll. Raschi erklärt: "Wenn er hochmütig geworden ist wie eine Zeder, soll er sich erniedrigen wie ein Wurm und wie Ysop, und es wird ihm vergeben werden." Deshalb schreibt die Schrift, dass seine Kleider zerrissen und sein Haar lang werden soll, damit er sich erniedrigt, damit er allen als verachtet erscheint und sein Herz nicht stolz wird, um gegen andere zu reden.

Nach dem, was man weiß, scheint es auch, dass durch die Mitzvoth kostbare Gewänder geschaffen werden, um die Seele zu bekleiden, wenn sie aufsteigt, wie wir im heiligen Zohar finden [und wie die GRA Koheleth 6:8 erklärt: "Eure Kleider sollen allezeit weiß sein."] Und es ist auch bekannt, dass durch Lashon Hara [üble Nachrede] [Verleumdung] der Geist der Unreinheit auf alle Worte der Heiligkeit herabgezogen wird, die er danach ausspricht, und sie kommen ihm nicht zu, wie wir im heiligen Zohar, Pekudei 263, finden:

"Und von diesem bösen Geist gehen noch andere 'Lärmerreger' aus, die dazu bestimmt sind, die böse oder schmutzige Rede zu ergreifen, die ein Mensch mit seinem Mund ausspricht, nachdem er heilige Worte gesagt hat. Wehe ihnen [solchen Menschen]! Wehe ihnen, wehe ihrem Leben! Wehe ihnen in dieser Welt! Wehe ihnen in der kommenden Welt! Denn jene Geister der Unreinheit nehmen das unreine Wort, und wenn er danach heilige Worte spricht, kommen jene Geister der Unreinheit mit dem

Shemirat HaLashon - Buch B

unreinen Wort und verunreinigen [damit] die heilige Rede [die darauf folgt], und sie steht ihm nicht zu. Wenn man also Lashon Hara [Verleumdung] spricht und dann das positive Gebot erfüllt, das Schma zu rezitieren oder zu beten oder das Tischgebet zu sprechen oder andere Segenssprüche der hundert täglichen Segenssprüche, die sicherlich Gewänder für die Seele schaffen - wenn die unreinen Worte den Geist der Unreinheit auf sie herabziehen, sind sie sofort besudelt und verunreinigt und nicht mehr geeignet, die Seele zu kleiden, weshalb die Tora schreibt [Vayikra 13:46]: 'Seine Kleider sollen zerrissen werden', womit die Gewänder der Seele gemeint sind."

[Ebd. 45]: "Und [das Haar] seiner Lippen soll er bedecken": Denn er hat sicherlich am Anfang gesagt [Psalm 12,5]: "Unsere Zungen werden wir stärken. Unsere Lippen sind mit uns. Wer ist Herr über uns?", befahl der Herr, dass er nun seine Lippen bedecken sollte.

[Ebd.]: "Und 'Unrein! Unrein!' soll er schreien", um die Menschen von ihm fernzuhalten. Weil es am Anfang seine Art war, die Schande seines Freundes vor anderen zu offenbaren, ist er nun gezwungen, seine eigene Schande vor anderen zu offenbaren.

Wenn wir nun die Größe der Sünde Lashon Hara [Verleumdung] [üble Nachrede] einschätzen, den Schaden, den man mit seiner Zunge anrichten kann, dann sind wir dazu machtlos. Denn sie zieht sich durch die gesamte Tora, die Propheten, die Schriften und das Apophthegma unserer Weisen seligen Andenkens. Und im Allgemeinen weiß man, dass er dadurch [die Prozesse der] oberen Welten untergräbt [und dadurch die Sitra AcHara [den "Widersacher"] stärkt und ihm die Macht gibt, die ganze Welt zu belasten]. Und unten verdirbt er die gesamte Schöpfung und sich selbst, [denn er zieht dadurch den Geist der Unreinheit auf alle Fasern seiner Seele herab, wie wir im heiligen Zohar, Metzora, finden]. Und er schadet anderen, wie unsere Weisen seligen Andenkens gesagt haben [Arachin 15b]: "Die dritte Zunge [d.h. die Zunge des Schwätzers, die die dritte zwischen einem Menschen und seinem Nächsten ist, um ihm Geheimnisse zu offenbaren] tötet drei: den Sprecher [von Lashon Hara [üble Nachrede] [Verleumdung]], den Empfänger und den Gegenstand." Und ganz allgemein sagten sie [ibid.]: "Alle, die Lashon Hara [Verleumdung]

Shemirat HaLashon - Buch B

[üble Nachrede] sprechen, vergrößern die Sünde bis zum Himmel, wie es geschrieben steht [Psalm 73,9]: 'Sie setzen ihren Mund in den Himmel, während ihre Zungen auf der Erde wandeln.'" Die eindeutige Erklärung ist, dass sie dadurch den großen Ankläger gegen Israel aufbringen und Tod, Schwert und Gemetzel über die Welt bringen, wie wir im heiligen Zohar finden [siehe Kapitel III].

Und wir können sagen, dass anscheinend "Alle, die Lashon Hara [Verleumdung] [üble Nachrede] sprechen" auf jemanden zutrifft, der daran gewöhnt ist und es nicht auf sich nimmt, sich davor zu hüten. Und es gibt immer jemanden, der jeden Tag jemanden findet, über den er sprechen kann. Und selbst wenn wir nicht viele Worte zählen, sondern nur vier oder fünf am Tag, also etwa dreißig Worte in der Woche, und im Laufe eines Jahres etwa fünfzehnhundert Worte, selbst wenn wir Lashon Hara [Verleumdung] nur als ein negatives Gebot betrachten, [verstößt er] fünfzehnhundert negative Gebote im Jahr! Denn so wie bei den heiligen Worten jedes Wort an sich ein positives Gebot ist, so ist bei der verbotenen Rede jedes Wort an sich ein Issur [Verbot] [verboten]. Und wenn er sich sein ganzes Leben lang auf diese Weise verhält, sammelt er etwa achtzigtausend oder mehr an. Und es ist bekannt, dass aus jeder Übertretung ein "Ankläger" entsteht, wie wir in Avoth 4:11 lesen: "Jeder, der eine Übertretung begeht, erwirbt für sich selbst einen Ankläger" [Wie sehr muss das Herz eines Menschen aufgewühlt sein, wenn er bedenkt, dass er ein großes Heer solcher Ankläger gegen sich aufgeboten hat!] Und das alles bei vier oder fünf Wörtern pro Tag, die für viele Menschen üblich sind. Wie viel mehr wird man unter den notorischen Sprechern von Lashon Hara [üble Nachrede] [Verleumdung] mehr als zweihundert [solche] Worte pro Tag finden. Das ist die Absicht von "Alle, die Lashon Hara [Verleumdung] [üble Nachrede] reden, vergrößern die Sünde bis zum Himmel."

Und man sollte nicht denken: "Sage ich nicht jeden Tag: 'Vergib uns, unser Vater, denn wir haben gesündigt'?" Das würde helfen, wenn man diese [Lashon Hara [Verleumdung]] als Sünde ansieht und es auf sich nimmt, sich vor ihr zu hüten. Denn Buße erfordert zumindest absolute Reue [für die Vergangenheit] und auch Akzeptanz [für die Zukunft]. Und wer an Lashon Hara [Verleumdung]

Shemirat HaLashon - Buch B

[üble Nachrede] gewöhnt ist, betrachtet sie bei unseren vielen Sünden überhaupt nicht als Sünde. Und selbst an Jom Kippur, wenn man sagt: [Vergib uns] "für die Sünde, die wir vor dir mit Lashon Hara [Verleumdung] [üble Nachrede] begangen haben", nimmt er keine "Bewahrung" für die Zukunft auf sich. Und selbst wenn wir sagen, dass er es tut, gehört dies doch zu den Sünden zwischen dem Menschen und seinem Nächsten, für die Jom Kippur nicht sühnt, bis er seinen Nächsten versöhnt hat [siehe Yoma 85b]. Und ein Mann wie dieser - hat er nicht sicherlich mehrere Dutzend Menschen mit seiner Zunge verletzt? Er hat diesen Menschen durch verbales Unrecht geschädigt, und jenen mit Lashon Hara [Verleumdung] [üble Nachrede], und den anderen mit "Aufhellen des Gesichts" und dergleichen. Über einen solchen haben unsere Weisen seligen Andenkens zu Recht gesagt, dass ein Mensch durch seine Lashon Hara [Verleumdung] [üble Nachrede] die Sünde bis in den Himmel vergrößert. Deshalb muss ein Mensch sein Herz und seinen Verstand darauf ausrichten, damit er nicht oben in dieser Sünde "gefangen" ist. Sie haben auch gesagt: "Wenn jemand Lashon Hara [Verleumdung] [üble Nachrede] spricht, können er und ich nicht in der Welt leben, wie geschrieben steht [Psalm 10:15]: 'Wer seinen Nächsten heimlich verleumdet, den will ich ausrotten ... bei ihm will ich nicht bleiben.' Lies es nicht: 'bei ihm will ich nicht bleiben', sondern 'bei ihm' will ich nicht bleiben."

Und sieh ferner, dass wir an allen Stellen finden, dass wir um die Ehre der Menschen besorgt sein und ihre Schande nicht enthüllen sollen; aber sie waren überhaupt nicht um die Ehre einer Person wie dieser [[ein unverbesserlicher Lashon-Hara-Redner.]] Im Gegenteil, sie sorgten dafür, dass der Name dieses Mannes bekannt gemacht wurde, und alles, damit er gedemütigt wurde und Sühne erhielt. Denn früher musste man, wenn man Trankopfer für die Opfer bringen musste, mit seinem Geld zum Siegelbewahrer [Schekalim 5] gehen und ihm sagen, für welches Opfer man Trankopfer brauchte [[denn die Kosten für die Trankopfer waren nicht für alle Opfer gleich.]] Er gab ihm das Siegel, mit dem er zum Trankopferbewahrer ging, der ihm gab, was er brauchte. Auf den Siegeln stand geschrieben: "Kalb", "Männchen", "Ziege", "Sünder" [d.h. "metzora"], damit er wusste, wie viele Trankopfer er nehmen musste. Wir sehen

Shemirat HaLashon - Buch B

also, dass sie sich überhaupt nicht um die Ehre der metzora kümmerten und "Sünder" auf sein Siegel schrieben, damit er wusste, wie viele Trankopfer er für seine Opfer brauchte. Und siehe weiter, dass wir aus seiner Reinigung auf die Größe seiner Sünde schließen können. Denn die Schrift verlangt vom Koheten, dass er den Rest des Öls auf seine Handfläche oder auf den Kopf des zu Reinigenden gibt, was wir an keiner anderen Stelle finden. Und das, weil er auch bei der Annahme von Lashon Hara [Verleumdung] gesündigt haben muss. Und das Issur [Verbot] der Annahme von Lashon Hara [Verleumdung] [üble Nachrede] rührt daher, dass er die Lashon Hara [Verleumdung] [üble Nachrede] in seinem Geist absolut glaubt, wodurch er das negative Gebot von [Schemoth 23a] übertritt: "Du sollst nicht falsch berichten", wie wir in Chafetz Chaim im Namen der Rischonim erklärt haben. Wenn dies der Fall ist, ist sein Geist voller Makel und Fehler gegenüber vielen Menschen, weshalb die Tora von ihm verlangt, seinen Kopf zu reinigen, damit er von nun an nicht mehr diesem Weg folgt und jeden Menschen nach der Waage des Verdienstes beurteilt.

Kapitel Siebzehn

Kadoschim - Behar
Es steht geschrieben [Vayikra 19:16]: "Du sollst nicht schwatzhaft unter deinem Volk sein." Dieses negative Gebot umfasst sowohl Rechiluth [Klatsch] [Tratsch] als auch Lashon Hara [Verleumdung] [üble Nachrede], wie wir in Yerushalmi finden. [Rechiluth [Klatsch] [Klatsch] [Schwätzerei]] ist, wenn jemand zu seinem Freund sagt: "Ploni [so und so] [Jemand] hat dies über dich gesagt" oder "hat dir dies und das angetan". Lashon Hara [Verleumdung] [üble Nachrede] ist, wenn jemand seinem Freund etwas Herabsetzendes über einen anderen erzählt, oder andere Dinge, die ihm [dem anderen] körperlichen, finanziellen oder emotionalen Schaden zufügen]. Und dieses negative Gebot schließt auch Lashon Hara [Verleumdung] [üble Nachrede] ein, wie unsere Weisen seligen Andenkens zur Erklärung dieses Verses gesagt haben: "Sei nicht wie ein Händler [rochel], der seine Waren von einem zum anderen bringt." Und es ist bekannt, dass dieses negative Gebot auch dann gilt, wenn das, was gesagt wird, die Wahrheit ist, wie

Shemirat HaLashon - Buch B

alle Kommentatoren geschrieben haben. Denn wenn es falsch ist, fällt es in die Kategorie von motzi shem ra [Verleumdung] und ist weitaus schwerwiegender als Lashon Hara [Verleumdung] [Üble Nachrede] im Allgemeinen. Vor dem vorgenannten Vers steht [Ibid. 15]: "...In Gerechtigkeit sollst du deinen Nächsten richten", worüber unsere Weisen seligen Andenkens gesagt haben [Avoth 1:5]: "Richte jeden Menschen nach der Waage des Verdienstes." Dies gilt auch für unser Thema, was bedeutet, dass du, selbst wenn du etwas Herabsetzendes in ihm siehst, dennoch etwas Verdienst in ihm suchen musst, mit anderen Worten: Vielleicht hat er diese Sache unwissentlich gesagt oder getan, oder er wusste nicht, dass es verboten ist, diese Sache zu tun oder zu sagen, oder vielleicht hat er es bereits bereut [was er getan oder gesagt hat], und dergleichen. Deshalb hat die Heilige Schrift befohlen, dass du keine Geschichten über ihn erzählst und anderen nicht die erniedrigenden Dinge erzählst, die du über ihn weißt. Alle Einzelheiten von Lashon Hara [Verleumdung] [üble Nachrede] und Rechiluth [Tratsch] [Tratsch] und die Größe des Lohns für den, der darauf achtet, es zu vermeiden, und die Strafe für den Übertreter werden in Chafetz Chaim und Shemirath Halashon, Kapitel I, erklärt.

[Ibid. 16]: "Du sollst nicht bei dem Blut deines Nächsten stehen", was Raschi erklärt: "um ihm beim Sterben zuzusehen, wenn du ihn retten kannst, wie im Falle eines Ertrinkenden im Fluss oder eines von Räubern angegriffenen Tieres." Siehe Sanhedrin 73a, wonach er, wenn er ihn nicht selbst retten kann, sich bemühen muss, andere anzuheuern, um ihn zu retten. Dies steht vor "Du sollst nicht schwatzen", offenbar um uns zu lehren, dass er, wenn er durch heftige Rechiluth [Tratsch] gegen einen Menschen verstoßen hat, indem er Ploni [so und so] [jemandem] großen Zorn gegen ihn einflößte, so dass er sein Leben gefährdete, [[wie Doeg es vor Saul gegen David tat]], er danach dafür sorgen muss, die Gefahr zu beseitigen. Und wenn er dies nicht selbst tun kann, muss er andere dazu bringen, ihn zu retten. Der Vers schließt mit: "Ich bin der Herr", was Raschi so versteht, dass derjenige, der darauf achtet, Rechiluth [Klatsch] zu vermeiden und sich bemüht, seinen Freund aus der Gefahr zu retten, belohnt wird, und derjenige, der das Gegenteil tut, bestraft wird, wie wir in

Shemirat HaLashon - Buch B

Peah 1:2 finden: 2: "Für drei Übertretungen wird von einem Menschen in dieser Welt Strafe gefordert, wobei die wichtigste für ihn [zur Strafe] in der kommenden Welt bleibt: Götzendienst, unerlaubte Beziehungen, Mord - und Lashon Hara [Verleumdung] über und gegen alle. " [Ibid. 17]:"Du sollst deinen Nächsten zurechtweisen, aber du sollst keine Sünde seinetwegen tragen", d.h. du sollst sein Gesicht nicht in der Öffentlichkeit "bleichen", auch nicht durch Zurechtweisung [ein positives Gebot in der Tora]; wie viel mehr sonst. Wenn jemand das Gesicht seines Freundes in der Öffentlichkeit aufhellt, ist seine Sünde zu groß, um sie zu tragen. Wie wir in Bava Metzia 58b finden: "Wenn jemand das Gesicht seines Freundes in der Öffentlichkeit weiß macht, ist es, als ob er Blut vergießt." Und [Ibid. 59a]: "Es ist besser für einen, sich in einen feurigen Ofen zu werfen, als das Gesicht seines Freundes in der Öffentlichkeit zu bleichen. Woher kommt das? Aus dem Fall Tamar, mit anderen Worten. [Bereschith 38:25]: 'Sie wurde herausgeführt [um verbrannt zu werden], und sie sandte zu ihrem Schwiegervater und sagte usw.'" Daraus ist ersichtlich, dass, selbst wenn der Mann [gegen den gesprochen wird] tatsächlich haftbar ist, dennoch große Sorgfalt darauf verwendet werden muss, ihn nicht zu beschämen. Und aus der Gemara geht hervor, dass jemand, der es gewohnt ist, das Gesicht seines Freundes in der Öffentlichkeit zu beschmutzen, keinen Anteil an der kommenden Welt hat.

[Vayikra 25:17]: "Und du sollst nicht Unrecht tun einem Menschen an seinem Nächsten.": Hier ermahnt die Tora gegen verbales Unrecht, d.h. seinen Nächsten nicht mit Worten zu verletzen. Und in Bava Metzia 58b: "Verbales Unrecht ist schlimmer als finanzielles Unrecht, denn das erste richtet sich gegen die Person, das zweite gegen den Besitz, und das zweite erlaubt eine Rückerstattung, während das erste nicht erlaubt ist." Und es heißt dort: [Mit der Zerstörung des Tempels] "sind alle Tore [zum Herrn] verschlossen, außer den Toren des Unrechts." [D.h., sie sind offen für den Ungerechten, um zu schreien und] die Bestrafung des Ungerechten zu fordern. Und verbales Unrecht fällt auch in die Kategorie der Lashon Hara [Verleumdung], wie wir in Yoma 44a finden.

Shemirat HaLashon - Buch B

Kapitel Achtzehn

Beha'alothecha
[Bamidbar 12:1]: "Und Mirjam und Aaron sprachen gegen Mosche, usw." Aus dieser Parscha lernen wir mehrere Dinge [über Lashon Hara [Verleumdung] [üble Nachrede]]:
1] Das Issur [Verbot] [Verbotenes] besteht auch dann, wenn derjenige, gegen den gesprochen wird, bescheiden und demütig ist und keinen Anstoß an dem nimmt, was über ihn gesagt wird. [Aus diesem Grund wird dies [3] gegenübergestellt: "Und der Mann Mosche war außerordentlich demütig."
2] [Das Issur [Verbot] besteht] auch dann, wenn er [der Redner] ihm [dem, über den gesprochen wird] sehr geholfen hat, wie wenn er [der Zweite] in großer Not war und er [der Erste] sich sehr für ihn einsetzte und ihn rettete [[wie als Mirjam Mosche aus dem Nil rettete]]
3] Das Issur [Verbot] von Lashon Hara [Verleumdung] [üble Nachrede] besteht auch dann, wenn er nicht vor mehreren Personen über ihn spricht, sondern nur vor einer, und [selbst wenn] diese eine Person sein Verwandter ist, der nicht hingeht und es anderen erzählt.
4] [Das Issur [Verbot] besteht], wenn man über eine angesehene Persönlichkeit sagt, dass ihr Verhalten nicht zu ihm passt, dass es so wäre, wenn er das Vorbild seiner Generation wäre; da er das aber nicht ist, sondern nur auf einer Stufe mit den anderen angesehenen Männern steht, ist sein Verhalten zu anmaßend. Auch das ist absolute Lashon Hara [Verleumdung] [üble Nachrede]. Ihr Fehler [[der von Aaron und Miriam]] war, dass sie Mosche mit anderen Propheten und mit den Vorvätern verglichen, wie wir in Sifrei finden, weshalb es für sie ein Grund zur Verwunderung war, dass er sich von seiner Frau trennte. Haben auch sie sich nicht getrennt? Deshalb sagte der Heilige, gepriesen sei Er, zu ihnen [Ibid. 6]: "Wenn eure Propheten ... [7] Nicht so Mein Knecht Mosche usw.", der auf einer höheren Stufe stand als sie alle, da er ständig für Prophezeiungen empfänglich war - deshalb musste er sich trennen.
[Ebd. 10]: "Und Aaron wandte sich zu Mirjam, und siehe,

Shemirat HaLashon - Buch B

sie war aussätzig." Denn durch die Sünde der Lashon Hara [Verleumdung] [üble Nachrede] kommen Pestflecken, und seine [des Sprechers] Strafe ist eine metzorah muchlat [eine bestätigte metzorah], wie wir in der Gemara [Arachin 15b] finden: "Wenn jemand Lashon Hara [Verleumdung] [üble Nachrede] spricht, wird er mit Pestflecken behaftet, mit anderen Worten..: [Psalmen 101:5]: 'Wer seinen Nächsten heimlich verleumdet, der atzmith', und [Vayikra 25;30]: 'latzmituth', was der Targum mit 'lachalutin' wiedergibt; [d.h., dass er ein metzora muchlat ist], worüber wir gelernt haben: 'Der einzige Unterschied zwischen einem Aussätzigen in Quarantäne [metzora musgar] und einem bestätigten [muchlat [ähnlich wie ' lachalutin ']] Aussätzigen ist das Zerzausen der Haare und das Zerreißen der Kleider" [[diese erhalten mit dem zweiten, aber nicht mit dem ersten]]. Und das Gebet von Mosche nützte ihr, aber nicht ganz - nur um sie von einer bestätigten Aussätzigen in eine Aussätzige in Quarantäne zu verwandeln.

Kapitel Neunzehn

Schelach

Wie groß ist die Macht von Lashon Hara [Verleumdung] [üble Nachrede]! Denn als wir in der Wüste waren, haben wir uns oft gegen den Herrn aufgelehnt, wie in der Episode mit dem goldenen Kalb und dergleichen, und dennoch wurde ihr Urteil nur wegen der Lashon Hara [Verleumdung] der Spione besiegelt. Und wir finden dort [Arachin 15a], dass die verbale Anschuldigung einer [unerlaubten] Handlung [" motzi shem ra "] schlimmer ist als die Handlung selbst. Denn wer eine Jungfrau schändet, zahlt nur eine Strafe von fünfzig Silberschekeln, während derjenige, der ihr einen bösen Namen gibt, mit hundert Silberschekeln bestraft wird, denn es steht geschrieben [Devarim 22:19]: "Und sie sollen ihn mit hundert [Schekel] Silber bestrafen ... weil er einen bösen Namen [der Unzucht] über eine Jungfrau Israels verbreitet hat." Und er [der Verursacher des bösen Namens] erhält auch Schläge dafür, wie es geschrieben steht [Ibid. 18]: "Und sie sollen ihn [mit Schlägen] züchtigen."
Und nun wollen wir in aller Kürze die Episode mit den Spionen erklären. Denn oberflächlich betrachtet, gibt sie

Shemirat HaLashon - Buch B

Anlass zu großem Erstaunen: Was hat sie dazu gebracht, so tief zu sinken und Israel in die Irre zu führen? Mehr als das - sogar der Sanhedrin irrte sich in dieser Sache, denn es steht geschrieben [Bamidbar 19:1]: "Und die ganze Gemeinde [der Sanhedrin [Raschi]] erhob ihre Stimme, usw." Und mehr noch, sie sagten [Ibid. 13:31]: "Denn sie sind stärker als Er", was unsere Weisen seligen Andenkens so interpretierten: "Er ist gleichsam unfähig, seine Gefäße von dort zu retten." Wie konnten sie so einen Unsinn reden?

Aber wenn wir darüber nachdenken, stellen wir fest, dass auch wir diese Art von Yetzer [Neigung] Hara [die böse Neigung] Hara haben, die die Spione verwirrte. [Wir werden das am Ende erklären.] Aber zuerst wollen wir über die Spione sprechen, die das Land auskundschaften wollten. Denn Mosche, unser Lehrer, Friede sei mit ihm, sagte [ibid. 18]: "Und sieh, wie das Land ist", was Raschi interpretierte: "Es gibt ein Land, in dem Krieger 'wachsen', und es gibt ein Land, in dem schwache Männer 'wachsen'. Es gibt ein Land, das Völker wachsen lässt, und es gibt ein Land, das Völker abbaut." [Ibid. 20]: "Und was ist mit dem Land? Ist es fett oder mager, usw.? ...Und ihr sollt von der Frucht des Landes nehmen": Denn es ist ein großer Vorteil, wenn man sieht, dass das Land große und gute Früchte hervorbringt. Ebenso, wenn wir sehen, dass es starke, große Männer hervorbringt. Und eine große Bevölkerung ist ein Zeichen für sehr gute Luft. Dies alles aber ist die Wahrnehmung derer, die an die Worte des Herrn glauben, der versprochen hat, uns das Land zu geben; und gewiß, "Er ist kein Mensch, der [sein Wort] zurückzieht." Aber wenn man darin wankt und zu zweifeln beginnt und denkt, dass es großer Verdienste bedarf, um so starke Krieger und ein so großes Volk zu besiegen, dass alle rechtschaffen und heilig sein müssen und dass es uns an solchen Männern mangelt, je mehr er sieht, dass die Männer des Landes zahlreich, stark und so groß sind, dass sie dem herkömmlichen Maß trotzen, dann ist das alles überwältigend für ihn, und er ist niedergeschlagen.

Und es ist bekannt, dass es der Weg des Yetzer Hara [der bösen Neigung] ist, seine List zu variieren, weshalb er sich an den beiden Öffnungen des Herzens niederlässt [Berachoth 61a]. Das heißt, manchmal flößt sie dem Herzen eines Menschen Stolz ein, um ihn glauben zu machen, er sei einer der G-ttesfürchtigen und vielleicht sogar einer seiner

Shemirat HaLashon - Buch B

Liebhaber. Und wenn sie einen Menschen sieht, der sich in etwas für die Ehre des gesegneten Herrn stärken will, wie ein wahrer Liebhaber, dann macht sie sein Herz traurig, so dass er denkt, dass diese Mizwa oder diese Verhaltensweise nicht zu ihm passt, sondern nur zu "den Heiligen, die im Lande sind", nicht zu einem so Kleinen wie ihm. Und es erweckt in seinen Gedanken gemeine Taten wieder, die er in den Tagen seiner Jugend getan hat. Und auch wenn er dies manchmal bedauert und verbittert ist, so bringt es ihn doch dazu, dies zu vergessen und sich nur an Dinge zu erinnern, die seiner Situation entsprechen, wie er meint, um ihn zu ärgern und zu demütigen, damit er keine Lust mehr auf diese Mizwa hat.

Auch hier, als sie kamen, um das Land zu erkunden, verstärkte sich der Yetzer Hara [die böse Neigung] in ihnen und veranlasste sie zu sagen: "Um so viele und so starke Männer zu besiegen, bedarf es eines großen, ehrfurchtgebietenden Verdienstes, den wir nicht besitzen. Denn wir haben gerade das goldene Kalb gemacht und das Fleisch der Lust gegessen. [Und das, obwohl sie bereits bereut und viel geweint hatten [über ihre Sünde], wie wir in Pirkei d'R. Eliezer steht, dass am letzten der vierzig Tage des Aufstiegs von Mosche auf den Berg, als sie wussten, dass er am nächsten Tag vom Berg herabsteigen würde, ganz Israel die Nacht fastend verbrachte und am nächsten Tag zu ihm ging, um ihn zu empfangen, wobei sie ausgiebig weinten, und es wurde ihnen gesagt, dass der Heilige, gesegnet sei Er, ihnen vergeben hatte, so dass [dieser Tag] für sie zur Vergebung für zukünftige Generationen eingesetzt wurde]]. Aus diesem Grund sagten sie [ibid. 27]: "Wir sind in das Land gekommen, in das du uns gesandt hast, und es fließt in der Tat von Milch und Honig, und das sind seine Früchte [28]; aber das Volk ist stark, das im Lande wohnt ... und auch die Kinder des Riesen haben wir dort gesehen [29]: Amalek wohnt in den Ländern des Südens, usw." Dies, als ob er sagen wollte: "Wir brauchen das Verdienst von Mosche, unserem Lehrer, wie einst"; als ob er sagen wollte: "Wer weiß, ob er bis dahin leben wird?" [Denn sie hatten eine Vorahnung aus der Prophezeiung von Eldad und Medad [Sanhedrin 27a, 29a] [dass er vorher sterben würde]]. Und, abgesehen davon [ibid.]: "Und die Chitti und die Yevussi, usw." Das heißt, um sie alle zu

Shemirat HaLashon - Buch B

besiegen, bevor wir nach Eretz Israel kommen, bedarf es großer Verdienste. Wie viel mehr, um zu den Menschen in Eretz Israel zu kommen und sie dort zu besiegen!

[Ebd. 30]: "Und Kalev brachte das Volk gegenüber Mosche zum Schweigen": Wie Raschi erklärt. "Er sagte: 'Ist es das allein, was Mosche an uns getan hat? Hat er nicht das Meer für uns geteilt und das Manna für uns herabgebracht usw.?" Das war seine Absicht: Wenn der Heilige, gesegnet sei Er, mit dem Din gegen uns vorgegangen wäre, hätte Er nicht das Meer für uns geteilt und das Manna für uns herabgebracht. Denn auch am Meer waren sie [Israel] nicht so, wie sie hätten sein sollen, wie es geschrieben steht [Psalm 106,7]: "Und sie rebellierten am Meer, am Schilfmeer." Und auch mit dem Manna gab es am Anfang Beschwerden. Und in der Tat, in der ganzen Zeit, bis jetzt, [wie Mosche, unser Lehrer, danach sagte [Bamidbar 14:19]: "Vergib, ich bitte dich, die Sünde dieses Volkes in der Größe deiner Güte, so wie du diesem Volk von Ägypten bis jetzt vergeben hast."] Und auch jetzt werden wir nach Eretz Jisrael "hinaufziehen", "und wir werden es erben", wie Mosche sagte, wenn wir dort ankommen.

[Ebd. 13:31]: "Und die Männer, die mit ihm hinaufzogen, sagten: 'Wir werden nicht imstande sein, gegen das Volk hinaufzuziehen [[das heißt, wir werden nicht einmal imstande sein, hinaufzuziehen, wie sie vorher gesagt hatten [30]: "Amalek wohnt im Land des Südens, und die Chitti usw."]], denn sie sind stärker als er." Das heißt, wann vertreibt der Heilige, gepriesen sei Er, ein Volk? Wenn Er ein anderes findet, das besser ist als es, gibt Er ihm die Macht, es zu vernichten und seinen Platz zu erben. Aber für Menschen wie uns, die mit dem goldenen Kalb und mit dem Fleisch der Begierde große Sünder waren, wird Er solche großen Völker nicht vertreiben. Was sein Versprechen betrifft, uns das Land zu geben, so gilt dies nur unter der Bedingung, dass wir es uns als Zaddikim verdienen. [Dann würde Er die Feinde vor uns vertreiben und uns die Erlaubnis geben, sie zu vernichten.

Als nun die Kundschafter sahen, dass das Volk schwankte und dass einige von ihnen der Ansicht Kalevs zuneigten, sprachen sie Lashon Hara [Verleumdung] [üble Nachrede] gegen das Land und sagten [ibid. 32]: "Das Land, durch das wir gezogen sind, um es zu erkunden, usw." Das heißt, wir

Shemirat HaLashon - Buch B

haben es genau untersucht und gesehen, dass seine Luft sehr schlecht ist und den Menschen schadet und dass nur Männer von ungewöhnlicher Stärke darin verblieben sind. [Sie deuteten damit an: Wenn ihr in das Land kommt, das sehr heilig ist, dann werdet ihr feststellen, dass dort das Attribut des Din ruht. Denn es gibt keinen Vergleich zwischen einem, der den Willen des Königs außerhalb des Palastes nicht tut, und einem, der ihn innerhalb des Palastes nicht tut. Deshalb können dort nur absolute Zaddikim überleben. Und wir sind nicht auf dieser Stufe, und das Land ist nicht für uns geeignet.] [Ibid. 33]: "Und dort sahen wir die Riesen ... und wir waren in unseren Augen wie Heuschrecken.": Das heißt, unsere Herzen schmolzen, und auch ihr, wenn ihr dorthin kommt, werden eure Herzen vor Angst schmelzen. Und infolgedessen wird auch die "höhere Bewachung" von euch abfallen, denn seine "Bewachung" hängt bekanntlich vom Vertrauen des Menschen in ihn ab.
[Ebd. 14:1]: Und die ganze Gemeinde [[der Sanhedrin, nach Raschi]] erhob ihre Stimme und schrie, usw." Denn je größer der Mensch in Wahrheit ist, desto mehr erkennt er seine Niedrigkeit an. Wie wir jeden Tag sagen: "Sind nicht alle Starken wie nichts vor Dir, und die Männer mit Namen, als wären sie nie gewesen, und die Weisen, als fehlten sie an Wissen, und die Verständigen, als fehlten sie an Verstand, usw.?" Deshalb ist er [der große Mann] in seinen Augen besonders niedrig, wie David sagte [Psalm 22,9]: "Und ich bin ein Wurm und kein Mensch, die Schande der Menschen und der Verachtete des Volkes." Als die Kundschafter ihnen also sagten, dass ihr Geschlecht in den Augen des Herrn wegen der Schlechtigkeit ihrer Taten und der Steifheit ihrer Hälse keine Bedeutung habe und nicht würdig sei, dass ein Wunder für sie geschehe, um diese Riesen zu überwältigen, erschien ihnen das sehr vernünftig. Und diesen beiden Behauptungen entgegneten Josua und Kalev kurz und bündig: "Was eure Behauptung betrifft, dass ihr eine sorgfältige Inspektion gemacht und festgestellt habt, dass die Luft schlecht ist, so haben auch wir es bereist und genau inspiziert, und wir haben festgestellt, dass [ibid. 7] "das Land gut ist, äußerst gut."
Und was die erste Behauptung betrifft, dass die Verheißung des Landes durch den Herrn davon abhängt, dass wir Zaddikim sind, so ist dies ein Irrtum. Der Heilige, gepriesen

Shemirat HaLashon - Buch B

sei Er, ist nicht so anspruchsvoll mit einem Menschen, als dass er sagen würde: "Ich werde dir nur helfen, wenn du ein Tzaddik bist"; aber Er sagt: "Ich werde dir nicht helfen, wenn du rebellierst, G-tt bewahre." Deshalb schlossen Josua und Kalev [ihr Argument mit] [ibid. 9]: "Nur gegen den Herrn soll man nicht rebellieren." Und solange ein Mensch nicht gegen den Herrn rebelliert, um seine Mitzvoth absichtlich zu entwurzeln, darf er auf alles Gute hoffen. Was deine Angst vor dem Volk angeht, dass es dort Männer von stattlicher Statur und Riesen gibt, [Ibid.]: "Fürchtet euch nicht vor den Bewohnern des Landes, denn sie sind unser Brot." Wenn ein Mann ein großes Brot zum Essen fände, hundert Ellen lang, würde er sich dann fürchten, ihm nahe zu kommen? Fehlt ihm nicht der Geist des Lebens, um mit ihm zu kämpfen? Im Gegenteil, es ist ihm zum Essen und zum Genießen dargeboten worden. Auch hier [ibid.]: "Ihr [schützender] Schatten ist von ihnen gewichen", denn der Herr hat sie mit Furcht und Schrecken erfüllt, und sie sind unser zum Fressen, wie es geschrieben steht [Devarim 7,16]: "Und du wirst alle Völker fressen." Denn die Riesen mit all ihrer Macht und Stärke - ihr Herz ist gedemütigter als das des übrigen Volkes, und sie verstecken sich auf den Bergen und in den befestigten Städten, wie geschrieben steht [Josua 11,21]: "Und Josua kam zu der Zeit und rottete die Riesen aus von dem Gebirge, von Chevron, von Devir, von Anav und von ganz Har Jehuda." Und, ähnlich, [Richter 1:10]: "Und Juda ging hin ... und sie schlugen Scheschai, Achiman und Talmai."

Und nun werden wir erklären, was wir am Anfang geschrieben haben, dass diese Art von Yetzer [Neigung] Hara [die böse Neigung] der Spione auch bei uns zu finden ist. Das heißt, wenn wir zu einem Juden kommen und ihn fragen: "Glaubst du, dass es eine große Belohnung für die Beobachter der Tora gibt?", wird er antworten: "Gewiss, ich glaube fest daran, dass ein einziger Augenblick der Freude in der kommenden Welt mehr wert ist als das ganze Leben in dieser Welt." Und wenn Sie ihn fragen: "Wenn das so ist, warum bist du dann nachlässig im Torastudium, was unweigerlich zu einer großen Nachlässigkeit bei der Einhaltung der Mitzwa führt?", wird er antworten: "Wahrlich, glücklich ist derjenige, der das Torastudium und die Einhaltung der Mitzwa erreicht und sich dadurch die

Shemirat HaLashon - Buch B

große Freude der kommenden Welt verdient. Aber wer kann sich das verdienen, wenn nicht ganz besondere Menschen? Denn dies erfordert den Einsatz aller körperlichen Kräfte, und sein Leben wird für ihn völlig wertlos sein. Denn er muss sich von allen Angelegenheiten der Welt trennen und Tag und Nacht im Haus des Studiums sitzen, und alle seine Gedanken müssen sich auf den Herrn und seine Tora richten. Und ein solches Regime erfordert einen heiligen Mann. Ein solcher Mann verdient Gan Eden, aber nicht ein einfacher Mann wie ich."

Aber in Wahrheit ist dies von Anfang an ein Irrtum. Die Tora verlangt von einem einfachen Mann nicht, dass er Tag und Nacht lernt und überhaupt keinen Beruf ausübt, sondern dass er einen Beruf ausübt und sich Zeiten für das Torastudium freihält. Und in der Tat gebot die Tora, dass dies mit Glauben und ohne Täuschung geschehen sollte, wie unsere Weisen seligen Andenkens gesagt haben [Schabbat 31a]: "Ein Mann wird gefragt [wenn er vor Gericht gestellt wird]: 'Warst du ehrlich in deinen Geschäften? Hast du dir Zeit für das Torastudium genommen?'" Und so ist es mit allen Mitzvoth. Wenn wir darüber nachdenken, stellen wir fest, dass die Tora gar nicht so streng mit einem Menschen ist, wie es geschrieben steht [Micha 6,3]: "Mein Volk, was habe ich dir angetan und wie habe ich dich ermüdet? Antwortet mir!" Die Hauptsache ist, dass er sich hütet, ein Rebell zu sein, G-tt bewahre, gegen den König der Welt. Das heißt, dass er nicht absichtlich gegen die positiven oder negativen Gebote der Tora verstößt. Aber wenn er kein Rebell ist, dann ist er sicherlich sehr verdienstvoll.

Und wenn der Yetzer [Neigung] Hara [die böse Neigung] sieht, dass er auf diese Weise einen Menschen nicht verführen kann, beginnt er, ihn auf andere Weise zu verführen, mit anderen Worten..: "Gewiss, der Heilige, gepriesen sei Er, akzeptiert einen Menschen, wenn er sich nur Zeit für die Tora nimmt, aber wisse, dass, wenn du zur Abrechnung in die Höhe kommst, vor den Thron der Herrlichkeit, sie dort sehr genau sind in der Art und Weise des Torastudiums [und ebenso in der Art und Weise der Ausführung der Mitzvoth], [um festzustellen], ob sie richtig und ohne Hintergedanken getan wurden; und auch in der Art und Weise des Torastudiums. [Sie werden dich fragen, ob du mittendrin stehen geblieben bist, um zu reden, und

Shemirat HaLashon - Buch B

andere strenge Fragen. Und ihr wisst, dass der G-tt des Himmels ein G-tt der Wahrheit ist. Wer kann also vor Gericht als verdienstvoll erscheinen, wenn nicht die absoluten Tzaddikim?" Mit all solchen Argumenten kommt der Yetzer [Neigung] Hara [die böse Neigung] Hara gegen einen Menschen an, um ihn zur Verzweiflung zu bringen und ihn zu schmälern, damit er im Dienst des gesegneten Herrn nachlässig wird. Obwohl alle diese Argumente in Wahrheit gerechtfertigt sind, bringt der Yetzer Hara den Menschen dazu, zu vergessen, dass der Heilige, gepriesen sei Er, der die Güte liebt und seinen Geschöpfen Gutes tun will, zu diesem Zweck die Reue erschaffen hat, die der Erschaffung der Welt vorausging. Wenn man also feststellt, dass man die Mitzwa nicht getan oder nicht so gelernt hat, wie man es hätte tun sollen, muss man dies sofort bereuen und sich vornehmen, sich in Zukunft richtig zu verhalten.

Kapitel Zwanzig

Korach
Wir haben gelernt [Arachin 15a], dass man für die Sünde der Lashon Hara [Verleumdung] [üble Nachrede] mit Pestflecken behaftet ist. Und die Gemara fragt: "Aber hat R. Anani bar Sasson nicht gesagt, dass das Gewand für Lashon Hara [Verleumdung] [üble Nachrede] sühnt? ...Soll das, was einen Ton erzeugt [[die Glocken am Gewand]], den Klang der Stimme [d.h. Lashon Hara [Verleumdung] [üble Nachrede]] sühnen?" Und er antwortet: "Es gibt keinen Widerspruch: In einem Fall nützen seine Taten, im anderen Fall nützen seine Taten nicht. Wenn seine Taten nützen, kommen Pestflecken auf ihn; wenn seine Taten nicht nützen, sühnt das Gewand." Und die Gemara fragt: "Aber hat nicht R. Schimon im Namen von R. Jehoschua ben Levi gesagt, dass Lashon Hara [Verleumdung] [üble Nachrede] durch den Weihrauch gesühnt wird? Denn R. Chanina lehrte: Wir haben gelernt, dass der Weihrauch sühnt, denn es steht geschrieben [Bamidbar 17:12]: "Und er [Aaron] legte den Weihrauch auf und sühnte für das Volk. Und die Schule von R. Yishmael lehrte: "Wofür sühnt der Weihrauch? Für Lashon Hara [Verleumdung] [üble Nachrede]. Das, was im Verborgenen getan wird [[das Darbringen des Weihrauchs auf dem silbernen Altar]], soll

Shemirat HaLashon - Buch B

kommen und eine im Verborgenen begangene Tat [Lashon Hara [Verleumdung] [üble Nachrede]] sühnen.'" Und die Gemara antwortet: "Es gibt keinen Widerspruch: Hier [[der Weihrauch sühnt]], wenn sie [die Lashon Hara [Verleumdung] [üble Nachrede]] im Geheimen gesprochen wird; dort, [[das Gewand sühnt]], wenn sie in der Öffentlichkeit gesprochen wird." Daraus geht hervor, dass er mit Aussatz behaftet ist, wenn seine Taten nützen, auch wenn es heimlich gesprochen wurde, und wenn sie nicht nützen, muss ein Unterschied gemacht werden, mit anderen Worten: Wenn er es im Geheimen gesagt hat, hat der Weihrauch gesühnt [der auch im Geheimen geopfert wurde, da alle Menschen sich entfernen mussten]; und wenn er es öffentlich gesagt hat, hat das Gewand gesühnt [der Klang seiner Glocken war zu hören, als er das Heiligtum verließ]. Dies scheint im Widerspruch zu stehen zu "Und er legte den Weihrauch auf und sühnte für das Volk." Denn dort war die Lashon Hara [Verleumdung] [üble Nachrede] öffentlich, denn es steht geschrieben [Ibid. 6]: "Und die ganze Gemeinde der Kinder Israel schimpfte am nächsten Tag gegen Mosche und Aaron und sagte: 'Ihr habt das Volk des Herrn getötet.'" Es könnte sein, dass Aaron aus diesem Grund das Räucherwerk öffentlich zum Volk bringen musste, um dort für sie zu sühnen, da das tägliche Räucheropfer, das im Verborgenen gebracht wurde, nicht ausreichte, da die Lashon Hara [Verleumdung] öffentlich war.

Dass die Sühne durch das Gewand, mit dem Aaron bekleidet war, nicht ausreichte, könnte daran liegen, dass die Lashon Hara [Verleumdung] gegen Aaron selbst gerichtet war und er deshalb nicht durch sein Gewand gesühnt werden konnte. [Es scheint passender zu sagen, dass hier, wo sie sagten: "Ihr habt das Volk des Herrn getötet", ist ihre Tat "umsonst". Denn Raschi erklärt "von Nutzen" als "zum Streit führend", so dass "nicht von Nutzen" sich auf Lashon Hara [Verleumdung] [üble Nachrede] beziehen würde, die nicht zum Streit führt. Und das gilt nur für Lashon Hara [Verleumdung] [üble Nachrede], bei der man einen Mann nicht in seiner Gegenwart beschämt und dem Mann dadurch kein Schaden zugefügt wurde. Aber in einem Fall von verbaler Beleidigung, wo er jemanden beschämt und verletzt [[denn auch dies fällt in die Kategorie von Lashon

Shemirat HaLashon - Buch B

Hara [Verleumdung] [üble Nachrede], wie wir aus der Episode von Avdan [die weiter unten angeführt wird] und aus Rashi [Yoma 44a - "al Lashon Hara [Verleumdung] [üble Nachrede]" sehen]], ist es nicht möglich zu sagen, dass seine Tat nicht nützt, denn dies [die verbale Beleidigung] selbst nützt, denn er beschämt und verletzt ihn.
Dies wird durch das Beispiel von Avdan [Yevamoth 105b] bewiesen, der R. Yishmael b. R. Yossi beschämte, indem er zu ihm sagte: "Bist du würdig, Tora von Rabbi zu lernen?" Dort heißt es, dass Avdan in diesem Moment zur Metzora wurde, und Raschi erklärt dort, dass die Strafe für "Lashon Hara [Verleumdung] [üble Nachrede]" Pestflecken sind.
Was unseren Fall betrifft, so wurde Mosche und Aaron ins Gesicht gesagt: "Ihr habt das Volk des Herrn getötet." Dies ist [offensichtlich] ein Beispiel dafür, dass ihre Tat "nützlich" war, und dafür ist das Gewand sicherlich nicht nützlich, wie wir in der Gemara [Arachin 15a] sehen, und auch nicht der Verdienst des täglichen Weihrauchopfers. Warum hat der Heilige, gepriesen sei Er, gesagt [ibid. 10]: "Und ich werde sie [die Lashon Hara [Verleumdung] gegen Mosche und Aaron gesprochen haben] in diesem Augenblick verzehren"? Wäre es nicht ausreichend gewesen, sie mit Pestflecken zu bestrafen? Es ist möglich, dass dies daran liegt, dass sie so dreist gegen Mosche, unseren Lehrer, Friede sei mit ihm, [[der "im ganzen Haus des Herrn vertraut war" und nichts tat, ohne dass er vom Herrn dazu aufgefordert wurde]] und gegen Aaron, den "Heiligen" des Herrn, Lashon Hara [Verleumdung] [üble Nachrede] geredet und behauptet haben, sie hätten das Volk des Herrn getötet. Wenn dies der Fall war, verdienten sie es, von der Hand des Himmels getötet zu werden, G-tt bewahre. Deshalb wurde gegen die Redner verordnet, dass sie an der Pest sterben sollten, was viel schlimmer ist als die Bestrafung durch Pestflecken. Und erst nachdem viele Menschen an der Pest gestorben waren, wurden die übrigen durch den Verdienst des Weihrauchs, den Aaron, wie oben erwähnt, öffentlich darbrachte, vor ihrer Lashon Hara [Verleumdung] geschützt. In diesem Sinne können wir verstehen, was in der Tora geschrieben steht, dass Miriam mit Aussatz behaftet war, weil sie gegen Mosche, unseren Lehrer, Friede sei mit ihm, falsch gesprochen hatte. Hatte sie nicht unter vier Augen mit Aaron gesprochen und nicht

Shemirat HaLashon - Buch B

in der Öffentlichkeit, wo sie durch den Verdienst des Weihrauchs hätte geschützt werden sollen, der für im Geheimen gesprochene Lashon Hara [Verleumdung] sühnt? Wir müssen zwangsläufig sagen, wie im obigen Fall, dass Lashon Hara [Verleumdung] gegen den "Herrn der Propheten" viel schwerwiegender ist und nicht durch den Weihrauch, sondern nur durch Pestflecken gesühnt wird. Aber auf jeden Fall wurde ihre Strafe durch das Gebet von Mosche gemildert. Denn es ist bekannt, dass die Strafe von Pestflecken für Lashon Hara [Verleumdung] [üble Nachrede] darin besteht, ein bestätigter Aussätziger zu sein, wie in der Gemara erklärt wird, aber ihre Strafe wurde abgeschwächt, indem sie nur für sieben Tage in Quarantäne gestellt wurde [siehe Ende des Kapitels 18]].

Kapitel Einundzwanzig

Chukath

[Bamidbar 21:4]: "Und sie zogen von Hor Hahar durch das Rote Meer, um das Land Edom zu umrunden usw." Es ist bekannt, dass dies später geschah, als "die Toten der Wüste" bereits ausgestorben waren und sie kurz vor dem Einzug in Eretz Jisrael standen. Aber weil sie einen Umweg über das Land Edom machten, das ihnen nicht erlaubte, durch sein Land zu ziehen, dachten sie, dass dies, G-tt bewahre, noch viele Jahre dauern könnte. Das veranlasste sie, ihre Stimme zu erheben und dafür hart bestraft zu werden.

All dies ist eine Andeutung auf das Ende des Exils, wenn sich Menschen finden werden, die ebenfalls auf diese Weise sprechen und dafür ebenfalls schwer bestraft werden. Deshalb wird sich der Herzensmensch in dieser Hinsicht sehr hüten, vom Herrn falsch zu reden, G-tt behüte.

[Bamidbar 21:5]: "Und das Volk redete gegen G-tt und gegen Mosche, usw." Hier gibt es viele Fragen:

1. Zuerst heißt es "gegen Elokim und gegen Mosche", und dann [7]: "weil wir gegen Haschem geredet haben."

2. [Bamidbar 21:6]: "und sie bissen das Volk". Damit sind immer die Minderwertigen gemeint", und darauf folgt "und eine große Zahl von Israel starb", [womit die Überlegenen gemeint sind].

3. [Bamidbar 21:7]: "Und er soll die Schlange von uns wegnehmen." Sollten es nicht die Schlangen sein? Gab es

Shemirat HaLashon - Buch B

nur eine Schlange?
4. Warum hat das Gebet von Mosche nicht gereicht, um sie ganz zu entfernen?
5. [Bamidbar 21:8]: "wer auch immer gebissen wurde": Dies impliziert, dass auch jemand, der nicht so bedeutend war. Und darauf folgt [9]: "wenn die Schlange einen Menschen gebissen hätte" [gemeint ist ein bedeutender Mensch]! Außerdem wird am Anfang [8] re'iah ["sehen"] geschrieben; und danach [9] habatah [schauen [aufmerksam]] verwendet.

Wir werden die Fragen der Reihe nach beantworten: Was ihren Ausspruch "gegen Elokim und gegen Mosche" betrifft, so ahmten sie darin die Urschlange nach, die auch gegen den Heiligen, gepriesen sei Er, sprach, der sagte, dass der Grund, warum der Heilige, gepriesen sei Er, nicht erlaubte, vom Baum der Erkenntnis zu essen, der war [Bereschit 3:5] "Denn Elokim weiß, dass ihr an dem Tag, an dem ihr davon esst, ... wie Elohim sein werdet" [was Onkelos mit "Große" übersetzt], weshalb Er euch dieses Gut [des Essens] vorenthielt. Auch hier hat Er euch, indem Er euch Manna gab, "fehlerhaftes Brot" gegeben, und Er ist dazu bestimmt, euch dadurch zu bestrafen [siehe Raschi], dass eure Eingeweide platzen, wenn ihr nicht verdienstvoll seid; denn Er will sich mit euch nach dem Attribut des Din verhalten. Und in Wahrheit war es nicht so. Denn in seiner Barmherzigkeit und Güte gab er ihnen Brot vom Himmel, das keinen Abfall enthielt, wie er es nicht einmal unseren heiligen Vorvätern gegeben hatte, wie es geschrieben steht [Devarim 8,3]: "Und er gab euch das Manna zu essen, das ihr nicht kanntet und das eure Vorväter nicht kannten, damit ihr wisst, dass der Mensch nicht vom Brot allein lebt, sondern von allem, was aus dem Mund des Herrn kommt, lebt der Mensch." Und er wollte ihnen auch eine Anstrengung ersparen. Denn ist es nicht bekannt, dass die Wolke des Herrn unter ihnen wohnte, weswegen in der Tora geschrieben steht [Devarim 23,13]: "Und es soll für euch ein Platz außerhalb des Lagers [außerhalb der Wolke der Herrlichkeit] sein, und ihr sollt dort hinausgehen."
Deshalb gab Er ihnen Manna zu essen, das keinen Abfall produziert und von den Organen aufgenommen wird, damit sie immer rein und sauber sind, weshalb es danach geschrieben steht [7]: "weil wir gegen Haschem geredet

Shemirat HaLashon - Buch B

haben" [gemeint ist "Barmherzigkeit"], der uns Manna in seiner Barmherzigkeit gab.

[Ebd. 6]: "Und der Herr sandte gegen das Volk die feurigen Schlangen [[die durch ihr Gift brennen]]. Das ist so, weil sie durch ihr Reden die Urschlange erweckten, die sie "verfolgte", wie wir im heiligen Zohar, Pekudai 26:9, lesen:] "Es gibt einen gewissen Geist, der über all denen steht, die Lashon Hara [Verleumdung] [üble Nachrede] reden, und wenn Menschen Lashon Hara [Verleumdung] [üble Nachrede] erregen oder wenn ein Mensch Lashon Hara [Verleumdung] [üble Nachrede] erregt, dann wird dieser unreine Geist oben erweckt, der sachsuchah ["Streit"] genannt wird, und er kommt zur Ruhe auf diesem Schüren von Lashon Hara [Verleumdung] [üble Nachrede] durch Menschen, und er steigt nach oben und verursacht dadurch Tod, Schwert und Gemetzel in der Welt durch dieses Schüren von Lashon Hara [Verleumdung] [üble Nachrede]. Wehe denen, die diesen bösen Geist erwecken und ihren Mund und ihre Zunge nicht hüten und dem keine Beachtung schenken. Sie erkennen nicht, dass auf diese niedere Erregung die höhere Erregung von oben folgt, sowohl zum Guten als auch zum Bösen, und alle verschwören sich, um die große Schlange zu erwecken, die die Welt verfolgt - und das alles wegen der Erweckung von Lashon Hara [Verleumdung] [üble Nachrede] unten."

Deshalb hat Haschem [[bedeutet "Barmherzigkeit"]] die feurigen Schlangen unter sie gesandt, damit sie durch ihren Tod dafür büßen, dass sie gegen Ihn geredet haben, und damit sie einen Anteil an der kommenden Welt haben. Und obwohl sie sich auch ohne dies in einer Wüste befanden, in der feurige Schlangen zu finden waren, wie es geschrieben steht [Devarim 8:15]: "in der großen, furchterregenden Wüste der feurigen Schlangen und Skorpione", so war doch die g-ttliche Vorsehung mit ihnen, dass sie nicht von ihnen berührt wurden. Nicht so jetzt. Denn sie wurden nicht nur nicht vor ihnen bewahrt, sondern er hetzte sie gegen sie auf. Und die Aufwiegelung richtete sich nur gegen das [gemeine] "Volk", das die Hauptsprecher [von Lashon Hara [Verleumdung] [üble Nachrede]] waren, aber es gab keine Aufwiegelung gegen diejenigen, die zur Klasse "Israel" gehörten. Wie auch immer, wegen des großen "Anklägers" oben wurde ihnen allen der Schutz entzogen, und "eine

Shemirat HaLashon - Buch B

große Anzahl von Israel [auch] starb." Damit ist die zweite Frage geklärt.

Wir kommen nun zur Erklärung von "Und er soll die Schlange von uns nehmen". Sie überlegten, dass sie durch ihre Worte "den großen Ankläger", die große Schlange, gegen sich aufgebracht hatten, und [sie sagten zu Mosche:] "Bete zum Herrn, dass Er sie von uns wegnehme", damit die Plage ganz aufhöre und der Schutz wieder so werde, wie er war. Und Mosche hörte auf ihre Worte und betete für sie. [Ebd. 8]: "Und der Herr sprach zu Mosche: 'Mache dir eine feurige Schlange usw.' Das heißt, was eure Bitte betrifft, dass sie ganz entfernt wird [dass sie wie am Anfang geschützt werden und die Schlangen sie nicht berühren], ist es unmöglich, ihr Maul ganz zu versiegeln, dass sie wie am Anfang bewacht werden. Aber dein Gebet wird dies bewirken: dass ich von nun an die Schlangen nicht mehr gegen sie aufhetzen werde. Und obwohl sie dennoch gefährlich sind, "mache dir eine feurige Schlange und setze sie auf einen hohen Pfahl", damit sie immer daran denken können, dass es ihre Rede war, die die Schlange in der Höhe erregte, um sie vor dem Thron der Herrlichkeit zu verfolgen, [wie wir in Tanna d' bei Eliyahu finden, dass die Lashon Hara [Verleumdung], die man spricht, bis zum Thron der Herrlichkeit aufsteigt, wie es geschrieben steht [Psalmen 73:9]: "Sie haben ihren Mund in den Himmel gesetzt, usw."], und dadurch werden sie vor dem Herrn gedemütigt, und er wird sich ihrer erbarmen. Damit ist die vierte Frage geklärt.

Und nun kommen wir zur Erklärung des Endes des Verses: "Wer gebissen wurde, wird die Schlange sehen und leben." Es ist bekannt, dass die Worte und Taten eines Menschen, der nicht sehr bedeutend ist, nur im Verhältnis zur Bedeutung seiner Seele Schaden anrichten können, im Gegensatz zu den Worten und Taten eines bedeutenden Menschen, bei denen der Schaden in die höheren Welten aufsteigt. Das ist die Absicht des "Gebissenen", eines unbedeutenden Menschen, der nur zur Kategorie der "Menschen" gehört, in deren Fall "wenn er es sieht, wird er leben". Das heißt, das "Sehen" allein und ein mäßiges Nachdenken reichen für ihn aus. Aber wenn die Schlange "einen Mann" gebissen hat, einen bedeutenden Mann, der in die Irre gegangen ist [durch Lashon Hara [Verleumdung]

Shemirat HaLashon - Buch B

[üble Nachrede]], und er hat danach mit Absicht und mit tiefer Überlegung auf die feurige Schlange auf dem Pfahl gestarrt, dann, [eine Schlange, die nicht vergeblich zubeißt, so dass er [durch Lashon Hara [Verleumdung] [üble Nachrede]] gesündigt haben muss], wenn er den Herrn um Vergebung bittet und sich vornimmt, sein Vergehen in Zukunft nicht zu wiederholen, "wird er leben. "

Kapitel Zweiundzwanzig

Tetze

[Devarim 22:13]: "Wenn ein Mann sich eine Frau nimmt und zu ihr kommt und sie hasst, [19] und er sie verleumdet und einen bösen Namen über sie verbreitet und sagt: 'Ich habe mir diese Frau genommen und mich ihr genähert, und ich habe keine Jungfräulichkeit an ihr gefunden'... [22:18]: dann sollen die Ältesten der Stadt den Mann ergreifen und ihn züchtigen." Unsere Weisen seligen Andenkens haben gesagt, dass er Schläge erhält, weil er gegen das Gebot verstoßen hat: "Du sollst nicht schwatzhaft gehen."
[Devarim 22:19]: "Und sie sollen ihn mit hundert [Schekel] Silber bestrafen ... weil er einen bösen Namen über eine Jungfrau Israels verbreitet hat." [Arachin 15a, Mischna]: "Wir finden, dass einer, der [[Lashon Hara [Verleumdung] [üble Nachrede]]] mit seinem Mund spricht, schlimmer ist als einer, der die Tat begeht." [Denn derjenige, der schändet oder verführt, muss nur fünfzig Schekel geben und wird auch nicht mit Schlägen bestraft, im Gegensatz zu demjenigen, der einen bösen Namen [motzi shem ra] ausspricht.] Und dies könnte die Absicht von [Amos 4,13] sein: "Denn er formt die Berge und schafft den Wind und sagt dem Menschen, was er zu sagen hat." Das heißt, dass ein Mensch, wenn er manchmal über seine Angelegenheiten nachdenkt, nur an seine Taten und überhaupt nicht an seine Worte denkt und zu sich selbst sagt: "Welchen Schaden können meine Worte anrichten? Sind sie nicht unbedeutend?" Aber in Wahrheit ist es nicht so. Denn die Wirkung seiner Worte in der Höhe kann viel schlimmer sein als die seiner Taten. Und das ist der Sinn von "Er sagt einem Menschen, was er redet". Das heißt, zur Zeit des Gerichts werden sie vor ihn hintreten und ihn vor seinen Augen zeigen [[wie es geschrieben steht [Psalmen 50:21]: "Ich will

Shemirat HaLashon - Buch B

dich zurechtweisen und es dir vor Augen stellen"]], welchen Schaden er mit seinem Reden angerichtet hat. Es steht nicht geschrieben "was seine Rede ist", sondern "was sein Gespräch ist", wobei "Gespräch" leichtes, einfaches Gerede bedeutet. Wie unsere Weisen seligen Andenkens gesagt haben [Chagigah 5a]: "Sogar die geringfügige Unterhaltung zwischen einem Mann und seiner Frau wird ihm zur Zeit des Gerichts angerechnet." Nicht ein einziges Wort geht verloren, das nicht aufgeschrieben ist, wie es in der Schrift heißt [Koheleth 10:20]: "Denn der Vogel des Himmels wird die Stimme tragen, und der Geflügelte wird die Sache erzählen." Bekanntlich ist "der Geflügelte" der Engel Gavriel, der von oben herab alles verkündet, was in dieser Welt geschieht. Was "die Stimme tragen wird" betrifft, so ist es so, wie die Naturforscher schreiben, dass jeder Gegenstand der Rede - die Stimme, mit jedem Buchstaben, der aus seinem Mund kommt - in der Luft gefunden wird, wobei nicht einmal ein Buchstabe verloren geht. Und das ist es, was geschieht, wenn ein Mann mit seinem Freund spricht. Die Stimme und alle ihre Buchstaben erreichen die Ohren des Freundes. Und in diesem Sinne heißt es [Bava Metzia 58b]: "R. Jochanan sagte im Namen von R. Schimon b. Jochai: 'Schwerer ist das mündliche Unrecht als das geldliche Unrecht [d.h. der Betrug]' [obwohl das geldliche Unrecht durch die Tat und das mündliche Unrecht nur durch die Rede geschieht]; denn von letzterem steht geschrieben [Vayikra 25:17]: 'Und du sollst deinen G-tt fürchten', und von ersterem steht nicht geschrieben 'Und du sollst deinen G-tt fürchten'." R. Elazar sagte: "Dies [[verbale Verfehlung]] ist mit seinem Körper; das andere ist [nur] mit seinem Geld." R. Shmuel b. Nachmani sagte: " Dieses [[monetäre Unrecht]] unterliegt der Rückerstattung; jenes [[verbale Unrecht]' unterliegt nicht der Rückerstattung." Und wenn er dadurch sein Gesicht "weiß" [mit Scham] gemacht hat, ist seine Sünde zu groß, um sie zu tragen. Wie wir dort finden: "Wenn jemand das Gesicht seines Freundes in der Öffentlichkeit weiß werden lässt, ist es, als ob er Blut vergossen hätte."

[Devarim 23:14]: "Und ein Pflock soll für euch al azenecha sein": Bar Kappara hat es erklärt: Lies es nicht "al azenecha" ["unter deinen Geräten"], sondern "al aznecha" ["auf deinen Ohren"]. Wenn jemand etwas Ungehöriges hört, soll er sich

Shemirat HaLashon - Buch B

die Finger in die Ohren stecken? [Das heißt, wenn er versteht, dass sie von solchen Dingen sprechen werden, oder wenn er nicht mehr hören will.] Dies ist, wie R. Elazar sagte: "Warum sind die Finger eines Menschen wie Pflöcke? Damit er, wenn er etwas Ungebührliches hört, seine Finger in die Ohren stecken kann." In der Schule von R. Yishmael wurde gelehrt: "Warum ist das Ohr selbst steif und das Ohrläppchen weich? Damit man, wenn man etwas Unanständiges hört, sein Ohrläppchen in sein Ohr stecken kann." Die Rabbiner lehrten: "Man soll nicht zulassen, dass seine Ohren unnützes Gerede hören, denn sie sind das erste von allen Organen, das 'verbrannt' wird."

[Ebd. 24:8]: "Hütet euch vor der Pestbeule des Aussatzes, dass ihr euch hütet und alles tut, was die Cohanim, die Leviten, euch lehren... [9]: Denk daran, was der Herr, dein G-tt, an Mirjam getan hat, als du aus Ägypten ausgezogen bist." Und in Sifrei: "Denkt daran, was der Herr, euer G-tt, mit Mirjam auf dem Weg getan hat, usw.": "Ich könnte denken: [Gedenke] in deinem Herzen. Aber das ist doch schon gesagt. Wie soll ich dann "erinnere dich" verstehen? Dass du es mit deinem Mund sagen sollst." Es ist also klar, dass sie "Seid achtsam usw." so verstanden, dass ihr darauf achten sollt, euch nicht [mit Aussatz] anzustecken, und, [wenn ihr es doch tut,] "alles zu tun, was die Cohanim usw." "Erinnere dich daran, was der Herr, dein G-tt, an Mirjam getan hat" - "Erwähne es immer mit deinem Mund" [Ramban]. Und er schreibt dort, dass dies ein ausdrückliches positives Gebot ist, genau wie [Schemot 20:8]: "Gedenke an den Tag des Sabbats, um ihn zu heiligen", [ebd. 13:3]: "Gedenke dieses Tages, an dem du aus Ägypten gezogen bist, usw." Und auch dies ist, ebenso wie das erste, ein positives Gebot, um die große Strafe zu erwähnen, die der Herr über die Zadeketh, die Prophetin, brachte, die nur von ihrem Bruder, dem "Erlösten ihrer Seele" sprach, den sie wie ihre Seele liebte, und die so nicht zu seinem Gesicht sprach, um ihn zu beschämen, und nicht öffentlich, sondern nur privat, zu ihrem heiligen Bruder [Aaron] - und all das hat nichts genützt [um sie vom Aussatz zu retten. Auch du wirst nicht gerettet werden, wenn du dich hinsetzt und gegen deinen Bruder redest, wenn du den Sohn deiner Mutter verleumdest [Psalm 50,20]."

Shemirat HaLashon - Buch B

Kapitel Dreiundzwanzig

Tavo
Abgesehen von all diesen oben erwähnten Parschiyoth, die vom Issur [Verbot] [Verboten] der Lashon Hara [Verleumdung] sprechen, hat der Heilige, gepriesen sei Er, demjenigen, der sich vor dieser Sünde hütet, einen besonderen Segen gegeben, und umgekehrt steht über den Mann der Lashon Hara [Verleumdung] Arur ["Verflucht"] geschrieben, mit anderen Worten. [Devarim 27:12]: "Diese sollen stehen, um das Volk auf dem Berg Gerizim zu segnen, usw." Denn alle elf Arurim begannen mit Baruch ["Gesegnet"] für einen, der sich davor hütete, und ganz Israel antwortete "Amen". Und dann sagten sie [die Leviten] [ibid. 24]: "Verflucht ist, wer seinen Nächsten heimlich schlägt", was sich auf Lashon Hara [Verleumdung] bezieht, wie wir in Sifrei finden; und ganz Israel antwortete "Amen". Wie sehr muss man sich vor dieser Sünde hüten, für die er von ganz Israel verflucht wird. Und glücklich ist der, der sich vor dieser Sünde hütet, für die er von ganz Israel gesegnet wird!

[Devarim 26:17]: "Den Herrn hast du heute erwählt, dass er dir ein G-tt sei und dass du in seinen Wegen wandelst und seine Satzungen und seine Mitzwot und seine Rechte hältst und auf seine Stimme hörst." Aus diesem Vers lernen wir, wie wichtig es ist, sich zu stärken, um in den Wegen der Eigenschaften des Heiligen, gepriesen sei Er, zu wandeln, barmherzig und gnädig zu sein und dergleichen. Denn die Schrift erwähnt diese Eigenschaft ["in Seinen Wegen zu wandeln"] vor dem Halten der Satzungen, der Mitzvoth und der Urteile, woraus wir schließen, dass sie vor den anderen Vorrang hat [[wie wir in Berachoth 41b über den Vers finden, der zum Lob von Eretz Jisrael spricht [Devarim 8:8]: "ein Land des Weizens, der Gerste, der Weinrebe usw." - "Das, was [im Vers] vorausgeht, geht dem Segen voraus."] Und man muss sich darin stark machen - daher lernen wir in unserem Fall, uns stark vor dem Issur [Verbot] von Lashon Hara [Verleumdung] zu hüten. Denn dies ist einer der Wege der Eigenschaften des Heiligen, gesegnet sei Er, wie unsere Weisen seligen Andenkens sagten [Sanhedrin 43b] bezüglich der Tat Achans, der das Verbot übertrat, wegen

Shemirat HaLashon - Buch B

der Israel im Krieg besiegt wurde. [Josua 2:6]: "Und er [Josua] fiel auf sein Angesicht zur Erde vor der Lade des Herrn... [10]: Und der Herr sprach zu Josua: 'Steh auf, warum fällst du auf dein Angesicht... sie haben auch gestohlen; sie haben auch geleugnet... [12]: Ich werde nicht mit euch sein, wenn ihr nicht den Cherem [[das verbotene Eigentum]] aus eurer Mitte ausrottet.'" Josua sagte zu ihm: "Wer hat gesündigt?", worauf er antwortete: "Bin ich ein Verleumder? Geh und wirf das Los, dann wirst du es erfahren." Selbst bei etwas, das zu klären eine Mizwa war, wie die Tat Achans, bei der sie verpflichtet waren, das Cherem zu zerstören, sollte es nicht ausgesprochen werden, da es von selbst ans Licht kommen könnte.

Da der Heilige, gepriesen sei Er, den Menschen nach Seinem Ebenbild erschaffen hat, wie es in der Tora geschrieben steht, muss er sich dem gesegneten Schöpfer in jeder Hinsicht ähneln, wie er kann. Und wegen der Größe dieser Eigenschaft ["in Seinen Wegen wandeln"], die das grundlegende Prinzip im Dienst des Gesegneten Herrn ist, hat die Schrift sie [in Devarim 19,9] herausgehoben - "und in Seinen Wegen wandeln alle Tage". Das heißt, es reicht nicht aus, dass man zufällig ein guter Mensch ist, barmherzig, gnädig, reich an Güte und dergleichen, sondern "alle Tage" muss man darauf achten, diesen heiligen Charakterzug des Wandelns in Seinen Wegen zu pflegen. Und was die übrigen Mitzvoth angeht, so muss er sie zwar auch alle Tage halten, aber die Schrift hat nicht jede Mitzvah für sich genommen [[für "alle Tage"]], sondern spricht nur gemeinsam von ihnen, in [Devarim 29:28]: "Das Verborgene ist für den Herrn, unseren G-tt, aber das Offenbarte ist für uns und unsere Kinder für immer, damit wir alle Worte dieser Tora tun." Der Grund dafür ist, wie wir geschrieben haben.

Ich habe vor aller Augen die Fülle der Parsioth in der Tora gezeigt, die von verbotener Rede sprechen und diese anmahnen. Und es gibt viele Dutzend Verse in den Propheten und Schriften, die den Menschen verabscheuen, der seinen Mund allem überlässt, was sein Yetzer [Neigung] Hara [die böse Neigung] begehrt. Glücklich ist der Mensch, der auf die Ehre der Tora des Herrn bedacht ist und darauf achtet, sie nicht zu übertreten. Sein Anteil ist unser Anteil, und sein Los ist unser Los!

Shemirat HaLashon - Buch B

Kapitel Vierundzwanzig

In diesem Kapitel wird erklärt, dass auch derjenige, der einen großen Teil seines Lebens in der Bewahrung seiner Zunge nachlässig war, sich dennoch in seinen verbleibenden Tagen stärken kann.

Wisse ferner, dass auch derjenige, der seinen Mund und seine Zunge lange Zeit nicht gehütet hat, sich dennoch für die Zukunft in den verbleibenden Tagen stärken kann, die der gesegnete Herr ihm gewähren wird, damit sie nicht verdorben werden. Womit lässt sich dies vergleichen? Mit einem Mann, der einen Wächter angestellt hat, um seinen Weinberg alle Tage des Sommers zu hüten. Mehrere Monate lang kümmerte er sich nicht um den Weinberg, und er verfiel zusehends; Diebe durchbrachen den Zaun und stahlen den größten Teil der Gewächse. Ist es vorstellbar, dass der Eigentümer ihn nun ganz aufgibt und dem Wildwuchs überlässt? Ganz im Gegenteil, er wird jetzt "Wache halten" und seinen Zaun befestigen und seine Augen und sein Herz darauf richten, dass er nicht eine einzige Frucht verliert. So ist es in diesem Fall genau so, wie es in Mischlei [24:30-31] geschrieben steht: "Ich ging am Feld eines faulen Mannes vorbei und am Weinberg eines Mannes, dem das Herz fehlte. Und siehe, er war ganz von Dornen überwuchert; Nesseln bedeckten seine Fläche, und seine Steinmauer war zerbrochen." Und sein Rat für seinen Weinberg ist, dass er seinen Zaun repariert und seine Dornen und Nesseln ausrottet und ihn im Auge behält, damit er nicht noch mehr verfällt.

Und in unserem Fall besteht das Heilmittel für die Zukunft ebenfalls darin, dass er für sich selbst Zäune errichtet, dass er sich von der Gesellschaft der Menschen fernhält und dass er über niemanden spricht, und dass er, wenn er jemanden durch seine Zunge verletzt hat, indem er ihn beschämt und beleidigt hat, ihn versöhnen soll. Und er soll seine Zunge die restlichen Tage seines Lebens hüten, dass seine Rede nur in Worten der Heiligkeit und in Worten der Thora besteht [außer dem, was für irgendeine Notlage oder für seinen Lebensunterhalt nötig ist]. Und dann kann er von sich sagen: "Glücklich ist unser Alter, das für unsere Kindheit gesühnt hat."

Shemirat HaLashon - Buch B

Kapitel Fünfundzwanzig

Reinheit des Denkens
Bis jetzt haben wir über die Abschaffung des Sprachvermögens gesprochen, das erste Fundament, die Abgrenzung zwischen "Mensch" und "Tier", weshalb die Schrift ihr den Vorrang gibt, mit anderen Worten. [Devarim 30:19]: "Denn die Sache ist dir sehr nahe, in deinem Mund und in deinem Herzen [d.h. in deinen Gedanken], sie zu tun." Und nun werden wir ein wenig über die Fähigkeit des Denkens sprechen, die im Herzen des Menschen wohnt, mit anderen Worten: "und in deinem Herzen, es zu tun". Die Schrift schreibt [Psalmen 24,3-4]: "Wer wird auf den Berg des Herrn steigen usw.? ...die reinen Hände [d.h. jemand, der von Diebstahl rein ist] und die reinen Herzens sind." Daraus lernen wir, dass die Gedanken eines Menschen rein sein müssen und sich nicht mit Eitelkeit vermischen dürfen. Wir sagen jeden Tag: "Mache unsere Herzen eins, dass wir Deinen Namen lieben und fürchten, und lass uns nicht zuschanden werden in Ewigkeit." Das bedeutet, was es sagt. Es ist bekannt, dass das, was im Herzen eines Juden immer wohnt, der Glaube an den Herrn, den G-tt der Himmel und Seine Tora ist, was das Wesen der Heiligkeit ist [wie in Bamidbar 35:39 angedeutet: "Ich bin der Herr, der in der Mitte der Kinder Israels wohnt."] Aus diesem Grund bitten wir den gesegneten Herrn, dass Er unsere Herzen eins macht, um Seinen Namen zu lieben und zu fürchten, und dass sich darin keine andere Liebe mischt. Denn wenn in seinem Herzen, dem Ort des Denkens, auch eine Liebe zu den Eitelkeiten der Welt wohnt, wird er am Ende von ihr beschämt und für immer gekränkt werden. Denn es ist bekannt, dass alle Angelegenheiten eines Menschen - sowohl seine Taten als auch seine Gedanken - nach oben, vor den Herrn, aufsteigen werden, wie wir im Rosch-Haschana-Gebet sagen: "Denn das Gedenken an jede Schöpfung kommt vor Dich, die Taten eines Menschen usw., die Gedanken eines Menschen und seine List." Und alles wird dem Menschen vor Augen geführt, wie es geschrieben steht [Psalm 54,21]: "Ich werde dich zurechtweisen und es dir vor Augen stellen", und der Mensch wird sehr beschämt sein.

Shemirat HaLashon - Buch B

Womit lässt sich das vergleichen? Mit einem reichen Mann, einem Edelsteinhändler, der auf einer Reise von zu Hause aus einen seiner Gefährten bittet, auf seinen Besitz aufzupassen und ihm zu erlauben, zuerst seine schönen Edelsteine zu sehen. Als er die Truhe öffnet, sieht er sie und daneben verfaulte Erde. Daraufhin sagt er zu sich selbst: "Dieser reiche Mann ist ein Narr! Wie kann er verfaulte Erde zusammen mit so schönen Juwelen zurücklassen!" Die Analogie ist selbsterklärend. Ist es nicht offensichtlich, dass alle toten Dinge der Welt im Laufe der Jahre zu Staub werden, sowohl er selbst als auch all die Dinge, nach denen er sich zu Lebzeiten gesehnt hat, wie es geschrieben steht [Koheleth 3,20]: "Alles ist aus Staub entstanden und alles wird wieder zu Staub." Und er wird sich für immer über sich selbst wundern. Wie konnte er in seiner Brust [d.h. in seinem Herzen] zwei Lieben miteinander verbinden? Die Liebe zum Herrn und zu seiner Tora, den wahren Edelsteinen, begehrenswerter als Gold und Feingold, und die Liebe zum Staub - zusammen! Wusste er zu Lebzeiten nicht, dass am Ende alles wieder zu Staub werden würde? Deshalb muss man sehr darauf achten, Gedanken der Lust an den Begierden der Welt aus seinem Geist zu vertreiben. Das ist die Absicht von "Und macht unsere Herzen eins ... und lasst uns nicht zuschanden werden, für immer". Und das ist die Absicht, wenn wir das Schma beten [Devarim 6:5]: "Und du sollst den Herrn, deinen G-tt, lieben von ganzem Herzen usw."

Kapitel Sechsundzwanzig

In diesem Kapitel wird erklärt, dass der Mensch verpflichtet ist, sich in der Tora und in der Furcht [vor G-tt] gemeinsam zu üben.

Es steht in Mischlei [9:10] geschrieben: "Der Anfang der Weisheit ist die Furcht des Herrn." Das bedeutet, dass der Anfang der Weisheit für den Menschen, der weise sein will, darin besteht, die Furcht des Herrn zu erlangen. In einem anderen Vers in Mischlei heißt es jedoch [4:7]: "Der Anfang der Weisheit ist, Weisheit zu erlangen." Das scheint darauf hinzuweisen, dass der Anfang von allem für denjenigen, der Weisheit erlangen will, darin besteht, über Weisheit [d.h. die Weisheit der Tora] nachzudenken! Aber in Wahrheit

Shemirat HaLashon - Buch B

gibt es keinen Widerspruch. Salomo, Friede sei mit ihm, wollte uns lehren, dass beides notwendig ist, dass das eine ohne das andere nichts wert ist [[gemäß dem Tanna in Avoth [3:17]: "Wenn es keine Furcht gibt, gibt es keine Weisheit; wenn es keine Weisheit gibt, gibt es keine Furcht"]]. Das heißt, wenn man seine ganze Mühe und Überlegung darauf verwendet, die Furcht des Herrn zu erlangen, und meint, danach Weisheit zu erwerben, rät uns König Salomo, Friede sei mit ihm, dass es nicht richtig ist, dies zu tun. Denn um Furcht zu erlangen, wie es sich für einen Juden gehört, muss er sie wie Silber suchen, wie es in der Schrift heißt [Mischlei 2,9]: "Wenn du sie wie Silber suchst, ...dann wirst du die Furcht des Herrn verstehen." Und die Suche nach Silber dauert nicht einen Tag oder eine Woche oder einen Monat, sondern Silber ist immer in seinem Sinn. Der Mensch, der die Furcht des Herrn erlangen will, muss immer an seine Größe denken. Er muss immer über seine Größe und über die Güte nachdenken, die er ihm jeden Tag schenkt, und die Furcht vor dem Herrn in seiner Seele vermehren. Und wenn er mit dem Nachdenken über die Weisheit der Tora wartet, bis er ein wahrer G-ttesfürchtiger geworden ist, wird dies lange dauern, so dass in der ganzen Zeit, in der sein Herz ohne Weisheit ist, seine Furcht nichts wert ist. Denn wo keine Weisheit ist, da ist auch keine Furcht, und [Avoth 2:5]: "Ein Tölpel fürchtet die Sünde nicht."

Lassen Sie uns das ein wenig veranschaulichen: Selbst wenn man darauf erpicht wäre, den Willen des Schöpfers mit der Mitzwa des Tefillin zu erfüllen, so wüsste man doch nicht, wo der Tefillin angebracht werden sollte, ob speziell auf dem Kopf, oder ob auch die Stirn genügt. Und so ist es auch mit dem Hand-Phylakterium, ob auf dem Bizeps, speziell, oder sogar darunter. Und so, ob sie perfekt quadratisch oder sogar ein wenig abgerundet sein müssen. Und was muss seine Absicht sein, wenn er sie anlegt, und dergleichen. Nehmen wir an, er würde die Halachoth [das Gesetz] der Tefillin nicht kennen - er würde viele Jahre ohne [die Mitzwa der] Tefillin sein. Und so ist es mit vielen Mitzvoth. Deshalb muss er, sobald er erkennt, dass es sein Ziel in dieser Welt ist, die Furcht des Herrn zu erlangen, sofort dafür sorgen, dass er in der Tora meditiert, damit sie ihm den Weg zeigt, auf dem er wandeln soll, und so den Heiligen, gepriesen sei Er, kennenlernt.

Shemirat HaLashon - Buch B

Umgekehrt gilt das Gleiche: Wenn er seinen Geist in Weisheit tauchen will, d.h. in die Weisheit der Tora allein, und auf die Furcht des Herrn verzichten will, ist seine Weisheit wertlos. Und das ist der Sinn von "Wo keine Furcht ist, da ist auch keine Weisheit" in Avoth. Das heißt, wenn er den Herrn nicht fürchtet, und infolgedessen alle Seine Mitzwot nicht in seinem Geist verankert sind, um sie zu erfüllen - und so mit seinen Fähigkeiten, die des Sprechens und die des Hörens - wenn sie frei sind, zu sprechen und zu hören, was immer er will - ob Lashon Hara [Verleumdung] [üble Nachrede] oder Rechiluth [Geschwätz] [Klatsch] oder verbales Unrecht oder Leichtsinn oder dergleichen, dann "geht alles" mit ihm.

[Und das ist die Absicht von Mischlei 4:7: "Der Anfang der Weisheit ist, Weisheit zu erwerben", und das Ende des Verses: "und mit allem, was du erwirbst, erwirb Verstand." Dies ist selbsterklärend: Mit "Weisheit" ist das gemeint, was offensichtlich ist, die ersten Prinzipien, das, was man von anderen lernt; und mit "Verständnis" das, was man danach selbst überlegt, um eine Sache von einer anderen zu verstehen. Deshalb sagt er, dass man zuerst Weisheit erlangen muss, und dann muss man sich selbst stärken, um eine Sache von einer anderen zu verstehen. Wie man sagte [Schabbat 31a]: "Zur Zeit des Gerichts fragen sie einen Menschen: 'Hast du in Weisheit geredet? Hast du eine Sache von der anderen verstanden?" Was "und mit all deinen Errungenschaften, erwirb Verständnis" betrifft, so wird dies nach Midrasch Schir Haschirim 8 in der Episode von R. Chiyya b. Abba und R. Jochanan verstanden, die auf dem Weg waren und an ein Feld kamen, zu dem R. Jochanan sagte: "Das war meins, aber ich habe es verkauft, um in der Tora zu arbeiten", und so weiter, bis zum letzten Feld. Daraufhin begann R. Chiyya zu weinen und sagte zu ihm: "Was wirst du für dein Alter übrig lassen?" R. Jochanan antwortete: "Warum beunruhigt dich das? Ich habe etwas verkauft, das in sechs Tagen geschaffen wurde, wie es geschrieben steht [Schemot 20:11]: 'In sechs Tagen schuf der Herr usw.', und ich kaufte etwas, das in vierzig Tagen erlernt wurde, wie es geschrieben steht [ebd. 39:28]: 'Und er war dort mit dem Herrn vierzig Tage lang.'" Und das ist es, was die Schrift uns mit "und mit allem, was du erwirbst, erwirb Verstand" andeutet. Es ist richtig, dass man alles,

Shemirat HaLashon - Buch B

was man besitzt, gibt, um Verständnis zu erlangen. Das heißt, dass er in allen Angelegenheiten der Tora weise wird, um eine Sache von der anderen zu verstehen].

Und unsere Weisen seligen Andenkens haben gesagt, dass in der Zukunft alle Taten eines Menschen vor seinem Gesicht "aufleuchten" werden. Und so ist es auch mit seiner Rede. Nichts von dem, was er in der Welt gesagt hat, wird verloren gehen; nicht einmal eine Sache wird unaufgezeichnet bleiben. Selbst das Gerede, das er in dieser Welt gesprochen hat, wird ihm zur Zeit des Gerichts wiederholt werden. Und es ist bekannt, was der heilige Zohar sagt:

"...Und aus diesem bösen Geist entstehen andere Erreger des Din, die dazu bestimmt sind, böse Rede oder schmutzige Rede zu ergreifen, die aus dem Mund eines Menschen kommt und auf die dann heilige Worte folgen. Wehe ihnen [den Sprechern]. Wehe über ihr Leben! Wehe ihnen in dieser Welt! Wehe ihnen in der kommenden Welt! Denn diese Geister der Unreinheit nehmen das Wort der Unreinheit auf, und wenn er danach heilige Worte spricht, kommen diese Geister der Unreinheit hervor und nehmen die unreine Rede auf das heilige Wort, so dass es nicht zu seinem [des Sprechers] Verdienst kommt und die Kraft der Heiligkeit dadurch abgeschwächt wird."

[siehe Kapitel II zu Vayikra 11:43]

Wenn nun dieser Mann jeden Tag die Heilige Schrift und die Mischna oder Gemara gelernt hätte und wüsste, dass man ihm zur Zeit des Gerichts die ganze Mischna und Gemara, die er gelernt hat, vor Augen führen würde, wie groß wäre dann seine Sehnsucht nach dieser [Vorführung] zu allen Zeiten - wenn doch dieser [Moment] käme und man dies zu seinen Gunsten anführen würde! Wenn sie aber danach all die Bücher bringen, die er studiert hat, und er sieht, dass auf jeder Seite der Geist der Unreinheit wohnt, wegen der verbotenen Rede, die er am Anfang oder in der Mitte [seines Lernens] gesprochen hat, und dass sie [die heiligen Worte] nichts wert sind, wie groß wird dann sein Kummer sein, wenn er über sich selbst nachdenkt, wie er selbst, mit unvorsichtiger Hingabe, seine Thora verloren gehen ließ!

Womit lässt sich das vergleichen? Mit jemandem, der von seinem Freund eine vollständige, in feines Leder gebundene

Shemirat HaLashon - Buch B

Schas kauft, ohne hineinzuschauen, weil er sich auf den schönen Einband verlässt. Er bezahlt sie und der Verkäufer geht seines Weges. Als er zu seinem Haus kommt [und sie öffnet], sieht er, dass die gesamte Schas mit Fett und Schmiere besudelt ist, die sich über sie ergossen hat, und dass nicht einmal ein Traktat unversehrt ist. Wie verbittert ist er darüber, dass er von dem Verkäufer getäuscht wurde, der es vor ihm angepriesen hatte - und er hatte es nicht selbst geöffnet, um zu sehen, was er gekauft hatte!

So ist es auch in unserem Fall. Wenn jemand ständig den Mund aufmacht und nicht darauf achtet, was er sagt, dann wird er, auch wenn er alle sechs Ordnungen der Mischna und den gesamten Schas mehrmals gelernt hat, wenn er auf die Höhe kommt, nicht einmal eine Gemara finden, die ihn verteidigt. Denn jede einzelne wird vom Geist der Unreinheit überlagert sein und ekelhaft anzusehen sein. Deshalb muss der weise Mann, dessen Augen in seinem Kopf sind, bevor er anfängt, in der Tora weise zu werden und "Der Anfang der Weisheit ist, Weisheit zu erwerben" zu erfüllen, "Der Anfang der Weisheit ist die Furcht des Herrn." Und dann wird er glücklich sein und es wird ihm gut gehen in dieser und in der nächsten Welt. Denn seine Thora wird vom gesegneten Herrn sehr geliebt werden, und es wird kein Makel an ihr sein. Ein solcher Mensch muss sich anstrengen und so viel Weisheit anhäufen, wie er kann. Und wenn er auch nur einen Augenblick der Tora vergeudet, ist das ein großer Verlust. Denn "ein Diener, der Handarbeit macht, kann nicht mit einem verglichen werden, der Perlen auffädelt."

Kapitel Siebenundzwanzig

In diesem Kapitel wird erklärt, warum sich jeder Mensch anstrengen muss, alle Mitzvoth zu erfüllen, ohne Ausnahmen von der Regel.

Bis jetzt haben wir über den Anfang des Verses [Psalm 34:13-15] gesprochen: "Wer ist der Mann, der das Leben will usw., Hüte deine Zunge vor dem Bösen usw." Und nun werden wir mit der Hilfe des Herrn das Ende des Verses erklären: "Lass ab vom Bösen und tue Gutes", wie es sich auf den Anfang des Verses bezieht. Es ist bekannt, was unsere Weisen seligen Andenkens darüber gesagt haben,

Shemirat HaLashon - Buch B

mit anderen Worten: "Wer ist der Mensch, der das Leben will" - in der kommenden Welt, "der die Tage liebt, das Gute zu sehen" - in dieser Welt. "Hüte deine Zunge usw. Lass ab vom Bösen und tue Gutes." Wir werden [der Erklärung dieses Verses] das voranstellen, was im Namen der GRA über den Vers [Jesaja 3:10-11] gesagt wird: "Sprich von dem Zaddik, dass er gut ist, denn die Früchte ihrer Taten werden sie essen. Wehe dem Rascha [dem Bösen], denn er ist böse. Denn der Lohn seiner Hände soll ihm zuteil werden", mit anderen Worten: Wenn man die Mitzvoth zwischen einem Menschen und seinem Schöpfer erfüllt, ist das Wesen seiner Belohnung in der kommenden Welt; und so ist seine Strafe, wenn er sie übertritt. Und für die Mitzvoth zwischen einem Menschen und seinem Nächsten, wo er seinen Mitmenschen nützt, erhält er seinen Lohn ebenfalls in dieser Welt. Ebenso wird er, wenn er sie übertritt, abgesehen von der Strafe, die ihn in der kommenden Welt erwartet, auch in dieser Welt bestraft, denn durch seine Taten verursacht er auch Leid unter den Menschen. Die Begriffe "Zaddik" und "Rasha" beziehen sich auf die Beziehung zwischen einem Menschen und seinem Schöpfer, und die Begriffe "gut" und "böse" auf die Beziehung zwischen einem Menschen und seinem Nächsten. Und der Vers ist nun aufgelöst, mit anderen Worten..: "Sprich von dem Zaddik, dass er gut ist", d.h., dass er durch seine Taten auch seinen Mitmenschen nützt - "denn die Früchte ihrer Taten [die der Zaddikim] sollen sie [ihre Mitmenschen] essen." "Wehe dem Rasha, denn er ist böse", d.h. auch im Bereich "zwischen dem Menschen und seinem Nächsten" - "denn der Lohn seiner [des Rasha] Hände soll ihm [seinen Mitmenschen] zuteil werden." Und nun wird der oben erwähnte Vers auch aufgelöst, mit anderen Worten: "Wer ist der Mensch, der das Leben will" - in der kommenden Welt; "wer liebt Tage, um Gutes zu sehen" - auch in dieser Welt. "Laßt ab vom Bösen und tut Gutes", d.h. auch die Mitzvoth zwischen einem Menschen und seinem Nächsten, dem Mitmenschen Gutes zu tun und dadurch Gutes zu sehen, auch in dieser Welt. Nun, "sich vom Bösen fernhalten" schließt alle Aspekte des Bösen ein: Diebstahl, Gewalt, Unrecht, Zinsen, Betrug, das "Bleichen" des Gesichts und dergleichen. Und "Gutes tun" umfasst alle Aspekte des Guten: Wohltätigkeit, Freundlichkeit,

Shemirat HaLashon - Buch B

Unterstützung von Bedürftigen, Bestattung von Toten, Besuch von Kranken, Empfang von Gästen, Rückgabe von verlorenen Gegenständen, Rückgabe eines Pfandes, pünktliche Bezahlung eines angestellten Arbeiters und viele andere solche Mitzvoth zwischen einem Mann und seinem Nachbarn. Der Mensch muss sie alle beherzigen und sich anspornen, sie zu erfüllen. Wie wir bei der Schofar-Mizwa gesehen haben, dass alle rennen, um sie zu erfüllen, so sollte es bei allen Mitzvoth sein, sie zu verfolgen und sich über ihre Erfüllung zu freuen. Wie wir jeden Tag sagen: "Darum, Herr, unser G-tt, wenn wir uns niederlegen und wenn wir aufstehen, wollen wir in Deinen Satzungen reden und uns an den Worten Deiner Tora und an Deinen Mitzvoth ewig erfreuen." [Und in unseren vielen Sünden sagen wir zu dem Heiligen, gepriesen sei Er, dass wir dies tun werden, aber wir übertreten es. Und an uns erfüllt sich, was unsere Weisen seligen Andenkens [Berachoth 6b] über den Vers [Psalmen 12:9] gesagt haben: "...wenn die Schlechten über die Söhne der Menschen erhöht werden" - "diese [d.h. Mitzvoth] sind die Dinge, die auf der Höhe der Welt stehen, und die Söhne der Menschen erniedrigen sie."]

Zusammengefasst: Man muss darauf achten, die Worte der Tora zu erfüllen, sowohl die zwischen dem Menschen und seinem Schöpfer als auch die zwischen dem Menschen und seinem Nächsten. Denn sie alle sind das Wort des Herrn, wie es geschrieben steht [Devarim 32:46-47]: "...die du deinen Kindern gebieten sollst, zu halten und zu tun - alle Worte dieser Tora. Denn sie ist keine leere Sache für dich. Denn sie ist euer Leben." Denn so wie im Körper in jedem Glied Leben ist und alle [Glieder] von ihm verlangt werden, so ist in jeder Mitzwa Leben für die Seele eines Menschen und alle [Mitzwot] werden von ihr verlangt. Das ist die Absicht von Koheleth 12:13: "Das Ende der Sache - alles ist gehört worden. Fürchtet G-tt und haltet seine Mitzvoth. Denn das ist der ganze Mensch." Das heißt, durch die Furcht G-ttes, kein negatives Gebot zu übertreten und alle seine positiven Gebote zu erfüllen - das ist der ganze Mensch. Das heißt, dann wird der Mensch "vollständig" genannt, was nicht der Fall ist, wenn irgendeine Mitzwa in seinen Augen unbedeutend ist, G-tt bewahre, in welchem Fall er in seiner Seele fehlt.

Und wie treffend ist die Predigt unserer Weisen seligen

Shemirat HaLashon - Buch B

Andenkens über den Vers [Schemot 32:16]: "Und die Tafeln [luchoth] sind das Werk G-ttes.": "'Luchoth' wird [ohne Vav] geschrieben, um zu zeigen, dass sie [die Tafeln] beide gleich waren, das heißt, dass sie wie eine einzige Tafel aussahen. Denn es ist bekannt, dass auf der einen Tafel rechts die Dinge zwischen dem Menschen und seinem Schöpfer geschrieben standen, und auf der zweiten Tafel, die mit "Du sollst nicht töten" und "Du sollst nicht ehebrechen" beginnt, bis zum Ende dieser Tafel, die Dinge zwischen dem Menschen und seinem Nächsten geschrieben standen. Das heißt, man sollte bei keinem von ihnen denken, dass es nur oberflächlich ist, um einen Menschen zu "verschönern". Deshalb sind sie in großer Nähe zueinander geschrieben, um zu zeigen, dass der eine dem anderen nicht überlegen ist. Und sie sahen auch wie eine einzige Tafel aus, um anzudeuten, dass man nur dann als "Mensch unter Menschen" gilt, wenn man an seinen Gliedern ganz ist; fehlt ihm aber ein Teil seines Körpers, so ist er in den Augen der Menschen und auch in seinen eigenen Augen erniedrigt, so ist es auch mit der Seele. Wann ist er der "vollständige Mensch"? Wenn alle Worte des Herrn von ihm geliebt werden, was nicht der Fall ist, G-tt bewahre, wenn er irgendeines der Worte des Herrn herabsetzt, sei es im Bereich des Menschen und seines Schöpfers oder in dem des Menschen und seines Nächsten. Dann ist er kein "Mensch". Ganz Israel, ob jung oder alt, weiß, dass die Tora nur dann mit der Heiligkeit eines Sefer Tora gelesen wird, wenn sie vollständig geschrieben ist und kein einziger Buchstabe fehlt. Nur dann heißt es [Psalmen 19:8]: "Die Tora des Herrn ist vollständig." Fehlt aber ein Buchstabe, besitzt sie nicht die Heiligkeit einer sefer Tora, sondern nur die Heiligkeit von parshiyoth. So ist es auch mit dem Juden. Wann wird er in die Gemeinde Israels aufgenommen und hat Anteil an der kommenden Welt? Nur dann, wenn er glaubt, dass die gesamte Tora vom Herrn aus dem Himmel gegeben wurde. Wer sie aber leugnet - auch nur einen Buchstaben davon -, gehört nicht zur Gemeinde Israels [siehe Sanhedrin 99a; Rambam, Hilchoth Teshuvah 3:5; Yoreh Deah 158].

In Wahrheit aber ist ganz Israel gläubig, Kinder von Gläubigen, dass die gesamte Tora durch das Wort des Herrn an Mosche, seinen Diener, vom Himmel gegeben wurde. Wenn man also glaubt, dass jede Mitzwa vom gesegneten

Shemirat HaLashon - Buch B

Schöpfer gegeben wurde, wie kann man sich dann erlauben, irgendetwas in der Tora auf die leichte Schulter zu nehmen? In Wahrheit entspringt dies, G-tt bewahre, nicht der Ketzerei, sondern dem Umstand, dass er sie mehrmals übertreten hat und sie als erlaubt empfindet. Wie unsere Weisen seligen Angedenkens gesagt haben: "Wenn ein Mensch eine Übertretung begeht und sie wiederholt, fühlt sie sich für ihn erlaubt." Aber schon das ist eine ungeheuerliche Sünde, sich zu erlauben, etwas von den Worten des Herrn zu übertreten [wie Rabbeinu Jona in Sha'arei Teshuvah weiter ausführt]. Deshalb muss man in dieser Hinsicht äußerst achtsam sein, und es wird gut für ihn sein.

Kapitel Achtundzwanzig

Großes Erwachen über die Schwere der Sünde des Diebstahls

Unter unseren vielen Sünden gibt es viele Menschen, die sehr darauf bedacht sind, die Tora gemäß dem Din zu befolgen, die aber das Issur [Verbot] des Diebstahls auf die leichte Schulter nehmen, indem sie die Leute mit allen möglichen Tricks betrügen, weil sie sich daran gewöhnt haben und nicht wissen, dass es ihr eigenes Wesen trifft und dass sie dadurch die Kategorie "dein Nächster" und "dein Mitmensch" verlassen, und dass sie sich außerdem selbst vom Zeugnis absetzen. Ein Beweis: Unsere Weisen seligen Andenkens haben gesagt, dass Kleinviehhalter, [die es gewohnt sind, auf der Weide anderer zu grasen] "nicht herausgerissen und nicht eingeschläfert werden." Das heißt, wenn sie in eine Grube gefallen sind, sollen sie nicht herausgeholt werden, obwohl es für andere Juden ein negatives Gebot dagegen gibt, mit anderen Worten. [Vayikra 19:16]: "Du sollst dem Blut deines Nächsten nicht tatenlos zusehen", wobei man verpflichtet ist, ihn herauszuziehen und sogar andere damit zu beauftragen. Aber in diesem Fall darf er wegen seiner Schlechtigkeit nicht herausgezogen werden.

Wir werden die Schwere des Diebstahls etwas näher erläutern, denn wenn man darüber nachdenkt, wird man erschaudern. Der Midrasch schreibt: "Damit du nicht sagst, ich hätte dir die Tora zu deinem Bösen gegeben - ich habe

Shemirat HaLashon - Buch B

sie dir nur zu deinem Guten gegeben." Das wirft natürlich eine Frage auf: Wie könnte man [auch nur] vermuten, dass der Heilige, gepriesen sei Er, die Quelle des Guten und der Güte, uns die Tora zu unserem Bösen geben könnte? Aber die Erklärung ist wie folgt. Es gibt in der Tora mehrere Abschnitte über die Bestrafung von Sündern - mit dem Tod, mit Schlägen oder mit Geldzahlungen -, die zu der Annahme verleiten könnten, dass der Heilige, gesegnet sei Er, zornig auf den Sünder ist, weshalb Er diese Strafen für sein Böses vorgeschrieben hat. Aber in Wahrheit ist das nicht so. Der Heilige, gesegnet sei Er, bringt Strafen über ihn, um ihn zu reinigen. Denn unsere Weisen haben gesagt [Makkoth 23a] über jemanden, der mit Schlägen belegt wird, weil er ein negatives Gebot der Tora übertreten hat: [Devarim 25:3]: "Und dein Bruder soll vor deinen Augen erniedrigt werden" - "Wenn er einmal erniedrigt worden ist [indem er Schläge erhalten hat], ist er wie dein Bruder." Und in ähnlicher Weise sagen wir auch zu einem, der mit der Todesstrafe bedroht ist: "Bekenne, denn alle, die bekennen, haben Anteil an der kommenden Welt." Und dies dient in der Tora als Vorbild für alle diese Dinge, wie im Fall eines Diebes [Schemot 22,2]: "Wenn ihm [das Geld für die Rückgabe] fehlt, soll er für seinen Diebstahl verkauft werden", um das Geld dem Besitzer zurückzugeben und sich so von der Sünde des Diebstahls zu reinigen, auch wenn er dadurch von seiner Heiligkeit abfällt. Denn von vornherein ist es einem Juden durch ein negatives Gebot untersagt, eine Magd zu heiraten, denn es steht geschrieben [Devarim 23:18]: "Und es soll keine Hure unter den Söhnen Israels sein"; aber nachdem er von Beth-Din [Gericht] verkauft wurde, steigt er von seiner Heiligkeit herab und heiratet eine Magd, und seine Kinder sind für immer Sklaven. Auf jeden Fall kommt die Tora zum "Ende der Sache", dass dies für ihn besser ist, als dass die Sünde des Diebstahls auf ihm bleibt und er zurückkehrt und als Gilgul [Wiedergeburt] nach Gehinnom kommt.

Kapitel Neunundzwanzig

In diesem Kapitel wird die Anstrengung und der Eifer erläutert, die für das Erreichen der Tora und der Mitzvoth erforderlich sind.

Shemirat HaLashon - Buch B

[Avoth 1:13]: "Er [Hillel] pflegte zu sagen: 'Wenn ich nicht für mich bin, wer ist dann für mich? Und wenn ich [nur] für mich bin, was bin ich dann? Und wenn nicht jetzt, wann dann?'" Wenn der tanna, Hillel, dies zu sagen pflegte, so finden sich darin gewiss Grundsätze und Grundlagen, die den Menschen zu seinen Handlungen und Wegen in dieser Welt anspornen, um ihn zu seinem ewigen Glück zu führen. Und gewiss sind in seinen Worten erhabene Gedanken und vielfältige Erklärungen enthalten. Wir haben dies an anderer Stelle ausführlich dargelegt. Aber in seinem einfachen Sinn möchte ich jetzt erklären, dass der Tanna uns an den großen Eifer erinnern will, den ein Mensch Tag für Tag für die Tora und gute Taten braucht.

Denn wenn wir in der Welt einen Menschen sehen, der Tag für Tag nicht arbeitet, und ihn fragen: "Was ist das? Wie kannst du deine Frau und deine Familie ernähren, wenn du nichts tust?", kann er auf eine von drei Arten antworten:

1. Er hat eine Fabrik mit vielen Arbeitern und Aufsehern, von denen er genug für seinen Lebensunterhalt bekommt, so dass er die Zeit findet, untätig zu sein.

2. Seine Arbeit ist sehr lukrativ - Diamantenschleifen, Perlenfädeln und dergleichen, so dass er mit einigen Stunden Arbeit am Tag genug für seinen Lebensunterhalt nach Hause bringt und in der übrigen Zeit untätig ist.

3. Seine Arbeit beansprucht nur einige Wochen im Jahr, die Zeit des Marktes, wohin er jedes Jahr reist, und wo er genug verdient, um sich das ganze Jahr über zu ernähren. Den Rest der Zeit sitzt er untätig herum.

Und der Tanna kommt hier, um uns daran zu erinnern, dass für das Werk des Himmels, das die Arbeit für seine Seele in der Ewigkeit ist, keine der oben genannten Antworten jemanden rechtfertigen kann, der in seiner Arbeit, der Arbeit der Heiligkeit, nachlässig ist.

A. "Wenn ich nicht für mich bin, wer ist dann für mich?" Er hat keine Arbeiter und Helfer, die ihn mit dem Lebensunterhalt seiner Seele versorgen. Aber nur er selbst kann für ihr Glück und ihr Leben sorgen. "Wenn ich nicht für mich bin", denn das, was nur mich betrifft, das Wesen des Menschen, seine beständige Seele - wenn ich selbst mich nicht für sie anstrenge, um ihre Anforderungen - Tora und gute Taten - zu erreichen, wer wird mir Leben und

Shemirat HaLashon - Buch B

Glück für sie bringen? Denn dies kann nicht durch irgendeinen Akt des Erwerbs erlangt werden, außer durch die Mühe, die der Mensch selbst für seine Seele auf sich nimmt [Was die Erlangung eines Teils seiner Tora durch seine Unterstützung [anderer, die lernen] betrifft, erlangt er das nicht auch durch seine eigenen Taten, indem er sie durch sein Vermögen unterstützt?]

B. Auf die zweite Antwort des Müßiggängers, dass er nicht einen ganzen Tag für seinen Lebensunterhalt zu arbeiten braucht, sondern dass ein paar Stunden ausreichen, sagt der Tanna, dass dies für die Bedürfnisse seiner Seele nicht ausreicht, denn "die Zeit ist kurz und die Arbeit ist lang." Denn selbst wenn all seine Arbeit und Mühsal an allen Tagen seines Lebens den Bedürfnissen seiner Seele gewidmet wäre - dem Erwerb der Tora des Herrn und der Erfüllung seiner Mitzvoth -, was nützt seine Mühe in seinen wenigen Tagen für die Bedürfnisse des Lebens seiner unsterblichen Seele in der Ewigkeit? Und das ist der Sinn von "Und wenn ich für mich selbst bin" - wenn ich mich ganz meinem [unsterblichen] Selbst widme, das heißt meiner Seele, dem [wesentlichen] Selbstsein eines Menschen, "was bin ich dann?" Was nützt mir meine Arbeit in [so] wenigen Tagen für [so] einen langen Weg? Wie Mar Ukva sagte, als er den Bericht über seine Wohltätigkeit in der Höhe sah: "Ein langer Weg und eine leichte Last." Denn in Anbetracht der Länge des Weges war sein "Lebensunterhalt" nicht von Bedeutung, und außerdem hatte er "die Hälfte seines Geldes" vergeudet.

Wie viel mehr wird ein Mensch, wenn er die Bilanz seines Lebens zieht, feststellen, dass er nur einen winzigen Teil seiner Arbeit für sich selbst und den größten Teil für die Eitelkeit geleistet hat. Wie wird er dann vor seiner Seele rechtfertigen, dass er nicht wenigstens in den Stunden, in denen er nicht arbeitet, darauf achtet, in ihnen Tora und Mitzvoth, die Errungenschaften seines Selbst, zu erlangen? Der Mann, der für seinen Lebensunterhalt, für seine Frau und für seine kleinen Kinder arbeitet - wie viel mehr für ihren Tora-Unterricht - der Mann, der dafür arbeitet, arbeitet nicht vergeblich. Und nicht nur seine festen Tora-Zeiten, sondern seine ganze Arbeit dient dazu, den Willen des Heiligen, gepriesen sei Er, zu tun, und seine Arbeit wird Früchte tragen. Wenn aber ein Mensch einen ganzen Tag

Shemirat HaLashon - Buch B

lang für einen üppigen Lebensunterhalt, für geräumige Häuser und schöne Kleidung arbeitet, die über die Anforderungen seines Standes hinausgehen, dann ist seine Arbeit gewiss nicht die seine. Denn was wird er dafür vorweisen können?

Wie viel mehr, wenn er den Lohn seiner Arbeit vergeudet, um seine Kinder auf den "neuen Wegen" zu erziehen, sie in fremden Studien zu unterrichten und sie von der Tora des Herrn zu entfernen. Ist seine Mühsal nicht "nicht für ihn"? Im Gegenteil, er muss noch Gericht halten und Rechenschaft dafür ablegen, dass er seine Kinder von der Tora des Herrn entfernt hat. Und wenn er sich bis ins hohe Alter abmüht, um seinen Söhnen nach ihm einen Segen [d.h. ein Erbe] zu hinterlassen, ist auch das nicht für ihn. Wie Resh Lakish, der seinen Söhnen einen Kav Safran hinterließ, über sich selbst sagte [Psalmen 99:11]: "Und sie überlassen ihren Reichtum anderen." [Gittin 47a].

Und aus all diesen [Gründen] kam Hillel, um die Menschen anzuspornen, ihre Zeit zu schätzen, damit sie nicht vergeudet wird. Und man darf sich nicht selbst täuschen und sagen: "Mein bescheidenes Maß an Tora und [g-ttlichem] Dienst reicht für mich aus." Das ist nicht so. Denn selbst wenn er seine ganze Mühe nur sich selbst widmen würde, was würde er damit erreichen? Und vor allem, wenn der größte Teil seiner Arbeit nicht für ihn ist, "was ist er dann?"

"Und wenn nicht jetzt, wann dann?" Diese Frage richtet sich an die dritte Antwort, die von denjenigen gegeben wird, die in der Welt nicht arbeiten, nämlich dass ihre Hauptquelle für den Lebensunterhalt der "Markttag" ist, der große Jahrmarkt, der es ihnen ermöglicht, das ganze Jahr über üppig zu leben. Diese Behauptung selbst erfordert einen noch größeren Eifer. Denn wenn man diesen Mann am "Markttag" selbst untätig sieht und seine Zeit mit Nichtigkeiten verbringt, stellt sich die große Frage: "Wenn du nicht einmal am "Markttag" arbeiten würdest, würdest du dann nicht ein ganzes Jahr lang hungern?"

Ja, mein Bruder, ist diese Welt nicht der "Markttag", an dem man die Waren kaufen muss, um seine Seele alle Tage seines langen Lebens in der Welt, die ganz und gar lang ist, zu ernähren? Und wenn er jetzt, am "Markttag", in Faulheit schwelgt und sich vor der Arbeit drückt, wird seine Seele dann nicht in der Welt des ewigen Lebens verhungern? Das

Shemirat HaLashon - Buch B

ist der Sinn von "Wenn nicht jetzt, wann dann?" Und so heißt es in Koheleth [9,10]: "Und alles, was deine Hand zu tun findet, das tue mit deiner Kraft." Das heißt, arbeite nicht faul, sondern bis an die Grenzen deiner Kraft. Denn erst jetzt ist die Zeit des Tuns, denn [ibid.]: "Es gibt kein Tun und kein Rechnen und kein Wissen und keine Weisheit im Scheol, wohin du gehst." Denn die Tage der Arbeit sind schon zu Ende, und nur von dem, was ihm in den Tagen seines Lebens in dieser Welt durch seine Mühen bereitet wurde, wird seine Seele dort leben. Wie in der Tora geschrieben steht [Devarim 7:11]: "...heute, um sie [die Mitzvoth] zu tun", und nicht morgen, um sie zu tun, sondern nur, um ihren Lohn zu erhalten. [Eruvin 22a]

Und in Wahrheit impliziert "Und wenn nicht jetzt" "jede Stunde und jeden Tag". Man muss denken "Wenn nicht jetzt" - dass der Heilige, gesegnet sei Er, jeden Tag für den Menschen bestimmt, was er von der Tora des Herrn und Seinem Dienst erreichen soll. Wenn der Yetzer Hara [die böse Neigung] ihn verführt, dass er morgen den heutigen Tag nachholen kann, ist das ein Irrtum. Denn der morgige Tag ist eine Verpflichtung an sich, und er wird die Zeit, die ihm jetzt fehlt, nicht nachholen können. Und nur vom Tag bis zum Abend [desselben Tages] finden wir bei Unseren Weisen, möge ihr Andenken gesegnet sein: "Man kann [von seiner Zeit] am Tag borgen und sie [beim Torastudium] in der Nacht nachholen." Und dies ist die Absicht von [Devarim 4:9]: "Und damit sie nicht von deinem Herzen weichen, alle Tage deines Lebens." Und so, [Koheleth 9:9]: "Und seht das Leben... alle Tage eurer Eitelkeit" - das heißt, dass nicht ein Tag verloren geht. Und so, [Rambam, Hilchoth Talmud Torah 1:10]: Der Vers "Und damit sie nicht von deinem Herzen weichen alle Tage deines Lebens" impliziert, dass man nicht einen einzigen Tag lang in der Tora des Herrn müßig sein darf - bis zu seinem letzten Tag. Und dies wird in dem Vers [Mischlei 3:28] angedeutet: "Sage nicht zu deinem Freund: 'Geh und kehre zurück, und morgen will ich dir geben', wenn du es [heute] bei dir hast." "Dein Freund" ist der gute Yetzer [Neigung] Hara [die böse Neigung], der wahre Freund des Menschen, der ihm rät, was für immer gut für ihn sein wird.

[Zusammenfassend muss man wissen, dass man nur für eine bestimmte Zeit in diese Welt gekommen ist, um Tora und

Shemirat HaLashon - Buch B

Mitzvoth zu tun, und dass man dazu bestimmt ist, in die höhere Welt zurückzukehren, um seinen Lohn zu erhalten. Wie es geschrieben steht [Devarim 7:11]: "die ich euch heute gebiete, sie zu tun", worüber unsere Weisen seligen Andenkens gesagt haben: "Heute sollst du sie tun, und morgen sollst du ihren Lohn empfangen." Aber der Yetzer Hara [die böse Neigung] Hara verführt den Menschen in seiner Jugend, dass er noch viele Jahre zu leben hat, und das ist in Wahrheit ein Irrtum, wie wir oben geschrieben haben. Denn jeder Tag ist ihm vom gesegneten Schöpfer mit genauer Abrechnung gegeben, wie es geschrieben steht [Hiob 7:1]: "Hat der Mensch nicht eine bestimmte Zeit auf Erden?" Und er kann sich nicht von diesem Tag befreien, um den nächsten Tag zu erwarten. Der Mensch in dieser Welt ist wie einer, der gekommen ist, um für eine bestimmte Zeit in einem fernen Land zu verweilen, wie es geschrieben steht [Psalm 119,19]: "Ich bin ein Gast im Lande; verbirg nicht deine Mitzvoth vor mir." Er muss jeden Tag bedauern, damit er nicht vergeudet wird.

Ich habe dafür eine treffende Analogie angeführt: Ein Mann verlässt aufgrund seiner Armut sein Land und reist in ein fernes Land [Afrika o.ä.], um seine Familie zu versorgen. Er ist äußerst faul und geht immer müßig umher. Einmal trifft ihn einer seiner Bekannten aus seiner Stadt und fragt ihn: "Warum treibst du dich herum und tust nichts und suchst keine Arbeit? War das nicht dein Ziel, als du hierher kamst?" "Warum fragst du das? Ich habe noch Zeit. Seit ich hierher gekommen bin, sind doch erst zwanzig Jahre vergangen?" Sein Freund antwortet: "Hast du den Verstand verloren? Selbst wenn du hier geboren wärst und ständig müßig herumlaufen würdest, wäre das nicht die richtige Art für einen Menschen, wie jeder weiß. Wie viel mehr, wenn du dich nur hier aufhältst und das Land deiner Geburt nur verlassen hast, um etwas zu verdienen und in dein Land zurückzukehren. Du hättest dich jeden Tag umsehen müssen, um etwas zu finden, womit du etwas verdienen kannst, und du hättest keinen Tag vergeuden dürfen. Und du antwortest, dass du nur zwanzig Jahre hier bist? Diese Antwort passt zu einem Dummkopf, nicht zu einem Mann!" Die Analogie ist selbsterklärend. Die Seele eines Menschen, wenn sie auf die Erde herabsteigt, ist ein absoluter Gast [nicht ein "Siedler" wie im Himmel, [wie es geschrieben

Shemirat HaLashon - Buch B

steht [Psalm 39,13]: "Ich bin ein Gast bei Dir, ein Siedler, wie alle meine Vorväter"]], der hierher gekommen ist, um Tora und Mitzwot zu erlangen. Denn im Himmel kann er sich nichts verdienen, und es ist ihm eine bestimmte Zeit dafür gegeben worden, um danach zu seiner Quelle oben zurückzukehren und dort im Band des Lebens mit dem Herrn, seinem G-tt, verbunden zu sein. Und er muss von dem Tag an, an dem er Mensch wird, über jeden Tag und jede Stunde nachdenken, um sicherzustellen, dass sein Aufenthalt in dieser Welt nicht vergeblich ist. Das ist der Sinn von [Psalm 119,19]: "Ich bin ein Gast im Lande; verbirg deine Mitzvoth nicht vor mir." Und der Mann, der antwortet: "Ich bin erst zwanzig oder dreißig, und ich habe Zeit", ist wie der oben erwähnte müßige Weise].

Kapitel Dreißig

In diesem Kapitel wird das Wesen der Fähigkeiten des Sprechens, des Hörens und des Sehens erklärt und die große Verpflichtung, sie zu hüten.
Ich habe mir ferner vorgenommen, die Menschen dazu zu erwecken, ihre Fähigkeiten zu hüten, solange sie noch in dieser Welt sind, um zu erkennen, dass die Fähigkeiten des Sprechens, Hörens und Sehens in die Seele eingepflanzt sind. Die Seele hört; die Seele sieht; die Seele spricht. Der materielle [Bestandteil], der aus Fleisch und Blut besteht, sieht, hört oder spricht überhaupt nicht. Es ist nur so, dass der Heilige, gepriesen sei Er, [die Fähigkeiten so] eingepflanzt hat, dass das Sehen, Hören und Sprechen durch das umgebende Fleisch vermittelt werden. Das Sehvermögen [das von der Seele im Gehirn ausgeht, wie Unsere Weisen, möge ihr Andenken gesegnet sein, sagen: "So wie der Heilige, gepriesen sei Er, sieht, aber nicht gesehen wird, so sieht die Seele, aber wird nicht gesehen"] [wird vermittelt durch] die Augen; das Hören durch die Ohren; die Sprache durch die Zunge. Aber all dies sind Fähigkeiten der Seele.
Daraus ergibt sich, dass selbst dann, wenn die Materie eines Menschen zerfällt und zu Staub wird und seine Seele zu G-tt zurückkehrt, wie es geschrieben steht [Koheleth 12,7]: "Und der Staub wird zur Erde zurückkehren, wie er war, und der Geist wird zu G-tt zurückkehren, der ihn gegeben hat",

Shemirat HaLashon - Buch B

all diese Fähigkeiten - Sehen, Hören und Sprechen - beibehalten werden, denn sie werden nicht durch die Trennung der Materie von ihr [der Seele] aufgehoben. Denn die Materie ist nur das Gewand der Seele, wie es geschrieben steht [Iyyov 10:11]: "Mit Haut und Fleisch hast Du mich bekleidet." Wenn nun jemand sein Gewand auszieht, wird dadurch seine Seele vernichtet?

Nun ist allen bekannt, dass jemand, dem eine dieser drei Fähigkeiten fehlt, nicht als "Mensch unter Menschen" gilt. Das heißt, wenn er blind ist, wird er als tot angesehen. Und wenn er taub ist, also gar nicht hört, und noch mehr, wenn er völlig stumm ist, also nicht hört und nicht spricht, wird er überhaupt nicht zu den Menschen gerechnet. Und vor allem, wenn er in irgendeiner Art von Versammlung sitzen muss und blind oder taub ist, wie viel Leid ist dann sein Los!

Und man sollte auch wissen, dass alle diese Fähigkeiten - Sehen, Hören und Sprechen -, die der Heilige, gesegnet sei Er, in die Seele eines Menschen eingepflanzt hat, so wichtig sie für einen Menschen in dieser Welt sind, wie jeder weiß, noch wichtiger für seine Seele [in der nächsten Welt] sind. Das heißt, die Herrlichkeit des Herrn zu sehen und mit seinen Ohren die Worte G'ttes in Gan Eden zu hören. Im Midrasch Tavo lesen wir, dass der Heilige, gepriesen sei Er, dazu bestimmt ist, mit Israel in der kommenden Zeit Tora zu lernen und in Gan Eden in Worten der Tora zu sprechen. Es ist bekannt, dass von allen Hoffnungen eines Menschen, der mit dem Namen "Israel" geadelt wurde, die wichtigste Hoffnung darin besteht, sich das Leben in der kommenden Welt zu verdienen, die größte Wonne aller Wonnen der Welt. Wie es in Avoth 4:17 heißt: "Besser ein Augenblick der Freude in der kommenden Welt als das ganze Leben in dieser Welt." Und es ist auch bekannt, was in vielen Sefarim, einschließlich der Gra, über [Mischlei 13:13] geschrieben steht: "Wer eine Sache billig macht, wird durch sie verletzt", mit anderen Worten: Wenn ein Mensch eine Mitzwa verbilligt, schadet er sich selbst. Denn alles, was in seinen Organen ist, erhält seine Lebenskraft aus einer Mitzwa. Denn die 248 positiven Gebote entsprechen den 248 Organen des Menschen, wie wir im Midrasch lesen, so dass sich danach [durch die Verharmlosung einer Mitzwa] eine Verletzung der Seele in [dem Bereich] des entsprechenden Gliedes findet.

Shemirat HaLashon - Buch B

Wer also zu Lebzeiten nicht auf sein Sehvermögen achtet und sich erlaubt, das anzuschauen, was die Tora verbietet, der soll mit Gewissheit wissen, dass er in Zukunft wie ein Blinder sein wird, der das Licht des Herrn nicht sehen kann, so wie jemand, der an seinen Augen krank ist, nicht mit dem Licht seiner Seele sehen kann. Und das Ausmaß der Verletzung seiner Augen ist proportional zum Ausmaß seiner [Selbstaufgabe].

Und wie viel Bitterkeit wird man am Ende deswegen erleiden, dass der Yetzer Hara [die böse Neigung] für eine Minute des Vergnügens, das sie ihm mit ihren Verlockungen zugeführt hat, seine Augen verdorben und verdunkelt hat, indem sie jedes Mal den Geist der Unreinheit des Geistes der Hurerei auf sie herabzog.

Und das Auge ist der erste Eingang der bösen Neigung, denn durch es dringt in das Herz die Macht der Begierde und der Lust ein, gegen die wir am Berg Sinai ermahnt wurden, und wie unsere Weisen seligen Andenkens sagten: "Das Auge sieht, das Herz begehrt, und die Werkzeuge des Handelns vollenden." Und diesbezüglich wurde angedeutet [Eichah 3:51]: "Mein Auge verbrüht meine Seele mehr als alle Töchter meiner Stadt." "Meine Stadt" spielt auf die Kräfte des Körpers an [der auch guf [Körper] genannt wird], wie in Nedarim 32b: "'eine kleine Stadt' - das ist der guf." Der Vers deutet an, dass das Auge die Seele mehr verdorben hat als alle anderen Kräfte des Körpers, denn sie alle vollenden nur das, was die Augen begonnen haben.

Und nun werden wir über die Fähigkeit des Hörens sprechen. Das Hören an sich ist gut, wie es geschrieben steht [Jesaja 55,3]: "Hört, und eure Seelen sollen leben." Und [Mishlei 15:31]: "Das Ohr, das die Zurechtweisung [ein positives Gebot in der Tora] des Lebens hört, wird in der Mitte der Weisen wohnen." Und das Hören wirkt auf den Menschen, um ihn zu veranlassen, [eine Verpflichtung] durch das Hören zu erfüllen, als ob er sie selbst erfüllt hätte. Ein Beweis dafür ist das Lesen der Megilla, das Blasen des Schofars und andere solche Dinge, wie [das Rezitieren von] Kiddusch und das Tischgebet, wo einer den Segen spricht und alle Zuhörer die Verpflichtung erfüllen. In ähnlicher Weise erfolgte der gesamte Empfang der Tora durch das Hören. All dies gilt für die guten Dinge. Das Gegenteil gilt für die schlechten Dinge, G-tt bewahre. Auch das Hören von

Shemirat HaLashon - Buch B

[schlechten Dingen] hat großen Einfluss auf die Seele eines Menschen. Es ist wohl bekannt, was unsere Weisen seligen Andenkens gesagt haben [Kethuvoth 5b]: "Die Rabbiner lehrten: 'Der Mensch soll nicht zulassen, dass seine Ohren unnützes Gerede hören, denn sie sind das erste der Organe, die "verbrannt" werden.'" Wie viel mehr [gilt dies] für jemanden, der beabsichtigt, Rechiluth [Tratsch] [Klatsch] durch seine Ohren hören zu lassen, da dies durch ein negatives Gebot in der Tora verboten ist, mit anderen Worten. [Schemot 23:1]: "Du sollst nicht falsches Zeugnis reden", oder zu jemandem, der absichtlich Lashon Hara [Verleumdung] [üble Nachrede] und andere verbotene Dinge hört, oder leichtfertige Rede oder Leitzanuth [Leichtsinn], in welchem Fall seine Sünde zu groß ist, um sie zu tragen. Und unsere Weisen seligen Andenkens haben über den Spötter gesagt [Avodah Zarah 18b], dass Leiden über ihn kommt, wie es geschrieben steht [Jesaja 28:22]: "Spottet nicht, damit eure Bande nicht gestärkt werden." Und sie haben auch gesagt [Schabbat 33a]: "Auch derjenige, der [Obszönität] hört und schweigt, wird verurteilt, denn es steht geschrieben [Mischlei 22:14]: 'Der vom Herrn Verabscheute wird dort bleiben' [neben dem Sprecher der Obszönität]."

Zusammenfassend lässt sich sagen, dass man durch das Hören von guten Dingen jeden Tag viele zehn Mitzwot erfüllt [z.B. Amen, Yeheh Shmei Rabba, Barchu, Kedushah und die Beantwortung aller Amen [in der Amidah]], so wirkt sich das Hören von schlechten Dingen sehr negativ auf die Seele eines Menschen aus.

Um zu unserem Thema zurückzukehren: Wenn ein Mensch in seinem Leben ständig sein Hörvermögen herabsetzt, indem er es für verbotene Dinge einsetzt, soll er wissen, dass er in Zukunft nicht die Kraft in seinen Ohren haben wird, die Worte des lebendigen G-ttes zu hören.

Und nun werden wir von der Fähigkeit der Sprache sprechen, die der Heilige, gepriesen sei Er, in die Seele des Menschen eingepflanzt hat und die ihn von allen anderen Tieren unterscheidet. Und er gab ihm die Macht der Sprache, wodurch der Mensch es verdienen kann, vor dem Heiligen, gesegnet sei Er, zu sprechen und über seine Tora zu meditieren, die das Ende der Schöpfung ist. Wie die Schrift sagt [Jeremia 33:25]: "Wenn ich nicht Tag und Nacht

Shemirat HaLashon - Buch B

den Bund [der Tora], die Satzungen des Himmels und der Erde, gemacht hätte, so hätte ich sie nicht gemacht."
[Aus der Heiligen Schrift geht also klar hervor, dass Tag und Nacht um der Tora willen geschaffen wurden. Und ich habe hiermit erklärt [Menachoth 29b]: "Dammah, der Sohn der Schwester von R. Jischmael, fragte R. Jischmael: 'Darf einer wie ich, der die ganze Tora studiert hat, griechische Weisheit studieren?' - woraufhin er über ihn aussprach [Josua 1,8]: 'Dieses Buch der Tora soll nicht von deinem Mund weichen, und du sollst es Tag und Nacht studieren.' Geh und suche dir eine Stunde, die weder Tag noch Nacht ist, und studiere in ihr die griechische Weisheit!" Ich habe dies durch eine Analogie erklärt. Ein Schneider hatte viel Arbeit und musste einen Arbeiter für einen Monat einstellen, der in sein Haus kam, um die Arbeit zu beenden. Das tat er, und er bezahlte ihn. Danach brachte der Arbeiter etwas von seiner eigenen Arbeit mit, um sie dort zu erledigen - woraufhin der Schneider zu ihm sagte: "Bis jetzt, als du meine Arbeit gemacht hast, musste ich dir meinen Tisch und alle meine Werkzeuge geben, um daran zu arbeiten. Aber jetzt, wo du deine eigene Arbeit machst, warum sollte ich dir meinen Tisch und alle meine Werkzeuge geben?" Die Analogie: Der Heilige, gepriesen sei Er, schuf die Zeit, Tag und Nacht, um Sein Werk zu tun, und du willst nun griechische Weisheit in Seiner Zeit lernen! Geh hinaus und finde eine Stunde, die weder Tag noch Nacht ist, und lerne sie dann!]
Und durch jedes Wort der Tora wird der Seele des Menschen Heiligkeit hinzugefügt. Denn mit jedem Wort erfüllt er die Mitzwa der talmudischen Tora, wie sie in den Sefarim geschrieben steht. Und durch jede Mitzwa wird die Seele eines Menschen geheiligt, wie es geschrieben steht [Bamidbar 15:40]: "Damit du an alle meine Mitzwa denkst und sie tust; und du sollst deinem G-tt heilig sein." Und es gibt keine Mitzwa, die von den Organen verrichtet wird, bei der einem Menschen so viele Mitzwa hinzugefügt werden wie die der Rede [der Tora], die ihm vom Herrn gewährt wird. Für jede Mitzwa, die man mit seinen Organen verrichtet, muss man [mindestens] einige Minuten aufwenden, und in dieser Zeit könnte man, wenn man Tora lernt, Hunderte von Worten der Tora aussprechen. Deshalb ist es einem Menschen nicht erlaubt, das Torastudium zu

Shemirat HaLashon - Buch B

unterlassen, wenn die Mitzwa von anderen ausgeführt werden kann. Darauf deutet Mischlei 14:4 hin: "Reichtum schafft viele Freunde", wie die Gra erklärt: Durch den Reichtum der Tora werden einem Menschen viele Freunde hinzugefügt. Denn mit jedem Wort der Tora, mit dem man die Mitzwa des Torastudiums erfüllt, wird für ihn ein Beschützer geschaffen, und diese [Beschützer] sind die wahren Freunde eines Menschen.

Alles in allem ist die Sprache das Glück und der Erfolg des Menschen, wenn er sie richtig benutzt. Wenn er sie aber falsch gebraucht, gibt es unter allen anderen Organen keins, das ihm so viel Schaden zufügen kann wie die Zunge. Denn aus jedem verbotenen Wort entsteht ein Ankläger gegen ihn, und in einer Stunde kann er mehrere hundert verbotene Worte der Unwahrheit, der Leichtfertigkeit, der Rechiluth [Geschwätzigkeit] und der Lashon Hara [Verleumdung] sprechen.

Und im Allgemeinen werden bei anderen Übertretungen Reue und Buße empfunden, im Gegensatz zu den Sünden der Rede, wo dies nicht der Fall ist. Und selbst wenn er in der Beichte sagt: "Wir haben Lashon Hara [Verleumdung] [üble Nachrede] gesprochen", kommt ihm nicht in den Sinn, dass das, was er gesprochen hat, Lashon Hara [üble Nachrede] [üble Nachrede] ist, und dass er es auf sich nehmen muss, es in Zukunft nicht zu wiederholen. Er denkt überhaupt nicht darüber nach. Wo ist dann seine Reue? Und wo es keine Reue von unten gibt, gibt es auch keine Vergebung von oben. Und Sünde reiht sich an Sünde fast ohne Zahl. [Und selbst an Jom Kippur, wenn er sagt: "Vergib uns die Sünde, die wir vor Dir mit Lashon Hara [Verleumdung] begangen haben", kommt ihm nicht in den Sinn: "Was wird das Ende sein, bei der Vielzahl von 'Anklägern', die sich gegen mich erheben durch mein Sprachvermögen, mit dem ich bis jetzt nicht sorgfältig umgegangen bin und weil ich keinen Rat gesucht habe, um mich gegen Wiederholungen dieser Dinge zu stärken?" Und in der Tat ist kein einziges Wort verloren gegangen. Wie unsere Weisen seligen Andenkens über Amos 4:13 sagen: "Er erzählt einem Mann, was er redet" - "Selbst das leichte Gespräch zwischen einem Mann und seiner Frau wird ihm zur Zeit des Essens erzählt."] Und dies ist [die Absicht] dessen, was unsere Weisen seligen Andenkens gesagt

Shemirat HaLashon - Buch B

haben: "Alle, die Lashon Hara [üble Nachrede] [Verleumdung] sprechen, vergrößern die Sünde bis zum Himmel."

Und das Schlimmste ist, dass, wenn man sich angewöhnt, mit dem Mund immer nur Verbotenes zu sagen, die Fähigkeit zu sprechen mit der Zeit von der Seele genommen wird. Und in Wahrheit, wie ist er besser als ein Tier, dem die Fähigkeit zu sprechen gegeben wurde, wenn er damit den Heiligen, gepriesen sei Er, erzürnt? All dies wird in den Worten unserer Weisen seligen Andenkens angedeutet, mit anderen Worten: "Der Heilige, gesegnet sei Er, ist dazu bestimmt, den Sprechern von Lashon Hara [Verleumdung] die Zunge herauszuschneiden, wie es geschrieben steht [Psalm 12,4]: 'Der Herr wird alle glatten Lippen ausschneiden, die Zunge, die große Dinge redet.'" Das heißt, man wird seiner Zunge die Fähigkeit zum Reden nehmen. Und wie viel Schande und Kasteiung wird er in Gan Eden erleiden, selbst wenn er sich dort durch seine Mitzvoth einen Anteil verdient - dennoch wird er dort als stumm, ohne die Fähigkeit zu sprechen, gelten.

Was aus all unseren Worten hervorgeht, ist, dass der Mensch seine Seele zu Lebzeiten in all diesen drei Fähigkeiten - Sehen, Hören und Sprechen - hüten muss, damit sie nicht beschädigt werden, und er muss sich zu Herzen nehmen, dass sie für ihn für die Ewigkeit wesentlich sind.

Und wenn es aus irgendeinem Grund vorkommt, dass sie verdorben sind, muss er dafür sorgen, dass er mit wahrer Reue vor dem Herrn umkehrt, mit dem festen Vorsatz, sein Vergehen in Zukunft nicht zu wiederholen. Und er muss dafür Zäune machen, um nicht wieder zu dieser Torheit zu kommen und jedes einzelne entsprechend zu berichtigen. Wie unsere Weisen seligen Andenkens gesagt haben [Schemot Rabba 23:3]: " Tzaddikim, in dem, wodurch sie sündigen, werden sie versöhnt", und dann ist [das Leben] glücklich und gut für ihn - in dieser Welt und in der nächsten.

Shemirat HaLashon - Buch B

Epilog

Kapitel Eins

Großer Anstoß für das Gemeindegebet
Durch unsere vielen Sünden haben die Menschen in unserer Zeit begonnen, gegen die heilige Praxis zu verstoßen, die bis jetzt vom gesamten Volk Israel eingehalten wurde. Auch wenn einige nicht das Verdienst hatten, die Tora zu lernen, so wurde doch das Gebetsritual in seiner heiligsten Form vom gesamten Volk eingehalten. Das heißt, alle spornten sich an, früh am Morgen aufzustehen, in die Synagoge zu gehen, mit einem Minjan [zehn Juden] zu beten und die Tora-Lesung zu hören - alles nach dem Din. Und natürlich gab es auch einige, die nach dem Gebet zusammenkamen, um die Mischnayot zu studieren. Aber in unseren vielen Sünden hat sich heute der Yetzer [Neigung] Hara [die böse Neigung] sehr verstärkt, so dass er sich nicht nur selbst verstärkt, um das Tora-Lernen von den Kindern Israels, ob jung oder alt, zu annullieren [[und sogar von Schulkindern, deren Atem bekanntlich sehr kostbar ist]], sondern er verstärkt sich auch nach und nach, um auch die Mitzwa des Gebets und der Tefillin von den Kindern Israels zu annullieren. Zunächst bringt sie einen dazu, wegen seiner Sorgen nicht ständig zu Mincha und Ma'ariv [[das Nachmittags- und Abendgebet]] ins Gebetshaus zu gehen, sondern nur in Abständen. Und im Laufe der Zeit wird ihm die Sache [[d.h. das Nichtgehen]] erlaubt, so dass er, selbst wenn er in seinem Haus völlig frei ist, zu träge ist, um zum Gebetshaus zu gehen. Und dadurch gibt er seine Tora-Sitzung auf, sei es in Chayei Adam oder Ein Yaakov. Und danach beginnt der Yetzer [die Neigung] Hara [die böse Neigung] ihn dazu zu verleiten, gelegentlich dem Schacharith [[dem Morgengebet]] fernzubleiben und nicht regelmäßig, sondern nur montags und donnerstags die Tora-Lesung zu besuchen. Und im Laufe der Zeit, wenn er sich die Sache erlaubt, ist auch die Tora-Lesung in seinen Augen nicht mehr wichtig, und er kommt nur noch am Schabbat zum Gebet. Bald kommt er auch nicht mehr am Schabbat, sondern nur noch am Schabbat Rosh Chodesh, wenn der

Shemirat HaLashon - Buch B

Kantor singt. Dann verstärkt sich der Yetzer [Neigung] Hara [die böse Neigung] weiter und verleitet ihn dazu, den Weg seiner bösen Freunde zu gehen und manchmal die Mitzwa der Tefillin, die Herrlichkeit unseres Hauptes, zu unterlassen. Zusammenfassend lässt sich sagen, dass der Yetzer [Neigung] Hara [die böse Neigung] sich selbst verstärkt, um dem Volk Israel seinen ganzen Stolz und seine Herrlichkeit zu nehmen.

Ich habe mich also bemüht, die Bedeutung des gemeinschaftlichen Gebets darzulegen. Aber lasst uns zuerst die große Verpflichtung dazu erklären. Die Formulierung unserer Weisen seligen Andenkens - "vier Meilen zum Gebet" - ist wohlbekannt. Viele der Rishonim erklären dies so, dass man, wenn man auf der Straße geht und weiß, dass man vier Meilen weiter einen Minjan finden wird, warten [muss], bis man dort ankommt. Was das Zurückgehen betrifft, so muss er zurückgehen, wenn er weiß, dass er in einer Entfernung von einer Meile einen Minjan finden wird. Daraus können wir verstehen, dass er, wenn er einen Minjan in der Stadt findet, auch wenn er fast eine Meile entfernt ist, dorthin gehen muss. Und unsere Weisen seligen Andenkens haben bereits gesagt [Berachoth 8a]: "Wer eine Synagoge in seiner Stadt hat und sie nicht zum Gebet aufsucht, wird 'ein schlechter Nachbar' genannt." Nun kommen wir zu den Einzelheiten des großen Unterschieds zwischen dem Beten allein in seinem Haus und dem Beten mit einem Minjan:

1. Erstens wird man dafür belohnt, dass man in die Synagoge geht, wie wir in Avoth 5:14 lesen: "Es gibt vier Merkmale derer, die in die Synagoge gehen: Wenn er hingeht und es nicht tut [d.h., betet, [wegen irgendeines Unfalls]], hat er den Lohn des Gehens." Und der Lohn richtet sich nach der Anzahl der Schritte. Je mehr Schritte, desto mehr Belohnung [siehe Sotah 22a].

2. Sehr oft, wenn man in die Synagoge geht, lernt man auch ein Kapitel der Mischnayot oder eine Halacha oder Ein Yaakov und ähnliches. Und unsere Weisen seligen Andenkens haben bereits gesagt [Berachoth 64b]: "Wer die Synagoge verlässt und in das Haus des Studiums geht, verdient es, das Antlitz der Schechinah zu sehen", was nicht der Fall ist, wenn er allein in seinem Haus betet und ohne Tora bleibt. Dieser Missbrauch ist in unseren Tagen sehr

Shemirat HaLashon - Buch B

verbreitet, in unseren vielen Sünden, mit vielen Trauernden, die ihren Vätern Verdienst erweisen wollen, indem sie einen ständigen Minjan in ihrem Haus für die gesamte einjährige Trauerzeit bilden. Unmittelbar nach dem Gebet geht jeder in sein Haus, so dass alle, die dort beten, ohne Tora dastehen. Dies ist keineswegs das Verdienst ihrer Väter. Die wichtigste Wiedergutmachung für die Seele des Vaters besteht darin, dass sein Sohn sich selbst stärkt, um jeden Tag Tora zu lernen und auch Güte zu üben - so wie die wichtigste Wiedergutmachung für die Sünden eines Menschen, wenn er noch lebt, durch Tora und Güte geschieht, wie es geschrieben steht [Mischlei 16:6]: "Durch Güte und Wahrheit wird die Sünde gesühnt, wie unsere Weisen seligen Andenkens gesagt haben: 'Wahrheit' - das ist Tora, wie geschrieben steht [Ibid. 23;33]: 'Kaufe Wahrheit und verkaufe sie nicht.'" Der Sohn, der sich um seinen Vater verdient machen will, trägt also hauptsächlich zur Tora und zur Nächstenliebe bei. [Siehe Ahavath Chesed, Kapitel XV, wo wir dies näher erläutert haben.]

3. Es ist auch bekannt, was die Sefarim geschrieben haben, dass, wenn man sich einen bestimmten schlechten Charakterzug angewöhnt und seine Freunde ihm nacheifern und es ihm gleichtun, er wegen ihnen bestraft wird [siehe Yoma 86a, Raschi - "kegon"]. Und es ist bekannt, dass G-ttes Lohn für das Gute [proportional] größer ist als Seine Strafe für das Böse. Daraus folgt a fortiori, dass jemand, der sich eine Mitzwa oder eine gute Eigenschaft angewöhnt und seine Freunde ihm nacheifern, dafür belohnt wird. Was unser Thema betrifft, so ist bekannt, dass, wenn man sich angewöhnt, jeden Tag in die Synagoge zu gehen, um mit einem Minjan zu beten, viele seiner Freunde und Bekannten ihm nacheifern, und er wird auch dafür belohnt werden.

4. Der Vers [Mischlei 2:4]: "Wenn ihr sie [die Tora] wie Silber sucht... dann werdet ihr die G-ttesfurcht verstehen" ist wohl bekannt. Und in Geldangelegenheiten ist es bekannt, dass, wenn sich einem Mann eine Geschäftsmöglichkeit bietet, mit der er fünf Goldstücke verdienen kann, und eine andere Möglichkeit, mit der er das Doppelte verdienen kann, er sicherlich die zweite wählen wird. Ist es nicht auch in unserem Fall bekannt, dass es keinen Vergleich gibt zwischen einigen wenigen, die sich mit einer Mitzwa beschäftigen, und vielen, die dies tun? Wie

Shemirat HaLashon - Buch B

es geschrieben steht [Vayikra 26:8]: "Und fünf von euch werden hundert verfolgen und hundert von euch zehntausend" [siehe Raschi dort]. Daher ist [was unser Thema betrifft] bekannt, dass wir [in der Synagoge] neben der Mitzwa des Gebets noch andere Gebote der Tora erfüllen: a] die positive Mitzwa des Tefillin, b] die positive Mitzwa des Rezitierens der Shema, c] die positive Mitzwa des Gedenkens an Ägypten. Wenn man also in die Synagoge kommt, um mit einem Minjan zu beten, und alle diese Mitzvoth erfüllen, steigt jede Mitzvah [proportional] in ihrer Heiligkeit, was nicht der Fall ist, wenn man alleine betet.

5. Es ist wohlbekannt, was wir jeden Tag sagen [Peah 1:1]: "Das sind die Dinge, deren Früchte man in dieser Welt isst, wobei die Hauptsache für die kommende Welt übrig bleibt, etc.... und morgens und abends zur Synagoge zu kommen."

6. Dies [[Synagogenbesuch]] führt zur Länge der Tage, wie wir finden [Berachoth 8]: "Als man R. Jochanan erzählte, dass es in Babel alte Männer gab, wunderte er sich und sagte: 'Es steht geschrieben [Devarim 11:21]: "damit sich eure Tage und die Tage eurer Kinder in dem Land vermehren, das der Herr euren Vätern geschworen hat" - aber nicht außerhalb dieses Landes.' Als man ihm aber sagte, dass sie morgens und abends in der Synagoge waren, sagte er: 'Das ist es, was für sie spricht'" [siehe dort weiter.]

7. Jeder Mensch, wenn er betet, hofft, dass es eine Zeit des [himmlischen] Willens sein wird, dass sein Gebet angenommen wird. Und es ist wohl bekannt, was unsere Weisen seligen Andenkens gesagt haben [Berachoth 8a]: "Wann ist eine Zeit des [himmlischen] Willens? Wenn die Gemeinde betet."

8. Unsere Weisen seligen Andenkens haben gesagt [ibid.]: "Der Heilige, gesegnet sei Er, weist das Gebet der Vielen nicht zurück, denn es steht geschrieben [Hiob 36:5]: 'G-tt ist mächtig und wird [die Vielen] nicht zurückweisen.'" Dies im Gegensatz zum Gebet eines Einzelnen, bei dem jeder Segensspruch auf die richtige Absicht geprüft wird. Wie wir im heiligen Zohar über den Vers [Psalm 102:18] finden: "Er wird sich dem Gebet der Verwüsteten zuwenden und wird ihr Gebet nicht verwerfen" [das der vielen]. Und es ist bekannt, dass es heute viele Unruhen gibt und es fast unmöglich ist, einen Mann zu finden, der ein Gebet mit der

Shemirat HaLashon - Buch B

richtigen Absicht betet, es sei denn, er bemüht sich sehr darum. Wünscht nun nicht jeder Mensch, dass sein Gebet oben angenommen wird? Wenn ja, muss er auf jeden Fall auf diesen Rat zurückgreifen, mit der Gemeinde zu beten, von der geschrieben steht [Hiob, ebd.] "G-tt ist mächtig und wird [die vielen] nicht abweisen."

9. Wenn man mit der Gemeinde betet, hat man [die Gelegenheit,] Barchu, Keduscha und Amen yehei shemei rabbah zu sagen, von denen jedes für sich ehrfurchtgebietend ist. Denn durch "Barchu" machen wir eine Krone für den Heiligen, gesegnet sei Er, wie wir im Midrasch Konein finden. Und durch Keduscha erfüllen wir [Vayikra 22:33]: "Und ich werde geheiligt sein inmitten der Kinder Israels". Und dadurch wird uns die Heiligkeit verliehen, wie der Vers abschließend sagt: "Ich bin der Herr, der euch heiligt." Und durch "Amen, yehei shmei rabbah" werden einem all seine Sünden vergeben, wie unsere Weisen seligen Andenkens gesagt haben [Schabbat 119b]: "Wenn jemand 'Amen, yehei shmei rabbah' mit seiner ganzen Kraft [d.h. mit seiner ganzen Absicht] sagt, auch wenn es eine Spur von Ketzerei in ihm gibt, wird ihm vergeben."

[Und wie sehr muss sich der Mensch stärken, damit er nicht "Keduscha und Amen, yehei shmei rabbah" unterlässt! Denn es ist bekannt, was unsere Weisen seligen Andenkens gesagt haben, dass es in der Höhe mehrere Tausende von Zehntausenden von dienenden Engeln gibt, die den ganzen Tag lang mit Ehrfurcht und Furcht Keduscha sagen. Und wir finden [Tanna d'bei Eliyahu 16], dass es 496 000 von dienenden Engeln gibt, die vor Ihm stehen und Seinen großen Namen den ganzen Tag lang heiligen, vom Sonnenaufgang bis zum Sonnenuntergang, und sagen: "Heilig! Heilig! Heilig!" Und vom Sonnenuntergang bis zum Sonnenaufgang: "Gepriesen sei die Herrlichkeit des Herrn von seiner Stätte!" Wie sehr wird sich ein Mensch schämen, wenn er in die hohe Welt kommt und all dieses große Geschehen aus dem Munde von zehntausenden von heiligen Engeln kommen sieht, die den Namen des Heiligen, gepriesen sei Er, der sie geformt und geschaffen hat, mit Glück und Freude heiligen und preisen, wenn er sich daran erinnert, dass der Heilige, gesegnet sei Er, auch ihm, als er in der Welt des Tuns war, diese große Ehre gegeben hatte,

Shemirat HaLashon - Buch B

seinen großen Namen zu allen Zeiten zu preisen und zu heiligen, wie die Heerscharen des Himmels in der Höhe, und er hatte dies in seiner Trägheit durch seinen verkehrten Willen abgeschafft. Die Hauptsache ist, dass der Mensch zu Lebzeiten daran denkt, dass die Zeit kommen wird, in der er mit seinem ganzen Willen den Namen des Herrn preisen und heiligen will, es ihm aber nicht erlaubt wird. Denn es ist dem Menschen nur erlaubt, sich mit der Tora zu befassen und auch den Namen des Herrn zu heiligen, solange er noch lebt, in dieser Welt].

Und nun, wenn wir zur Zählung kommen, möge der Mensch über den großen Eifer nachdenken, den er dafür aufbringen sollte, nämlich sich zu stärken und jeden Tag mit einem Minjan zu beten. Denn von einem Tag allein, von den Gebeten des Shacharith und der Minchah, hat er achtunddreißig Amens von neunzehn Segnungen des Gebets [d.h. der Amidah], beziehungsweise [[Und unsere Weisen seligen Andenkens haben gesagt [Shabbath 119b]: "Wenn jemand beim Beantworten des Amen vorsichtig ist, werden ihm die Tore von Gan Eden geöffnet, wie es geschrieben steht [Jesaja 26:2]: 'Öffnet euch, ihr Tore, und lasst ein rechtschaffenes Volk eintreten, Hüter der emunim [des Glaubens].' Lies nicht "emunim", sondern "Amenim"], und achtmal "Amen, yehei shmei rabbah", und weitere sechzehn Amenim von den Kadischim und zwei Keduschot und Barchu.

Das alles an einem Tag. Zählen Sie einmal, wie viele es in einer Woche, in einem Monat - in einem ganzen Jahr sind! Kann man die Fülle der Verdienste zählen, die sich für einen Menschen durch seine Gewöhnung an das Beten mit einem Minjan ansammelt?

10. Dazu kommen noch die Montags - und Donnerstagsgebete, wenn er auch die Mitzwa des Tora-Lesens erfüllt, eine uralte Vorschrift aus den Tagen von Mosche, unserem Lehrer seligen Andenkens, wie wir in Bava Kamma 82a lesen. Und zur Zeit der Gemara kamen die Männer aus den Dörfern Montags und Donnerstags in die Stadt, um die Rezitation der Tora zu hören, wie wir am Anfang der Megilla lesen können. In unseren vielen Sünden müssen wir uns vor den Männern der Dörfer früherer Generationen schämen, die nicht einmal zögerten, dafür aus den Dörfern in die Städte zu reiten; und bei uns ist es üblich,

Shemirat HaLashon - Buch B

sogar Montags und Donnerstags frühmorgens wegen einer Kleinigkeit aus der Stadt zu reiten, aber nicht, um die Lesung der Tora zu hören.

Wir haben ein wenig von der Eminenz eines Mannes dargelegt, der es gewohnt ist, mit einem Minjan zu beten, und von der großen Zunahme seiner Mitzvoth und Verdienste. Das Wichtigste dabei ist, dass diese Mitzwa beständig ist und er nicht darin nachlässt. Wenn er sie aber manchmal verrichtet und manchmal nachlässt, G-tt bewahre, dann ist er in der Klasse von [Vayikra 26:21]: "Wenn ihr aber zufällig mit mir wandelt, usw." [siehe Raschi dort]. Und so haben unsere Weisen seligen Andenkens gesagt [Berachoth 6b], dass, wenn ein Mann gewohnt ist, zum Haus des Studiums zu kommen, und einmal nicht kommt, der Heilige, gepriesen sei Er, nach ihm "fragt", warum er nicht gekommen ist. Und dies wird in Jesaja 50:10 angedeutet: "Wer von euch, der den Herrn fürchtet - der auf die Stimme seines Knechtes hört -, ist in der Finsternis gewandelt, wo es ihm nicht hell ist?" [Wäre er gegangen, um eine Mitzwa zu verrichten, wäre es für ihn hell gewesen, aber da er auf einer weltlichen Besorgung unterwegs war, war es nicht hell für ihn] [Ebd.]: "Er soll auf den Namen des Herrn vertrauen." Weil er auf den Namen des Herrn hätte vertrauen sollen und es nicht getan hat. R. Jochanan sagte: "Wenn der Heilige, gepriesen sei Er, in die Synagoge kommt und dort keine zehn Männer findet, wird Er zornig, mit anderen Worten. [Ibid. 2]: 'Warum, als ich kam, war da kein Mensch? als ich rief, war da keine Antwort?'" Die Absicht ist, dass ein Mensch, selbst wenn sich ihm beim Gang in die Synagoge eine Gelegenheit zum Gewinn bietet, diese nicht wahrnehmen soll, sondern im Namen des Herrn darauf vertrauen soll, dass das, was der Himmel für ihn vorgesehen hat, ihm nicht entzogen wird. Und in der Tat ist dies sehr oft eine Prüfung des Himmels für ihn. Wie unsere Weisen seligen Andenkens gesagt haben: "Es gibt keinen Menschen, der nicht auf die Probe gestellt wird. Ein reicher Mann wird geprüft; ein armer Mann wird geprüft usw." Und wenn ein Mensch darüber nachdenkt, sieht er dies in seiner Erfahrung. Er mag manchmal einen ganzen Tag in seinem Laden stehen und nur wenige Kunden sehen, und wenn die Zeit für das Minchah-Gebet kommt [oder am Sabbatabend vor

Shemirat HaLashon - Buch B

Sonnenuntergang], kommen neue Kunden, die er nie zuvor gesehen hatte, und bitten ihn, ihnen etwas zu verkaufen - und all das als Prüfung, der Heilige, gesegnet sei Er, prüft ihn, um zu sehen, ob ihm sein [g-ttlicher] Dienst lieb ist [um ihn zu verrichten] mit seinem ganzen Herzen und seiner ganzen Seele.

Und abgesehen von allem, was wir zum Lob des Gebets mit einem Minjan geschrieben haben, gibt es noch eine weitere große Mitzwa, die sich daraus ergibt, nämlich seine Söhne auch in den Dienst des Herrn einzuführen. Denn wenn ein Sohn sieht, dass sein Vater regelmäßig die Synagoge besucht und dass diese Mitzwa von ihm geliebt wird, gewöhnt auch er sich daran, und die Ehre des gesegneten Herrn wird dadurch erhöht. In der Tat habe ich mich oft gefragt, warum wir in unseren Tagen nur sehr wenige Jugendliche in der Synagoge sehen. Aber es ist klar geworden, dass der Sohn dies von seinem Vater lernt. Wenn er sieht, dass diese Mitzwa von seinem Vater nicht geliebt wird, denn manchmal geht er in die Synagoge und manchmal betet er zu Hause [auch wenn er nicht dazu gezwungen wird], wird er [der Sohn] darin noch geschickter und geht gar nicht mehr hin! Es stellt sich also heraus, dass er nicht nur die Mitzwa des Chinuch nicht erfüllt [[seinen Sohn in die Mitzwot einführen]], sondern im Gegenteil das Gegenteil bewirkt - schlechtes Chinuch -, indem er seine Söhne vom Weg des Herrn entfernt; und er haftet auch in Zukunft für sie [[seine Söhne]]. Der Mann mit Herz wird sich das alles zu Herzen nehmen, und dann wird er glücklich sein und es wird ihm gut tun.

Kapitel Zwei

Über die Mitzwa der Liebe zum Herrn.
Ich bin außerdem gekommen, um uns zu vergegenwärtigen, was in der Gemara [Berachoth 14b] geschrieben steht: "Ulla sagte: 'Wenn jemand das Schma ohne Tefillin rezitiert, ist es, als würde er falsch gegen sich selbst aussagen.'" [Denn er sagt [Devarim 6;8]: "Und du sollst sie [die Tefillin] binden", und er hat sie nicht gebunden.] Und selbst wenn er die Absicht hat, dies nachher zu tun, nützt ihm das nichts, da er sie nicht sofort bindet. Und scheinbar ist dies auch der Din mit [Ibid. 5]: "Und du sollst den Herrn, deinen G-tt,

Shemirat HaLashon - Buch B

lieben." Er soll dafür sorgen, dass er die Liebe zum Herrn in sein Herz pflanzt. Und das ist so, wie die Chovoth Halevavoth in der Pforte der Liebe des Herrn, Kapitel III, schreiben, dass man über die Größe des Schöpfers und seine Erhabenheit nachdenken soll, [dass er die ganze Welt erhält], und umgekehrt über seine eigene Kleinheit und Unbedeutsamkeit und dergleichen. Und dann soll er die große Güte des Gesegneten an ihm erkennen in der Fortdauer Seiner Wohltaten an ihm vom Tag seiner Geburt an, nicht nach seinen Taten, und seine Sünden vor den Menschen verbergen und [sein Leben] verlängern. Und wenn es ihm schwerfällt, all dies zu tun, während er die Shema liest, sollte er auf jeden Fall dafür sorgen, dass er wenigstens einmal am Tag darüber nachdenkt. Sollte es so sein, dass, nur weil es eine konstante Mitzwa ist, die nicht von der Zeit abhängt, sie nicht einmal am Tag erfüllt werden sollte? Und es ist gut, dass er nach dem Gebet darüber nachdenkt, bevor er nach Hause geht, um zu essen, denn es ist ähnlich wie bei den anderen Mitzvoth, die einem Mann obliegen, wie Tefillin oder das "Nehmen" des Lulav und seiner Arten an Sukkot, wo man nicht isst, bevor man sie erfüllt.

Kapitel Drei

Die Erweckung zum Studium der Mitzwot und die Eigenschaft der Tzitzith

Ich bin außerdem gekommen, um uns für etwas zu sensibilisieren, das wir jeden Tag im Abschnitt über Zitzith [Bamidbar 15:39] sagen: "Und ihr werdet es sehen, und ihr werdet euch an alle Mitzwot des Herrn erinnern." Unsere Rabbiner seligen Andenkens haben dazu gesagt [Menachoth 43b]: "Das Sehen führt zum Erinnern und das Erinnern führt zum Tun." Aber wann ist dies von Nutzen? Wenn er studiert und die Mitzvoth kennt, aber Angst hat, dass er sie vergessen könnte. Dann nützt Tzitzith, dass er sich an sie erinnert und sie nicht vergisst, und natürlich wird er sie erfüllen. Aber wenn er die Mitzvoth nicht kennt, was nützt ihm dann Tzitzith? Deshalb ist es sehr wünschenswert, dass man das gesamte Buch Mitzvoth Hashem oder zumindest Kitzur Sefer Charedim, das in Zichru Torath Moshe des Chayeh Adam enthalten ist, lernt. Dadurch wird er die

Shemirat HaLashon - Buch B

Mitzvoth kennen und die Mitzvah der Tzitzith korrekt erfüllen.

Nun ist Tzitzith in Wahrheit vergleichbar mit einer Liste, die ein Mann anfertigt, wenn er auf Reisen geht, um Waren zu kaufen, und auf die er sich mehrmals bezieht, um sich zu vergewissern, welche Waren er kaufen soll. Aber all das nützt nur etwas, wenn er die Arten von Waren kennt und wiedererkennt. Wenn das nicht der Fall ist, weiß er nicht, was er kaufen soll, selbst wenn er den ganzen Tag auf die Liste schaut. Deshalb ist es gut, das zu tun, was wir geschrieben haben.

Und der Vers deutet an, dass das Sehen der tzitzith von Nutzen ist, um einen anzuspornen, die mitzvoth des Herrn zu tun und nicht in die Irre zu gehen nach seinen Augen. Wenn das so ist, wie passend ist es dann, sie mehrmals am Tag zu betrachten, vor allem, wenn ein unreiner Gedanke oder eine Art von Zorn in sein Herz eindringt. Es ist dann sehr ratsam, auf den Zitzith zu blicken, woraufhin der Yetzer Hara [die böse Neigung] verschwinden wird.

Kapitel Vier

Über "Du sollst nicht begehren"

Ich bin auch gekommen, um uns auf eine andere Sache aufmerksam zu machen, über die die meisten Menschen stolpern. Es ist wohlbekannt, dass [das Issur [Verbot] des Diebstahls] sowohl bei anderen als auch bei Verwandten und sogar bei Vater und Mutter gilt, wie wir in Bava Kamma 70a lesen: "Wenn einer seinen Vater bestahl, usw." Und es ist offensichtlich, dass das negative Gebot "Du sollst nicht begehren" auch für alle gilt. Und siehe Choshen Mishpat, dass das negative Gebot "Du sollst nicht begehren" nicht allein mit dem Begehren im Herzen gilt, sondern damit, dass jemand so sehr von einem anderen umgarnt wird, dass er schließlich einwilligt, ihm zu geben, was er will. Wenn also einer mit einem anderen einen Heiratsvertrag [tenaim] abschließt, um seine Tochter mit seinem Sohn zu verheiraten, und sie vereinbaren, was jeder geben will [[Denn bevor sie einen Vertrag abschließen, ist jeder berechtigt, zu verlangen, was er will, und zu erklären, dass er nicht unterschreiben will, wenn das fehlt]], und danach überhäufte er den anderen mit Schmeicheleien, um mehr

Shemirat HaLashon - Buch B

und mehr herauszubekommen, offenbar gilt das negative Gebot "Du sollst nicht begehren", und zwar bei allen solchen freiwilligen Schenkungen [[im Gegensatz zu Almosen]], wo der andere nicht wirklich geben will, sondern nur unter dem Druck der Schmeicheleien einwilligt.

www.ingramcontent.com/pod-product-compliance
Lightning Source LLC
Chambersburg PA
CBHW070127080526
44586CB00015B/1583